Im Dienst Sozialer Dienste

# Forschungsergebnisse der Wirtschaftsuniversität Wien

Band 11

## PETER LANG

Frankfurt am Main · Berlin · Bern · Bruxelles · New York · Oxford · Wien

Birgit Trukeschitz

# Im Dienst Sozialer Dienste

Ökonomische Analyse der Beschäftigung
in sozialen Dienstleistungseinrichtungen
des Nonprofit Sektors

PETER LANG
Europäischer Verlag der Wissenschaften

**Bibliografische Information Der Deutschen Bibliothek**
Die Deutsche Bibliothek verzeichnet diese Publikation in der
Deutschen Nationalbibliografie; detaillierte bibliografische
Daten sind im Internet über <http://dnb.ddb.de> abrufbar.


Gefördert durch die
Wirtschaftsuniversität Wien.



Gedruckt auf alterungsbeständigem,
säurefreiem Papier.




ISSN 1613-3056
ISBN 3-631-53929-0
© Peter Lang GmbH
Europäischer Verlag der Wissenschaften
Frankfurt am Main 2006
Alle Rechte vorbehalten.

Printed in Germany 1 2   4 5 6 7

www.peterlang.de

# Vorwort

Tag für Tag sind MitarbeiterInnen sozialer Dienstleistungseinrichtungen im Einsatz, um pflegebedürftige Menschen zu versorgen, Kinder zu betreuen, Erwerbsarbeitslose zu beraten, zu ermutigen und zu qualifizieren, gemeinsam mit Familien nach Lösungen für Probleme des partnerschaftlichen und familiären Zusammenlebens zu suchen, ...

Tag für Tag eröffnen diese Menschen Sucht-Kranken Wege aus ihrer Abhängigkeit. Sie schützen Gewaltopfer und von Gewalt Bedrohte vor (weiteren) Gewalterfahrungen, geben Obdachlosen eine Unterkunft, besuchen Sterbende in ihren letzten Lebenstagen,...

Tag für Tag werden von diesen Menschen soziale Dienstleistungen erstellt, die benachteiligten Mitgliedern unserer Gesellschaft zugute kommen.

Viele, die sich in Sozialen Diensten engagieren, sind in Österreich in Nonprofit Organisationen tätig. Über ihre Anzahl und die Art ihrer Beschäftigungsverhältnisse ist jedoch bis dato nur wenig bekannt – die amtliche Statistik verfügt derzeit dazu nur vereinzelt über Daten. Abgesehen von der empirischen Ermittlung der Größenordnung ist es auch interessant zu hinterfragen, welche Faktoren dazu führen, dass Beschäftigung in sozialen Dienstleistungseinrichtungen des Nonprofit Sektors geschaffen wird. Die zentralen Anliegen dieser Studie sind daher, einerseits den Arbeitskräfteeinsatz in Sozialen Diensten des Nonprofit Sektors sichtbar zu machen und andererseits zur Erklärung der Beschäftigung in diesen Einrichtungen beizutragen.

Die Grundlage dieses Buches bildet meine Auseinandersetzung mit dem Thema im Rahmen der Dissertation. Die Inhalte dieses Buches gehen jedoch über die Inhalte dieser Qualifizierungsarbeit hinaus: Der theoretisch-konzeptionelle Grundlagenteil wurde in einigen Bereichen erweitert. Der empirische Teil wurde auf Basis neuer statistischer Verfahren reorganisiert.

Von der Idee bis zur Fertigstellung der vorliegenden Studie ist es ein Stück Weg, auf dem die persönliche und fachliche Unterstützung vieler Menschen und Institutionen wertvolle Hilfe darstellten.

Allen voran danke ich Univ.-Prof. Dr. Ulrike Schneider für die wissenschaftliche Begleitung dieser Arbeit. Ihr Engagement, ihre Bereitschaft, Wissen und Erfahrungen zu teilen sowie ihr konstruktives Feedback waren nicht nur eine überaus wertvolle fachliche Unterstützung im Forschungsprozess, sondern trugen auch dazu bei, den Funken der Freude am wissenschaftlichen Arbeiten überspringen zu lassen. Univ.-Prof. Dr. Herbert Walther, Zweitbegutachter der Dissertation, danke ich für seine Anregungen, die den Aufbau und Verlauf des theoretisch-konzeptionellen Teils der Arbeit entscheidend beeinflusst haben.

Der empirische Teil der Arbeit basiert auf Sonderauswertungen von Daten, die im Zuge des FWF-Projekts „Beschäftigung im österreichischen Nonprofit Sektor" (P14769-G05) am Institut für Sozialpolitik der WU-Wien generiert wurden. Im Zusammenhang mit dieser Arbeit sei daher – gerade in Zeiten knapper Mittel für Forschungsprojekte – die Bedeutung außer-universitärerer Finanzierungsquellen für Forschungsvorhaben explizit hervorgehoben.

Die Durchführbarkeit empirischer Studien ist von der Beteiligung der Zielgruppen der Untersuchung abhängig. Ohne die zahlreiche Mitwirkung der MitarbeiterInnen in den Sozialen Diensten des Nonprofit Sektors wäre diese Arbeit nicht möglich gewesen. Auf diesem Weg sei allen MitarbeiterInnen in diesen sozialen Dienstleistungseinrichtungen gedankt, die sich zusätzlich zur alltäglich anfallenden Arbeit Zeit genommen und an der umfangreichen Befragung beteiligt haben. Für die Unterstützung im Zuge des Aufbaus des Datensatzes und der weiterführenden Recherchen geht mein Dank an alle, die in diese Prozesse involviert waren, insbesondere an Mag. Kerstin Gruber und Katharina Chudzikowski, die durch ihren Einsatz maßgeblich zur Qualität des Datensatzes beigetragen hatten.

Unterstützend auf dem Weg vom Manuskript bis zum Buch haben vor allem Mag. Maureen Lenhart (Entwurf des Layouts) und Katharina Szlezak gewirkt.

Nicht zuletzt geht mein Dank an meine KollegInnen am Institut für Sozialpolitik für das konstruktive und motivierende Umfeld, in dem diese Arbeit entstanden ist.

Wien, im September 2005            Birgit Trukeschitz

# Inhaltsverzeichnis

Vorwort .................................................................................................... 5

Abkürzungsverzeichnis ........................................................................ 11

Abbildungsverzeichnis ......................................................................... 13

Tabellenverzeichnis .............................................................................. 15

1. Einleitung ......................................................................................... 19

 1.1. Hintergrund und Zielsetzung ...................................................... 19

 1.2. Forschungsfragen ....................................................................... 21

 1.3. Aufbau der Arbeit ....................................................................... 22

2. Soziale Dienste des Nonprofit Sektors als Untersuchungsfeld ............ 25

 2.1. „Soziale Dienste" und „soziale Dienstleistungen" – begriffliche Abgrenzung .......... 26

 2.2. Soziale Dienstleistungen als wirtschaftliche Tätigkeiten
 in nationalen und internationalen Klassifikationen .................................. 29

 2.3. Eigenschaften sozialer Dienstleistungen aus ökonomischer Sicht ........ 32

 2.3.1. Grundlegende Eigenschaften von Dienstleistungen ...................... 32

 2.3.2. Eigenschaften sozialer Dienstleistungen ................................... 40

 2.4. Nonprofit Organisationen als Anbieterinnen sozialer Dienstleistungen ........ 55

 2.4.1. Nonprofit Organisationen – begriffliche Klärung und Gründe ihrer Existenz .... 56

 2.4.2. Soziale Dienste des Nonprofit Sektors ...................................... 62

 2.5. Zusammenfassung ...................................................................... 67

**3. Theoretische Grundlagen der Beschäftigung in Sozialen Diensten des Nonprofit Sektors** ................................................................................ 71

3.1. Der Einsatz von Arbeit für die Erstellung sozialer Dienstleistungen ..................... 72

    3.1.1. Bedeutung des Inputfaktors Arbeit ................................................. 72

    3.1.2. Unbezahlte Arbeit als Spezifikum von Nonprofit Organisationen .................... 77

    3.1.3. Verhältnis des Inputfaktors Arbeit zum Inputfaktor Kapital ........................... 83

    3.1.4. Zusammenfassung ............................................................... 85

3.2. Determinanten der Beschäftigung in Sozialen Diensten des Nonprofit Sektors
aus makroökonomischer Sicht ........................................................... 86

    3.2.1. Konnex zwischen Gütermarkt und Arbeitsmarkt ..................................... 86

    3.2.2. Nachfrage nach sozialen Dienstleistungen und ihr Einfluss
auf die Beschäftigung ............................................................... 90

        3.2.2.1. Private und öffentliche Komponenten der Nachfrage ..................... 90

        3.2.2.2. Bestimmungsgründe der Ausrichtung von Nachfrage
auf Nonprofit Organisationen ...................................................... 98

    3.2.3. Produktivitätsentwicklung als intermediäre Größe ................................. 100

    3.2.4. Reaktion der Arbeitsnachfrage auf Veränderungen des Lohnsatzes:
Marshall-Hicks Regeln der abgeleiteten Nachfrage ............................... 103

    3.2.5. Zusammenfassung .............................................................. 108

3.3. Determinanten der Beschäftigung in Sozialen Diensten des Nonprofit Sektors
aus mikroökonomischer Sicht .......................................................... 109

    3.3.1. Grundlagen des Arbeitsnachfrageverhaltens von NPOs ............................ 110

        3.3.1.1. Zum Begriff der Arbeitsnachfrage ..................................... 110

        3.3.1.2. Überlegungen zum Optimierungskalkül von NPOs ...................... 112

        3.3.1.3. Arbeitsnachfrageverhalten in unterschiedlichen Marktformen:
Vollkommene Konkurrenz und Monopson im Vergleich ..................... 115

    3.3.2. Grundlagen des Arbeitsangebots:
Standardmodell und relevante Erweiterungen ..................................... 119

        3.3.2.1. Zum Begriff des Arbeitsangebots ..................................... 121

        3.3.2.2. Arbeitsangebotsverhalten – Standardmodell ........................... 121

        3.3.2.3. Nicht-monetäre Arbeitsplatzeigenschaften ............................. 126

        3.3.2.4. Extrinsische und intrinsische Motivation ............................... 130

        3.3.2.5. Job-Crowding-Hypothese ............................................. 137

    3.3.3. Zusammenfassung .............................................................. 139

3.4. Fazit zu den theoretische Grundlagen ............................................... 141

**4. Datenerhebung und Auswahl des Teildatensatzes** ............ **145**

4.1. Soziale Dienste in Österreich – Beschäftigungsstudie 2002 ............ 145

4.1.1. Abgrenzung und Erfassung der Grundgesamtheit ............ 146

4.1.2. Instrument der Datenerhebung ............ 151

4.1.3. Erhebungsvarianten: Arbeitsstätten und Organisationseinheiten ............ 153

4.2. Auswahl des Teildatensatzes „Soziale Dienste des Nonprofit Sektors 2002" ....... 158

**5. Methodik der statistischen Auswertung** ............ **163**

5.1. Maße zur Beschreibung der Stichprobe ............ 163

5.2. Hochrechnung der erhobenen Daten ............ 164

5.3. Bivariate Verfahren zur Analyse der Stichprobe ............ 169

5.3.1. Nicht-parametrische Test-Verfahren ............ 169

5.3.2. Kreuztabellen ............ 170

5.4. Multivariate Verfahren zur Aufbereitung von Variablen – Clusteranalysen ......... 171

5.4.1. Kategorien sozialer Dienstleistungen ............ 172

5.4.2. Kategorien betreuter Hauptzielgruppen ............ 173

**6. Konzepte zur Erfassung der Beschäftigung in Sozialen Diensten des NPS** ........ **175**

6.1. Indikatoren des Arbeitsvolumens ............ 175

6.2. Struktur der Arbeitskräfte in Sozialen Diensten des Nonprofit Sektors ............ 176

6.2.1. Gruppen von MitarbeiterInnen ............ 176

6.2.2. Gruppen von Beschäftigten nach Art des Vertragsverhältnisses ............ 180

6.2.3. „Atypische Beschäftigung" ............ 184

**7. Soziale Dienste des Nonprofit Sektors 2002 – Beschreibung der Stichprobe** .... **187**

7.1. Organisationsdemografische Merkmale ............ 187

7.2. Zielgruppen, Dienstleistungsangebot und Zahl der KlientInnen ............ 192

7.3. Arbeitsvolumen in Sozialen Diensten des Nonprofit Sektors ............ 203

7.3.1. Anzahl der MitarbeiterInnen ............ 203

7.3.2. Anzahl der Beschäftigten und Vollzeitäquivalente ............ 204

7.4. Struktur der Arbeitskräfte in Sozialen Diensten des Nonprofit Sektors ............ 207

7.4.1. Gruppen von MitarbeiterInnen ............ 207

7.4.2. Gruppen von Beschäftigten nach Art des Vertragsverhältnisses ............ 210

7.5. Einnahmenvolumen und Einnahmenstruktur ............ 213

**8. Hochrechnungen zu Volumen und Struktur des Arbeitskräfteeinsatzes in Sozialen Diensten des Nonprofit Sektors** .......................................................... 217

8.1. Volumen und Struktur der Beschäftigung in Sozialen Diensten des NPS ............. 218

    8.1.1. Beschäftigungsvolumen und Geschlechterstruktur in Sozialen Diensten des Nonprofit Sektors ................................................................. 218

    8.1.2. Beschäftigungsstruktur nach Art des Vertragsverhältnisses ........................ 220

    8.1.3. Einordnung der Ergebnisse zu Volumen und Struktur der Beschäftigten in Sozialen Diensten des Nonprofit Sektors ...................................... 224

8.2. Struktur der Arbeitskräfte ohne Beschäftigungsverhältnis in Sozialen Diensten des Nonprofit Sektors ............................................................. 228

    8.2.1. Gruppen von MitarbeiterInnen ................................................................. 228

    8.2.2. Einordnung der Ergebnisse zu Volumen und Struktur der Arbeitskräfte ohne Beschäftigungsverhältnis in Sozialen Diensten des NPS ...................... 230

8.3. MitarbeiterInnen in Sozialen Diensten des Nonprofit Sektors im Überblick – Schlussbetrachtung .................................................................................... 231

**9. Hochrechnungen zum Arbeitskräfteeinsatz in Sozialen Diensten des Nonprofit Sektors nach Angebotsschwerpunkten** ................................ 235

9.1. Beschäftigungsstruktur nach Angebotsschwerpunkten der Sozialen Dienste des Nonprofit Sektors ................................................................................. 236

9.2. Struktur der Arbeitskräfte ohne Beschäftigungsverhältnis nach Angebotsschwerpunkten Sozialer Dienste des Nonprofit Sektors ..................... 242

**10. Analysen zur Teilzeitbeschäftigung** ............................................................. 249

10.1. Arbeitsnachfrageseitige Faktoren der Teilzeitarbeit ............................................ 251

    10.1.1. Teilzeitarbeit und Art der sozialen Dienstleistung sowie Flexibilität des Arbeitseinsatzes .................................................... 251

    10.1.2. Teilzeitarbeit und Kosten- bzw. Produktivitätsvorteile ........................... 255

    10.1.3. Teilzeitarbeit und Größe der Organisation ............................................. 259

    10.1.4. Teilzeitarbeit und Knappheitsprobleme .................................................. 260

10.2. Arbeitsangebotsseitige Faktoren der Teilzeitarbeit ............................................. 261

**11. Zusammenfassung und Schlussfolgerungen** ............................................ 265

**Quellenverzeichnis** ...................................................................................... 277

**Anhang** ............................................................................................................ 291

# Abkürzungsverzeichnis

| | |
|---|---|
| Abs. | Absatz |
| ArbVG | Arbeitsverfassungsgesetz |
| ASVG | Allgemeines Sozialversicherungsgesetz |
| AÜG | Arbeitskräfteüberlassungsgesetz |
| AZG | Arbeitszeitgesetz |
| BAO | Bundesabgabenordnung |
| BewHG | Bewährungshilfegesetz |
| BGBl. Nr. | Bundesgesetzbatt-Nummer |
| BMAGS | Bundesministerium für Arbeit, Gesundheit und Soziales |
| BMSG | Bundesministeriums für soziale Sicherheit, Generationen und Konsumentenschutz |
| B-VG | Bundesverfassungsgesetz |
| bzw. | beziehungsweise |
| c.p. | ceteris paribus |
| d.h. | das heißt |
| DL | Dienstleistung(en) |
| et al. | et altera (und andere) |
| etc. | et cetera |
| EUR | Euro |
| f. | folgend |
| ff. | und die folgenden |
| FPS | kommerzieller Sektor – for-profit-sector |
| freie DN/WV | freie DienstnehmerInnen / WerkvertragsnehmerInnen |
| GSchG | Geschworenen- und Schöffengesetz |
| GuKG | Gesundheits- und Krankenpflegegesetz |

| | |
|---|---|
| Hrsg. | HerausgeberIn bzw. HerausgeberInnen |
| i.d.F. | in der Fassung |
| ICNPO | International Classification of Nonprofit Organizations |
| inkl. | inklusive |
| k.A. | keine Angaben |
| Kat. | Kategorie |
| NACE | Nomenclature générale des Activités économiques dans les Communautés Européennes |
| NPO | Nonprofit Organisation |
| NPOs | Nonprofit Organisationen |
| NPS | Nonprofit Sektor |
| ÖNACE | Österreichische Version der europäischen Wirtschaftstätigkeitenklassifikation |
| o. J. | ohne Jahr |
| ÖS | Öffentlicher Sektor |
| ÖSTAT | Österreichisches Statistisches Zentralamt |
| s. o. | siehe oben |
| SÖBs | Sozialökonomische Betriebe |
| Sozialwesen a.n.g. | Sozialwesen anderweitig nicht genannt |
| s.u. | siehe unten |
| STAT.AT | Statistik Austria |
| StPO | Strafprozessordnung |
| u.a. | unter anderem |
| u.a.m. | und andere(s) mehr |
| u.U. | unter Umständen |
| VerG | Vereinsgesetz |
| vgl. | vergleiche |
| Z | Ziffer |
| z. B. | zum Beispiel |
| ZDG | Zivildienstgesetz |
| zit. | zitiert |

# Abbildungsverzeichnis

Abbildung 1: Phasen der Dienstleistung nach Hilke (1984) .............................. 33

Abbildung 2: Klassifikation von (sozialen) Dienstleistungen .............................. 39

Abbildung 3: Eigenschaften sozialer Dienstleistungen .............................. 50

Abbildung 4: Lohn und Beschäftigung im Monopson .............................. 118

Abbildung 5: Individuelles Arbeitsangebot .............................. 125

Abbildung 6: Extrinsische und intrinsisch motivierte Arbeitskräfte in einer
Trade-Off-Beziehung von Lohnsatz und wahrgenommener Qualität SDL ... 136

Abbildung 7: Stichprobenbeschreibung – Rechtsformen (2002) .............................. 188

Abbildung 8: Stichprobenbeschreibung – Anteile der Sozialen Dienste
des Nonprofit Sektors nach Art der Einnahmen .............................. 214

# Tabellenverzeichnis

Tabelle 1: Einordnung Sozialer Dienste des Nonprofit Sektors ........................................ 63

Tabelle 2: Soziale Dienstleistungen im weiteren Sinn nach der Internationalen
Klassifikation von Nonprofit Organisationen (ICNPO) ................................... 64

Tabelle 3: Übersicht über die Grundgesamtheit der Sozialen Dienste dieser Studie ....... 149

Tabelle 4: Übersicht über die Zusammenstellung des Teildatensatzes
„Soziale Dienste des Nonprofit Sektors 2002" ............................................ 161

Tabelle 5: Regionale Verteilung der Sozialen Dienste des Nonprofit Sektors 2002 –
Stichprobe und Grundgesamtheit im Vergleich .......................................... 166

Tabelle 6: Gewichtungsfaktoren ....................................................................... 168

Tabelle 7: Signifikanzniveaus der Test-Ergebnisse ............................................. 170

Tabelle 8: Signifikanzniveaus in Kreuztabellen ................................................... 171

Tabelle 9: Unterschiede zwischen Arbeitsvertrag, freiem Dienstvertrag, Werkvertrag .... 183

Tabelle 10: Stichprobenbeschreibung – Gründungsjahr ........................................ 189

Tabelle 11: Stichprobenbeschreibung – regionale Verteilung (2002) ........................ 190

Tabelle 12: Stichprobenbeschreibung –
Organisationsinterne Stellung der antwortenden Einrichtungen (2002) ........ 192

Tabelle 13: Stichprobenbeschreibung – Zielgruppenspektrum (2002) ...................... 193

Tabelle 14: Stichprobenbeschreibung – Anzahl der versorgten Zielgruppen (2002) ...... 194

Tabelle 15: Stichprobenbeschreibung – Zielgruppenkategorien (2002) ..................... 196

Tabelle 16: Stichprobenbeschreibung – Dienstleistungsspektrum (2002) .................. 197

Tabelle 17: Stichprobenbeschreibung – Zahl angebotener Dienstleistungen (2002) ...... 198

Tabelle 18: Stichprobenbeschreibung – Dienstleistungskategorien (2002) ................. 200

Tabelle 19: Stichprobenbeschreibung –
Anteil der Personalausgaben an den Gesamtausgaben in % (31.12.2001) .. 202

Tabelle 20: Stichprobenbeschreibung – Zahl der KlientInnen (2002)............................ 203

Tabelle 21: Stichprobenbeschreibung – Zahl der MitarbeiterInnen (31.12.2001)............ 204

Tabelle 22: Stichprobenbeschreibung – Anzahl der Beschäftigten nach organisationsinterner Stellung der antwortenden Einrichtungen (31.12.2001)................. 205

Tabelle 23: Stichprobenbeschreibung – Beschäftigungsvolumen (31.12.2001)............. 206

Tabelle 24: Stichprobenbeschreibung – Struktur der MitarbeiterInnen (31.12.2001)....... 209

Tabelle 25: Stichprobenbeschreibung – Struktur der Beschäftigten (I) (31.12.2001)...... 210

Tabelle 26: Stichprobenbeschreibung – Struktur der Beschäftigten (II) (31.12.2001)..... 211

Tabelle 27: Stichprobenbeschreibung – Struktur der Beschäftigten (III) (31.12.2001)..... 212

Tabelle 28: Stichprobenbeschreibung –
Einnahmenvolumen und Einnahmenstruktur (31.12.2001)......................... 215

Tabelle 29: Hochrechnung –
Beschäftigungsvolumen (31.12.2001)......................................... 219

Tabelle 30: Hochrechnung – Vertragsstruktur (31.12.2001)......................................... 220

Tabelle 31: Hochrechnung – Vertragsstruktur (31.12.2001)......................................... 221

Tabelle 32: Hochrechnung – Struktur der unselbständig Beschäftigten (31.12.2001) .... 221

Tabelle 33: Hochrechnung – Struktur der unselbständig Beschäftigten (31.12.2001) .... 222

Tabelle 34: Hochrechnung – Verteilung „sonstiger Verträge" (31.12.2001)................... 223

Tabelle 35: Hochrechnung – Verteilung sonstiger Verträge (31.12.2001)...................... 223

Tabelle 36: Hochrechnung – Beschäftigungsstruktur:
Zusammenfassung (31.12.2001).............................................. 224

Tabelle 37: Beschäftigte im Sozialsektor (ÖNACE): Arbeitsstättenzählung 2001........... 225

Tabelle 38: Hochrechnung –
Arbeitskräftestruktur ohne Beschäftigungsverhältnis (Ia) (31.12.2001).......... 229

Tabelle 39: Hochrechnung –
Arbeitskräftestruktur ohne Beschäftigungsverhältnis (IIa) (31.12.2001) ........ 230

Tabelle 40: Hochrechnung – MitarbeiterInnen (Ia) (31.12.2001) ................................. 232

Tabelle 41: Hochrechnung – MitarbeiterInnen (Ib) (31.12.2001) ................................. 232

Tabelle 42: Hochrechnung – Soziale Dienste des Nonprofit Sektors
nach charakteristischem Dienstleistungsangebot ........................................236

Tabelle 43: Hochrechnung –
Beschäftigungsverhältnisse nach SDL-Schwerpunkt der Organisation .........238

Tabelle 44: Hochrechnung –
Beschäftigungsverhältnisse nach SDL-Schwerpunkt (in %) .........................239

Tabelle 45: Hochrechnung – Teilzeitquoten nach SDL-Schwerpunkten .........................240

Tabelle 46: Hochrechnung – Frauenquoten nach Art des Beschäftigungsverhältnisses nach SDL-Schwerpunkten ......................................................242

Tabelle 47: Hochrechnung – Organisationen mit SDL-Schwerpunkten:
Anteile nach Personengruppen ohne Beschäftigungsverhältnis ...................244

Tabelle 48: Hochrechnung – Organisationen mit SDL-Schwerpunkten: Arbeitskräfte ......246

Tabelle 49: Hochrechnung – Frauenanteile an allen Ehrenamtlichen &
PraktikantInnen nach SDL-Schwerpunkten (in %) ........................................247

Tabelle 50: Charakteristisches Angebot sozialer Dienstleistungen –
Soziale Dienste des NPS mit hoher/geringer Teilzeitquote .........................253

Tabelle 51: Wochenend-, Feiertags- und Nachtdienste –
Soziale Dienste mit hoher/geringer Teilzeitquote im Vergleich ....................255

Tabelle 52: Vielfalt sozialer Dienstleistungen –
Soziale Dienste des NPS mit hoher/geringer Teilzeitquote .........................255

Tabelle 53: Überstunden 2001 –
Soziale Dienste des NPS mit hoher/geringer Teilzeitquote .........................257

Tabelle 54: Krankenstandstage pro unselbständ. Beschäftigten 2001 –
Soziale Dienste des NPS mit hoher/geringer Teilzeitquote .........................257

Tabelle 55: Anteil Ehrenamtlicher und Zivildiener (31.12.2001) –
Soziale Dienste des NPS mit hoher/geringer Teilzeitquote .........................258

Tabelle 56: KlientInnen pro VZÄ –
Soziale Dienste des NPS mit hoher/geringer Teilzeitquote .........................259

Tabelle 57: Größe der Sozialen Dienste des Nonprofit Sektors –
Soziale Dienste des NPS mit hoher/geringer Teilzeitquote .........................260

Tabelle 58: Schwierigkeiten bei der Suche nach Vollzeitarbeitskräften –
Soziale Dienste des NPS mit hoher/geringer Teilzeitquote .........................261

Tabelle 59: Anteil Frauen an unselbständig Beschäftigten –
Soziale Dienste des NPS mit hoher/geringer Teilzeitquote.................... 262

Tabelle 60: Anteil Frauen an unselbständig Beschäftigten in den
Angebotsschwerpunkten „Arbeit/Qualifizierung/Wohnen" –
Soziale Dienste des NPS mit hoher/geringer Teilzeitquote.................... 263

# 1. Einleitung

## 1.1. Hintergrund und Zielsetzung

Nonprofit Organisationen leisten in Österreich einen essentiellen Beitrag zur Versorgung benachteiligter Menschen mit sozialen Dienstleistungen und tragen damit auch zur Realisierung sozialpolitischer Zielsetzungen bei. Die Bandbereite der angebotenen sozialen Dienstleistungen ist überaus groß. Für die Erstellung sozialer Dienstleistungen wird vor allem soziale, betreuende pädagogische und pflegerische Arbeit eingesetzt. Soziale Dienstleistungen richten sich zudem an eine Vielzahl von Personengruppen, die sich mit gesellschaftlichen Benachteiligungen konfrontiert sehen. Neben dem hohen Beitrag, den soziale Dienstleistungseinrichungen in sozialpolitischer Hinsicht leisten, ist seit einigen Jahren auch ihr Beitrag zur wirtschaftlichen Leistung eines Landes in den Vordergrund des wissenschaftlichen Interesses[1] gerückt.

Wesentliche Indikatoren für die wirtschaftliche Bedeutung und Lage eines Sektors knüpfen an der Beschäftigung an. Im Dienstleistungssektor – dem die meisten Nonprofit Organisationen zugeordnet werden – zeichnet sich seit Jahrzehnten ein mit Beschäftigungsdynamik verbundenes Wachstum ab. Zugleich ist Arbeitslosigkeit ein wirtschaftspolitisches Dauerthema.

Aus sozialpolitischer Sicht ist das **Interesse an der Leistungsfähigkeit des Nonprofit Sektors** nicht nur vor dem Hintergrund wirtschaftlicher, sondern auch vor dem Hintergrund demographischer Entwicklungen zu sehen. Beide generieren einen Bedarf an unterschiedlichen sozialen Dienstleistungen, die im Bereich der Integration von benachteiligten Personengruppen in den Arbeitsmarkt und der Verbesserung und Sicherstellung der gesellschaftlichen Teilhabe dieser Personengruppen ebenso zu finden sind, wie in der Bereit-

---

[1] siehe dazu für einen internationalen Vergleich z. B. Salamon (1996; 1999) sowie für Österreich Badelt (1997a), Bachstein (2000) und Heitzmann (2001)

stellung außerhäuslicher Betreuungsleistungen für junge wie auch alte Menschen. Um eine gute Qualität der Betreuung von gesellschaftlich benachteiligten Personen aufrecht zu erhalten, ist es essentiell, gute Arbeitsbedingungen in Sozialen Diensten sicherzustellen. Dies erhöht die Attraktivität der Betreuungsberufe und vermindert stressbedingte Qualitätseinbußen in der Leistungserstellung. Gleichzeitig wirkt die Beschäftigungssituation, die sich im Beschäftigungsstand und in der Beschäftigungsstruktur widerspiegelt, langfristig auf soziale Risiken und die soziale Sicherung der in sozialen Dienstleistungseinrichtungen beschäftigten Menschen selbst zurück.

Über das aktuelle Volumen der Beschäftigung, die Beschäftigungsstruktur in der Gesamtheit österreichischer Sozialer Dienste des Nonprofit Sektors und deren jeweilige Bestimmungsgründe ist jedoch nur wenig bekannt. Eine erste Dimensionierung des Beschäftigungsbeitrages „sozialer Nonprofit Organisationen" datieren mittlerweile ein Jahrzehnt zurück.

Eine **umfassendere theoretische Analyse** der Beschäftigung in Sozialen Diensten des Nonprofit Sektors und **eine vertiefende empirische Analyse der Beschäftigung unter Berücksichtigung des charakteristischen Dienstleistungsangebots dieser Einrichtungen** stehen bislang aus.

Die Arbeit verfolgt daher das Ziel, die Beschäftigung in Sozialen Diensten des Nonprofit Sektor theoretisch einzuordnen, auf der Basis einer eigenen Erhebung ein *empirisches Bild der Beschäftigung für einen wesentlichen Ausschnitt[2] jener Organisationen, die soziale Dienstleistungen* in Österreich erstellen, zu zeichnen und Beschäftigungsmuster im Rahmen weiterführender Datenanalysen herauszuarbeiten.

Neben der **Zahl der Arbeitskräfte** in den Sozialen Diensten des Nonprofit Sektors ist auch deren **Struktur** von Bedeutung, die sich zum einen aus den unterschiedlichen Arbeitsverhältnissen und zum anderen aus der Verteilung von Frauen und Männern auf die unterschiedlich gestalteten Beschäftigungsverhältnisse ergibt. Aus dieser Perspektive sind die Bedingungen der Erwerbsarbeit in diesem Bereich des Sozialsektors abzubilden.

Für die **theoretische Diskussion** der Thematik werden drei Zugänge gewählt. Als Ausgangspunkt dienen Grundlagen und weiterführende Ansätze der Arbeitsmarktökonomie. Diese bildet den theoretischen Rahmen für die

---

[2] Zur Abgrenzung der Grundgesamtheit siehe Kapitel 4.1. Für die sprachliche Vereinfachung wird im Folgenden von Sozialen Diensten des Nonprofit Sektors gesprochen.

Betrachtung der Beschäftigung in einem Bereich, der sich einerseits durch die Art des zu erstellenden Produktes – die „soziale Dienstleistung" – und andererseits durch die Besonderheiten von „Nonprofit Organisationen" als Anbieterinnen dieser Dienstleistungen auszeichnet. Auf ein in sich konsistentes Theoriegebäude, das diese Eigenheiten des zu betrachtenden Sektors berücksichtigt, kann hier nicht zurückgegriffen werden. Daher werden den arbeitsmarkttheoretischen Grundlagen, theoretischen Überlegungen zu den Besonderheiten sozialer Dienstleistungen sowie zu den Entstehungsgründen und dem Verhalten von Nonprofit Organisationen vorangestellt. Diese fließen immer wieder in die arbeitsmarkttheoretischen Grundlagen für die Erklärung des Beschäftigtandes und der Beschäftigungsstruktur in Sozialen Diensten des Nonprofit Sektors ein.

## 1.2. Forschungsfragen

Vor dem Hintergrund der Befunde und Defizite in der theoretischen und empirischen Nonprofit-Sektor Forschung und der herausgehobenen Bedeutung Sozialer Dienste in europäischen Wohlfahrtsstaaten verfolgt die vorliegende Arbeit drei wesentliche Ziele. Sie möchte erstens die ökonomischen Bestimmungsgründe und Besonderheiten der Beschäftigung in Sozialen Diensten des Nonprofit Sektors aus theoretischer Sicht aufarbeiten. Zweitens soll der Beschäftigungsbeitrag der Nonprofit-AnbieterInnen sozialer Dienstleistungen in einem bestimmten Segment sozialer Dienstleistungen quantifiziert werden. Drittens besteht der Anspruch, strukturelle Muster der Beschäftigung in Sozialen Diensten des Nonprofit Sektors zu identifizieren und einen ausgewählten Aspekt – die Teilzeitarbeit in Sozialen Diensten des Nonprofit Sektors – vor theoretischem Hintergrund zu analysieren.

Im Einzelnen leiten folgende Forschungsfragen den weiteren Gang der Diskussion:

1. Wie können „soziale Dienstleistungen" konzeptionell und empirisch abgegrenzt werden? Wie kann dabei sowohl eine institutionelle als auch eine funktionelle Sicht einfließen?

2. Welche ökonomischen Bestimmungsgründe und Besonderheiten haben Arbeitsangebot und Arbeitsnachfrage im Bereich Sozialer Dienste des Nonprofit Sektors aus theoretischer Sicht?

3. Wie viele Personen arbeiten in dem diese Arbeit interessierenden Ausschnitt der Sozialen Diensten des Nonprofit Sektors in Österreich?

4. Welche Beschäftigungsformen und -muster charakterisieren diese Branche des Nonprofit Sektors im Allgemeinen und die Organisationen mit einem charakteristischen Angebot an sozialen Dienstleistungen im Besonderen?

5. Welche Gruppen von MitarbeiterInnen lassen sich identifizieren, die ohne Beschäftigungsverhältnis in Sozialen Diensten des Nonprofit Sektors tätig sind und welchen quantitativen Stellenwert weisen diese auf?

6. Wie kann speziell Teilzeitbeschäftigung in Sozialen Diensten des Nonprofit Sektors aus der Sicht der Arbeitsmarkttheorie erklärt werden?

## 1.3. Aufbau der Arbeit

Die zentralen Zielsetzungen und die daraus abgeleiteten Fragestellungen spiegeln sich im Aufbau dieser Arbeit wider.

Im Anschluss an dieses einleitende Kapitel wird in **Kapitel 2** das Untersuchungsfeld „Soziale Dienste des Nonprofit Sektors" konzeptionell aufgearbeitet. Dabei werden ausgehend von einer begrifflichen Abgrenzung von „Sozialen Diensten" und „sozialen Dienstleistungen" in drei weiteren Teilkapiteln die Einordnung sozialer Dienstleistungen in internationale und nationale Klassifikationen wirtschaftlicher Tätigkeiten, die Eigenschaften sozialer Dienstleistungen diskutiert sowie Nonprofit Organisationen als Anbieterinnen sozialer Dienstleistungen dargestellt.

**Kapitel 3** setzt sich mit theoretischen Bestimmungsgründen von Beschäftigung in Sozialen Diensten des Nonprofit Sektors auseinander. Dafür werden theoretische Ansätze, die großteils aus dem Bereich der Arbeitsmarktökonomie stammen, mit den Eigenschaften sozialer Dienstleistungen und den Erkenntnissen der Nonprofit Sektor Forschung in Verbindung gebracht.

Das erste Teilkapitel (3.1.) widmet sich der **Bedeutung des Faktors Arbeit für die Erstellung von sozialen Dienstleistungen**. Dabei wird in diesem Zusammenhang auf ein Spezifikum im Arbeitseinsatz der Nonprofit Organisation Bezug genommen – die ehrenamtliche Arbeit.

Das zweite Teilkapitel (3.2.) behandelt **makroökonomische Determinanten der Beschäftigung in Sozialen Diensten des Nonprofit Sektors**. In diesem Kapitel stehen ausgehend von dem Konnex zwischen Gütermarkt und Arbeitsmarkt die unterschiedlichen Formen von Nachfrage nach sozialen Dienstleistungen, die von Nonprofit Organisationen erstellt werden, im Vordergrund. Neben der Nachfrage nach sozialen Dienstleistungen ist auch die Produktivitätsentwicklung in der Dienstleistungsproduktion als Einflussgröße auf die Nachfrage nach Arbeitskräften in Sozialen Diensten des Nonprofit Sektors herauszuheben. Theoretische Einschätzungen der Reaktion der Arbeitsnachfrage auf Veränderungen des Lohnsatzes werden für soziale Dienste des Nonprofit Sektors aus den Marshall-Hicks-Regeln der abgeleiteten Nachfrage ermittelt.

Das dritte Teilkapitel (3.3.) fokussiert auf die **mikroökonomischen Bestimmungsgründe der Beschäftigung in Sozialen Diensten des Nonprofit Sektors**. Es legt zunächst die Bestimmungsfaktoren der Arbeitsnachfrage von Unternehmen, dann jene des Arbeitsangebots von Haushalten bzw. Individuen dar. Im Zuge der Betrachtung der Arbeitsnachfrage werden zuerst grundlegenden Überlegungen zu Determinanten der Arbeitsnachfrage von Nonprofit Organisationen angestellt bevor das Arbeitsnachfrageverhalten vor dem Hintergrund unterschiedlicher Marktformen – und hier insbesondere des Monopsons – behandelt wird. Arbeitsangebotsseitige Überlegungen orientieren sich am arbeitsmarktökonomischen Grundmodell und an drei ausgewählten Erweiterungen: an nicht-monetären Arbeitsplatzeigenschaften, dem Verhältnis von extrinsischer und intrinsischer Motivation der Arbeitskräfte und der Job-Crowding-Hypothese.

Ein Fazit (Teilkapitel 3.4.) beendet das Kapitel zu den theoretischen Grundlagen der Beschäftigung im Nonprofit Sektor.

Mit **Kapitel 4** beginnt der empirische Teil der Arbeit. Dieser basiert auf einer österreichweit vorgenommenen Primärerhebung der Beschäftigungssituation in Sozialen Diensten. In zwei Teilkapiteln (4.1 und 4.2) werden die Vorgehensweise bei der Datenerhebung und die Auswahl des in der Arbeit ausgewerteten und analysierten Teildatensatzes zu den Sozialen Diensten des Nonprofit Sektors beschrieben.

**Kapitel 5** stellt die methodische Basis der statistischen Auswertung im Überblick dar: das multivariate Verfahren der Clusteranalyse, das für die Aufbereitung der Daten erforderlich war, sowie das Verfahren der Hochrechnung und die Verfahren für die uni- und bivariaten Auswertungen.

**Kapitel 6** erläutert die empirischen Konzepte mit der die Struktur der MitarbeiterInnen und der Beschäftigten in Sozialen Diensten des Nonprofit Sektors erfasst wurden. Ein Unterkapitel widmet sich auch den unterschiedlichen Formen atypischer Beschäftigung.

Die ersten Auswertungen werden in Form einer Stichprobenbeschreibung in **Kapitel 7** präsentiert. Diese hat zum Ziel, in umfassender Weise den Datensatz, auf dessen Basis die weiteren Auswertungen beruhen, vorzustellen. Dabei wird Bezug genommen auf organisationsdemografische Merkmale der erfassten Einrichtungen, deren Zielgruppen, Angebote sozialer Dienstleistungen, Zahl der KlientInnen und Budgetkennzahlen, sowie auf das Beschäftigungsvolumen und die Beschäftigungsstruktur.

**Kapitel 8** präsentiert die hochgerechneten Ergebnisse zum Volumen und der Struktur jener Personen, die in Sozialen Diensten des Nonprofit Sektors tätig sind. Die Ergebnisse werden vergleichend mit Befunden vorangegangener Studien und mit Daten aus der Beschäftigungsstatistik der Statistik Austria in Verbindung gesetzt.

In **Kapitel 9** wird erstmalig für Österreich eine Darstellung der Beschäftigungstruktur in Sozialen Diensten des Nonprofit Sektors nach charakteristischem Dienstleistungsangebot der Einrichtungen vorgenommen.

**Kapitel 11** schließt mit einer Zusammenfassung der wichtigsten theoretischen und empirischen Erkenntnisse diese Studie ab.

# 2. Soziale Dienste des Nonprofit Sektors als Untersuchungsfeld

ProduzentInnen sozialer Dienstleistungen sind sowohl im öffentlichen als auch im privaten Bereich einer Volkswirtschaft angesiedelt. Organisationen des privaten Bereichs lassen sich in kommerzielle Unternehmen einerseits und Nonprofit Organisationen[3] andererseits untergliedern. Das Untersuchungsfeld dieser Studie bilden Einrichtungen bzw. Organisationen, die soziale Dienstleistungen erstellen und institutionell dem Nonprofit Sektor zugerechnet werden. Diese Einrichtungen werden im Folgenden als „Soziale Dienste des Nonprofit Sektors" bezeichnet.

Dieses Kapitel dient der Klärung und Abgrenzung der wichtigsten, in dieser Studie verwendeten, Begriffe. Diese begrifflichen Setzungen erfolgen vor dem Hintergrund der spezifischen Forschungsfragen und stellen die ersten Weichen für den weiteren Verlauf der Arbeit. Am Beginn steht die Abgrenzung der beiden Begriffe „Soziale Dienste" und „soziale Dienstleistung". In zwei weiteren Unterkapiteln wird zunächst auf die „Produktebene" des Untersuchungsfeldes und damit auf „soziale Dienstleistungen" eingegangen. Im Zentrum dieser beiden Unterkapitel stehen zum einen die Klassifikation sozialer Dienstleistungen als wirtschaftliche Tätigkeiten und zum anderen die Diskussion der Eigenschaften sozialer Dienstleistungen aus ökonomischer Sicht. Im Anschluss daran erfolgt die Auseinandersetzung mit der „institutionellen Ebene" des Untersuchungsfeldes. Hier wird der Bezug zum Nonprofit Sektor als institutionellem Hintergrund hergestellt, dem die hier betrachteten Sozialen Dienste zuzurechnen sind.

---

[3] Die Bezeichnung dieser, dem privaten Bereich einer Volkswirtschaft zugeordneten, „nicht-kommerziellen" Organisationen ist in der Literatur nicht einheitlich. Zu finden ist eine Vielfalt an Begriffen (Organisationen des Dritten Sektors, social-profit Organisationen,...). In dieser Studie wird durchgängig – in Anlehnung an die Begrifflichkeiten des weltweit anerkannten Johns Hopkins Comparative Nonprofit Sector Project – der Begriff der „Nonprofit Organisation" verwendet. Für eine Definition siehe Kapitel 2.4.1.

## 2.1. „Soziale Dienste" und „soziale Dienstleistungen" – eine begriffliche Abgrenzung

Die Begriffe „Soziale Dienste" und „soziale Dienstleistungen" werden in der Literatur unterschiedlich definiert bzw. finden in Arbeiten zu diesem Thema unterschiedliche Verwendungen[4].

Da Definitionen vor dem Hintergrund des gesellschaftlichen Kontextes entstehen und dieser einerseits regional unterschiedlich ist und anderseits zeitlich der Veränderung unterliegt, wird hier nicht der Anspruch erhoben, eine allgemein gültige Definition „Sozialer Dienste" und „sozialer Dienstleistungen" aufzustellen. In der vorliegenden Arbeit wird auf eine umfangreiche Rekapitulation der unterschiedlichen Definitionen und deren Zugänge verzichtet[5]. Ziel dieses definitorischen Teils ist es vielmehr, eine problemorientierte Abgrenzung vorzunehmen, die auch für die empirische Erhebung operationalisierbar ist.

Zentrale Bedeutung für die vorliegende Arbeit hat die differenzierte Sichtweise des Begriffs „soziale Dienste", die sich bei Bauer (2001) findet. Bauer (2001: 70ff.) unterscheidet zwischen „sozialen Diensten" als anbietenden Institutionen sozialer Dienstleistungen einerseits und der „sozialen Dienstleistung", einer besonderen Art von Dienstleistung andererseits. Auf dieser Differenzierung soll im Laufe der Arbeit aufgebaut werden.

AnbieterInnen von institutionalisierter Hilfe in Form von sozialen Dienstleistungen werden daher in weiterer Folge als „Soziale Dienste"[6] bezeichnet. Dieser Begriff bezieht sich ausschließlich auf den organisatorischen bzw. institutionellen Rahmen der Dienstleistungserstellung[7]. Zugleich grenzt sich damit institutionalisierte Hilfe von informeller Hilfe ab, wie sie im Familienverband oder in der informellen Nachbarschaftshilfe zu finden ist. So es um das

---

[4]   siehe dazu auch die Länderberichte zur aktuellen Literatur über soziale Dienstleistungen in Anheier und Kumar (2003). Diese Begriffsoffenheit ist nicht alleine mit Bezug auf den Terminus „soziale Dienstleistung" zu vermerken, sondern tritt bereits bei der Definition von „Dienstleistung" auf (vgl. dazu z. B. Maleri (1997) und Rück (2000), siehe auch Kapitel 2.3).

[5]   siehe dazu Bauer (2001) und Badelt (1997b); für einen Überblick zur Kategorisierung von Definitionen Sozialer Dienste/soziale Dienstleistungen siehe Badelt (1997b).

[6]   Die Großschreibung des Begriffs soll den Organisationsbezug weiter verdeutlichen.

[7]   Für die unterschiedlichen institutionellen Formen Sozialer Dienste und die besonderen Eigenschaften von Nonprofit Organisationen sei auf Kapitel 2.4 verwiesen.

Produkt, die „soziale Dienstleistung" per se, geht, wird ausschließlich eben dieser Begriff verwendet.

Das Verständnis, das hinter dem produktbezogenen Begriff der **sozialen Dienstleistung** in dieser Arbeit steht, baut auf vorhandenen Definitionen auf und integriert diese in die Arbeitsdefinition. Unter den ausgewählten Definitionsansätzen von sozialen Dienstleistungen sind theoretisch-konzeptionelle Definitionen ebenso auszumachen wie empirische Definitionen. Erste benennen konstituierende Merkmale sozialer Dienstleistungen aus theoretischer Sicht, letztere stellen Konventionen der empirischen Erfassung dar und sind eher enumerativ angelegt. Beide Arten von Definitionen werden betrachtet, um über ihre Zusammenführung eine Definition von sozialen Dienstleistungen für diese Arbeit zu gewinnen.

Grundsätzlich sind als konstituierende Merkmale sozialer Dienstleistungen alle Merkmale zu prüfen, die Dienstleistungen im Allgemeinen auszeichnen. Auf wesentliche Eigenschaften, wie sie in der einschlägigen Literatur zur Ökonomie der Dienstleistungen behandelt sind, wird im folgenden Abschnitt rekurriert. Vorab sind zwei grundlegende Charakteristika sozialer Dienstleistungen festzuhalten: der „Tatbestand der Hilfe, des Helfens" (Badura, Gross 1976) und der unmittelbare Kontakt bzw. die Interaktion mit den Zielgruppen.

Soziale Dienstleistungen werden für benachteiligte Personen bzw. Personengruppen der Gesellschaft erstellt. Sie sind in einem weiteren Sinne Teil des Systems der sozialen Sicherung (vgl. Badura, Gross 1976) und damit in ihren Zielen in einen sozialpolitischen Zusammenhang eingebettet:

> „Die [sozialpolitische] Dienstleistungsstrategie dient der Herstellung, der Erhaltung oder Wiederherstellung der physischen, psychischen und der sozialen Existenz des einzelnen oder ganzer Gruppen oder sozialer Kategorien sowie ihrer Ausstattung mit Wissen, Fertigkeiten, Motiven und Einstellungen. Sie dient der Wiederherstellung, Sicherung und Verbesserung der physischen und kulturellen Voraussetzungen zur Teilnahme an den sozialen, ökonomischen und politischen Aktivitäten unserer Gesellschaft." (Badura, Gross 1976)

Badura und Gross (1976) verstehen als soziale Dienstleistungen zudem ausschließlich jene Dienstleistungen, die in *direktem Kontakt mit den KlientInnen* erbracht werden. Soziale Dienstleistungen heben sich dadurch von anderen Dienstleistungen, die planender, administrativer, überprüfender oder technischer Art sind, ab.

Einer allgemeingültigen inhaltlichen Abgrenzung sozialer Dienstleistungen wird Skepsis entgegengebracht. (vgl. Badura, Gross 1976) Für die Konkretisierung der inhaltlichen Ausrichtung sozialer Dienstleistungen hat sich eine Abgrenzung über Aufzählungen vielfach als geeignet herausgestellt. (vgl. dazu vor allem Badelt 1997b; Bachstein 2000). Diese empirisch orientierten Definitionsansätze nehmen entweder Bezug auf die *Personengruppen*, für die soziale Dienstleistungen bereitgestellt werden (vgl. Smith 2003b) und/oder beziehen sich auf konkrete Kategorien von Dienstleistungen (vgl. Badura, Gross 1976).

> „...social services refer to the social care provided to deprived, neglected, or handicapped children and youth, the needy elderly the mentally ill and developmentally disabled, and disadvantaged adults." (Smith 2003b)

Die Abgrenzung sozialer Dienstleistungen über *Dienstleistungskategorien* geht zurück auf Schäfer (1969). In der nachfolgenden Literatur werden diese zusammengefasst als Beratungs-, Behandlungs-, Betreuungs- und Pflegeleistungen. (vgl. dazu Badelt 1997b) Eine weiter ins Detail gehende Aufzählung ist z.B. bei Smith (2003b) zu finden und beschreibt ein beträchtliches Spektrum an sozialen Dienstleistungen, die bei der Bewältigung sozialer Probleme in unterschiedlichen Lebensphasen Unterstützung bieten:

> „These services include daycare, counseling, job training child protection, foster care, residential treatment, homemakers, rehabilitation, and sheltered workshops." (Smith 2003b)

Diese Vorgehensweisen der enumerativen Abgrenzung eignet sich insbesondere für empirische Studien, für die der Forschungsgegenstand möglichst exakt abzugrenzen ist, um ihn auch erhebungstechnisch erfassen zu können. Grundsätzlich birgt die Abgrenzung über Aufzählung jedoch das Problem in sich, dass die erstellte Liste prinzipiell für Ergänzungen offen bleibt und damit diese Vorgehensweise zu einem Ergebnis führt, das Unschärfen aufweist. Aus diesen Gründen wird für diese Studie eine Definition gewählt, die sowohl theoretisch-konzeptionelle als auch enumerative Elemente enthält:

**„Soziale Dienstleistungen"** sind Dienstleistungen, die (i) sich an benachteiligte Personen bzw. Personengruppen einer Gesellschaft (Zielgruppe) richten und (ii) der Verbesserung der Lebenssituation dieser Personen(gruppen) dienen (Zielsetzung). Sie umfassen (iii) Beratungs-, Behandlungs-, Betreuungs- und Pflegeleistungen sowie Aktivierungs-, Beschäftigungs- und Qualifizierungsleistungen, sofern sozial unterstützende Aspekte eine wesentliche

Rolle spielen (Abgrenzung der Dienstleistungsbereiche) und werden (iv) in direktem Kontakt mit den KlientInnen und damit personenbezogen erstellt (Charakterisierung des Produktionsprozesses).

Weiters wird durchgängig eine begriffliche Unterscheidung zwischen „sozialen Dienstleistungen" und „Sozialen Diensten" vorgenommen. **„Soziale Dienste"** bezeichnen Organisationen, deren Hauptaktivität in der Erstellung sozialer Dienstleistungen liegt.

## 2.2. Soziale Dienstleistungen als wirtschaftliche Tätigkeiten in nationalen und internationalen Klassifikationen

**Soziale Dienstleistungen** sind als **Wirtschaftstätigkeiten** in nationalen und internationalen Klassifikationen erfasst. Zu den bedeutendsten Klassifikationen wirtschaftlicher Tätigkeiten zählen mit weltweiter Reichweite die CPC Ver 1.1 und die ISIC Rev. 3.1; für den europäischen Raum die NACE und für Österreich die ÖNACE. Wirtschaftliche Tätigkeiten von Nonprofit Organisationen sind in der ICNPO erfasst. Die ICNPO baut auf der ISIC auf und hat in der empirischen Nonprofit Sektor Forschung weltweit Verbreitung gefunden. Im Folgenden wird die klassifikatorische Zuordnung von sozialen Dienstleistungen in der CPC Ver. 1.1[8], in der ÖNACE und in der ICNPO im Überblick dargestellt.

Die CPC Ver 1.1 – Central Product Classification – ist ein weltweites Kassifikationsschema, das sowohl Sachgüter als auch Dienstleistungen erfasst. Diese statistische Systematik wird vom Statistischen Amt der Vereinten Nationen erstellt. Soziale Dienstleistungen werden hierbei folgendermaßen strukturiert[9]:

* Soziale Dienstleistungen mit Bereitstellung einer Unterkunft:
  - institutionelle Betreuung und Pflege von älteren Menschen oder Menschen mit Behinderungen (z.B. in Alten- und Pflegeheimen, Behindertenwohnheimen)
  - institutionelle Betreuung von Kindern (z.B. in Kinderheimen, Waisenhäuser) sowie weiterer Gruppen (z. B. in Frauenhäuser, Rehabilitationseinrichtungen für Suchtkranke, Jugenderziehungsanstalten)

---

[8] Der CPC Ver 1.1 wird gegenüber der ISIC Rev. 3.1 in dieser überblicksartigen Darstellung der Vorzug gegeben, da sie eine detailliertere Aufgliederung sozialer Dienstleistungen beinhaltet.

[9] vgl. http://unstats.un.org/unsd/cr/registry/regcs.asp?Cl=16&Lg=1&Co=933 (23.7.2005)

- Soziale Dienstleistungen ohne Bereitstellung einer Unterkunft:

  - Betreuung und elementare Früherziehung von Kindern (sowie von Kindern oder Jugendlichen mit Behinderungen) während des Tages

  - auf Kinder bezogene Begleitung und Beratung (soweit anderweitig nicht genannt) (z.b. bei Kindesmissbrauch, Entwicklungsstörungen, familiären Problemen, Krisenintervention, Adoption)

  - soziale Dienstleistungen im Zusammenhang mit Armutsbekämpfung (Überprüfung von Anspruchsberechtigungen für z.b. Sozialhilfeleistungen, Mietbeihilfen, Essensgutscheine; Besuchsdienste und Haushaltshilfen für ältere Menschen oder für Menschen mit Behinderungen; Finanz- und SchuldnerInnenberatung

  - berufliche Wiedereingliederungsleistungen für erwerbslose Menschen oder Menschen mit Behinderungen sowie

  - andere anderweitig nicht erfasste ambulante oder mobile soziale Dienstleistungen

Die ÖNACE 2003 – österreichische Version der europäischen Wirtschaftstätigkeitenklassifikation – weist drei Unterklassen der Gruppe „Sozialwesen" aus:

- Altenheime: „Ganztägige soziale Betreuung von älteren Personen, wobei jedoch die medizinische Behandlung nicht im Vordergrund steht: Altenheime, Altenwohnheime, Altenpflegeheime"

- Sonstige Heime: „Ganztägige soziale Betreuung von Kindern und solchen Personengruppen, die auf fremde Hilfe angewiesen sind, wobei jedoch die medizinische Behandlung sowie die Erziehung oder Ausbildung nicht im Vordergrund stehen"

- Sozialwesen a.n.g.: „Sozial-, Beratungs-, Fürsorge-, Flüchtlingsbetreuungs-, Weitervermittlungs- und ähnliche Tätigkeiten, die durch staatliche oder private Einrichtungen, Katastrophenhilfswerke, landesweit bzw. auf lokaler Ebene tätige Selbsthilfeorganisationen, einschließlich Fachberatungsdiensten, für Einzelpersonen und Familien in deren Wohnung oder anderweitig geleistet werden"

Die dritte hier zu erwähnende und in Kapitel 2.4.2 näher ausgeführte Systematik zur Strukturierung sozialer Dienstleistungen von Nonprofit Organisationen ist in der ICNPO – International Classification of Nonprofit Organizations (vgl. für Details Salamon, Anheier 1997; United Nations 2003: 27f.) – verankert:

- Soziale Dienstleistungen (im engeren Sinn): Betreuung in Kindertagesheimen, soziale Dienstleistungen der Jugendwohlfahrt, soziale Dienstleistungen für Familien und für Menschen mit Behinderungen sowie für ältere Menschen; Selbsthilfegruppen

- Katastrophenhilfe und Notunterkünfte

- Soziale Dienstleistungen zur Unterstützung und Aufrechterhaltung des Einkommens

CPC Ver. 1.1 und die ÖNACE 2003 sind in ihrer Struktur insofern ähnlich, da sie eine Unterscheidung in soziale Dienstleistungen mit und ohne Unterkunft aufweisen. Die ICNPO enthält diese Unterscheidung sozialer Dienstleistungen nicht.

Bei detaillierter Betrachtung sind Unterschiede im Umfang der Erfassung sozialer Dienstleistungen in den jeweiligen Gruppen zu entdecken. So kennen – beispielsweise – die CPC Ver. 1.1 und die ÖNACE ausdrücklich die Wiedereingliederung erwerbsloser Personen in der Kategorie soziale Dienstleistungen an, sofern nicht die Ausbildungskomponente, sondern die soziale Unterstützung im Vordergrund steht. In der ICNPO werden diese Dienstleistungen einer anderen Untergruppe zugerechnet. Weiters ist die Tagesbetreuung von Kindern in der CPC den sozialen Dienstleistungen, in der ÖNACE jedoch dem Bildungsbereich zugeordnet. CPC und ÖNACE weisen die institutionelle Betreuung/Pflege älterer Menschen als soziale Dienstleistungen aus. In der ICNPO finden sich Pflegeheime unter den Gesundheitsdienstleistungen. Auffällig ist, dass in der ÖNACE die Unterklasse „Sozialwesen anderweitig nicht genannt" zwar die Nennung der zugehörigen sozialen Dienstleistungen aufweist, jedoch keine *tiefergliedrige* interne Struktur ersichtlich ist, nach der soziale Dienstleistungen zugeordnet werden können.

**Zusammengefasst** lässt sich festhalten, dass soziale Dienstleistungen in nationalen wie auch internationalen Klassifikationen wirtschaftlicher Tätigkeiten erfasst sind. Im Vergleich der Klassifikationen sind Unterschiede in der Anzahl der Gliederungsebenen ersichtlich. Darüberhinaus sind auch Unterschiede in der Zuordnung sozialer Dienstleistungen festzustellen, so dass für empirische Arbeiten die Bezugnahme auf die verwendete Klassifikation offen gelegt werden sollte (siehe für diese Studie Kapitel 4.1.1)

## 2.3. Eigenschaften sozialer Dienstleistungen aus ökonomischer Sicht

Dieses Teilkapitel hat den Anspruch, die spezifischen Eigenschaften „sozialer Dienstleistungen" aus ökonomischer Perspektive[10] zu charakterisieren und zu systematisieren. Dies erfolgt im Hinblick auf den weiteren Verlauf der Arbeit ausgehend von der Annahme, dass Produkteigenschaften sozialer Dienstleistungen Einfluss darauf haben, wie, wann und von wem soziale Dienstleistungen nachgefragt bzw. angeboten werden. Mittelbar wirken die Produkteigenschaften sozialer Dienstleistungen damit auf den Untersuchungsgegenstand, denn die *Beschäftigung* in Sozialen Diensten des Nonprofit Sektors wird letztlich von eben diesen Nachfrage- und Angebotsentscheidungen am Markt für soziale Dienstleistungen bestimmt (siehe dazu Kapitel 3).

Nach Badura und Gross (1976) gehen Eigenschaften sozialer Dienstleistungen sowohl auf **Eigenschaften von Dienstleistungen allgemein** als auch auf **Eigenschaften, die sich aus der Personenbezogenheit von Dienstleistungen** ableiten lassen, zurück. Im Zusammenhang mit dem sozialen Charakter der Dienstleistung kommt manchen der Merkmale personenbezogener Dienstleistungen für die Beschreibung der Produkteigenschaften sozialer Dienstleistungen eine besondere Bedeutung zu – auf diese Verknüpfung wird in der nachfolgenden Analyse besonders eingegangen.

### 2.3.1. Grundlegende Eigenschaften von Dienstleistungen

Den Ausgangspunkt der systematischen Auseinandersetzung mit sozialen Dienstleistungen bildet das Drei-Phasen-Modell der Dienstleistung von Hilke (1984) (vgl. dazu auch Maleri 1997; Göbl 2003), das mit dem Klassifikationsansatz für Dienstleistungen nach Rück (2000) kombiniert wird. Es ergibt sich daraus ein Raster grundsätzlicher Eigenschaften von Dienstleistungen, anhand derer jede konkrete Dienstleistung systematisch und vergleichend eingeordnet werden kann. Dieses Raster wird nachstehend skizziert und im folgenden Abschnitt zur Charakterisierung sozialer Dienstleistungen herangezogen.

---

[10] Diese Abgrenzung ist insofern von Bedeutung, da gerade soziale Dienstleistungen auch Forschungsfeld anderer Sozialwissenschaften, wie der Soziologie, der Sozialpsychologie sowie der Interaktions- und der Kommunikationsforschung sind (vgl. Badura, Gross 1976).

Der Begriff „Dienstleistung" ist sowohl als ökonomischer Terminus als auch als Begriff der Alltagssprache weit verbreitet. Definitionen zum Begriff „Dienstleistung" sind zahlreich und höchst unterschiedlich strukturiert. Der Referenzfall, der die Beschreibungen von Dienstleistungen durchgehend begleitet, wird durch Sachgüter gebildet. In diesem Kapitel werden unter Bezugnahme auf die einschlägige Literatur gemeinsame **angebotsseitige Merkmale** von Dienstleistungen rekapituliert mit dem Ziel, eine Basis für die Beschreibung sozialer Dienstleistungen zu entwickeln.

Für die Definition von Dienstleistungen wurden zahlreiche eindimensionale wie auch mehrdimensionale Ansätze entwickelt. (für einschlägige Vertreter dieser Ansätze siehe die Übersicht von Rück 2000) Unter den mehrdimensionalen Ansätzen hat sich das Drei-Phasen-Modell der Dienstleistung von Hilke (1984) etabliert (vgl. dazu auch Maleri 1997; Göbl 2003). Dieses Modell unterscheidet das Dienstleistungspotenzial, den Dienstleistungsprozess und das Dienstleistungsergebnis als drei „Phasen" der Dienstleistung:

**Abbildung 1: Phasen der Dienstleistung nach Hilke (1984)**

| Dienstleistungspotenzial ⇨ Dienstleistungsprozess ⇨ Dienstleistungsergebnis |
| --- |

Quelle: eigene Darstellung nach Hilke (1984)

Rück (2000: 21) klassifiziert Dienstleistungen mit Hilfe eines fünfgliedrigen Schemas. Dieses ermöglicht zum einen eine vertiefende Betrachtung der „Phasen" der Dienstleistung und bringt zum anderen Erweiterungen der Dimensionen, nach denen Dienstleistungen kategorisiert werden. Rück (2000) unterscheidet Dienstleistungen nach (i) der anbietenden und (ii) der nachfragenden Institution, (iii) nach dem Leistungsobjekt, (iv) nach dem Prozess der Leistungserstellung sowie (v) nach dem Grad der Entgeltlichkeit der Leistungsabgabe. Der letztgenannte Aspekt, wie auch ergänzende Beobachtungen von Decker (1975), Hilke (1984) und Maleri (1997) deutlich machen, betrifft das Dienstleistungsergebnis. Daher wird das Dienstleistungsergebnis als kategorisierende Dimension von Dienstleistungen hier mit aufgenommen und beinhaltet unter anderem den Grad der Entgeltlichkeit der Leistungsabgabe. Anhand des dargestellten Rasters sind Dienstleistungen grundsätzlich – und damit auch soziale Dienstleistungen (siehe Kapitel 2.3.2) – wie folgt zu beschreiben:

(i) Dienstleistungen nach der anbietenden Institution

Rück (2000) unterscheidet in dieser Merkmalsdimension Dienstleistungen danach, von welchem **institutionellen Sektor** einer Volkswirtschaft diese erstellt werden: von privatwirtschaftlichen Unternehmen, geprägt von der Dominanz des Gewinnprinzips; von öffentlichen oder gemeinnützigen Institutionen oder von privaten Haushalten.

(ii) Dienstleistungen nach der nachfragenden Institution

In dieser Kategorie werden Dienstleistungen der Zielgruppe nach systematisiert. Die Merkmalsausprägungen dieser Kategorie unterscheiden Dienstleistungen, die an EndverbraucherInnen gerichtet sind, von **produktions- bzw. unternehmensbezogenen** Dienstleistungen. Erstere werden auch als direkte Dienstleistungen bezeichnet und sind unmittelbar **verbrauchsorientiert**. (vgl. dazu auch Decker 1975). Letztere sind in den Produktionsprozess von Gütern integriert oder dienen der Erhaltung und Erneuerung von Gütern. Sie werden auch als sachkomplementäre Dienstleistungen bezeichnet (vgl. Decker 1975).

(iii) Dienstleistungen nach Art des Leistungsobjekts (des externen Faktors[11])

Zentraler Anspruch dieser Merkmalsdimension ist die Unterscheidung von **personenbezogenen** Dienstleistungen und **güterbezogenen** Dienstleistungen. Personenbezogenen Dienstleistungen werden an und mit Unterstützung von Individuen erbracht. Güterbezogene Dienstleistungen werden an Sachgütern vorgenommen.

(iv) Dienstleistungen nach der Grundlage und der Gestaltung des Produktionsprozesses

Rück (2000: 20) differenziert hier zunächst die **auftragsorientierte** Dienstleistung von der **erwartungsorientierten** Dienstleistung. Erstere wird nach Auftrag der LeistungsnehmerInnen erstellt. Bei erwartungsorientierten Dienstleistungen – wie z. B. Linienflügen – werden die Dienstleistungen erstellt und können laufend genutzt werden. Art, Umfang, Zeit, Material und/oder Verfahren der Dienstleistung werden bei der auftragsorientierten Dienstleistung mit individuellem Zuschnitt auf die LeistungsnehmerInnen und

---

[11] siehe dazu ausführlicher Kapitel 2.2.1

bei der erwartungsorientierten Dienstleistung bei weitgehender Standardisierung von LeistungsanbieterInnen bestimmt.

Das Produkt „Dienstleistung" ist zum Zeitpunkt der Einigung über die Inanspruchnahme von DienstleistungserstellerInnen und DienstleistungsnehmerInnen nicht vorhanden (vgl. Maleri 1997).[12] Dienstleistungen können daher ausschließlich in Form von **Leistungsversprechen** bzw. einer unmittelbaren Leistungsbereitschaft angeboten werden. Der Begriff „*Dienstleistungspotenzial*" im Drei-Phasen-Modell der Dienstleistung (siehe Abbildung 1) beschreibt folgerichtig zunächst die Fähigkeit zur Erbringung einer Dienstleistung, die aus der Kombination der internen Produktionsfaktoren resultiert.

In die Dimension „Dienstleistungspotenzial" lässt sich auch die Differenzierung der Dienstleistung **nach dem dominanten Produktionsfaktor** einordnen, die sich bei Corsten (1985) findet. Corsten (1985) unterscheidet drei Gruppen von Dienstleistungen nach der Intensität des Einsatzes der beiden Produktionsfaktoren „Betriebsmittel" und „menschliche Arbeitskraft": In der ersten Gruppe dominiert die menschliche Arbeitsleistung als Produktionsfaktor, Betriebsmittel werden ergänzend oder unterstützend eingesetzt. Die zweite Gruppe ist von einer ausgewogenen internen Kombination von Arbeitsleistungen mit Betriebsmitteln geprägt und in der dritten Gruppe dominieren die Betriebsmittel den Produktionsprozess. Die menschliche Arbeitsleistung ist hier nur in kontrollierender oder steuernder Form tätig.

Entgegen der verbreiteten Meinung, dass Dienstleistungen nur in geringem Ausmaß standardisierbar, automatisierbar und rationalisierbar sind, bringt Rück (2000) ein, dass in Abhängigkeit vom Dienstleistungsbereich sehr wohl **Standardisierungen** erreicht werden und daher Dienstleistungen auch mit weniger Leistungsindividualität erstellt werden können.

Das technische Abgrenzungsmerkmal der Dienstleistungs- von der Sachgüterproduktion ist die **Integration und Transformation des externen Faktors**. Der *Produktionsprozess der Dienstleistung* unterscheidet sich dadurch ganz wesentlich von Produktionsprozessen von Sachgütern: Damit ist die Voraussetzung jeder Dienstleistung angesprochen, dass NachfragerInnen sich selbst oder die ihnen gehörenden Güter in den Dienstleistungsprozess

---

[12] Jedoch ist dieses kein ausschließliches auf Dienstleistungen bezogenes Charakteristikum. Rück (2000) weist darauf hin, dass ein Angebot über Leistungsversprechen auch bei der auftragsorientierten Sachgüterproduktion erfolgt.

einbringen müssen. KundInnen sind zugleich AbnehmerInnen und MitproduzentInnen der gewünschten Dienstleistung. Aus Sicht der LeistungsanbieterInnen bilden LeistungsnehmerInnen bzw. deren Güter einen von ihnen selbst nicht beeinflussbaren und daher externen Faktor. Dieser wird in den Dienstleistungserstellungsprozess integriert und erfährt im Dienstleistungsprozess eine Transformation, d.h. sein Zustand verändert sich (vgl. Rück 2000).

Externe Faktoren können Menschen, aber auch Objekte sein. Maleri (1997) unterscheidet drei Grundtypen externer Faktoren: erstens: materielle und/oder immaterielle Güter, die von den LeistungsnehmerInnen in den Produktionsprozess eingebracht werden; zweitens: die passive Beteiligung der DienstleistungsnehmerInnen und drittens: die aktive Beteiligung der DienstleistungsnehmerInnen am Dienstleistungsprozess. Den KundInnen kommt bei personenbezogenen Dienstleistungen eine besonders bedeutende Rolle im Produktionsprozess zu (vgl. Gross 1993). Die NachfragerInnen selbst und weniger die ihnen gehörenden Güter stellen in diesem Fall den externen Faktor dar.

Das „**Uno-Actu-Prinzip**" bezeichnet die Simultanität von Leistungserstellung und Inanspruchnahme der Dienstleistung (vgl. Rück 2000). Personenbezogene Dienstleistungen bedingen eine zeitgleiche Präsenz von ProduzentIn und KundIn (vgl. Gross 1993)[13]. Da die Produktion der Dienstleistung die Integration des externen Faktors erfordert, ist es erforderlich, dass die LeistungsnehmerInnen entweder zu den LeistungserstellerInnen, oder umgekehrt, dass AnbieterInnen zu den LeistungsnehmerInnen kommen (vgl. Rück 2000). Leistungserstellung und Leistungsinanspruchnahme erfolgen nicht unabhängig voneinander, Produktion und Absatz können zeitlich nicht entkoppelt werden. Die Folge ist, dass Dienstleistungen **nicht auf Vorrat** produziert und daher auch nicht auf Lager gehalten werden können. Somit kann

---

[13] Unter dem Schlagwort „Veredelung" von Dienstleistungen werden Entkoppelungen von Leistungserstellung und deren Inanspruchnahme diskutiert (vgl. Rück 2000). Die Aufzeichnung von Dienstleistungsprozesse auf Trägermedien, wie Videobändern, CD-Roms etc. speichert den physisch einmal erfolgten Dienstleistungsprozess auf einem Medium, das diese Dienstleistung immer wieder reproduziert – eine zeitversetzte Produktion von Dienstleistungen wird damit möglich.

auch die Nachfrage in Spitzenlastzeiten nicht aus Lagerbeständen gedeckt werden.[14]

Die **Ortsgebundenheit** der Dienstleistungsproduktion ist in dem Sinne zu verstehen, dass Dienstleistungen an sich – im Gegensatz zu Sachgütern – nicht transportierbar sind. Erforderlich ist – wie bereits oben beschrieben – dass jene Personen, die die Leistung erstellen, und jene, die sie konsumieren, in Kontakt kommen müssen. Ist dies nicht möglich, so kann die Dienstleistung nicht erstellt werden.

(v) Dienstleistungsergebnis

Unter dem Ergebnis einer Dienstleistung wird die bewirkte Veränderung der Zustandseigenschaften des Leistungsobjektes verstanden (vgl. Rück 2000). Den Ergebnissen des Dienstleistungsprozesses wird **Immaterialität** zugeschrieben (vgl. Decker 1975)[15]. Nach Rück (2000) ist dieses Merkmal der Immaterialität jedoch nicht geeignet, Dienstleistungen von Sachleistungen zu unterscheiden: Manche Dienstleistungsprozesse führen auch zu materiellen Dienstleistungsergebnissen. Der Haarschnitt einer Friseurin/eines Friseurs symbolisiert solche materiellen Ergebnisse. Festgehalten werden kann jedoch, dass Dienstleistungsprozesse nicht in jedem Fall – unähnlich der Sachgüterproduktion – zu materiellen Ergebnissen führen, sondern dass am Ende des Leistungsprozesses auch immaterielle Ergebnisse zu erwarten sind bzw. diese explizit bezweckt werden. So führt die Vermittlung von Wissen – eine Informationsdienstleistung – in Bezug auf bestimmte Sachverhalte zu einem erweiterten Kenntnisstand der informierten Personen. Dieser erweiterte Wissenstand ist unmittelbar nicht materiell abzubilden. Folge der Immaterialität von Dienstleistungsergebnissen sind Schwierigkeiten der Operationalisierung des Outputs (vgl. Maleri 1997).

Leistungsversprechen sowie die spätere Qualität der Dienstleistung können von den KundInnen nur aufgrund von Vorwissen, *nach* einmal erfolgter Inan-

---

[14] Es sei in diesem Zusammenhang darauf hingewiesen, dass auch in der auftragsorientierten Sachgüterproduktion ebenfalls nicht auf Vorrat produziert werden kann (vgl. Maleri 1997) und daher dieses Merkmal kein ausschließliches für Dienstleistungen geltendes Merkmal ist.

[15] Ein anderes Verständnis von Immaterialität findet sich bei Maleri (1997). Die Immaterialität von Dienstleistungen resultiert daraus, dass die Ergebnisse der Dienstleistungsproduktion dadurch zustande kommen, dass im Produktionsprozess keine materiellen Substanzen im Sinne von Rohstoffen eingesetzt werden.

spruchnahme, beurteilt werden. Diese Art von Gütern werden in der ökonomischen Literatur als **Erfahrungsgüter**[16] bezeichnet. Ist auch nach dem Gebrauch ein Gut von den KundInnen in seiner Qualität nicht einschätzbar, so gilt dieses als Merkmal für **Vertrauensgüter**[17]. In Abhängigkeit vom Informationsgrad der KundInnen über die Qualität der Dienstleistung werden Dienstleistungen generell auch als Erfahrungs- und/oder Vertrauensgüter bezeichnet.

Ein weiteres Merkmal eines Produktes stellt die **Kondition der Leistungsabgabe** dar. Bezogen auf Dienstleistungen werden Dienstleistungen, für die ein Entgelt zu entrichten ist Dienstleistungen gegenübergestellt, die unentgeltlich erbracht werden.

Abbildung 2 fasst die wesentlichen Klassifikationskriterien für (soziale) Dienstleistungen zusammen.

---

[16] Nelson (1970) verwendet die Begriffe Suchgüter und Erfahrungsgüter, um den unterschiedlichen Informationsgrad der KundInnen über die Qualität von Gütern begrifflich zu fassen. Im Fall der Suchgüter können KundInnen auch ohne Nutzung des Gutes durch Informationssammlung ein Urteil über die Qualität des Produktes fällen. Erfahrungsgüter bedingen die Nutzung, um Informationen über die Qualität des Gutes zu gewinnen.

[17] Diese Terminologie geht zurück auf Darby und Karni (1973), die damit den Ansatz von Nelson (1970) erweitert haben.

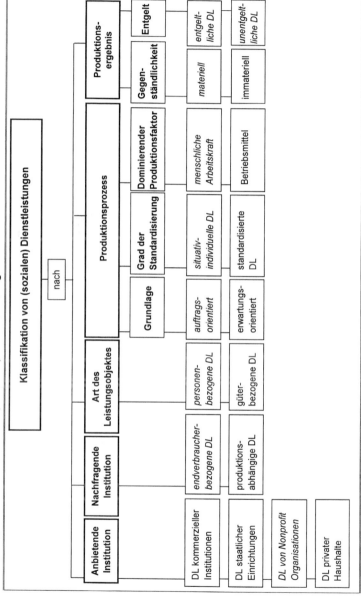

**Abbildung 2: Klassifikation von (sozialen) Dienstleistungen**

Quelle: eigene Darstellung nach Rück (2000) – Hervorhebung (kursiv) der dominierenden Merkmale sozialer Dienstleistungen des Nonprofit Sektors

## 2.3.2. Eigenschaften sozialer Dienstleistungen

Dieses Teilkapitel fokussiert auf spezifische Eigenschaften von sozialen Dienstleistungen. Dabei wird auf jene oben dargelegten Eigenschaften von (personenbezogenen) Dienstleistungen Bezug genommen und mit Ausprägungen sozialer Dienstleistungen illustriert[18]. Eine solche Systematisierung gerade personenbezogener Dienstleistungen, ist in der ökonomischen Literatur eher rar[19]. Darüber hinaus wird in einem zweiten Schritt eine Einschätzung der Marktfähigkeit sozialer Dienstleistungen vorgenommen.

(i) Soziale Dienstleistungen nach der anbietenden Institution

Die Klassifikation von Rück (2000) eröffnet Raum für unterschiedlichste institutionellen Formen des Angebots sozialer Dienstleistungen. Damit werden sowohl Einrichtungen des öffentlichen Sektors, Nonprofit Organisationen und Unternehmen des privaten gewinnorientierten Sektors einbezogen. Gemäß Rück (2000) sind auch Personen des informellen Sektors (Familien, Haushalte) als Anbieterinnen von (sozialen) Dienstleistungen zu betrachten. (siehe dazu auch Kapitel 2.3) Im Hinblick auf die Merkmalsdimension „anbietende Institution" werden im Rahmen dieser Studie soziale Dienstleistungen untersucht, die von Nonprofit Organisationen erstellt werden.

(ii) Soziale Dienstleistungen nach der nachfragenden Institution

Aus nachfrageseitiger Perspektive handelt es sich bei sozialen Dienstleistungen um Dienstleistungen, die von **EndverbraucherInnen** bezogen werden. Die in der Dienstleistungsökonomie als EndverbraucherInnen bezeichneten NutzerInnen sind im Falle sozialer Dienstleistungen überaus heterogene Gruppen. Da sich soziale Dienstleistungen an benachteiligte Personen bzw. Personengruppen einer Gesellschaft wenden, kann das mögliche Zielgruppenspektrum sehr breit sein. Zu den besonderen Eigenschaften der Zielgruppen sozialer Dienstleistungen siehe auch (iv – externer Faktor).

---

[18] Die in Folge genannten Eigenschaften sozialer Dienstleistungen leiten sich aus den Merkmalen (personenbezogener) Dienstleistungen ab. Die Ausführungen erheben daher nicht den Anspruch, dass die genannten Merkmale sozialer Dienstleistungen nur bei diesen und nicht bei anderen Typen von Dienstleistungen zu finden sind.

[19] Zwar finden sich in der einschlägigen Literatur zur Dienstleistungsökonomik Hinweise auf besondere Merkmale personenbezogener Dienstleistungen; eine systematische Ausführung wird jedoch vermisst.

Das Angebot Sozialer Dienste richtet sich jedoch nicht in jedem Fall an die unmittelbaren *NutzerInnen* der sozialen Dienstleistungen. Dies sei anhand von zwei Beispielen illustriert. Die Entscheidung über ein Kinderbetreuungsangebot obliegt den Eltern. Sie treffen eine Nachfrageentscheidung nach Betreuungsleistungen für ihre Kinder, den eigentlichen Nutzern der Tagesbetreuung. Umgekehrt treffen in Fällen hochgradiger Pflegebedürftigkeit z. B. die erwachsenen Kinder der zu pflegenden Personen die Wahl über jene Unterstützungsleistungen, die ihren pflegebedürftigen Eltern zugute kommen. Auch bei besachwalteten Personen sind es nicht diese, sondern die jeweiligen SachwalterInnen, die Nachfrageentscheidungen (auch) für soziale Dienstleistungen treffen können. In allen drei Fällen sind NutzerInnen und EntscheidungsträgerInnen nicht dieselben Personen.

Nicht immer sind KlientInnen/KundInnen Sozialer Dienste daher auch *NachfragerInnen* im ökonomischen Sinne. Bei sozialen Dienstleistungen fallen Zahlungsfähigkeit und Bedarf nicht in jedem Fall zusammen. Dies gilt interpersonal – wie in den oben skizzierten Fällen der mangelnden bzw. eingeschränkten Geschäftsfähigkeit von Personen – und findet abstraktere Ausprägungen in Formen stellvertretender Nachfrage, die von SpenderInnen und der öffentlichen Hand ausgeübt wird. Private SpenderInnen wie auch der öffentliche Sektor übertragen Sozialen Diensten finanzielle Mittel, damit diese Einrichtungen soziale Dienstleistungen für ihr Klientel/ihre Zielgruppe erstellen. Soziale Dienste haben daher – strukturell gesehen – (auch) andere „nachfragende Institutionen" als nur die unmittelbaren NutzerInnen der sozialen Dienstleistung. (siehe dazu Kapitel 3.2.2)

(iii) Leistungsobjekt von sozialen Dienstleistungen

Soziale Dienstleistungen sind personenbezogen.[20] Objekt der Dienstleistung ist nicht ein Gegenstand, wie beispielsweise der Aufzug, an dem Wartungsarbeiten durchgeführt werden; sondern Personen stehen im Zentrum der sozialen Dienstleistung[21]. Die Grenzen des Personenbezugs sind jedoch nicht in jedem Fall eindeutig zu ziehen und weisen zahlreiche Graubereiche auf: Zu den sozialen Dienstleistungen zählen auch Unterstützungsangebote, wie

---

[20] Darunter ist nicht nur die individuelle, sondern auch die Ausrichtung der Dienstleistungen auf Personen*gruppen* (wie sie z.b. in der Gemeinwesenarbeit erfolgt) zu verstehen.

[21] Die Einordnung sozialer Dienstleistungen als personenbezogene Dienstleistung findet sich auch z. B. bei Bauer (2001) und Münter (2002).

sie für die Haushaltsführung durch die Heimhilfe oder mittels „Essen auf Rädern" (Essenszustellung) angeboten werden. Auch wenn sich die Tätigkeiten nicht unmittelbar an die Person richten, besteht der personelle Bezug in der Unterstützung der persönlichen Alltagsarbeit von Menschen, die diese alleine nicht vollbringen können. Diese „instrumentellen Aktivitäten des täglichen Lebens" (vgl. Katz et al. 1970) sind zentraler Bestandteil der Unterstützung vor allem älterer, behinderter und pflegebedürftiger Menschen.

(iv) Produktionsprozess sozialer Dienstleistungen

Soziale Dienstleistungen werden in der Regel **auftragsorientiert** angeboten, d.h. die soziale Dienstleistung wird in der Mehrzahl der Fälle erst nach Auftrag erstellt. In manchen Notsituationen sieht das Gesetz ein Einschreiten „von Amts wegen" vor. In diesen Fällen wird die anbietende Institution aufgrund eines gesetzlichen Auftrags tätig. Regelungen, die dieses illustrieren finden sich z. B. in den Landes-Jugendwohlfahrtsgesetzen.

Das allgemeine Merkmal von Dienstleistungen in der Phase „Dienstleistungspotenzial" – dass lediglich das **Leistungsversprechen**, die Leistungsfähigkeit, aber nicht die Dienstleistung selbst angeboten werden kann – gilt auch für soziale Dienstleistungen (siehe Kapitel 2.3.1). Ein Umstand, der hohe Anforderungen an das Vertrauen der NutzerInnen und der NachfragerInnen sozialer Dienstleistungen an die Person bzw. Institution, die die soziale Dienstleistung erbringt, stellt. Nicht ein bereits erstelltes Produkt wird Grundlage der Kauf- bzw. Nutzungsentscheidung, sondern ein Leistungsversprechen bzw. eine demonstrierte Leistungsfähigkeit.

Bezogen auf den **Grad der Standardisierung der Dienstleistung** ist nach dem Typ der sozialen Dienstleistung zu differenzieren. Einige soziale Dienstleistungen – wie z.B. die Zulieferung von Mahlzeiten („Essen auf Rädern") – werden auch standardisiert angeboten. Die Arbeitsabläufe sind dabei weitgehend festgelegt und nur in Ausnahmefällen werden individuelle Anpassungen vorgenommen. Bei anderen sozialen Dienstleistungen – wie z.B. Krisenintervention – ist es erforderlich, individuell auf die KlientInnen einzugehen, um eine Verbesserung ihrer Lebenssituation einzuleiten bzw. zu erreichen. Die Abgrenzung des Grades der Standardisierung ist nicht immer so deutlich – ein höheres Ausmaß an individuellem Zuschnitt der sozialen Dienstleistung ist dann zu vermuten, wenn eine ganzheitliche Betreuung der KlientInnen angestrebt wird und die Arbeitsteilung in der jeweiligen Organisation nicht weit fortgeschritten ist.

In der Produktion sozialer Dienstleistungen dominiert der Faktor **„menschliche Arbeitskraft"**. Da es sich gleichzeitig um personenbezogene Dienstleistungen handelt, spricht Corsten in diesem Fall von einer „bilateral personenbezogenen" Dienstleistung (Corsten, 1985: 227 sowie 231). In einigen Feldern sozialer Dienstleistungen sind beträchtliche kapitalintensive Betriebsmittel erforderlich, um die soziale Dienstleistung zu erstellen – so in jenen Bereichen, die sehr geräteintensiv sind. Soziale Dienstleistungen, die zentrale Inputfaktoren jenseits der menschlichen Arbeitskraft erfordern, finden sich in z. B. Alten- und Pflegeheimen bzw. Einrichtungen, die Wohnmöglichkeiten für andere Personengruppen bereitstellen. Hier ist der Grund, die Errichtung und Einrichtung des Hauses elementare Voraussetzung für die Erstellung der sozialen Dienstleistung. Dennoch kommt der menschlichen Arbeitskraft in diesen Einrichungen eine bedeutende Rolle zu. In einer betriebsmitteldominierten Produktion übernehmen Arbeitskräfte dagegen vorwiegend maschinenkontrollierende Tätigkeiten (siehe 2.2.1 – iv).

Die Personenbezogenheit sozialer Dienstleistungen und damit ihre Ausrichtung auf den Menschen selbst, erfordert die Anwesenheit und/oder die Beteiligung der KlientInnen im Zuge des Erstellungsprozesses (vgl. Badura, Gross 1976). Damit ist auf konzeptueller Ebene die **Integration des „externen Faktors"** in den Dienstleistungserstellungsprozess gemeint. Der Begriff des externen Faktors bezieht sich bei personenbezogenen Dienstleistungen auf die Menschen, die diese Dienstleistungen in Anspruch nehmen. Der „externe Faktor" bezeichnet in manchen Fällen nicht nur eine – in der Regel die hilfesuchende – Person, sondern kann sich bei sozialen Dienstleistungen auch auf das persönliche Umfeld dieser Personen beziehen. Bei Beratungen bei familiären Problemen erstreckt sich die soziale Dienstleistung auch auf jene Personen, die z.B. im selben Haushalt wohnen. Die soziale Dienstleistung bezieht sich hier auf eine Gruppe von Personen.

Soziale Dienstleistungen sind dadurch charakterisiert, dass die KlientInnen im Zentrum des Dienstleistungsprozesses stehen und dass zwischenmenschliche, interaktive bzw. betreuende Komponenten für den Dienstleistungsprozess daher essentiell sind. Die Interaktion mit den KlientInnen im Rahmen der Erstellung sozialer Dienstleistungen hat daher nicht nur eine professionell fachliche Komponente, sondern auch eine **emotionale Kom-**

**ponente**, die aus der Beziehungsarbeit mit den KlientInnen resultiert. Bachstein (2000) weist darauf hin, dass die „Rolle des Emotionalen" in kommerziellen Produktionsprozessen kaum thematisiert wird, bei sozialen Dienstleistungen für die Qualität der Arbeit jedoch nicht zu ignorieren ist.

Der externe Faktor hat im Falle sozialer Dienstleistungen nicht nur prozessbezogene Besonderheiten, sondern bezieht Menschen in den Produktionsprozess ein, die besondere Eigenschaften aufweisen und daher das Prozessgeschehen anders beeinflussen als dies bei anderen Dienstleistungen der Fall ist. An Soziale Dienste wenden sich Menschen, die sich in einer *sozialen Notlage* befinden. Soziale Dienstleistungen setzen an *elementaren Bedürfnissen* der hilfesuchenden Menschen an. Bachstein (2000) meint, dass damit die NutzerInnen von sozialen Dienstleistungen als „sichtbares Zeichen der ‚Probleme' bzw. der Benachteiligungen innerhalb einer Gesellschaft gesehen werden könnten, die nach bestimmten Vorstellungen gar nicht existent sein dürften". KlientInnen sozialer Dienstleistungen sind in manchen Fällen direkt mit einer ablehnenden gesellschaftlichen Haltung ihnen gegenüber konfrontiert.

Zugleich impliziert die Bewältigung von Notsituationen auch eine *Dringlichkeit der Nutzung* sozialer Dienstleistungen (vgl. Badura, Gross 1976). Das Aufsuchen Sozialer Dienste kann auch als Anzeichen dafür gesehen werden, dass die Bemühungen im privaten Umfeld, die Situation zu meistern, nicht erfolgreich waren. Die benötigte Hilfe wird bei den Sozialen Diensten gesucht.

In der Regel werden soziale Dienstleistungen von den KlientInnen freiwillig in Anspruch genommen. Bei manchen sozialen Dienstleistungen erfolgt die Nutzung jedoch nicht auf freiwilliger Basis. Ein Beispiel dafür ist die Bewährungshilfe, die auf einer richterlichen Weisung beruht. Die richterliche Weisung kann dabei einerseits aus einem Diversionsverfahren (außergerichtliche Einstellung eines Verfahrens mit einer bestimmten Auflage an den/die Beschuldigten) stammen (§ 90 b in Verbindung mit § 90 g Abs. 4 StPO, § 29ff. BewHG) oder andererseits in einem strafrechtlichen Prozess im Urteil ausgesprochen werden (§ 494 StPO). Daraus resultiert die Verpflichtung, in vorgegeben Abständen mit den BewährungshelferInnen in Kontakt zu treten. Das bedeutet, es wird einerseits die generelle Inanspruchnahme und andererseits die Häufigkeit der Inanspruchnahme vorgegeben bzw. justiziell gelenkt. Dies hat Einfluss auf den Interaktions- und Dienstleistungsprozess und deren Gestaltung.

Maleri (1997) unterscheidet zwei Aktivitätsgrade der KundInnen – die aktive und die passive Beteiligung am Dienstleistungserstellungsprozess. Die **Intensität der Beteiligung von KlientInnen an der Erstellung von sozialen Dienstleistungen** hängt von der jeweiligen sozialen Dienstleistung ab. So kann das Wechseln eines Verbandes im Zuge der medizinischen Hauskrankenpflege mit einer relativ passiven Beteiligung der PatientInnen ausgeführt werden. Demgegenüber ist beispielsweise bei Beratungen zur Verbesserung der Lebenssituation (z.b. bei Verschuldungsfragen) mehr als eine passive Anwesenheit erforderlich. Hier ist die aktive Teilnahme der KundInnen im Prozess der Erstellung sozialer Dienstleistungen notwendig. Die aktive Beteiligung äußert sich in diesem Beispiel in der Offenlegung von Informationen über die gegenwärtige persönliche Situation bzw. finanzielle Lage sowie an der Mitwirkung der Betroffenen bei der Suche nach Lösungswegen. In manchen Fällen ist es entscheidend, die Beteiligung der KlientInnen in eine – über die zum Zeitpunkt der Erbringung der Dienstleistung hinausgehende – Aktivierung auszubauen und sie für die Umsetzung der vereinbarten Maßnahmen zu gewinnen. Dies ist z. B. der Fall, wenn Verhaltensmuster verändert werden sollen.

Aus ökonomischer Sicht fallen bei personenbezogenen Dienstleistungen Produktion und Konsumation zusammen (s.o. **„Uno-Actu-Prinzip"**). Eine Produktion sozialer Dienstleistungen auf Vorrat ist daher ebenso – wie bei Dienstleistungen generell – nicht möglich. Das Uno-Actu-Prinzip setzt voraus, dass Menschen mit sozialen Benachteiligungen bereits soziale Einrichtungen aufgesucht haben. Vielfach ist gerade bei sozialen Dienstleistungen dieses Aufsuchen der sozialen Einrichtungen bei Vorliegen von Notlagen nicht vorauszusetzen. So dass auch Maßnahmen gesetzt werden müssen, die „den ersten Kontakt" der KlientInnen mit der Einrichtung herstellen, damit der Dienstleistungsprozess überhaupt einsetzen kann.

Im Zusammenhang mit der *Ortsgebundenheit* von Dienstleistungen übt die regionale Verfügbarkeit der sozialen Dienstleistungen einen speziellen Einfluss auf die Nutzung(smöglichkeit) der Angebote Sozialer Dienste aus. Personen mit sozialen Problemen und damit potenzielle KundInnen Sozialer Dienste sind in der Regel in ihrer Mobilität eingeschränkt und daher auf Problemlösungen vor Ort angewiesen. Die Ursachen der eingeschränkten Mobilität können vielfältig sein. Sind es bei pflegebedürftigen Menschen physische Beeinträchtigungen und bei der Kinderbetreuung die Wegkosten, so geht es in anderen Bereichen sozialer Dienstleistungen darum, an den Orten Angebote einzurichten, an denen sich bedürftige Menschen aufhalten, um damit Zugangsschwellen abzubauen und einen ersten Kontakt zu Personen zu schaffen, die nicht aktiv und von sich aus Unterstützung suchen.[22]

Eine physische *Anwesenheit* der KlientInnen ist bei sozialen Dienstleistungen die Regel, jedoch ist sie nicht in jedem Fall erforderlich. Soziale Dienstleistungen, wie Beratungen und Information für Personen in Notlagen können auch über Telefon oder sonstige Medien der Telekommunikation erbracht werden (z.b. Pflegetelefon des Sozialministeriums, Notruftelefon der Frauenhäuser). Von zentraler Bedeutung ist, dass die Hilfesuchenden selbst – so sie in der Lage dazu sind – Kommunikations- und InteraktionspartnerInnen sind und damit in den Dienstleistungserstellungsprozess involviert werden.

Für die Gültigkeit des Uno-Actu-Prinzips lassen sich für soziale Dienstleistungen auch Ausnahmen finden: Zeitversetzte Kommunikationsformen, wie e-mails, ziehen auch in diesen Bereich der Dienstleistungen ein und finden bei manchen sozialen Dienstleistungen – insbesondere bei Beratungsdienstleistungen – bereits Anwendung.

Mengen (1993) betont, dass bereits der Dienstleistungsprozess und nicht nur das Dienstleistungsergebnis Quelle des Nutzens ist. In vielen Bereichen sozialer Dienstleistungen spielt Zeit (in Form von sofortiger Hilfe aber auch in Form von Zeit für Kommunikation und Zuwendung) eine wichtige Rolle (vgl. Decker 1997). Diese Eigenschaft sozialer Dienstleistung trägt dazu bei, dass sich der Produktionsprozess arbeitsintensiv gestaltet und von zentraler Bedeutung ist. Vielfach ist es der **Erstellungsprozess selbst**, der essenziell für das Wesen sozialer Dienstleistungen und deren Erfolg ist (vgl. Badelt 1997b).

(v) Ergebnis sozialer Dienstleistungen

Ziel sozialer Dienstleistungen ist die Verbesserung der Lebenssituation der KlientInnen. Das Ergebnis des Dienstleistungsprozesses sollte daher der veränderte und/oder stabilisierte physische, psychische Zustand bzw. die

---

[22] Soziale Dienstleistungsanbietende reagieren darauf mit mobilen Angebotsformen, die auf diese Bedürfnisse der KlientInnen flexibel eingehen. Darunter sind beispielsweise im Pflegebereich mobile Betreuungsdienste und im Kinderbetreuungsbereich Angebote, wie die „Flying Nannies" ebenso zu finden, wie für den Bereich der Obdachlosenhilfe der „Luise-Bus" und der „Vinzi-Bus", die bedürftigen und obdachlosen Menschen sowohl eine medizinische Erstversorgung als auch Tee und Lebensmittel bereitstellen.

verbesserte soziale Lage der KlientInnen sein: Soziale Dienstleistungen zur Verbesserung der physischen Verfassung erstrecken sich von der Versorgung mit Nahrungsmitteln über die medizinische Hauskrankenpflege und andere pflegerische Tätigkeiten bis hin zur Sicherung von Wohn- bzw. Übernachtungsmöglichkeiten. Das Spektrum sozialer Dienstleistungen zur Verbesserung der psychischen Verfassung umfasst die Vermittlung von Wissen und die Veränderung von Lebenseinstellungen genauso wie die Aktivierung von Fähigkeiten. Integrative Dienstleistungen, Dienstleistungen zur Erhöhung von Kompetenzen bis hin zu finanziellen Zuwendungen können dazu beitragen, die soziale Lage der KlientInnen sozialer Einrichtungen zu stabilisieren.

Die Definition des Ergebnisses sozialer Dienstleistungen ist jedoch keineswegs unumstritten. So kann einerseits der Output des Dienstleistungsprozesses und andererseits der Outcome eines Dienstleistungsprozesses als Ergebnis angesehen werden. Anhand von Schulungsmaßnahmen für Arbeitslose sei dieser Unterschied kurz illustriert: unmittelbarer Output einer Schulung von Arbeitslosen ist die Erhöhung der fachspezifischen Kompetenzen der TeilnehmerInnen nach Abschluss der Schulung; als Outcome dieser Dienstleistung könnte die Integration in das Erwerbsleben definiert werden. Die Ergebnismessung unterscheidet sich daher, welches Verständnis über das Ergebnis einer sozialen Dienstleistung vorherrscht. Eine Output-Messung würde sich in Indikatoren, wie Quote der positiven Abschlussprüfungen abbilden; eine Outcome-Orientierung hätte Maße, wie Vermittlungsquoten (Anteil der in das Erwerbsleben integrierten TeilnehmerInnen an allen TeilnehmerInnen) zur Folge.

Abgesehen von der Definition des Ergebnisses sozialer Dienstleistungen können – insbesondere, wenn die Dienstleistung immaterieller Art ist – Messprobleme der Ergebnisse sozialer Dienstleistungen auftreten.

Die Charakterisierung des Ergebnisses von Dienstleistungen in Bezug auf deren **immateriellen Charakter** ist umstritten (siehe Kapitel 2.3.1). Im Falle sozialer Dienstleistungen, vor allem bei Beratungs- und Betreuungsleistungen, ist der immaterielle Charakter des Dienstleistungsergebnisses ein wesentliches Merkmal (siehe auch Decker 1997). Veränderter Informationsstand, erweiterte Kompetenzen und Fähigkeiten sind Ergebnisse sozialer Dienstleistungen, die nicht greifbar und damit als immateriell zu qualifizieren sind. Dagegen führen beispielsweise die Bereitstellung von Übernachtungsmöglichkeiten für Obdachlose, die Ausgabe von warmen Mahlzeiten und das

Anlegen eines Wundverbandes durchaus zu *materiellen* Ergebnissen der jeweiligen sozialen Dienstleistung.

Für die meisten sozialen Einrichtungen ist das Produktionsergebnis die soziale Dienstleistung selbst. Im Falle anderer Sozialer Dienste ist die soziale Dienstleistung nicht auf den ersten Blick am Output der Organisation ersichtlich. So ist das Organisationsziel von sozialökonomischen Betrieben, integrativen Betrieben sowie Beschäftigungsprojekten auf der Produktionsseite die Erzeugung marktfähiger Güter oder Dienstleistungen (z.b. alternatives Holzspielzeug, Wohnungsräumungen), innerhalb dieser Organisationen ist jedoch die soziale Dienstleistung „Integration langzeitarbeitsloser Personen bzw. von Menschen mit Behinderungen in den Arbeitsprozess" von ganz wesentlicher Bedeutung.

Ein Ergebnis sozialer Dienstleistungen kann sein, Menschen mit sozialen Problemen zur selbständigen Lebensführung zu befähigen und sie damit **von der sozialen Dienstleistung unabhängig** zu machen. KlientInnen Sozialer Dienste sollen in der Lage sein, selbst Lösungen für ihre Situation zu entwickeln bzw. gewisse Dienstleistungen (z. B. Suchtberatung, Unterbringung von Wohnungslosen) nicht mehr in Anspruch nehmen zu müssen. Sobald zufriedenstellende Lösungen der sozialen Situation erarbeitet wurden, wird die soziale Dienstleistung für diese KlientInnen entbehrlich und neue KlientInnen können versorgt werden. Das ist die genau entgegengesetzte Richtung, die andere Dienstleistungsunternehmen verfolgen, indem sie versuchen ihre KundInnen an das Unternehmen zu binden (vgl. Badura, Gross 1976). In anderen Bereichen sozialer Dienstleistungen überwiegen hingegen der längerfristige Betreuungsaspekt und die **Begleitung** von Menschen in bestimmten Lebensphasen. Hier ist vor allem eine Kontinuität der sozialen Dienstleistung erforderlich, um die gewünschten Stabilisierungseffekte in der Lebensgestaltung der hilfesuchenden Menschen herbeizuführen.

Qualitätsmerkmale sozialer Dienstleistungen werden – da das Ergebnis bei Vertragsabschluss nicht vorliegt – frühestens im Zuge der Nutzung offenbar. Der Informationsgrad potenzieller KlientInnen ist bei sozialen Dienstleistungen damit geringer als bei Produkten, deren Qualität vor Abschluss des Kaufvertrages ersichtlich ist. Soziale Dienstleistungen zählen demnach hinsichtlich des Aspekts der Qualitätsbeurteilung seitens der KlientInnen zu den **Erfahrungs- oder Vertrauensgütern.** (zu den Folgen für den Markt siehe weiter unten). Viele soziale Dienstleistungen sind für die KlientInnen gratis

(s.u.). Die im ökonomischen Sinne nachfragende Institution sozialer Dienstleistungen ist vor allem der öffentliche Sektor (siehe dazu Kapitel 3.2.2).
Auch dieser sieht sich bei der Qualitätseinschätzung sozialer Dienstleistungen mit einem Erfahrungs- oder Vertrauensgut konfrontiert. Unterschiede in
der Qualitätsbeurteilung bzw. Einschätzung zwischen unmittelbareren NutzerInnen und finanzierenden Institutionen sind im Fall sozialer Dienstleistungen, die unentgeltlich oder stark preisreduziert angeboten werden, denkbar.

Die Einschätzung der Leistungsfähigkeit der Organisationen seitens der
KlientInnen und das Vertrauen der KlientInnen in das angebotene Leistungsversprechen sind jedoch auch von Bedeutung, wenn KlientInnen diese Leistungen gratis nutzen und damit nicht als NachfragerInnen im ökonomischen
Sinn auftreten. Damit die soziale Dienstleistung erbracht werden kann, sind
seitens der KlientInnen eine Akzeptanz der anbietenden Einrichtung und deren MitarbeiterInnen notwendig. Bei sozialen Dienstleistungen ist dies umso
mehr von Bedeutung als soziale Dienstleistungen in einigen Fällen auch einen Bezug zu sozialen Problemlagen aufweisen, die mit gesellschaftlicher
Stigmatisierung verbunden sind. Diese wirken hemmend auf eine Inanspruchnahme[23]. Der Aufbau eines Vertrauensverhältnisses ist für viele soziale Dienstleistungen eine wichtige Vorstufe, damit die Angebote wahrgenom-
men und von Personen der Zielgruppe akzeptiert werden (siehe dazu auch
Decker 1997). Für die Gestaltung sozialer Dienstleistungen ist daher von Bedeutung, gesellschaftlich besonders sensible Bereiche zu identifizieren und
möglichen Barrieren der Inanspruchnahme entgegenzuwirken.[24]

Hinsichtlich des Kriteriums **Entgeltlichkeit** kann keine eindeutige Zuordnung
vorgenommen werden. Soziale Dienstleistungen sind – abhängig von der Art
der Dienstleistung – für KlientInnen unentgeltlich oder entgeltlich zu beziehen. Viele soziale Dienstleistungen stehen den NutzerInnen unentgeltlich zur
Verfügung. Für andere soziale Dienstleistungen, wie z. B. Leistungen des
Pflegebereichs, ist jedoch seitens der KlientInnen ein Entgelt zu entrichten. In
manchen Fällen wird von einer Person oder einem Haushalt dieselbe Art von

---

[23] In der Literatur werden Formen der mangelnden Inanspruchnahme unter dem Phänomen des „Non-Take-Up" diskutiert; siehe z. B. Oorschot (1996)

[24] So könnten beispielsweise Angebote vorgeschaltet werden, die ein ungezwungenes
Zusammenkommen von Helfenden und Hilfesuchenden ermöglichen, während die ei-
gentliche Hilfeleistung zu einem späteren Zeitpunkt erfolgt. Dies ist bei vielen Formen
der aufsuchenden Arbeit im Drogenbereich aber auch im Bereich Gewalt in der Familie
zu finden.

Dienstleistung teilweise unentgeltlich, als staatlicher Realtransfer, teilweise entgeltlich (private Zukäufe) in Anspruch genommen. Bei entgeltlichen sozialen Dienstleistungen ist zumeist nicht der volle Betrag zu bezahlen – Ermäßigungen in Abhängigkeit vom Einkommen oder der sozialen Situation sind möglich.

**Abbildung 3: Eigenschaften sozialer Dienstleistungen**

| Dienstleistungspotenzial ⇒ | Dienstleistungsprozess ⇒ | Dienstleistungsergebnis |
|---|---|---|
| • Angebot eines **Leistungsversprechens/** einer Leistungsfähigkeit<br><br>• **Beziehungsarbeit**, Aufbau von Vertrauen im Vorfeld<br><br>• (Lokaler) **Zugang** zur Zielgruppe<br><br>• Fachliche und persönliche **Kompetenzen** | • **Integration des "externen" Faktors:**<br>  – eine Person oder Gruppe<br>  – spezifische Eigenschaften durch Vorliegen sozialer Probleme<br>  – aktive oder passive Interaktion<br><br>• **Uno-Actu-Prinzip**<br>  – Standortgebundenheit<br>  – Anwesenheit und Beteiligung der KundInnen<br><br>• **Hohe Arbeitsintensität**<br><br>• Rolle des **Emotionalen**<br><br>• **Zentrale Bedeutung** des Dienstleistungsprozesses | • auch immateriell<br><br>• Schwierigkeiten der **Outputmessung**<br><br>• **Erfahrungs- oder Vertrauensgüter**<br><br>• Ziel, KlientInnen von sozialer Dienstleistung **unabhängig** zu machen |

Quelle: eigene Darstellung, angelehnt an Phasen der Dienstleistung nach Hilke (1984)

### Eingeschränkte Marktfähigkeit sozialer Dienstleistungen

In einer Marktwirtschaft bzw. Sozialen Marktwirtschaft werden Angebot an und Nachfrage nach Gütern und Dienstleistungen durch den Preis dieser Güter und Dienstleistungen koordiniert. Nicht immer führt dieser Mechanismus zu effizienten und distributiv gewünschten Ergebnissen. Soziale Dienstleistungen wird eine mangelnde oder **eingeschränkte Marktfähigkeit** (vgl. Badelt 2001) zugeschrieben. Auf diese Argumente wird im Folgenden näher eingegangen

Die eingeschränkte Marktfähigkeit resultiert einerseits aus den *Eigenschaften der Güter*, hier der sozialen Dienstleistung, und andererseits aus den *Eigenschaften der NutzerInnen/NachfragerInnen* von sozialen Dienstleistungen, die zu ineffizienter Allokation führen oder aus distributiven Gründen gesellschaftlich unerwünscht sind.

Grundsätzlich weisen soziale Dienstleistungen Eigenschaften „privater Güter"[25] auf. Es gelten die Ausschließbarkeit und die Rivalität im Konsum. Ausschließbarkeit heißt, dass es sowohl technisch als auch zu tragbaren Kosten möglich ist, all jene von der Nutzung der sozialen Dienstleistung auszuschließen, die den Preis für die soziale Dienstleistung nicht zahlen können oder wollen. Umgekehrt gilt, dass sich Personen grundsätzlich der Nutzung entziehen und damit soziale Dienstleistungen nicht in Anspruch nehmen können[26]. Eine Nachfrage nach sozialen Dienstleistungen würde dann nur von jenen Personen ausgeübt werden, die sich diese Dienstleistungen leisten können und eine entsprechende Zahlungsbereitschaft besitzen.

Können Bedürfnisse artikuliert und der Bedarf formuliert werden, ist für das Wirksamwerden von Nachfrage die Zahlungsfähigkeit von Bedeutung. Eine Bereitstellung der sozialen Dienstleistungen gegen Entgelt führt bei Einkommensarmut zu einer Unterversorgung mit sozialen Dienstleistungen. Dieser Mechanismus ist auch bei anderen Gütern und Dienstleistungen zu beobachten. Das Allokationsprinzip, mit dem knappe Ressourcen auf alternative Verwendungszwecke verteilt werden, baut darauf auf, dass Produkte, die nicht nachgefragt werden, auch nicht produziert werden. Der Unterschied bei sozialen Dienstleistungen liegt darin, dass einerseits die Nicht-Bereitstellung von und andererseits die Unterversorgung mit sozialen Dienstleistungen gesellschaftlich unerwünscht sein kann. (siehe dazu auch Badelt 1997b)

Für viele soziale Dienstleistungen ist der Ausschluss von Personen bzw. von Personengruppen vom Konsum sozial- bzw. verteilungspolitisch nicht wün-

---

[25] hier in der Verwendung als ökonomischer Terminus im Kontrast zum ökonomischen Begriff des „öffentlichen Gutes".

[26] Eine Ausnahme bilden im Feld der sozialen Dienstleistungen jene Unterstützungsleistungen, die mit einem Zwangskonsum versehen sind, wie z. B. die Bewährungshilfe oder Beratungen bevor Abtreibungen vorgenommen werden dürfen.

schenswert. So kann etwa der gesellschaftliche Grundkonsens bestehen, dass eine Nicht- oder Unterversorgung mit bestimmten sozialen Dienstleistungen unerwünscht ist bzw. der Zugang zur sozialen Dienstleistung nicht von der Kaufkraft der Person abhängig gemacht werden soll.[27] Die KlientInnen Sozialer Dienste und damit die Personen, die einen Bedarf an sozialen Dienstleistungen aufweisen, verfügen nicht in jedem Fall über die Kaufkraft, diese Leistungen – so sie am Markt angeboten werden – nachzufragen.

In anderen Fällen existiert keine durch den Markt bestimmte Nachfrage der Individuen, weil die Zahlungs*bereitschaft* auch bei hinreichenden Einkommen nicht gegeben oder zu gering ist. Die Verweigerung der Entgeltleistung ist für jene Bereiche denkbar, in denen die soziale Dienstleistung vor allem der Vermittlung menschlicher Nähe dient bzw. mit den unmittelbarsten Grundbedürfnissen an Kommunikation oder menschlicher Zuwendung in Zusammenhang steht[28]. Eine so offensichtlich gespürte extrinsische Motivation[29] der Personen, die diese Tätigkeiten ausführen, könnte in manchen Bereichen dazu führen, dass Leistungen nicht in Anspruch genommen werden, wenn die KonsumentInnen hier die intrinsische Motivation jener Personen einfordern, die sich mit ihnen auseinander setzen (siehe dazu Frey 1997). Es wird sich daher keine bzw. nur eine geringe Nachfrage nach diesen Leistungen am Markt ausbilden.

Ergebnisse des Marktprozesses, die als ökonomisch und/oder gesellschaftspolitisch unerwünscht erachtet werden, begründen Eingriffe des Staates in die Bereitstellung (Finanzierung und/oder Erstellung) von Gütern. Reinigungsdienste und Wäschepflegedienste illustrieren dieses Argument für das Feld sozialer Dienstleistungen. Diese Dienstleistungen haben kommerzielle Pendants, die von Putzereien und Reinigungsfirmen bzw. freiberuflich tätigen Reinigungskräften erstellt werden. Sie werden jedoch als soziale Dienstleis-

---

[27]  Das zweite Kriterium privater Güter – die Rivalität im Konsum – bleibt in der Regel aufrecht.

[28]  Dies sei am Beispiel des Besuchsdienstes gezeigt. Hier besuchen MitarbeiterInnen der Sozialen Dienste Alleinstehende, vereinsamte Menschen und versuchen, durch Gespräche, aktives Zuhören, durch Begleitung bei Spaziergängen etc. den Menschen eine Möglichkeit zum Kontakt zu geben. Die Entrichtung eines direkten Entgelts für diese Tätigkeiten könnte den Effekt nach sich ziehen, dass diese Dienstleistungen nicht in Anspruch genommen werden, weil die Bezahlung für diese elementaren menschlichen Kontakte als unangenehm erlebt wird.

[29]  Zu den Begriffen „extrinsische" und „intrinsische Motivation" siehe Kapitel 3.3.2.4.

tungen beispielsweise pflegebedürftigen Personen zur Verfügung gestellt, die kommerzielle Angebote aus finanziellen Gründen nicht nachfragen können.

Soll die Inanspruchnahme einer sozialen Dienstleistung nicht ausschließlich durch die eigene Kaufkraft oder Zahlungsbereitschaft der Bedürftigen bestimmt sein, bedarf es einer anderen Form der Finanzierung der Dienstleistung als der entgeltlichen Finanzierung über Marktpreise. Dies kann einerseits über private Zahlungsströme (z.b. Spenden) aber auch durch steuerfinanzierte, öffentliche Zahlungsströme (z.b. Subventionen) an den Träger der sozialen Dienstleistung oder an KlientInnen selbst erfolgen. Die Nutzung der sozialen Dienstleistung kann in diesen Fällen ohne oder mit einer verringerten Entrichtung eines Entgelts erfolgen. KonsumentInnen sozialer Dienstleistungen sind in diesen Fällen nicht bzw. nicht in vollem Ausmaß Financier derselben. Alternativ bzw. ergänzend könnnte auch die geringe Kaufkraft potenzieller KonsumentInnen direkt seitens des öffentlichen Sektors in Form von Transferzahlungen an private Haushalte oder Individuen unterstützt werden. So erhöhen z.b. Pflegegeldzahlungen das verfügbare Einkommen der pflegebedürftigen Person.

Abgesehen von der distributionspolitisch motivierten Korrektur des Marktes sind Besonderheiten der Bereitstellung sozialer Dienstleistungen auch allokationspolitisch begründet. Voraussetzungen, die maßgeblich eine effiziente Allokation über den Markt bedingen, sind in manchen Bereichen sozialer Dienstleistungen nicht gegeben. (vgl. Nowotny 1999) Es sind hier klassische **Fälle von allokativen Marktmängeln** zu nennen, wie etwa das Auftreten externer Effekte im Konsum, verzerrter Präferenzen oder eingeschränkter KonsumentInnensouveränität.

Sobald der gesellschaftliche Nutzen einer sozialen Dienstleistung den privaten Nutzen, der aus der Produktion oder dem Konsum dieser Dienstleistung resultiert, übersteigt, entstehen positive *externe Effekte*. Im Ergebnis wird eine geringere als die gesellschaftlich optimale Menge der sozialen Dienstleistung nachgefragt (im Fall positiver externer Effekte des Konsums) oder angeboten (im Fall von produktionsseitigen Externalitäten). Die Lösung des Problems könnte eine Verpflichtung zum Konsum (wie der Zwangskonsum von sozialen Dienstleistungen, z. B. Bewährungshilfe) oder die Honorierung des generierten gesellschaftlichen Nutzens in Form finanzieller öffentlicher Zuwendungen an KonsumentInnen oder AnbieterInnen sein.

In den Bereich der *Präferenzen*[30] fallen drei wichtige Voraussetzungen für eine Inanspruchnahme von sozialen Dienstleistungen: (i) das individuelle Erkennen eines sozialen Problems und (ii) die Artikulationsfähigkeit sowie (iii) das grundsätzliche Akzeptieren von Hilfe als mögliche Lösung dieses Problems. Ist die Identifikation von Bedürfnissen nicht möglich, kann sich die private Nachfrage nach sozialen Dienstleistungen nicht entwickeln.

Meritorische Güter sind Güter, die zwar die Kerncharakteristika privater Güter aufweisen (Ausschließbarkeit und Rivalität im Konsum), die aber dennoch vom öffentlichen Sektor bereitgestellt werden. Die öffentliche Bereitstellung (Produktion oder Finanzierung) erfolgt, da eine suboptimale Inanspruchnahme aufgrund „verzerrter" individueller Präferenzen vermutet wird. Diese kann beispielsweise aus der so genannten „Minderschätzung künftiger Bedürfnisse" resultieren. Beratungen bei geplanten Abtreibungen wären hierfür ein Beispiel aus dem Bereich sozialer Dienstleistungen.

Sind Präferenzen für die Inanspruchnahme sozialer Dienstleistungen vorhanden, so ist es bei bestimmten sozialen Problemen möglich, dass diese Präferenzen nicht geäußert werden. Dies kann der Fall sein, wenn benachteiligten Personen und damit potenzielle KundInnen Sozialer Dienste in ihrer Artikulationsfähigkeit von Bedürfnissen temporär oder permanent eingeschränkt sind (vgl. Badelt, Österle 2001). In anderen Fällen werden Bedürfnisse nicht artikuliert, weil damit gesellschaftliche Ablehnung befürchtet wird. Die Entscheidung, soziale Dienstleistungen nachzufragen, ist vor allem bei sozialen Problemen, die gesellschaftlich sensible oder tabuisierte Bereiche betreffen, auch von diesen Überlegungen begleitet und kann dadurch beeinträchtigt werden.

Das Machtverhältnis zwischen den AnbieterInnen sozialer Dienstleistungen und den Individuen, die Nachfrage nach sozialen Dienstleistungen entfalten, kann unausgewogen sein. Dies ergibt sich bei sozialen Dienstleistungen vor allem in jenen Fällen, in denen die *KonsumentInnensouveränität* eingeschränkt ist. Physische und psychische Beeinträchtigungen und Belastungen können rationale Kaufentscheidung beeinträchtigen bzw. verhindern (vgl. Badelt 1997b).

---

[30] Präferenzen reflektieren die physiologischen und psychologischen Bedürfnisse der Individuen in persönlicher, sachlicher, räumlicher und zeitlicher Hinsicht und werden geprägt durch kulturelle und historische Einflüsse. In der ökonomischen Theorie werden Präferenzen im Standardfall als exogen angenommen.

Die eingeschränkte Marktfähigkeit sozialer Dienstleistungen resultiert auch aus Informationsmängeln, insbesondere verursacht durch asymmetrische Information (vgl. Badelt 2001). Aus der Betrachtung von sozialen Dienstleistungen in der Phase Dienstleistungsergebnis ging hervor, dass soziale Dienstleistungen bedingt durch Informationsasymmetrie Erfahrungsgüter und in manchen Fällen Vertrauensgüter sind (siehe auch Kapitel 2.3.1). Die Organisation, die soziale Dienstleistungen anbietet, ist über deren Beschaffenheit besser informiert als die (potenziellen) KundInnen. Frank (2003) zeigt, dass Vertrauensgüter Marktversagen nach sich ziehen: Wettbewerb findet nicht über die Qualität, sondern über den Preis der Leistungen statt. AnbieterInnen minderwertiger Produkte haben niedrigere Herstellungskosten und bieten zu geringeren Preisen an. Adverse Selektion ist die Folge[31].

Marktversagen führt zu ineffizienter Allokation knapper Ressourcen. Diese Ineffizienzen können durch alternative Allokationsmechanismen reduziert oder gänzlich vermieden werden. Dazu ist jedoch nicht in jedem Fall die Erstellung der sozialen Dienstleistung durch den Staat erforderlich. Bereits die Finanzierungsbeteiligung des öffentlichen Sektors an sozialen Dienstleistungen trägt zu einer veränderten Ressourcenallokation bei. (siehe Kapitel 3.2.2.1 zur öffentlichen Nachfrage)

Der „Markt sozialer Dienstleistungen" wird aufgrund der oben dargelegten spezifischen Eigenschaften der Angebots- und Nachfrageseite und der institutionellen Verflechtung öffentlicher Eingriffe in das Marktgeschehen auch als „Quasi-Markt" bezeichnet. Zum Konzept von Quasi-Märkten siehe auch 3.2.1 und auch theoretisch vertiefend Le Grand und Barlett (1993b).

## 2.4. Nonprofit Organisationen als Anbieterinnen sozialer Dienstleistungen

Soziale Dienste sind Unternehmen bzw. Organisationen, deren Hauptaktivität die Erstellung sozialer Dienstleistungen ist. Evers und Olk (1996) identifizieren vier Sektoren der Wohlfahrtsproduktion, die für die Systematisierung der ProduzentInnen sozialer Dienstleistungen von Interesse sind: den informellen Sektor, den Dritten Sektor bzw. Nonprofit Sektor, den marktwirtschaftlichen Sektor und den öffentliche Sektor.[32] (für eine Typologie siehe Burchardt

---

[31]  siehe dazu vor allem Frank (2003).

[32]  Zum Phänomen institutioneller Mischformen siehe Badelt (2002a), Badelt (2001).

(1997)). Diese Arbeit fokussiert auf Nonprofit Organisationen als institutionelle Anbieterinnen von sozialen Dienstleistungen[33].

## 2.4.1. Nonprofit Organisationen – begriffliche Klärung und Gründe ihrer Existenz

In Anlehnung an die internationale Literatur[34] der Nonprofit Sektor Forschung (vgl. z. B. Anheier, Salamon 1992a; Zimmer et al. 2000; Anheier, Seibel 2001; Betzelt 2001) werden Einrichtungen als **Nonprofit Organisationen** bezeichnet, wenn sie (1) eine formelle Struktur aufweisen, (2) dem privaten Sektor einer Volkswirtschaft zugerechnet werden, und sich institutionell von staatlichen Einrichtungen abgrenzen, (3) dem Verbot der Gewinnausschüttung unterliegen, (4) eigenständig verwaltet werden, sowie (5) zu einem gewissen Grad von freiwilligen Leistungen getragen sind (durch Spenden von Geld oder Zeit, wie z.b. ehrenamtliche Arbeit).

Diese Definitionsmerkmale kennzeichnen konzeptuell Nonprofit Organisationen und unterscheiden diese damit von staatlichen Einrichtungen, gewinnorientierten Unternehmen und dem informellen Bereich. Um eine Struktur in die sehr heterogene Gruppe von Nonprofit Organisationen zu bringen, wurden mehrere **Klassifikationen** entwickelt, die nicht überschneidungsfrei sind. So werden Nonprofit Organisationen nach ihren wirtschaftliche Aktivitäten, ihren Zielgruppen (Mitglieder/Nicht-Mitglieder), der Nähe zu anderen Sektoren, der Finanzierungsstruktur und/oder Kontrollmacht (vgl. Heitzmann 2001)[35] sowie nach Art der Dienstleistung und dem Zweck ihrer Tätigkeit (vgl. Salamon 1995) kategorisiert.

Als **Nonprofit Sektor** wird die Gesamtheit aller Nonprofit Organisationen einer Volkswirtschaft bezeichnet. In der Literatur findet auch der Begriff des

---

[33] Die theoretische Fundierung der Entscheidung für eine bestimmte institutionelle Form der Erstellung sozialer Dienstleistungen findet sich in der „Theorie der Institutionenwahl". Sie hat zum Ziel, die Vorteile und Nachteile der Produktion von Gütern und Dienstleistungen bzw. deren Finanzierung in einer spezifischen institutionellen Form zu bestimmen. (siehe vor allem Anheier 1990; Badelt 1990; Badelt 1997a; Badelt, Österle 2001).

[34] Einen Überblick über unterschiedliche Definitionsansätze bietet Ostermeier (2002).

[35] Für eine Übersicht über verschiedene Typisierungsmöglichkeiten von Nonprofit Organisationen und detaillierten Ausführungen siehe Heitzmann (2001).

„Dritten Sektors"[36] Verwendung. In diesem Zusammenhang werden private, auf Gewinn gerichtete Organisationen dem kommerziellen Sektor („ersten Sektor") und staatliche Einrichtungen dem öffentlichen Sektor („zweiten Sektor") zugerechnet[37].

Zur **Existenz von Nonprofit Organisationen** gibt es eine Reihe von ökonomischen Ansätzen der Nonprofit Sektor Forschung[38], deren wesentlichsten Aussagen kurz rekapituliert werden. Dies dient primär dazu, die Basis für die Argumentation im Kapitel 3.2.2 zu legen bzw. einzelne Argumentationslinien dieser Kapitel bereits hier zu verankern. Für vertiefende Ausführungen siehe Hansmann (1987), Heitzmann (2001), Kumar und Anheier (2003). Die folgende, überblicksmäßige Darstellung der ökonomischen Theorie der Entstehung von Nonprofit Organisationen orientiert sich an der Systematik der Darstellung von Badelt (2002e) sowie James und Rose-Ackerman (1986) und wird ergänzt mit neueren theoretischen Erkenntnissen[39] (vgl. Kumar, Anheier 2003).

Die Entstehung von Nonprofit Organisationen wird vorwiegend nachfrageseitigen Phänomenen zugeschriebenen, jedoch sind auch angebotsseitige Erklärungsansätze vorzufinden sind. **Nachfrageseitige Erklärungsansätze** beschreiben einerseits eine Bevorzugung von Leistungen der Nonprofit Organisationen, die auf einen *monetären Vorteil* zurückführbar sind. Andererseits werden auch Argumente vorgebracht, die sich auf andere als monetäre Vorteile gründen. Diese sind *Vertrauensvorteile* und *Vorteile in der Einflussnahme* durch KonsumentInnen, die *„Nischenproduktion"* und der *öffentliche Sektor als Nachfrager* bzw. *Kooperationspartner* von Nonprofit Organisatio-

---

[36] Im ökonomischen Kontext wird der Begriff des „dritten Sektors" für die Bezeichnung des Dienstleistungssektors verwendet. In der einschlägigen Literatur zu Nonprofit Organisationen hat der Gebrauch des Begriffs „Dritter Sektor" weite Verbreitung gefunden.

[37] Zu Fragen der Abgrenzung von Nonprofit Organisationen siehe Heitzmann (2001).

[38] Die Nonprofit Sektor Forschung ist ein relativ junger Forschungsbereich, in dem eine Fülle von Disziplinen vertreten sind (vgl. Heitzmann 2001; Kumar, Anheier 2003). Die ökonomisch orientierte Nonprofit-Sektor Forschung beschäftigt sich in theoretischer Hinsicht vorwiegend mit zwei Forschungsrichtungen – mit dem Entstehen von Nonprofit Organisationen und mit dem Verhalten von Nonprofit Organisationen.

[39] Gemeinsam ist den neueren theoretischen Ansätzen, dass sie nicht mehr alleine auf Erklärungen der Existenz des Nonprofit Sektors im Gesamten und dessen Unterscheidung im Vergleich zu anderen institutionellen Sektoren abzielt, sondern eine differenzierte Betrachtung des Nonprofit Sektors beinhalten, die auf die Erklärung von Phänomenen innerhalb des Nonprofit Sektors gerichtet ist. (vgl. auch Ben-Ner, Gui 2003).

nen. Unter den **angebotsseitigen Erklärungsansätzen** wird die Entstehung von Nonprofit Organisationen auf bestimmte Eigenschaften von UnternehmerInnen zurückgeführt, die die institutionelle Form einer Nonprofit Organisation für die Produktion von Gütern und Dienstleistungen bevorzugen (Entrepreneurship Theories).

Zentraler Ausgangspunkt für die Begründung des Entstehens von Nonprofit Organisationen bilden Ansätze, die Nonprofit Organisationen (als „Nischenfüller" (Badelt 2002e)) in Bereichen angesiedelt sehen, in denen eine staatliche und/oder private gewinnorientierte Produktion zu Unterversorgung führt. Diese Unterversorgung kann *quantitativer* Art sein. Es wird von den anderen beiden institutionellen Sektoren zu wenig von bestimmten Gütern/Dienstleistungen angeboten. Sie kann jedoch auch *qualitativer* Art sein. In diesem Fall bezieht sich die Unterversorgung auf bestimmte Eigenschaften von Gütern/Dienstleistungen. Die Existenz von Nonprofit Organisationen ist eine Folge des Versagens des Marktmechanismus bzw. der negativen Auswirkungen des bürokratischen Entscheidungsmechanismus'. Modelle dieser Art werden auch als **„Failure-Performance-Modelle"** (Badelt 1990) bezeichnet.

Den Grundstein dieser Überlegungen zur Begründung der Existenz von Nonprofit Organisationen aufgrund einer unzureichenden Bereitstellung öffentlicher Güter durch die öffentliche Hand legte Weisbrod (1977). Über die Jahre hinweg hat dieser Ansatz Erweiterungen erfahren. (siehe dazu vor allem Kingma 1997; Kingma 2003)

Demgegenüber stehen **spezifische Formen des Marktversagens** (asymmetrische Information[40] im Allgemeinen, Prinzipal-Agent-Probleme im Speziellen)[41] im Zentrum weiterer ökonomischer Ansätze zur Entstehung von Nonprofit Organisationen: Die Theorie des Kontraktversagens, die Consumer Control Theory und der Transaktionskostenansatzes arbeiten mögliche Vor-

---

[40] Eine Übertragung der Effekte unterschiedlicher Formen asymmetrischer Information auf Nonprofit Organisationen im Tätigkeitsbereich soziale Dienstleistungen findet sich bei Bacchiega und Borgaza (2003).

[41] Hansmann (2003) pointiert diese Begründung mit dem Zuschnitt auf die USA: „The existence and market share of nearly all nonprofit firms that can be found in the United States today can be convincingly explained as an efficient response to problems of asymmetric information."

teile der Nonprofit Organisationen gegenüber kommerziellen Unternehmen heraus.

Nach der **Theorie des Kontraktversagens** entstehen Nonprofit Organisationen in Situationen, in denen Eigenschaften eines Gutes oder einer Dienstleistung – sei es im Hinblick auf die Menge und/oder die Qualität – für KonsumentInnen nicht genau evaluierbar sind (vgl. Hansmann 1987). KonsumentInnen verfügen über weniger Information über die Qualität einer Leistung als die Organisation, die diese Dienstleistungen oder Güter bereitstellt. Wie oben dargelegt sind soziale Dienstleistungen oftmals Erfahrungs- oder Vertrauensgüter, wie etwa im Bereich der Pflege, Therapie und Beratung (vgl. auch Badelt 1997b). Vor diesem Hintergrund wird die Existenz von Nonprofit Organisationen in der Literatur mit Bezug auf Prinzipal-Agenten-Probleme (SpenderInnen, KonsumentInnen, KlientInnen versus Nonprofit Organisation) begründet (vgl. Heitzmann 2001). Vertragsbeziehungen zwischen kommerziellen Unternehmen und KonsumentInnen kommen nicht zustande. Die besondere *„Vertrauenswürdigkeit"* von Nonprofit Organisationen gegenüber kommerziellen Unternehmen resultiert aus der selbst gesetzten Restriktion, Gewinne nicht auszuschütten. Seitens der KonsumentInnen wird Nonprofit Organisationen unterstellt, nicht unternehmerische Vorteile zu suchen, sondern den Nutzen der KonsumentInnen zu verfolgen.[42]

Nach der **Consumer Control Theory** liegt das Motiv für die Gründung einer Nonprofit Organisation darin, dass KonsumentInnen mit Hilfe dieser institutionellen Form, (stärker) Einfluss auf die Produktion eines Gutes bzw. auf die Erstellung einer Dienstleistung nehmen können (vgl. Ben-Ner 1986). Ein Kontrollbedürfnis der KonsumentInnen zeigt sich besonders in Situationen, in denen Informationsasymmetrien zwischen Anbietenden und Nachfragenden auftreten, in denen eine Monopolstellung der ProduzentInnen zu Qualitätseinbußen führen kann und bei der Produktion von Kollektivgütern.

Anhand von Nonprofit Kindergärten sei der Consumer Control Ansatz illustriert. Manche Nonprofit Kindergärten – insbesondere jene im Bereich der alternativen Kinderbetreuung – binden die Eltern der betreuten Kinder in die Kindergartenarbeit ein. In diesen Kindergärten übernehmen die Eltern auf

---

[42] Für eine kritische Stellungnahme zum Vertrauensvorteil von Nonprofit Organisationen als Begründung der Existenz von Nonprofit Organisationen siehe auch James (1986) sowie Ortmann und Schlesinger (2003a).

ehrenamtlicher Basis die zeitweise Mitbetreuung der Kinder und/oder sind in organisatorische Belange (Büro- und Küchendienste, Organisation von Ausflügen...) eingebunden. (vgl. Trukeschitz, Dawid 2003) Über diese Beteiligung haben Eltern auch Einfluss auf die Gestaltung der außerhäuslichen Betreuung ihrer Kinder und sind in dem erwähnten Beispiel sogar als Ko-ProduzentInnen zu betrachten. Es liegt daher nahe anzunehmen, dass die Wahl eines Kindergartens, der als NPO geführt wird, auch aus den Motiven der Einflussnahme auf den Betreuungsprozess und auf das Umfeld der Kinderbetreuung erfolgen kann. In anderen Bereichen sozialer Dienstleistungen ist weit weniger der Wunsch der Beeinflussung des Produktionsprozesses ausschlaggebend für die Wahl des Sozialen Dienstes.

Eine Erweiterung findet die Consumer Control Theory in den **Stakeholder-Ansätzen**. Hier werden Kontrollbedürfnisse nicht nur KonsumentInnen und damit den NachfragerInnen der von Nonprofit Organisationen produzierten Güter und Dienstleistungen zugeschrieben werden, sondern allen Stakeholdern (Personen mit persönlichem Interesse oder Anspruch an der/die zu erstellende/n Leistung).

Der **Transaktionskostenansatz** postuliert, dass im Falle von Informationsmängeln Nonprofit Organisationen im Zuge von Transaktionen Kostenvorteile erzielen (vgl. Krashinsky 1986). Auch der Transaktionskostenansatz baut auf ökonomischen Tauschvorgängen auf, in denen keine vollkommene Information der Marktparteien vorliegt. Er fokussiert auf jene Vorgänge, die mit dem Vorbereiten und Überprüfen einer ökonomischen Transaktion in Zusammenhang stehen. Nonprofit Organisationen werden Transaktionskostenvorteile zugeschrieben, die – unter der Annahme des Vorliegens identischer Produktionskosten im öffentlichen, im kommerziellen und im Nonprofit Sektor – dazu führen, dass KonsumentInnen Güter und Dienstleistungen von Nonprofit Organisationen bevorzugen. (siehe auch Heitzmann 2001)

Andere Ansätze gehen nicht von den relativen Vorzügen von Nonprofit Organisationen gegenüber marktlicher oder staatlicher Koordination aus. So greift die **Interdependenztheorie** (vgl. Salamon 1987; Salamon 1995) zwar ebenfalls das Verhältnis von Nonprofit Organisation und öffentlichem Sektor auf, um daraus Gründe für das Entstehen von Nonprofit Organisation abzuleiten. Allerdings ist es nicht das Konkurrenzverhältnis, das die Erklärungsgrundlage bildet, sondern jenes der Kooperation zwischen öffentlichem Sektor und Nonprofit Sektor. Dieses Kooperationsverhältnis gründet sich darauf, dass sowohl der öffentliche Sektor als auch der Nonprofit Sektor[43] Schwächen in der Bereitstellung von Gütern und Dienstleistungen aufweisen, die über Kooperationen beseitigt werden können. (vgl. Salamon 1987) Eine Kooperation ist von beiderseitigem Vorteil: Der öffentliche Sektor verfügt über einen konstanten Strom finanzieller Ressourcen, während Organisation des Nonprofit Sektors die Produktion der Güter und Dienstleistungen bedarfsorientierter gestalten. (siehe ausführlicher dazu Salamon 1995)

Die Rolle des öffentlichen Sektors in der Finanzierung von Nonprofit Organisation wurde von Vertretern der **„Subsidy Theories"** herausgearbeitet (vgl. Hansmann 1987). Nonprofit Organisationen entstehen in jenen Bereichen, in denen der Staat zwar die Finanzierungsverantwortung übernimmt, die Erstellung der Leistungen jedoch an Nonprofit Organisationen delegiert (vgl. James 1986: 29). Nonprofit Organisationen haben aufgrund ihrer institutionellen Form Vorteile gegenüber gewinnorientierten Unternehmen, die sie bei der Vergabe öffentlicher Mittel in bestimmten Bereichen begünstigen (subsidy theories). Der öffentliche Sektor wendet sich als Nachfrager von Güter und Dienstleistungen an Nonprofit Organisationen. Dabei – so die theoretische Argumentation, die aus dem US-amerikanischen Kulturkreis stammt – finanziert der öffentliche Sektor bereits bestehende oder geplante Aktivitäten der Nonprofit Organisationen. Er folgt damit eher den Spuren der Nonprofit Organisationen als dass er selbst gestalterisch tätig wird. Die innovative Kraft geht vom Nonprofit Sektor aus; Veränderungen des Ausmaßes der öffentlichen Förderung ziehen Veränderungen im Volumen des Angebots von Nonprofit Organisationen nach sich. (vgl. Hansmann 1987)

Nach den Subsidy Theorien erlangen Nonprofit Organisationen demnach gegenüber kommerziellen Unternehmen einen Wettbewerbsvorteil, der aus den expliziten staatlichen Vergünstigungen (z.B. Subventionen, Steuererleichterungen,...) resultiert (vgl. Fama, Jensen 1983). Mit der Gründung und Verbreitung von gewinnorientierten Unternehmen im Bereich sozialer Dienstleistungen sind Nonprofit Organisationen mit einem erhöhten Wettbewerb um die Nachfrage des öffentlichen Sektors konfrontiert. Insbesondere als das Konstrukt des Leistungsvertrages auch Vertragsabschlüsse mit gewinnorientierten Unternehmen im Sozialbereich ermöglicht.

---

[43] Zu den vier Formen des „Versagens des Nonprofit Sektors" „philanthropic insufficiency", „philanthropic particularism", „philanthropic paternalism", „philanthropic amateurism" siehe Salamon (1995).

Mit den **Entrepreneurship Theorien** sind die angebotsseitigen Begründungen der Entstehung von Nonprofit Organisationen vertreten. Diese legen der Existenz von Nonprofit Organisationen ein besonderes unternehmerisches Verhalten der Leitungsperson oder des Leitungsteams zugrunde (vgl. Young 1986; Badelt 2003; Young 2003). Es seien nicht in erster Linie monetäre Ziele, sondern breiter gefächerte Zielsysteme, die Führungskräfte von Nonprofit Organisationen verfolgen (siehe auch Kapitel 3.3.1.2).[44]

### 2.4.2. Soziale Dienste des Nonprofit Sektors

Da die vorliegende Arbeit auf Soziale Dienste des Nonprofit Sektors Bezug nimmt, schließt die Erfassung des Untersuchungsfeldes mit deren Klassifikation. Eine Einordnung kann anhand verschiedener Typisierungsmöglichkeiten von Nonprofit Organisationen vorgenommen werden (siehe dazu Kapitel 2.3.1) (vgl. Heitzmann 2001). Die Zuordnung erfolgt anhand der in Tabelle 1 zusammengefassten Merkmale und wird nachfolgend erläutert:

Internationale Verbreitung fand die Klassifizierung des Nonprofit Sektors nach der wirtschaftlichen Aktivität in der **„International Classification of Nonprofit Organizations"** (ICNPO). „Social Services" werden in drei Untergruppen gegliedert: „social services", „emergency and relief" und „income support and maintenance". Soziale Dienste im engeren Sinn sind Einrichtungen, deren Tätigkeitsbereich sich auf die Unterkategorie „social services"[45] bezieht. (vgl. United Nations 2003ff.) (siehe auch Tabelle 2 und Kapitel 2.2) Ergänzend werden in so manchen Zusammenhängen auch andere Dienstleistungsbereiche als soziale Dienstleistungen bezeichnet. Auch diese Ergänzungen sind in Tabelle 2 abgebildet.

---

[44] Entrepreneurship Theorien wurden ausgehend von einem Beitrag zur Erklärung der Gründung von Nonprofit Organisationen weiterentwickelt. Erweiterte Entrepereneurship Ansätze erklären auch das Verhalten von Nonprofit Organisationen (vgl. Badelt 2003).

[45] Zur Abgrenzung der Grundgesamtheit für die Erhebung siehe Kapitel 4.1.1.

## Tabelle 1: Einordnung Sozialer Dienste des Nonprofit Sektors

| Kategorien | Ausprägungen | Soziale Dienste des Nonprofit Sektors |
|---|---|---|
| Wirtschaftliche Aktivität | nach ICNPO | „social services" (4 100-4 300) "nursing homes" (3 200) "mental health & crisis intervention" (3 300) "employment & training" (6 300) |
| Art der Dienstleistung | Erstellung von Leistungen; Verteilung finanzieller Mittel | Erstellung von sozialen Dienstleistungen (finanzielle Hilfen) |
| Zweck der Tätigkeit | säkulare oder religiöse Dienstleistungen | säkulare Dienstleistungen |
| Zielgruppe (Mitglieder/Nicht-Mitglieder) | Eigenleistungs- oder Fremdleistungs-NPOs | v.a. Fremdleistungs-NPOs; Eigenleistungs-NPOs (z.B. Selbsthilfegruppen) |
| Nähe zu anderen Sektoren | basisnahe, verwaltungsnahe oder wirtschaftsnahe NPOs | v.a. verwaltungsnahe NPOs, auch basisnahe NPOs (z.B. Selbsthilfegruppen), einige wirtschaftsnahe NPOs (z.B. SÖBs) |
| Finanzierungsstruktur | „collectiveness index" | sehr hohe Werte aufgrund der sehr hohen Anteile an Beiträgen, Spenden und v.a. Subventionen an den Gesamteinnahmen |
| Finanzierungsstruktur und Kontrollmacht | spenden- oder leistungsfinanziert eigentümer- oder managementkontrolliert | keine eindeutige Zuordnung |

Quelle: Zuordnung angelehnt an Heitzmann (2001) und erweitert um Salamon (1995), eigene Zusammenstellung

**Tabelle 2: Soziale Dienstleistungen im weiteren Sinn nach der Internationalen Klassifikation von Nonprofit Organisationen (ICNPO)**

| Tätigkeitsbereiche Sozialer Dienste des Nonprofit Sektors | | |
|---|---|---|
| *Group 4: Social Services (ICNPO)* | | |
| **Social Services (4 100)** | **Emergency and Relief (4 200)** | **Income Support and Maintenance (4 300)** |
| Child welfare, child services, and day care | Disaster/emergency prevention and control | Income support and maintenance |
| Youth services and youth welfare | Temporary shelters | Material assistance |
| Family services | Refugee assistance | |
| Services for the handicapped | | |
| Services for the elderly[1] | | |
| Self-help and other personal social services | | |
| *Ergänzungen mit anderen Unter-Gruppen der ICNPO* | | |
| **Nursing Homes (3 200)** | **Mental Health and Crisis Intervention (3 300)** | **Employment and Training (6 300)** |
| | Psychiatric hospitals | Job training programs |
| | Mental health treatment | Vocational counseling and guidance |
| | Crisis intervention | Vocational rehabilitation and sheltered workshops |

[1] does not include residential nursing homes (see Group 3 Health – 3 200 Nursing Homes)

Quelle: eigene Zusammenstellung nach United Nations (2003: 93ff.)

Differenziert nach der Art der Dienstleistung zählen Soziale Dienste des Nonprofit Sektors in dieser Studie zu jenen **Organisationen, die Dienstleistungen selbst erstellen** und nicht im Sinne von Fonds ausschließlich finanzielle Hilfe bieten. In breiter gefassten Definitionen von Sozialen Diensten würde auch eine Integration von Einrichtungen zulässig sein, die finanzielle Unterstützungen bieten. Vor allem größere Wohlfahrtsorganisationen des Nonprofit Sektors bieten auch finanzielle Hilfen in Notlagen an. Mit Blick auf den Zweck der Tätigkeit erstellen Soziale Dienste **Dienstleistungen für**

**weltliche Zwecke**. Das schließt jedoch nicht aus, dass die erstellende Organisation einer Religionsgemeinschaft zugehörig sein kann.

Ein weiteres Klassifizierungsmerkmal erfasst die Zielgruppe von Nonprofit Organisationen. Dieses Merkmal zielt darauf ab, Nonprofit Organisation danach zu unterscheiden, ob sie ihre Leistungen für ihre Mitglieder erbringen (Eigenleistungs-Nonprofit Organisationen) oder ob eine **Mitgliedschaft für die Inanspruchnahme der Leistungen oder Nutzung von Gütern nicht erforderlich** ist (Fremdleistungs-Nonprofit Organisationen). Soziale Dienste des Nonprofit Sektors schränken ihre Leistungen in der Regel nicht auf Mitglieder ein. Soziale Dienstleistungen dieser Einrichtungen sind allgemein zugänglich. Sie zählen daher großteils zu den Fremdleistungs-NPOs.

In Bezug auf das Strukturierungsmerkmal „Nähe zu anderen institutionellen Sektoren" sind Soziale Dienste des Nonprofit Sektors vorwiegend über öffentliche Mittel finanziert und weisen Verbindungen zum öffentlichen Sektor auf. Daher sind sie in dieser Kategorisierung vorwiegend den **verwaltungsnahen Nonprofit Organisationen** zuzurechnen. Selbsthilfegruppen[46] und ähnliche Einrichten wären jedoch als basisnahe Nonprofit Organisationen einzureihen. Auch wirtschaftsnahe Nonprofit Organisationen finden sich unter den Sozialen Diensten. Beispiele hierfür wären Sozialökonomische Betriebe (SÖBs), die subventionierte Arbeitsplätze für benachteiligte Personen des Arbeitsmarktes zur Verfügung stellen.

Der „collectiveness index" (Weisbrod 1988) führt eine Zuordnung von Nonprofit Organisationen über deren Finanzierungsstruktur durch . Er enthält eine Kategorisierung von Nonprofit Organisationen nach dem Grad des öffentlichen oder privaten Charakters des Gutes, das von der Nonprofit Organisation erstellt wird. Die Werte des „collectiveness index" werden anhand der Anteile, den Beiträge, Spenden und Subventionen an den Gesamteinnahmen der Sozialen Dienste des Nonprofit Sektors ausmachen, bestimmt. Diese Anteile erreichen in Sozialen Diensten des Nonprofit Sektors in der Regel **sehr hohe Werte**. Der „collectiveness index" hat den Wert null, wenn das produzierte Gut ausschließlich den Charakter privater Güter aufweist. Er erreicht den Wert 100, wenn das in der Nonprofit Organisation erstellte Gut zu den öffentlichen Gütern zählt. Soziale Dienstleistungen, die in Nonprofit Organi-

---

[46] Eine aktuelle Darstellung der Beschäftigung in Selbsthilfegruppen in Wien findet sich bei Fritz (2004).

sationen hergestellt werden, weisen zwei Besonderheiten auf. Zum einen gilt das Ausschlussprinzip nicht, wenn die Nutzung sozialer Dienstleistungen an kein Kriterium, wie z.B. das Entrichten eines Entgelts, gebunden ist. Zum anderen sind mit sozialen Dienstleistungen positive externe Effekte verbunden. Der gesellschaftliche Nutzen ist damit größer als der Nutzen der Inanspruchnahme im Sinne des Nutzens der einzelnen KlientIn/des einzelnen Klienten der Sozialen Dienste. Der „collectiveness index" ist ein Maß für die positiven externen Effekte, die von den Tätigkeiten der Nonprofit Organisation hervorgerufen werden.

Die Einordnung in die Kategorisierung nach der **Finanzierungsstruktur und der Kontrollmacht** ist nicht eindeutig möglich. Die überwiegende Mehrheit der Sozialen Dienste des Nonprofit Sektors verbucht öffentliche Mittel unter den Einnahmen – viele aus Subventionen, andere aus Leistungsverträgen. Diejenigen, die über Subventionen finanziert werden, würden eher der Kategorie der „donative nonprofits" und jene, die sich vorwiegend über Leistungsverträge finanzieren, eher den leistungsfinanzierten Nonprofit Organisationen zuzuordnen sein. Die Kontrolle über die Nonprofit Organisationen des Sozialbereichs obliegt in der Regel dem Management der Nonprofit Organisationen.

Während die zuvor erwähnte Typologisierung Sozialer Dienste anhand der vorhandenen Klassifizierungsmöglichkeiten von Nonprofit Organisationen vorgenommen wurden, beschreibt Smith (2003b) **Soziale Dienste des Nonprofit Sektors** anhand von drei Kategorien: Informelle Organisationen, traditionelle Träger und neuere Vereine. Diese Organisationstypen sind vor dem institutionellen Hintergrund der USA entwickelt worden:

- „informal organizations": Soziale Dienste in Form informeller Organisationen und traditionelle Träger bilden die beiden Enden eines Kontinuums. Erstere verfügen zumeist nicht über eine eigene Rechtsform. Der Zusammenschluss von Personen ist zumeist informeller Natur. Diese Organisationen sind auf Arbeitsleistungen Ehrenamtlicher angewiesen. Als Beispiele für informelle Organisationen werden Selbsthilfegruppen, Suppenküchen und andere angeführt.

- „traditional agencies": Am anderen Ende stehen etablierte Sozialorganisationen mit einer ausdifferenzierten Finanzierungsbasis bestehend sowohl aus private Spenden als auch öffentlichen Subventionen.

- „recent additions": Die dritte Gruppe an Sozialen Diensten des Nonprofit Sektors repräsentiert Einrichtungen, die in Reaktion auf soziale Bewegungen oder als Lösung dringender sozialer Probleme gegründet wurden. Viele von ihnen sind als informelle Organisationen entstanden und haben sich im Laufe der Zeit weiterentwickelt. Mit Ausnahme der Vereinsorgane sind in diesen Organisationen relativ wenige ehrenamtlichen Personen zu finden. Diese Organisationen sind – in Bezug auf die Zahl der MitarbeiterInnen – relativ klein. Finanziert werden diese Sozialen Dienste des Nonprofit Sektors vorwiegend über eine Hauptfinanzierungsquelle, die aus privaten oder öffentlichen Mitteln stammt.

**Zusammengefasst** bietet die Typologisierung von Sozialen Diensten des Nonprofit Sektors über Kategorien der Systematisierung von Nonprofit Organisationen einen weiteren Baustein für die Abgrenzung des Begriffs dieser Studie. Soziale Dienste des Nonprofit Sektors finden sich in der Systematik der ICNPO unter „social services" wieder. Diese Einrichtungen erstellen soziale Dienstleistungen, die nicht religiösen Zwecken dienen, vorwiegend für Dritte, die nicht Mitglieder sein müssen. Gemessen am „collectiveness index" erreichen Soziale Dienste des Nonprofit Sektors aufgrund des in Summe sehr hohen Anteils an Subventionen, Beiträgen und Spenden einen sehr hohen Wert. Aufgrund des in der Regel hohen finanziellen Anteils der Einnahmen aus Mitteln des öffentlichen Sektors sind Soziale Dienste des Nonprofit Sektors großteils den verwaltungsnahen Nonprofit Organisationen zuzurechnen. Eine Kategorisierung anhand der Finanzierungsstruktur in Kombination mit Aspekten der Kontrollmacht ist für Soziale Dienste des Nonprofit Sektors nicht eindeutig vorzunehmen.

## 2.5. Zusammenfassung

Ziel dieses Kapitels war, das Untersuchungsfeld „Soziale Dienste des Nonprofit Sektors" aus konzeptioneller Sicht zu erfassen und abzugrenzen.

Ausgehend von der begrifflichen Abgrenzung von Sozialen Diensten als institutioneller Rahmen der Dienstleistungserstellung und von sozialen Dienstleistungen als zu erstellendes Produkt, standen im Mittelpunkt dieses Kapitels die Eigenschaften von sozialen Dienstleistungen und von Nonprofit Organisationen als Anbieterinnen sozialer Dienstleistungen.

Ein erster Schritt bestand darin, soziale Dienstleistungen in die Kategorisierung von Dienstleistungen einzuordnen. Dabei wurden vom Drei-

Phasenmodell der Dienstleistung nach Hilke (1984) sowie der Klassifikation nach Rück (2000) ausgegangen. Soziale Dienstleistungen können vor diesem Hintergrund als auf die EndverbraucherInnen ausgerichtete, personenbezogene, auftragsorientiert erstellt Dienstleistung identifiziert werden. Sie werden die in manchen Fällen standardisiert, in vielen Fällen jedoch bezogen auf die individuelle Situation erstellt. Bei sozialen Dienstleistungen kann zunächst nur ein Leistungsversprechen, nicht die Dienstleistung selbst angeboten werden. Das zentrale Element des Dienstleistungsprozesses ist die Synchronität von Produktion und Konsum der Dienstleistung, die über Integration des „externen Faktors" abläuft. Zielgruppe sozialer Dienstleistungen sind benachteiligte oder von Benachteiligung bedrohte Personen oder Personengruppen einer Gesellschaft. Der Erstellungsprozess selbst erlangt bei sozialen Dienstleistungen eine herausragende Bedeutung. Zudem wurde angemerkt, dass die Inanspruchnahme mancher sozialer Dienstleistungen nicht immer freiwillig erfolgt, sondern auch angeordnet werden kann. Dies wurde anhand des Beispiels der Bewährungshilfe illustriert.

Dem Dienstleistungsergebnis wurde ein zumeist immaterieller Charakter zugeschrieben, der die Outputmessung zum Teil erheblich erschwert. Das Produkt „soziale Dienstleistung" ist als Erfahrungs- und/oder Vertrauensgut einzuordnen. Es wird sowohl unentgeltlich als auch entgeltlich abgegeben. Bei bestimmten Typen sozialer Dienstleistungen – insbesondere bei Beratungsleistungen – wird von einer gratis Inanspruchnahme ausgegangen. Eine Reihe von Eigenschaften sozialer Dienstleistungen schränken deren Marktfähigkeit ein. Distributive und allokative Gründe begründen eine staatliche Mitwirkung an der Bereitstellung.

Soziale Dienstleistungen werden in allen drei institutionellen Sektoren und im informellen Bereich erstellt. Für diese Arbeit liegt mit Bezug auf die anbietende Institution der Schwerpunkt auf Nonprofit Organisationen. Im zweiten Teil dieses Kapitels wurden daher Nonprofit Organisationen als Anbieterinnen sozialer Dienstleistungen konzeptionell betrachtet. Der Definition von Nonprofit Organisation folgte eine Rekapitulation der ökonomischen Theorien der Nonprofit Sektor Forschung zur Entstehung von Nonprofit Organisation. Dabei wurden – neben wenigen angebotsseitigen Ursachen – differenzierter konzipierte, nachfrageseitige Ursachen für Existenz von Nonprofit Organisationen verortet. Abschluss dieses Teilkapitels bildete die Einordnung des Typus der Nonprofit Organisation, die Sozialer Dienste des Nonprofit Sektors darstellen.

Mit diesen Ausführungen wurde das Untersuchungsfeld einerseits abgesteckt und andererseits konzeptionell erfasst. Damit wurde die Grundlage gelegt für arbeitsmarkttheoretische Perspektiven in Bezug auf die Determinanten der Beschäftigung in Sozialen Diensten des Nonprofit Sektors.

# 3. Theoretische Grundlagen der Beschäftigung in Sozialen Diensten des Nonprofit Sektors

*Theoretische* Zugänge für die Erklärung des Beschäftigungsvolumens und/oder der Beschäftigungsstruktur in Nonprofit Organisationen sind in den gegenwärtig vorhandenen Forschungsarbeiten nur in Ansätzen auszumachen[47]. Die ökonomisch-theoretische orientierte Nonprofit Sektor Forschung fokussiert in erster Linie auf die Ursachen des Entstehens und Verhaltens von Nonprofit Organisationen, ohne direkt auf Beschäftigung einzugehen (siehe dazu auch Kapitel 2.4.1). Im Laufe der letzten 20 Jahre sind zahlreiche Studien zu quantitativen Dimensionen der Beschäftigung im Nonprofit Sektor entstanden. Daten zum Beschäftigungsvolumen des Nonprofit Sektors stehen bereits für 36 Länder in einer vergleichenden Darstellung zur Verfügung. (siehe dazu http://www.jhu.edu/~cnp/pdf/table301.pdf). Diese Arbeiten dienten primär der empirischen, quantitativen Erfassung des Beschäftigungsstandes[48]. Sie wurden nur vereinzelt von theoretischen Erklärungen systematisch begleitet und sind eher hypothesengenerierend angelegt[49]. Insbesondere theoretische Erklärungen des Beschäftigungsverhaltens finden sich in der empirischen Literatur selten bzw. nur in Ansätzen. Die Forschung zur Beschäftigung im Nonprofit Sektor befasst sich vor allem mit dem Vergleich des Lohnniveaus von Nonprofit Organisationen und kommerziellen Unternehmen[50].

Für die Erklärung des Beschäftigungsverhaltens von Nonprofit Organisationen kann daher nicht auf ein konsistentes Theoriegebäude zurückgegriffen werden, das die Grundlage der nachfolgenden empirischen Analyse der Beschäftigung in Sozialen Diensten des Nonprofit Sektors bilden könnte. Daher

---

[47] Ein Überblick über das Arbeitsnachfrageverhalten von Nonprofit Organisationen findet sich bei Young und Steinberg (1995).

[48] siehe dazu Anheier (1997), Anheier (2001), Heitzmann (2001), Badelt (2002b).

[49] siehe dazu z. B. Betzelt und Bauer (2000) sowie Betzelt (2001).

[50] siehe dazu für einen Literaturüberblick Steinberg (2003b); unter den neueren Arbeiten z. B. Leete (2001).

werden, das die Grundlage der nachfolgenden empirischen Analyse der Beschäftigung in Sozialen Diensten des Nonprofit Sektors bilden könnte. Daher
wird in dieser Studie ein Zugang gewählt, der **arbeitsmarkttheoretische
Ansätze** mit Erkenntnissen der theoretischen **Nonprofit Sektor Forschung**
und den **ökonomischen Eigenschaften sozialer Dienstleistungen** ver-
knüpft.

Im ersten Schritt (Kapitel 3.1) wird die Bedeutung des Produktionsfaktors Arbeit für die Erstellung sozialer Dienstleistungen ermittelt. Dabei wird auch eine Besonderheit des Arbeitseinsatzes in Nonprofit Organisationen beleuchtet: die Rolle von bezahlter Arbeit im Vergleich zu ehrenamtlicher Arbeit. Im
Anschluss daran wird auf die Rolle von Arbeit im Vergleich zu Kapital eingegangen.

Da sich das beobachtete Beschäftigungsvolumen aus dem Zusammenspiel
von Arbeitsnachfrage und Arbeitsangebot ergibt, widmen sich die folgenden
Teilkapitel diesen beiden Marktseiten. Im Kapitel 3.2. stehen die Determinanten der Arbeitsnachfrage von Sozialen Diensten des Nonprofit Sektors aus
makroökonomischer Perspektive im Vordergrund der Diskussion. Vorrangig
werden daher die Bedeutung und die unterschiedlichen Formen der Nachfrage nach sozialen Dienstleistungen sowie die Rolle der Produktivitätsentwicklung als intermediäre Größe der Beschäftigungsentwicklung in Sozialen
Diensten des Nonprofit Sektors betrachtet.

Teilkapitel 3.3 befasst sich mit den Determinanten der Arbeitsnachfrage Sozialer Dienste des Nonprofit Sektors sowie des Arbeitsangebots aus mikroökonomischer Perspektive. Dem Arbeitsnachfrageverhalten der Nonprofit
Organisationen werden Überlegungen vorangestellt, ob arbeitsmarkttheoretische Grundlagen des Arbeitsnachfrageverhaltens kommerzieller Unternehmen auf Nonprofit Organisationen übertragen werden können. Das Arbeitsangebot wird mit dem mikroökonomischen Standardmodell sowie drei ausgewählten Ergänzungen des Grundmodells durchleuchtet.

### 3.1. Der Einsatz von Arbeit für die Erstellung sozialer Dienstleistungen

### 3.1.1. Bedeutung des Inputfaktors Arbeit

Soziale Dienste des Nonprofit Sektors nutzen unterschiedliche Produktionsfaktoren für die Erstellung von sozialen Dienstleistungen. Die **Produktionsfunktion** eines Sozialen Dienstes beschreibt die Technologie, die eine Orga-

nisation einsetzt, um soziale Dienstleistungen zu erstellen. Sie spezifiziert, wie viele Einheiten einer sozialen Dienstleistung bei alternativen Kombinationen der Inputfaktoren (Arbeit, Kapital, Grund und Boden[51]) produziert werden können.

Die „These der Technologiedifferenzierung" besagt, dass **Nonprofit Organisationen** Güter und Dienstleistungen mit *anderen Produktionsfaktoren* oder mit *anderen Kombinationen* von Produktionsfaktoren erstellen (vgl. Badelt 2002e). Für den Inputfaktor Arbeit könnte diese These der Technologiedifferenzierung zum einen auf den relativen Stellenwert spezifischer Produktionsfaktoren – vor allem des Produktionsfaktors Arbeit – hinweisen. Zum anderen wird mit dieser These angesprochen, dass in Nonprofit Organisationen andere Formen von Arbeit (z.b. ehrenamtliche Arbeit) / andere Gruppen von Arbeitskräften für die Produktion von Gütern und Dienstleistungen zum Einsatz kommen können, als in Einrichtungen/Unternehmen des öffentlichen und des kommerziellen Sektors.

Für die **Erstellung von Dienstleistungen** im Allgemeinen (vgl. Wolfe 1955) und sozialer Dienstleistungen im Besonderen ist der Inputfaktor Arbeit von eminenter Bedeutung. Im Sinne von Arbeitsleistung ist dies im Falle von Nonprofit Organisationen nicht nur bezogen auf bezahlte Arbeitsleistungen zu verstehen, sondern auch auf die Arbeitsleistung und den Arbeitseinsatz unbezahlter Arbeitskräfte (vor allem Ehrenamtlicher) (siehe zum Verhältnis ehrenamtlicher und bezahlter Arbeit Kapitel 3.1.2.).

Im Folgenden wird zunächst auf die bezahlte Arbeitsleistung Bezug genommen. Aus produktionstechnischer Sicht weist der **Inputfaktor Arbeit** Eigenschaften auf, die ihn von anderen Produktionsfaktoren unterscheiden. Auch wenn die Arbeitsleistung in der ökonomischen Literatur über die Begriffe „Produktionsfaktor Arbeit" und „Tauschobjekt" abstrahiert wird, so ist diese untrennbar mit dem Menschen, der die Arbeitsleistung erbringt, verbunden. Erwerbsarbeit ist ein Teil des Lebensinhaltes. Die mit Erwerbsarbeit verbrachte Zeit ist ein Teil der Lebenszeit. Die Entlohnung der Arbeitskraft ist für die meisten Menschen im erwerbsfähigen Alter die wichtigste Quelle für die Finanzierung des Lebensunterhalts. (vgl. Franz 2003)

---

[51] Diese Klassifikation geht zurück bis ins 19. Jahrhundert. Mittlerweile ist die Forschung auf die Fülle an Differenzierungen innerhalb dieser Inputfaktoren aufmerksam geworden.

Arbeitskräfte haben Präferenzen, die bei der Entscheidung über den gewünschten Ort, das Ausmaß und die Art des Arbeitseinsatzes zum Tragen
kommen. Diese beziehen sich nicht nur auf monetäre Komponenten, wie
Lohn bzw. Gehalt, sondern auch auf nicht-monetäre Komponenten, wie etwa
auf Arbeitsbedingungen, auf die Mission und das Image der Organisation
(vgl. Borjas 2000). Neben diesen Faktoren, ist es die Freude an der Tätigkeit
selbst, die das Verhalten der ArbeitnehmerInnen beeinflusst (vgl. Frey 1997)
(zum Phänomen der extrinsischen und intrinsischen Motivation siehe auch
Kapitel 3.3.2.4.)

Die Eigenschaften von **sozialen Dienstleistungen** wirken sich auf den Produktionsprozess und damit auch auf den **Arbeitseinsatz** aus: Soziale Dienstleistungen sind aufgrund der Personenbezogenheit und des hohen Stellenwertes, den Kommunikation und Interaktion in der Beratung, Betreuung und
Pflege in diesem Dienstleistungsbereich haben, geprägt von hoher Arbeitsintensität[52].

Ein wesentliches Merkmal von Dienstleistungen, das sich auf den Arbeitseinsatz auswirkt, ist „die unsichere Fremdbestimmung des Arbeitsanfalls, die
unregelmäßige Beanspruchung des Personals" (Decker 1975) Hierbei treten
Zeiten der Spitzennachfrage ebenso auf wie Zeiten geringer Nachfra-
ge/Nutzungsbedarfs. Dies ist für die Personalbereitstellung vor allem dann
von besonderer Relevanz, wenn soziale Dienstleistungsangebote nahezu zu
jeder Tages- und Nachtzeit verfügbar sein sollen. So ist gerade im Betreu-
ungsbereich oftmals die Verfügbarkeit von Betreuungspersonen rund um die
Uhr erforderlich. Mehr als die Hälfte der in der Beschäftigungserhebung 2002
erfassten Sozialen Dienste des Nonprofit Sektors bieten ihre Dienstleistungen auch an Wochenenden und/oder an Feiertagen und/oder nachts an.
Schichtdienste mit Nacht- und Wochenendarbeitszeiten sind in manchen Ar-
beitsfeldern unumgänglich. (siehe dazu Kapitel 7.2.)

Neben der **zeitlichen Flexibilität** in Dienstleistungsbereichen ist zumindest
für soziale Dienstleistungen, die ein Aufsuchen der KundInnen/KlientInnen
durch die betreuende oder beratende Person voraussetzen, auch eine **räumlich Mobilität** der Arbeitskräfte erforderlich. Ist eine Leistungserstellung an
ein und demselben Ort nicht möglich, so müssen Arbeitskräfte dementsprechend mobil sein, um „heute hier und morgen da" soziale Dienstleistungen zu

---

[52] vgl. dazu Kapitel 2.2.

erbringen (z. B. bei mobilen Pflegedienstleistungen). Eine starke Standortge-
bundenheit der Produktion sozialer Dienstleistungen, wie sie z.b. bei Pflegeheimen zu finden ist, stellt dagegen geringe räumliche Mobilitätserfordernisse
an die MitarbeiterInnen.

Diese besondere Rolle der Arbeitskräfte ist nicht nur in quantitativer Hinsicht
unter dem Aspekt des Zeitpunktes, des Ortes und der Intensität des Einsatzes zu sehen. Decker (1997) weist darauf hin, dass bei sozialen Dienstleistungen die **fachlichen Qualifikationen** wie auch die **Kontakt- und Bezie-
hungsfähigkeit** der Arbeitskräfte eine große Rolle für die Qualität der Arbeitsleistung spielen. Erst in zweiter Linie sind es (therapeutische, medizi-
nisch-diagnostische) Geräte, die die Qualität der sozialen Dienstleistung beeinflussen. (vgl. Decker 1997)

Die Anforderungen an das Qualifikationsniveau der Arbeitskräfte sind je nach
Art der zu erbringenden sozialen Dienstleistung unterschiedlich. So gibt es
Tätigkeiten, die keine besonderen Qualifikationen voraussetzen (z. B. Besuchsdienst, Zustellfahrten wie „Essen auf Rädern") bis hin zu höher qualifi-
zierten Arbeiten im Sozial- und Pflegebereich (z.b. medizinische Hauskrankenpflege) und im Management (großer) sozialer Einrichtungen. Daher besteht in Sozialen Diensten einerseits der Bedarf, professionelles Personal zu
einzusetzen und andererseits Raum für unterschiedliche Formen der ehrenamtlichen Arbeit. Soziale Dienste sind Einrichtungen, die Arbeitskräfte mit
sehr heterogenen Berufsausbildungen beschäftigen. Die Berufsbilder stecken
zum Teil noch in der Entwicklung.[53] Einsatzmöglichkeiten für ehrenamtliche
Arbeit sind vor allem in Bereichen gegeben, die in Zusammenhang mit Un-
terstützungstätigkeiten im Haushalt stehen oder sozial integrierende Tätigkeiten, wie Besuchsdienste, umfassen (vgl. Badelt 1997b).

Die Dienstleistungstheorie hebt als Besonderheit des Produktionsprozesses
gegenüber der Sachgüterproduktion die Mitwirkung der KundInnen an der
Erstellung der sozialen Dienstleistung heraus. Die Simultanität von Produktion und Konsum der sozialen Dienstleistung (Uno-Actu-Prinzip – siehe 2.3.1
und 2.3.2.) einerseits und die Beteiligung der KundInnen bzw. KlientInnen als

---

[53] Für den Bereich der Gesundheits- und Krankenpflege existieren unterschiedliche, nicht
aufeinander abgestimmte Ausbildungsmodelle im Bereich der betreuenden Sozial- und
Gesundheitsberufen (vgl. AK 2003).Siehe dazu auch Schmid und Prochazkova (2004),
die zu der Feststellung kommen, dass sich viele Ausbildungen im Gesundheits- und Sozialbereich nicht auf entsprechende Berufsbilder stützen.

„externe Faktoren" der Produktion andererseits, stellen besondere Anforderungen an den Arbeitskräfteeinsatz. Arbeitskräfte in Sozialen Diensten stehen in direktem Kontakt mit ihren KlientInnen, mit sozial benachteiligten Personen. Sie sind daher zum Teil **hohen physischen, wie auch psychischen Belastungen** ausgesetzt. Für die Planung des Arbeitskräfteeinsatzes in Sozialen Diensten sind daher psychohygienische Angebote, wie Supervision, ebenso mit einzurechnen, wie Weiter- und Fortbildungsangebote sowie ausreichende Ruhepausen.

Die Arbeit mit den KlientInnen – die Integration des externen Faktors – hat zur Folge, dass die Kenntnisse und Fähigkeiten, die KlientInnen in den Beratungs-, Betreuungs- und Pflegeprozess mit einbringen, entscheidend die Dauer und Qualität des Prozesses und des erzielten Ergebnisses beeinflussen. Dem Zusammenspiel von ProduzentIn und KonsumentIn der sozialen Dienstleistungen kommt eine große Bedeutung zu. Dabei ist **Kooperationsfähigkeit** auf beiden Seiten erforderlich. (siehe auch Kapitel 2.3.2.).

Der Einsatz von Arbeit unterliegt gesetzlichen Bestimmungen, Betriebsvereinbarungen und Kollektivverträgen. In Österreich ist für ArbeitnehmerInnen der Gesundheits- und Sozialen Dienste ein Kollektivvertrag erst seit 1. Juli 2004 in Kraft. Dieser Kollektivvertrag ist österreichweit für die Mitgliedorganisationen der BAGS (Berufsvereinigung von Arbeitgebern für Gesundheits- und Sozialberufe) gültig und regelt Entgelt- und betriebliches Sozialleistungssystem sowie die Arbeitsbedingungen einheitlich für mehr als 30.000 Beschäftigte (vgl. http://www.bags-kv.at/, 15.6.2005). Sozialen Diensten, die nicht Mitglied der BAGS sind, steht die Gestaltung der Arbeitsverträge frei. Einige – wie die Caritas – haben „Haustarifverträge" (z. B. „Kollektivvertrag für Arbeitnehmer und Lehrlinge karitativer Einrichtungen der Katholischen Kirche in Österreich")[54], andere orientieren sich in der Gestaltung der Lohn- und Arbeitsbedingungen auf freiwilliger Basis an bestehenden Kollektivverträgen, wieder andere Einrichungen binden sich in ihren Arbeitsvereinbarungen an keinerlei kollektivvertragliche Bestimmungen. In Österreich ist ein für alle ArbeitnehmerInnen in Sozialen Diensten gültiger Kollektivvertrag gegenwärtig nicht umgesetzt. Verhandlungen wurden dazu jedoch aufgenommen.

---

[54] Einen Überblick über die bestehenden Kollektivverträge im Gesundheits- und Sozialbereich gibt Leibetseder (2004).

**Zusammenfassend** lässt sich festhalten, dass die Erstellung sozialer Dienstleistungen einerseits von hoher Arbeitsintensität gekennzeichnet ist, jedoch auch spezifische qualitative Anforderungen an Arbeitskräfte stellt. Diese bedingen teilweise eine formale Ausbildung und sehr häufig spezifische Persönlichkeitsmerkmale. Darüber hinaus ist in vielen Bereichen auch ein zeitlich und teils auch räumlich flexibler Arbeitseinsatzes erforderlich.

### 3.1.2. Unbezahlte Arbeit als Spezifikum von Nonprofit Organisationen

Nonprofit Organisationen haben intersektoral betrachtet den besten Zugang zu Formen unentgeltlicher – insbesondere ehrenamtlicher – Arbeit[55]. **Ehrenamtliche Arbeit** wird als sektoraler Vorteil des Nonprofit Sektors bezeichnet. Sie tritt auch im öffentlichen und in privat-erwerbswirtschaftlichen Einrichtungen auf, jedoch ist sie besonders häufig in Nonprofit Organisationen zu beobachten (vgl. Salamon 1995; vgl. Steinberg 2003). Horch (1992) stellt eine unterschiedliche Bedeutung ehrenamtlicher Arbeit in freiwilligen Vereinigungen fest. Demnach hat ehrenamtliche Arbeit in Sportvereinen und in Selbsthilfevereinen eine höhere Bedeutung als in Interessenvereinen und in Vereinen für Dritte (Wohlfahrtsvereine im weitesten Sinn)[56].

Ehrenamtliche Arbeit ist eine Arbeitsleistung, der kein monetärer Gegenfluss gegenübersteht. Gegenleistungen immaterieller Art (z.B. Information, Einfluss) oder materieller Art (z.B. kleine Geschenke) sind dagegen üblich. Da Ehrenamtliche an der Erstellung von Gütern und Dienstleistungen in Nonprofit Organisationen mitwirken, unterscheidet sich der Arbeitseinsatz dieser Organisationen von jenem kommerzieller Unternehmen (vgl. Steinberg 1987) Die Beschäftigungserhebung 2002 in Sozialen Diensten des Nonprofit Sektors zeigte, dass in manchen Einrichtungen dieses Bereichs auch *ausschließlich* Ehrenamtlichen tätig sind (siehe Kapitel 7.4.). Dies ist vor allem, aber nicht nur, bei Selbsthilfegruppen der Fall. Einige soziale Dienstleistungen erfordern keine spezifischen Qualifikationen, wie etwa Kommunikationstätigkeiten, Besuchs- oder Transportdienstleistungen (vgl. Badura, Gross 1976). Diese Bereiche eröffnen breitere Möglichkeiten für den Einsatz Ehrenamtlicher.

---

[55] zu den unterschiedlichen Formen der Erbringung von Arbeitsleistungen in Sozialen Diensten des Nonprofit Sektors, wie Ehrenamtliche, Zivildiener, PraktikantInnen und Priester bzw. Ordensangehörige siehe Kapitel 6.2.

[56] siehe dazu auch Smith (2003b) bzw. Kapitel 3.1.2.

Im Zusammenhang mit der Definition von ehrenamtlicher Arbeit ist jedoch mit Badelt (2002c) darauf aufmerksam zu machen, dass die Arbeit von Freiwilligen nicht gleichzusetzen ist mit der Arbeit von Laien. Hegner (1981) und Wehling (1993) unterscheiden drei Qualifikationsgrade von Arbeitskräften (laienhaft, semi-professionell und professionell). Laien weisen keine tätigkeitsspezifischen Qualifikationen und einen niedrigen Qualifikationsgrad auf. Semi-Professionelle sind angelernte Arbeitskräfte mit einem mittleren Qualifikationsgrad. Als professionell werden Arbeitskräfte bezeichnet, die Tätigkeiten ausüben, die sie als Beruf erlernt haben, und einen hohen Qualifikationsgrad aufweisen. Ehrenamtliche gehören eher den ersten beiden Gruppen an, wobei auch Professionelle unter den ehrenamtliche MitarbeiterInnen in Nonprofit Organisationen zu finden sind. Illustrativ seien hier für Soziale Dienste des Nonprofit Sektors DeutschlehrerInnen genannt, die auf ehrenamtlicher Basis das Lektorat einer Obdachlosenzeitschrift übernehmen oder in Sozialen Diensten Flüchtlingen die deutsche Sprache beibringen.

Der Einsatz ehrenamtlicher Arbeit ist für Nonprofit Organisationen auch mit Kosten verbunden. Diese können direkter Art (Zeichen der Anerkennung wie kleine Geschenke u. a. m.) aber auch indirekter Art sein. Indirekte Kosten entstehen im Zuge des Anwerbens und Einweisens von ehrenamtlichen Personen in ihre Tätigkeiten sowie durch Aktivitäten, die Ehrenamtliche an eine Organisation zu binden suchen. Die Integration von ehrenamtlichen MitarbeiterInnen in höher qualifizierte Tätigkeiten bringt Ausbildungskosten seitens der Organisationen mit sich, wenn Fehlhandlungen aufgrund von Qualifikationsdefiziten vermieden werden sollen (vgl. Höflacher 1999). Nicht zuletzt ist eine unternehmerische Vorstellung davon zu entwickeln, in welchen Tätigkeitsbereichen sich ehrenamtliche und bezahlte MitarbeiterInnen ergänzen und wo sie einander eher behindern. (vgl. Steinberg 1987; Young, Steinberg 1995) Die Einsatzplanung für Arbeitskräfte umfasst daher auch das Verhältnis entgeltlicher zu unentgeltlichen Arbeitskräfte in der Produktion der sozialen Dienstleistung.

Im Folgenden werden einige Überlegungen zum **Verhältnis ehrenamtlicher Arbeit und Erwerbsarbeit** in Sozialen Diensten des Nonprofit Sektor angestellt. Für die Betrachtung des Verhältnisses von ehrenamtlicher und bezahlter Arbeit wird auf die Analogie zur Entscheidung über den Einsatz mehrerer Produktionsfaktoren Bezug genommen. Dabei werden ehrenamtliche und bezahlte Arbeit als zwei unterschiedliche Inputfaktoren betrachtet[57]. Beide Arbeitsformen können in einem komplementären oder in einem substitutiven Verhältnis zueinander stehen. Ersteres ist gekennzeichnet durch eine gegenseitige Ergänzung von ehrenamtlicher und bezahlter Arbeit. Letzteres ist durch eine konkurrenzierende Beziehung zwischen ehrenamtlicher und bezahlter Arbeit gekennzeichnet. Im Fall der Substitutionalität kann ehrenamtliche Arbeit durch bezahlte Arbeit ersetzt werden und umgekehrt. Steigt der Lohnsatz und die Nachfrage nach bezahlten Arbeitsleistungen geht zurück, dann ist bei einem komplementären Verhältnis von ehrenamtlicher und bezahlter Arbeit auch ein Rückgang der Nachfrage nach ehrenamtlicher Arbeit zu erwarten. Bei einem substitutiven Verhältnis von ehrenamtlicher und bezahlter Arbeit ist dagegen ein Anstieg der Nachfrage nach ehrenamtlicher Arbeit zu erwarten. (vgl. Young, Steinberg 1995)

Die Faktoren, die das Verhältnis von bezahlter und ehrenamtlicher Arbeit charakterisieren, sind nicht rein technisch bestimmt. Sie liegen zum anderen auch in **Präferenzen** für bestimmte Produktionsprozesse (Eigenwert des Prozesses der Leistungserstellung) und – damit verbunden – in der Motivationslage der KlientInnen, der Ehrenamtlichen und der bezahlten Arbeitskräfte begründet. Zum anderen ist die **Budgetlage** ein wesentlicher, makropolitisch bestimmter Faktor in der Entscheidung über den Stellenwert ehrenamtlicher Arbeit für die Produktion sozialpolitischer Dienstleistungen (siehe auch weiter unten).

Salamon (1995) beschreibt, dass es zu einem **Wandel der Art und Weise der Bewältigung sozialer Probleme** kommt. Während soziale Probleme früher dem Engagement gut-meinender oder sich moralisch bzw. religiös verpflichtet fühlender Ehrenamtlichen anvertraut wurden, sind nun Tendenzen zu beobachten, mehr professionelle Techniken und ausgebildetes Personal einzusetzen. Nach dem Ansatz des „philantropic amateurism" von Salamon (1987: 112; 1995: 48) sind nunmehr Qualifikationen für die Erstellung von Dienstleistungen und Gütern in Nonprofit Organisationen erforderlich, die nicht (mehr) über die Arbeit von Freiwilligen abgedeckt werden können.[58]

---

[57] Badelt (2002e) identifiziert Meinungsverschiedenheiten darüber, ob ehrenamtliche Arbeit ein *anderer* Produktionsfaktor oder der *gleiche* Produktionsfaktor wie bezahlte Arbeit nur mit *niedrigeren* Kosten ist.

[58] siehe dazu auch Höflacher (1999)

Kritische Stimmen des Ersatzes Ehrenamtlicher durch bezahlte Arbeitskräfte befürchten den **Aufbau von Hemmnissen**, die zu einer geringeren Inanspruchnahme von sozialen Dienstleistungen führen.

> „Im gleichen Maße nämlich, wie die Dienste nur mehr von speziell für sie ausgebildeten Professionen erbracht werden, wird der Klient zum Laien usf." (Badura, Gross 1978: 78); (siehe dazu auch Klicpera, Gasteiger-Klicpera 1997)

Betrachten sich KlientInnen selbst als Laien, so kann dies eine Schwelle aufbauen, die dazu führt, dass sie soziale Dienstleistungen weniger in Anspruch nehmen oder ihr Engagement in der Interaktionsbeziehung verringern (vgl. Badura, Gross 1976). Da der Erfolg von sozialen Dienstleistungen von der Mitarbeit der KlientInnen entscheidend abhängt, kann die fortschreitende Professionalisierung und Substitution ehrenamtlicher durch bezahlte Arbeitskräfte in machen Bereichen der Erstellung sozialer Dienstleistungen nicht gewünscht sein. Gross und Badura (1976: 294f.) plädieren daher für

> „...die partielle Ersetzung der professionellen Diensterbringung durch eine nichtprofessionelle, teils auch eine vollständige Übernahme der Leistungserbringung durch nichtprofessionelle und nichtbezahlte organisierte Gruppen, Nachbarschaften oder sonstigen Gemeinschaften."

Zum Verhältnis von ehrenamtlicher Arbeit und dem Einsatz von Erwerbsarbeit konstatiert Höflacher (1999) auf der Seite des „Arbeitsangebots" **Unterschiede in der Motivation** von Ehrenamtlichen und bezahlten Beschäftigten. Ehrenamtliche seien vorwiegend am Arbeitsinhalt und an den Arbeitsergebnissen interessiert und damit intrinsisch motiviert. Altruistische Motive stehen für sie im Vordergrund[59]. MitarbeiterInnen, die für ihre Arbeitsleistung ein Entgelt erhalten, seien dagegen primär über den Lohn/das Gehalt motiviert.

Weiters unterscheidet Höflacher (1999) die **Art der Tätigkeit** von ehrenamtlichen und bezahlten MitarbeiterInnen. Im Falle, dass die Tätigkeiten einander ähnlich sind, führt dies dazu, dass dies dem Selbstverständnis ehrenamtlich tätiger Personen eher widerspricht. Ehrenamtliche stellen daraufhin ihre Tätigkeit in Frage und ziehen sich in der Folge aus diesem Tätigkeitsbereich zurück. Ebenso ist auch auf Seiten der bezahlten Arbeitskräfte ein Motivationsverlust denkbar, wenn Ehrenamtliche für dieselben Tätigkeiten eingesetzt

---

[59]  Dass die Motivation für eine ehrenamtliche Tätigkeit differenzierter zu betrachten ist, zeigt Badelt (2002c: 585ff.) Er unterscheidet drei Erklärungsfaktoren für ehrenamtliche Arbeit: die altruistische Komponente, die Eigenwertkomponente und die Tauschwertkomponente.

werden. Der Einsatz Ehrenamtlicher in denselben Bereichen kann von ausgebildeten Erwerbstätigen als Entwertung ihrer Kenntnisse und Fähigkeiten empfunden werden. Höflacher (1999) illustriert dieses Argument anhand des Pflegebereichs.

Salamon (1995) stellt fest, dass im Zuge der Professionalisierungstendenzen Nonprofit Organisationen auch über die notwendige **finanzielle Ausstattung** verfügen müssen, um ausgebildetes Personal anwerben zu können. Nonprofit Organisationen, die keine adäquaten Löhne bieten können, sind für ProfessionistInnen nicht attraktiv[60]. Höflacher (1999) ortet für Deutschland politisches Interesse an ehrenamtlichen Engagement, das im Zusammenhang mit dem Rückzug des Staates aus verschiedenen Tätigkeitsbereichen steht. An ehrenamtliche Tätigkeit wird die politische Hoffnung geknüpft, den mit dem Rückzug des Staates verbundenen Rückgang an bezahlten Arbeitsleistungen in bestimmten Bereichen über ehrenamtliches Engagement zu kompensieren. In wieweit diese Hoffnung zutreffend ist, oder nicht, bleibt der Überprüfung durch Studien im Untersuchungsfeld ehrenamtliche Arbeit vorbehalten.

Badelt (1997b) merkt an, dass durch den Einsatz ehrenamtlicher Arbeit bei der Erstellung sozialer Dienstleistungen zwar Kostenersparnisse erzielt werden können, dass dies jedoch mit einer Verschlechterung der **Qualität** der erbrachten sozialen Dienstleistung einhergehen könnte. Eine Substitution von bezahlter Beschäftigung durch ehrenamtliche Arbeit könnte daher nur in jenen Bereichen erfolgen, in denen keine Verschlechterungen der Leistungsqualität zu erwarten wären.

Beschäftigte in Sozialen Diensten des Nonprofit Sektors haben eine Vertragsbeziehung zu ihren ArbeitgeberInnen. Diese umfasst auch Pflichten, wie die verlässliche Erbringung von Arbeitsleistungen für die Organisation. Ehrenamtliche sind in der Regel nicht an derartige Verpflichtungen gebunden. Ihr Arbeitseinsatz erfolgt ausschließlich auf freiwilliger Basis und kann Schwankungen im Ausmaß beinhalten. Diese sind seitens der Organisationen bei der Planung des Einsatzes von Ehrenamtlichen mit zu berücksichti-

---

[60] Die theoretischen Ausführungen Salamons zielen darauf ab, Unzulänglichkeiten des Nonprofit Sektors („voluntary sector") über „Partnerschaften" mit dem Staat – z.B. in Form von öffentlichen finanziellen Zuschüssen – zu überwinden. Nonprofit Organisationen verfügten dann über ausreichende Finanzen, bezahlte MitarbeiterInnen einzustellen.

gen. Eine Substitution von Beschäftigten durch Ehrenamtliche ist daher nicht nur unter der Abwägung zusätzlicher Ausbildungskosten und dem Risiko von Fehlleistungen zu treffen, sondern auch im Hinblick auf die **verlässliche Ausübung** der Tätigkeiten durch Ehrenamtliche, da keine einklagbare Verpflichtungen für die Arbeitsleistung bestehen.

Umgekehrt stellt sich die Frage, ob ehrenamtliche Tätigkeit Potenzial für Erwerbsarbeit in sich birgt, oder ob diese Tätigkeiten, so sie nicht mehr von Ehrenamtlichen ausgeführt werden, von den Organisationen aufgegeben werden. Der Ersatz eines/einer Ehrenamtlichen durch eine/einen Beschäftigte/n für dieselbe Tätigkeit entspricht einer Erhöhung der Lohnkosten (von annähernd Null auf den vereinbarten Lohnsatz zuzüglich Lohnnebenkosten). Wenn es sich dabei um Tätigkeiten handelt, die für Organisationen sehr wesentlich sind, wird die Tätigkeit, so ausreichend finanzielle Mittel vorhanden sind, weiter ausgeübt – diesmal von bezahlten MitarbeiterInnen. Bezahlte und ehrenamtliche Arbeitskräfte stehen in einem substitutiven Verhältnis zueinander. Dies ist beispielsweise der Fall, wenn eine Position unbedingt besetzt werden muss, um den Betrieb aufrecht zu halten (z. B. Telefondienst). Reagiert die Organisation jedoch sehr elastisch auf diese „Lohnsatzänderung", so wird auf die technisch mögliche Substitution von ehrenamtlicher und bezahlter Arbeit verzichtet.

**Zusammenfassend** lässt sich feststellen, dass ehrenamtliche Arbeit in Nonprofit Organisationen im Vergleich zu öffentlichen oder erwerbswirtschaftlichen Organisationen öfters zu beobachten ist. Innerhalb des Nonprofit Sektors findet ehrenamtliche Arbeit – in Abhängigkeit vom Typ der Nonprofit Organisation – in unterschiedlichem Ausmaß Verwendung. Dafür zeichnen u. a. unterschiedliche Motivationslagen von KlientInnen, unbezahlten und bezahlten Arbeitskräften, produktionstechnische Anforderungen an das Qualifikationsniveau der Arbeitskräfte verantwortlich. Ehrenamtliche Tätigkeit verursacht zudem Kosten und ist aufgrund der nicht vorhandenen Verpflichtung zur Arbeitsleistung größeren Schwankungen ausgesetzt als Erwerbsarbeit. Ehrenamtliche und bezahlte Arbeitsleistungen sind daher nur in begrenztem Ausmaß substitutiv einsetzbar.

### 3.1.3. Verhältnis des Inputfaktors Arbeit zum Inputfaktor Kapital

In den beiden vorangegangenen Kapiteln standen im Zusammenhang mit der Erstellung sozialer Dienstleistungen der Produktionsfaktor Arbeit im Allgemeinen und das Verhältnis von bezahlter zu unbezahlter Arbeit als Spezifikum von Nonprofit Organisationen im Mittelpunkt. Zentrum dieses Kapitels ist die Charakterisierung des Verhältnisses des Inputfaktors Arbeit zum Inputfaktor Kapital.

Der **Inputfaktor Kapital** beschreibt die Summe an Werten aller Ressourcen, die nicht auf die Arbeitskraft bezogen sind, mit Ausnahme des Grund und Bodens. Für die Erstellung sozialer Dienstleistungen sind dieses die Werte der Räume, der Fahrzeuge, der Büroausstattung, des Arbeitsmaterials etc. Im Gegensatz zu medizinischen Dienstleistungen, die teure Diagnose- und Therapiegeräte voraussetzen können, kommen soziale Dienstleistungen in der Regel mit weit aus weniger Produktionskapital aus. Dies lässt sich an Hand der Relation der Sachausgaben zu den Gesamtausgaben illustrieren: Die Hälfte der Sozialen Dienste des Nonprofit Sektors, die in der Beschäftigungserhebung 2002 vertreten waren, wies einen Sachausgabenanteil von weniger als 29 % auf (siehe auch Kapitel 7.3). Eine Differenzierung ist hierbei zwischen mobilen und stationären Sozialen Diensten zu treffen – etwa zwischen mobilen Pflegediensten und Pflegeheimen. Die Kapitalintensität von sozialen Dienstleistungen, die die Unterbringung von Personen vorsehen (z.B. Pflegeheime, Obdachlosenheime, Frauenhäuser) ist weitaus größer als in jenen Einrichtungen, die ambulante oder mobile Dienstleistungen anbieten.[61]

Soziale Dienstleistungen sind durchgängig auf den Einsatz der menschlichen Arbeitskraft angewiesen. Im Zuge der Erstellung von sozialen Dienstleistungen ist ein Ersatz der Arbeitskräfte durch Geräte oder Instrumente in der Regel weder möglich noch wünschenswert. Bei sozialen Dienstleistungen ist daher die **Substituierbarkeit von Arbeit und Kapital** eingeschränkt. In manchen Geschäftsfeldern von Sozialen Diensten kann der Einsatz von Arbeit und Kapital nur limitational, d.h. in einem festen Verhältnis (wie es sich

---

[61] Eine Ausnahme innerhalb der mobilen sozialen Dienstleistungen bildet der Katastrophenschutz (z.B. Bergrettung, Freiwillige Feuerwehr). Die dort benötigten Transportmittel (Hubschrauber, Einsatzwägen,...) führen zu einer sehr hohen Kapitalintensität dieser – nach der ICNPO klassifizierten – sozialen Dienstleistungen.

mit der Leontieff-Produktionsfunktion abbilden lässt[62]), erfolgen. Dies sei anhand eines Beispiels illustriert: Mobile Pflegedienste in ländlichen Regionen
erfordern Autos als Transport- und Verkehrsmittel der Fachkräfte. Für die
zeitgleiche Betreuung zusätzlicher KlientInnen in *unterschiedlichen* Regionen
reicht es nicht aus, einer ausgelasteten Pflegekraft in der Tagespflege ausschließlich ein zweites Auto zur Verfügung zu stellen, oder eine zweite Pflegekraft im selben Auto mitfahren zu lassen. Die gleichzeitige Betreuung weiterer KlientInnen kann in diesem Fall nur erfolgen, wenn sowohl ein zusätzliches Auto als auch eine zusätzliche ausgebildete Pflegekraft bereitgestellt
werden. Eine hohe Substitutionselastizität[63], ist aufgrund der großen Bedeutung des Personenbezugs von sozialen Dienstleistungen und damit der sehr
hohen Arbeitsintensität auszuschließen. Im Fall von Betreuungsdienstleistungen, für die die Stabilität der Beziehungen und Vertrauensverhältnisse
essentiell sind, stellt selbst ein Austausch von MitarbeiterInnen mit formal
gleicher Qualifikation ein Problem dar.

Soziale Dienste des Nonprofit Sektors orientieren sich im Personaleinsatz
nicht nur an ökonomischen Kalkülen, gesetzlichen Vorgaben und im kollektiven Arbeitsrecht verankerte Bestimmungen, sondern sind auch mit **politisch
gesetzten Anreizen** konfrontiert. Der öffentliche Sektor ist – gemessen am
Anteil öffentlicher Mittel an den gesamten Einnahmen der Sozialen Dienste
des Nonprofit Sektors – oftmals der größte Nachfrager nach den angebotenen sozialen Dienstleistungen. In der Stichprobe (siehe Kapitel 7.5.) weisen
nahezu alle erfassten Einrichtungen Einnahmen aus öffentlichen Mitteln auf.
Bei der Hälfte dieser Einrichtungen beläuft sich der Anteil an öffentlichen
Einnahmen an den Gesamteinnahmen auf mehr als 86 %. Zum Teil ist mit
diesen Mitteln auch eine Einflussnahme des öffentlichen Sektors auf das
Personalvolumen und oder die Personalstruktur verbunden. Diese Form der
Einflussnahme und damit die Festlegung der Verwendung der bewilligten finanziellen Mittel finden sich z.B. in festgelegten Betreuungsschlüsseln, die
angeben, wie viele KlientInnen von einer Fachkraft betreut werden.

---

[62]  siehe Franz (2003) sowie Dinkel (2000)

[63]  Die Hicks'sche Substitutionselastizität gibt die Veränderung der relativen Einsatzmen-
      gen zweier Faktoren bezogen auf die relative Veränderungsrate ihrer Grenzrate der
      Substitution entlang einer Isoquante (d.h. bei unverändertem Outputniveau) an (vgl.
      Linde 2000).

## 3.1.4. Zusammenfassung

Dieses Kapitel widmete sich dem Produktionsfaktor Arbeit, wobei mehrfach auf die Besonderheiten von sozialen Dienstleistungen und von Nonprofit Organisationen Bezug genommen wurde.

Ausgehend von der Betrachtung der Produktionsfunktion wurde festgestellt, dass der Einsatz des Inputfaktors Arbeit für die Erstellung sozialer Dienstleistungen aus mehreren Perspektiven zu betrachten ist. Dabei wurde auf die Arbeitsintensität, die unterschiedlichen Qualifikationen der Arbeitskräfte in Sozialen Diensten des Nonprofit Sektors, sowie die Besonderheit des Einsatzes ehrenamtlicher Arbeit im Nonprofit Sektor eingegangen. Mit Blick auf ehrenamtlicher Arbeit wurde festgestellt, dass der Einsatz Ehrenamtlicher nicht nur mit Nutzen für die Einrichtungen, sondern auch mit Kosten verbunden ist. Zudem wurde aus arbeitsnachfrageseitiger Perspektive auf das komplementäre oder substitutive Verhältnis von bezahlter und unbezahlter Arbeit eingegangen. Aus arbeitsangebotsseitiger Sicht stand die Diskussion der unterschiedlichen Motive für die Arbeitsleistung von Ehrenamtlichen und Erwerbstätigen im Mittelpunkt.

Das Teilkapitel 3.1 fokussierte auf das Verhältnis der Inputfaktoren Arbeit und Kapital. Dabei kam der zentrale Stellenwert, den die Arbeitsleistungen im Bereich sozialer Dienstleistungen haben, noch einmal zum Vorschein. Diesmal unter dem Aspekt der eingeschränkten Substituierbarkeit von Arbeit und Kapital. Zudem wurde festgehalten, dass im Falle öffentlicher Förderungen oder Leistungsverträge auch eine Einflussnahme auf die Art des Personaleinsatzes sowohl in quantitativer als auch in qualitativer Hinsicht (vorgeschriebene Ausbildungen) erfolgen kann.

**In den folgenden beiden Kapiteln** (Kapitel 3.2 und Kapitel 3.3) stehen die Determinanten der Arbeitsnachfrage in Sozialen Diensten des Nonprofit Sektors im Vordergrund. Sie weisen einerseits einen Bezug zur Nachfrage nach sozialen Dienstleistungen auf und sind andererseits im Produktionsprozess selbst verankert. Demgemäß wird in der makroökonomischen Betrachtung das Verhältnis der Nachfrage nach sozialen Dienstleistungen zur Arbeitsnachfrage der Sozialen Dienste des Nonprofit Sektors diskutiert. In der mikroökonomischen Betrachtung stehen die Determinanten der Arbeitsnachfrage in Sozialen Diensten des Nonprofit Sektors sowohl allgemein als auch in unterschiedlichen Marktformen im Mittelpunkt. Ergänzt werden die mikroökonomischen Betrachtungen durch die Erklärung des Arbeitsangebotsverhaltens.

## 3.2. Determinanten der Beschäftigung in Sozialen Diensten des Nonprofit Sektors aus makroökonomischer Sicht

### 3.2.1. Konnex zwischen Gütermarkt und Arbeitsmarkt

Auf dem Arbeitsmarkt werden die Pläne der ArbeitsanbieterInnen und jene der ArbeitsnachfragerInnen koordiniert. Der Arbeitsmarkt ist jedoch kein isolierter Markt, sondern weist Verbindungen zum Geschehen auf dem Gütermarkt auf. Arbeit wird von Unternehmen als Inputfaktor eingesetzt, um Güter und Dienstleistungen zu produzieren. Verändert sich die Nachfrage nach diesen Gütern und Dienstleistungen, so verändert sich auch die Nachfrage nach Inputfaktoren, darunter auch nach dem Faktor Arbeit (vgl. Shorey 2001). Ein Anstieg der effektiven Nachfrage im güterwirtschaftlichen Bereich ruft c.p. somit einen Anstieg der Arbeitsnachfrage hervor. Hübl und Schepers (1983) zeigen, dass jedoch nicht allein die Veränderung der Nachfrage, die eine Veränderung des Produktionsvolumens bestimmt, einen Rückschluss auf die Beschäftigungsentwicklung zu lässt, sondern auch die Produktivitätsentwicklung zu berücksichtigen ist (siehe dazu Kapitel 3.2.3.).

Die folgenden Ausführungen beziehen sich auf den **„Markt für soziale Dienstleistungen"** und damit auf einen Teilbereich des „Güter- und Dienstleistungsmarktes". AkteurInnen auf diesem Markt sind NachfragerInnen nach sozialen Dienstleistungen und Soziale Dienste als Anbieter von sozialen Dienstleistungen. Anbieterinnen sozialer Dienstleistungen sind Einrichtungen des öffentlichen, des privaten gewinnorientierten Sektors und des Nonprofit Sektors. Soziale Dienstleistungen werden auf Märkten umgesetzt, die von unvollkommenem Wettbewerb und politischer Regulierungen des Umfangs und der Qualität der Dienstleistungen gekennzeichnet sind (vgl. Krömmelbein, Schulz 2000).

Die Märkte sozialer Dienstleistungen werden auch als „Quasi-Märkte" [64] bezeichnet (vgl. Le Grand, Bartlett 1993: 10). Unterschiede zu konventionellen Märkten sind sowohl auf der Angebots- als auch auf der Nachfrageseite zu

---

[64] Le Grand und Barlett (1993) weisen darauf hin, dass der Begriff „Quasi-Markt" auf Williamson (1975: 8) zurückgeht.

finden. Auf der Angebotsseite sind diese Märkte charakterisiert durch Organisationen, die nicht notwendigerweise auf Gewinnmaximierung ausgerichtet sind oder ausschließlich private EigentümerInnen aufweisen. Auf der Nachfrageseite charakterisieren sich Quasi-Märkte dadurch, dass die Kaufkraft von Individuen entweder mittels gebundener Transfers oder über Gutscheine erhöht wird bzw. dass die Kaufkraft zentral von einer staatlichen Stelle ausgeht. Kaufentscheidungen sozialer Dienstleistungen werden nicht immer von den NutzerInnen getroffen, sondern sind an Dritte delegiert.

"These welfare quasi-markets thus differ from conventional markets in one or more of three ways: non-profit organisations competing for public contracts, sometimes in competition with for-profit organisations, consumer purchasing power either centralised in a single purchasing agency or allocated to users in the form of vouchers rather than cash; and, in some cases, the consumers represented in the market by agents instead of operating by themselves." (Le Grand, Barlett 1993a: 10)

Akteurinnen auf dem betrachteten **Arbeitsmarkt**[65] sind Personen, die gegen Entgelt (Lohnsatz) ihre Arbeitskraft für eine bestimmte Dauer zur Verfügung stellen (ArbeitsanbieterInnen) und Soziale Dienste, die Arbeitskräfte gegen Entgelt (Lohnsatz) für eine bestimmte Dauer zukaufen (ArbeitsnachfragerInnen). Die Gesamtheit der Entscheidungen der einzelnen Individuen, ob und in welchem Ausmaß sie ihre Arbeitskraft am Arbeitsmarkt anbieten, bestimmt das gesamtwirtschaftliche Arbeitsangebot (vgl. Lausberger 2001)[66]. Auch der Arbeitsmarkt ist gekennzeichnet durch gesetzliche Regelungen, die Arbeitsangebot und Arbeitsnachfrage allgemein kennzeichnen, sowie spezifischen Regelungen, die für Berufsgruppen gelten, die in Sozialen Diensten besonders häufig vertreten sind (z.B. Gesundheits- und Krankenpflegeberufe geregelt im GuKG).

Es ist nun darzulegen, in welcher Weise die Beobachtung von Bode (1999) zutrifft, wonach Volumen und Struktur der Nachfrage nach sozialen Dienstleistungen sowie die Art der sozialen Dienstleistung das Volumen der Beschäftigung, die Struktur der eingesetzten Arbeitskräfte (z. B. nach Qualifikationen), die Art der Beschäftigungsverhältnisse beeinflussen. Die Veränderungen der Nachfrage nach Dienstleistungen haben einerseits eine Volumens- und andererseits eine Strukturkomponente (vgl. Mesch 1998); diese

---

[65] Darstellung nach Borjas (2000), adaptiert für soziale Dienst(leistungen).

[66] Die aggregierte Arbeitsangebotskurve resultiert in technischer Hinsicht aus der horizontalen Addition der individuellen Arbeitsangebotskurven (vgl. Borjas 2000).

können sich daher auch in der Arbeitsnachfrage mengenmäßig und/oder strukturell auswirken. Der langfristige Trend der Nachfrage nach sozialen Dienstleistungen (steigend bzw. fallend) sowie kurz- bis mittelfristige Abweichungen von diesem Trend wird entsprechende Auswirkungen auf die Richtung und die Stabilität der Arbeitsnachfrage zeitigen.

Eine *quantitative Änderung der Nachfrage* nach Gütern und Dienstleistungen von Unternehmen kann einerseits über eine Änderung der Lagerbestände oder andererseits über eine Änderung des Produktionsniveaus durch Variation des Kapital- oder Arbeitseinsatzes[67] begegnet werden (vgl. Gold 2002). Soziale Dienstleistungen sind aufgrund des „Uno-Actu-Prinzips" (siehe Kapitel 2.3.2) nicht lagerfähig. Nachfrageschwankungen von sozialen Dienstleistungen können daher seitens der Organisationen nicht mit der Veränderung der Lagerbestände ausgeglichen werden, sondern schlagen sich unmittelbar im Faktoreinsatz nieder. Es ist daher eine Kapazitätsplanung erforderlich, um Nachfragespitzen abdecken zu können (vgl. McLaughlin 1986).

Sind die Kapazitätsgrenzen noch nicht erreicht, könnte sich eine Zunahme der Nachfrage nach sozialen Dienstleistungen rascher als bei der Güterproduktion auf Veränderungen der Arbeitsnachfrage, hier in der zeitlichen Komponente – als Ende von Kurzarbeit oder in Form von Überstunden – auswirken[68]. Sind die Kapazitäten bereits voll ausgelastet (Arbeitskräfte können/wollen ihren Zeiteinsatz nicht erhöhen) kann zusätzliche Nachfrage nur durch eine Kapazitätserweiterung und damit mit der Einstellung von Arbeitskräften bedient werden.

Stößt die Arbeitsnachfrage bestehender oder potenziell neuer Einrichtungen am Arbeitsmarkt auf ein beschränktes Angebot an Arbeitskräften und ist dieses Ungleichgewicht auch auf dem Weg von Lohnanpassungen nicht zu beseitigen, wird die Arbeitsnachfrage rationiert. Können die AnbieterInnen sozialer Dienstleistungen am Arbeitmarkt nicht die gewünschte Nachfrage nach

---

[67] Diese Art der Anpassung ist abhängig von der Produktionstechnologie und den Faktorpreisen (vgl. Nickell 1978).

[68] Dies gilt jedoch nur soweit mit der Nachfrage auch Einnahmen an die Sozialen Dienste fließen. Gratis erstellte Leistungen, für die lediglich ein erhöhter Bedarf seitens der KlientInnen signalisiert wird, denen aber keine ebenso erhöhten Mittelzuflüsse seitens der öffentlichen Hand gegenüber stehen, werden keine Beschäftigungswirkungen entfalten.

Arbeitskräften realisieren, werden sie ihre Angebotsplanung nach unten anpassen.

VertreterInnen der **supply response theory** vertreten die Ansicht, dass die Arbeitsnachfrage in Nonprofit Organisationen langsamer auf den Anstieg der Nachfrage nach Sachgütern und Dienstleistungen reagiert als dies bei erwerbswirtschaftlich orientierten Unternehmen der Fall wäre (vgl. Hansmann 1987). Sie führen dies darauf zurück, dass sich der Zugang zu Krediten, mit denen zusätzliche Ressourcen beschafft werden können, für Nonprofit Organisationen schwieriger gestaltet. Eine Beobachtung, die auch Littich (2002) dokumentiert. Soziale Dienste des Nonprofit Sektors sind in der Regel in der Rechtsform eines Vereines gegründet. Gemäß § 23 VerG haftet der Verein für Verbindlichkeiten des Vereins mit dem Vereinsvermögen. Die Höhe des Vereinsvermögens bei Sozialen Diensten des Nonprofit Sektors reicht als Sicherheit für einen Kredit nicht immer aus.[69] Nehmen in diesen Fällen VertreterInnen des Vereins persönlich einen Kredit auf, so haften sie für diesen mit ihrem Privatvermögen, auch wenn die Mittel dem Vereinszweck zugute kommen. Diese Form der Kreditaufnahme und damit der Zugang zu Kapital sind von den dahinter stehenden Vermögenswerten und der Risikobereitschaft der einzelnen Personen abhängig.

Neben quantitativen Veränderungen der Arbeitsnachfrage sind strukturelle Änderungen der Arbeitsnachfrage zu betrachten. Letztere können aus *Strukturverschiebungen der Nachfrage* nach sozialen Dienstleistungen resultieren. Im sozialen Dienstleistungsbereich „Kinderbetreuung" ist beispielsweise nicht mehr nur die „Beaufsichtigung" oder „traditionelle Betreuung" der Kinder über einen Tagesabschnitt von Bedeutung, sondern es wird verstärkt Wert auf die Qualität der pädagogischen Betreuung der Kinder gelegt. Dabei bilden sich alternative pädagogische Konzepte heraus, die entsprechend geschultes Personal für die Umsetzung dieser Konzepte erfordern. Die Veränderung zahlreicher gesellschaftlicher Rahmenbedingungen – die demographische Entwicklung, die zunehmende Erwerbsbeteiligung von Personen, die traditioneller Weise Betreuungsaufgaben im Haushalt übernommen haben (vgl. Mesch 1998) – führt dazu, dass der Bedarf und – soweit Kaufkraft vorhanden ist – auch die Nachfrage nach den neu konzipierten sozialen Dienstleistun-

---

[69] Kurzfristige und vom Umfang her relativ geringen Ausmaßes sind Kredite, wie Überziehungen des Girokontos, bei kleineren Sozialen Diensten eine realistische Form der Mittelbeschaffung.

gen steigt. Damit steigt auch die Nachfrage nach Arbeitskräften, die die erforderlichen Qualifikationen, Kenntnisse und Fähigkeiten mitbringen.

Da der Nachfrage nach Gütern und Dienstleistungen eine zentrale Bedeutung für die Arbeitsnachfrage zukommt, wird im folgenden Abschnitt auf die Komponenten der Nachfrage nach sozialen Dienstleistungen eingegangen. Ausgegangen wird dabei von der Überlegung, dass die verschiedenen Formen der Nachfrage nach sozialen Dienstleistungen, die Arbeitsnachfrage Sozialer Dienste unterschiedlich beeinflussen.

### 3.2.2. Nachfrage nach sozialen Dienstleistungen und ihr Einfluss auf die Beschäftigung

In marktwirtschaftlichen Ordnungen werden Bedürfnisse von Personen nur befriedigt, wenn diese ausreichende Zahlungsbereitschaft und Zahlungsfähigkeit aufweisen.

> „Hence, *demand* is not simply a function of what people need but also of what they can afford and what they prefer to have within the constraints of their resources."
> (Young, Steinberg 1995)

Die Nachfrage nach einem Gut ist – im ökonomischen Sinne – der mit Kaufkraft versehene Bedarf. Die Nachfrage nach sozialen Dienstleistungen ist geprägt von den gesellschaftlichen Rahmenbedingungen, insbesondere der wirtschaftlichen Leistungsfähigkeit eines Landes, den sozialen Problemlagen (Arbeitslosigkeit, Kriminalität u.a.m.), der gesellschaftlichen Wahrnehmung derselben sowie von der innerfamiliären Arbeitsteilung der Erwerbs- und Reproduktionsarbeit. Ein Bedürfniswandel bedingt einen Wandel der Nachfrage- und der Produktionsstrukturen (vgl. Badelt 1997b).

Die Nachfrage kann von verschiedener Seite entfaltet werden, von Individuen oder Kollektiven sowie seitens des privaten oder des öffentlichen Sektors. Die Formen der Nachfrage nach sozialen Dienstleistungen sind nun im Einzelnen zu betrachten:

### 3.2.2.1. Private und öffentliche Komponenten der Nachfrage

Nachfrage nach sozialen Dienstleistungen wird von Personen bzw. Institutionen des privaten und des öffentlichen Sektors ausgeübt. Unter dem Begriff *„private Nachfrage"* wird im Folgenden die Nachfrage nach sozialen Dienstleistungen subsumiert, die von Personen oder Institutionen des privaten Sektors ausgeht. Dabei wird unterschieden zwischen *„direkter privater Nachfrage"* im Sinne einer Nachfrage nach sozialen Dienstleistungen für den Eigenbedarf[70] und *„indirekter privater Nachfrage"* im Sinne einer Nachfrage in Stellvertretung für die eigentlichen NutzerInnen der sozialen Dienstleistungen. Letztere Form der privaten Nachfrage wird über Spenden von Privatpersonen oder Organisationen bzw. Unternehmen realisiert.

Die folgenden Überlegungen zur „direkten privaten Nachfrage" beziehen sich auf soziale Dienstleistungen, die gegen Entgelt abgeben werden. In einigen Branchen sozialer Dienstleistungen (z.B. Kinderbetreuung, Pflegedienstleistungen) ist die Bezahlung eines Entgelts Voraussetzung für die Inanspruchnahme. Nicht in jedem Fall muss dabei von den NutzerInnen die volle Höhe des Entgelts entrichtet werden. Reduktionen, die abhängig vom Einkommen gewährt werden und damit die materielle Situation berücksichtigen, sind möglich. Andere soziale Dienstleistungen – vor allem Beratungsdienstleistungen – werden ohne Entrichtung eines Entgelts konsumiert. Die „Nachfrage" im ökonomischen Sinn nach sozialen Dienstleistungen wird in diesem Fall nicht von den NutzerInnen ausgeübt, sondern von einer dritten Instanz. Dabei kommt der Nachfrage des öffentlichen Sektors nach sozialen Dienstleistungen eine besondere Bedeutung zu (vgl. Mesch 1998).

Die Determinanten der **direkten privaten Nachfrage** nach sozialen Dienstleistungen gehen auf allgemeine Bestimmungsfaktoren der Nachfrage (durchschnittliches Einkommen, Größe des Marktes, Preise anderer Güter, Präferenzen und spezielle Einflussfaktoren) zurück.

Während die direkte private Nachfrage auf vielen Märkten die wichtigste Komponente der Nachfrage darstellt, ist ihre Bedeutung aus mehreren Gründen im Bereich der sozialen Dienstleistungen zu relativieren. Diese Ursachen finden sich nicht nur in der mangelnden Zahlungsfähigkeit mancher Zielgruppen Sozialer Diensten, sondern auch in der mangelnden Entwicklung von Präferenzen seitens der KlientInnen für die Behebung sozialer Problemlagen, in der mangelnden Artikulationsfähigkeit von Bedürfnissen, in mangelnder Konsumentensouveränität bei der Auswahl und Beschaffung sozialer Unterstützungsangebote und in der Immobilität mancher Zielgruppen (ausführend

---

[70] Hierzu zählt z. B. auch der Ankauf eines Kindergartenplatzes, wenn auch die Eltern für die eigentlichen NutzerInnen (die Kinder) in den Transaktionsprozess eingeschaltet sind.

siehe dazu Kapitel 2.3.2. und weiter unten zur angebotsinduzierten Nachfrage).

Eine andere Form der privaten Nachfrage nach sozialen Dienstleistungen ist die **indirekte private Nachfrage**: Nonprofit Organisationen finanzieren sich im Gegensatz zu kommerziellen Organisationen nicht in jedem Fall mehrheitlich über den Verkauf von Güter und Dienstleistungen im traditionellen Sinn. Zu den Einnahmen aus privaten Quellen zählen bei Nonprofit Organisationen auch Spenden (vgl. Halfar 1999; Littich 2002). Spenden an Soziale Dienste können im ökonomischen Sinne auch als eine Form der privaten Nachfrage nach sozialen Dienstleistungen interpretiert werden[71]. Spenden stellen eine indirekte Nachfrage dar, da die SpenderInnen nicht selbst die soziale Dienstleistung konsumieren. Mittels ihrer Spende machen sie die sozialen Dienstleistungen anderen (zumeist einkommensschwachen) Personen verfügbar.

Das Spendenniveau von Privatpersonen ist von der relativen Einkommens- und Vermögensposition potenzieller SpenderInnen und dem Ausmaß ihres (echten oder unechten) Altruismus[72] abhängig. Monetäre Anreize finden sich in der steuerlichen Absetzbarkeit von Spenden[73]. In Österreich ist diese für Spenden jedoch zur Zeit nur im Bereich Wissenschaft und Forschung gegeben (vgl. Littich 2002). Damit fallen Spendenmotive, die sich auf monetäre Vorteile der SpenderInnen gründen, für den Bereich der Spenden an Soziale Dienste des Nonprofit Sektors aus. Nicht monetäre Motive für Spenden resultieren bei privaten Personen vor allem aus Dankbarkeit, Übereinstimmung mit weltanschaulichen Zielen oder aus einem kollektiven Bewusstsein. Das

---

[71] Eine grafische Darstellung der Wirkung von Spenden auf die gesamte Nachfrage nach Leistungen von Nonprofit Organisationen findet sich bei James und Rose-Ackerman (1986).

[72] Cabrillo (1999) definiert Altruismus als erlerntes, internalisiertes Verhalten, als "attitude of collaboration towards the group", das durch Erziehung, soziales Lernen und moralischen Druck erworben wird. Altruismus impliziert eine positive Beziehung zwischen dem Nutzen eines Individuums oder Haushaltes und dem Wohlbefinden eines anderen Individuums oder Haushalts, dem potentiell Begünstigten (vgl. Barro 1974; vgl. Becker 1974; Becker 1981a; Becker 1981b). Andreoni (1990) entwickelte ein Modell des "warm-glow giving", nachdem der Akt des Helfens selbst einen Nutzen stiftet. Die Verbesserung der Situation eines/einer Transferempfängers/-empfängerin ist in diesem Ansatz nur von nachrangiger Bedeutung. Daher spricht man von „unechtem" Altruismus.

[73] Für Sponsoring, das auf der Erwartung einer wirtschaftlich vorteilhaften Gegenleistung beruht, gilt diese Einschränkung nicht. Sponsoring-Ausgaben können häufig als Betriebsausgaben steuerlich geltend gemacht werden (vgl. Littich 2002).

Spendenverhalten von Unternehmen wird hingegen zurückgeführt auf das Gefühl sozialer Verantwortung („corporate social responsibility", „corporate citizenship") der Unternehmen und auf den investiven Charakter von Spenden. (vgl. Littich 2002)

**Zusammengefasst** lässt sich festhalten, dass direkte private Nachfrage, im Sinne des mit Kaufkraft versehenen Bedarfs, bei sozialen Dienstleistungen grundsätzlich möglich ist. Allerdings können mehrere Argumente geltend gemacht werden, welche darauf hindeuten, dass die direkte private Nachfrage Einschränkungen unterliegt. Damit ist stellvertretende private Nachfrage durch Dritte, z.B. durch SpenderInnen, für Soziale Dienste des Nonprofit Sektors für einige Dienstleistungsbereiche bedeutsam.

Neben den Formen privater Nachfrage nach sozialen Dienstleistungen nimmt – wie bereits dargelegt – der **öffentliche Sektor die zentrale Rolle in der Nachfrage** nach sozialen Dienstleistungen des Nonprofit Sektors ein[74]. Die Nachfrageentscheidung des öffentlichen Sektors ist dadurch gekennzeichnet, dass sie über einen anderen als den Marktmechanismus erfolgt; sie ist politisch geprägt bzw. folgt der Logik der Bürokratie (vgl. Frey, Kirchgässner 1994). Die öffentliche Nachfrage kann ebenso wie die private Nachfrage eine *direkte* und eine *indirekte* Komponente annehmen.

Weitaus bedeutender als die direkte öffentliche Nachfrage, in der der öffentliche Sektor z. B. als Arbeitgeber soziale Dienstleistungen von Nonprofit Organisationen nachfragt, ist der Fall der **indirekten öffentlichen Nachfrage**, bei der stellvertretend für Individuen soziale Dienstleistungen zugekauft oder soziale Einrichtungen subventioniert werden. Im ersten Fall tritt die öffentliche Hand auf „Sozialmärkten" als Käuferin der sozialen Dienstleistungen auf, die – gemäß dem Fokus dieser Studie – von Nonprofit Organisationen erstellt werden (nach Bode 1999). Die rechtliche Grundlage dieser Transaktionen bilden z.B. *Leistungsverträge*. (zum Begriff des Leistungsvertrages siehe Dimmel (2004: 95ff.). Leistungsverträge enthalten Vereinbarungen über Volumen und Qualität der zur erbringenden sozialen Dienstleistungen und wer-

---

[74] Das Verhältnis privater zu öffentlicher Formen der Nachfrage – im Sinne des Verhältnisses von Spenden zu staatlichen Subventionen – bildet ein Spannungsfeld sowohl in sozial- und finanzpolitischen Diskussionen als auch in wissenschaftlichen Auseinandersetzungen. Zu den neueren Arbeiten mit einem guten Literaturüberblick zählen Andreoni und Payne (2003).

den zwischen der öffentlichen Hand und der jeweiligen sozialen Dienstleistungsorganisation abgeschlossen. Den zu erstellenden sozialen Dienstleistungen entspricht eine vertraglich vereinbartes Entgelt, das von der öffentlichen Hand entrichtet wird. Leistung und Gegenleistung stehen hier einander gegenüber. Die Inhalte der Leistungsverträge mit den Gebietskörperschaften sind nur für manche Nonprofit Organisationen durch Verhandlungen gestaltbar (vgl. Schneider, Trukeschitz 2003b). Da die Leistungen von der öffentlichen Hand spezifiziert werden und damit auch das Leistungsspektrum abgesteckt wird, das finanziert wird, gehen damit Auswirkungen auf das Leistungsangebot einher (vgl. Trukeschitz, Schneider 2003). Manche Geschäftsfelder werden nicht mehr bedient bzw. ausgelagert. Arbeitskräfte werden in der Folge freigesetzt. Andere Geschäftsfelder werden ausgebaut, wofür ausreichende und qualifizierte Arbeitskräfte erforderlich sind.

Eine andere Form der öffentlichen Nachfrage nach sozialen Dienstleistungen ist jene über *Transferzahlungen an Soziale Dienste*. Diesen Transferzahlungen – hier in Form von *Subventionen* – steht der Definition nach keine unmittelbare Gegenleistung derjenigen gegenüber, die diese Transferzahlungen erhalten. Subventionen repräsentieren ebenfalls eine indirekte Form der öffentlichen Nachfrage nach sozialen Dienstleistungen; der Einfluss auf die Erstellung der sozialen Dienstleistung ist in der Regel ein mittelbarerer als im Falle von Leistungsverträgen.

Transferzahlungen können an Verwendungsauflagen geknüpft sein, und damit das Angebot bzw. den Angebotserstellungs-/Produktionsprozess beeinflussen. In dem Finanzstrom vom öffentlichen Sektor an Soziale Dienste des Nonprofit Sektors spiegelt sich der Wunsch nach Aufrechterhaltung oder Ausbau des Angebotes sozialer Dienstleistungen wider. Die öffentliche Hand beeinflusst daher in ihrem Nachfrageverhalten – ob in Form als Käuferin der Leistungen oder als subventionierende Institution – Umfang und Art der von Nonprofit-Organisationen erstellten sozialen Dienstleistungen.

Die effektive Nachfrage des öffentlichen Sektors ist – gemessen am Volumen und am Anteil der öffentlichen Mittel an den Gesamteinnahmen Sozialer Diensten des Nonprofit Sektors – in Österreich relativ hoch und substanziell für die Schaffung von **Beschäftigung** in diesem Bereich (vgl. Bachstein 2000). Während ein zusätzlicher privat zahlender Kunde noch keinen Arbeitsplatz schafft oder sichert, ist das bei den Volumina der Subventions- und Leistungsverträge bei weitem anders.

Die öffentliche Nachfrage nach sozialen Dienstleistungen erfolgt in der Regel über Verträge (Subventions- und/oder Leistungsverträge). Diese weisen eine bestimmte Laufzeit auf. Das Jährlichkeitsprinzip öffentlicher Haushalte bedingt Befristungen dieser Verträge und kann dabei Planungsunsicherheiten in Sozialen Diensten des Nonprofit Sektors hervorrufen. Diese Unsicherheiten treten verstärkt gegen Ende der Vertragslaufzeit ein, wenn Verlängerungen nicht von vornherein absehbar sind bzw. aufgrund politischer Veränderungen nicht mehr eingeschätzt werden können. Die Befristung der Verträge könnte sich im Bereich der Beschäftigung über den Einsatz von befristeten Arbeitsverhältnissen oder Werkverträgen auswirken.

Andererseits legen gerade Subventionsverträge einen Förderbetrag fest, über den die jeweilige soziale Einrichtung des Nonprofit Sektors in einem bestimmten Zeitraum verfügen kann. So die Mittel ausreichen, können damit Arbeitsplätze geschaffen oder erhalten werden. „Nachfrageeinschränkungen" der öffentlichen Hand sind in diesem Zeitraum in der Regel nicht zu erwarten, es sei denn, die Subvention ist degressiv ausgestaltet. Umgekehrt steht selten eine Ausweitung dieser Nachfragekomponente und (c.p.) der daran angebundenen Beschäftigung zu erwarten, da Subventionen zumeist pauschaliert und bisweilen gedeckelt sind. Expansionen im Bereich der Beschäftigung ohne zusätzliche Mittel aus anderen Quellen sind in der Zeit kaum möglich.

Veränderungen der öffentlichen Nachfrage – ausgelöst durch Änderungen der Aufgabenwahrnehmung des öffentlichen Sektors selbst, der Sozialpolitik und/oder der öffentlichen Förderpraktiken – haben aufgrund des zumeist hohen Volumens an den damit verbundenen Einnahmen massive Auswirkungen auf Soziale Dienste des Nonprofit Sektors und beeinflussen daher auch entscheidend die Arbeitsnachfrage dieser Einrichtungen. Alexander (1999) stellt fest, dass eine der häufigsten Reaktionen von Nonprofit Organisationen auf einen Rückgang der Einnahmen, die Reduzierung der Anzahl der MitarbeiterInnen bei gleichzeitiger Ausweitung der Auslastung der verbleibenden MitarbeiterInnen darstellt. Die zweithäufigste der genannte Maßnahmen der untersuchten Nonprofit Organisationen ist ebenfalls dem Personalbereich zu zuordnen. Nonprofit Organisationen räumen ehrenamtlicher Arbeit einen höheren Stellenwert ein.

Eine Verminderung der öffentlichen Nachfrage müsste, damit die Arbeitsnachfrage konstant gehalten werden kann, durch andere Formen der Nachfrage kompensiert werden. Bei einer Veränderung der Struktur der öffentlichen Nachfrage nach sozialen Dienstleistungen, z.B. von Subventionszahlungen hin zu Leistungsvertragsabschlüssen verändert sich auch der Einfluss des öffentlichen Sektors auf die Leistungsgestaltung. In manchen Bereichen wird durch die Vorgabe von Betreuungsschlüsseln direkt auf die Personalpolitik in den Sozialen Diensten des Nonprofit Sektors eingewirkt (siehe Kapitel 3.2.2.1). Eine Veränderung des Dienstleistungsprofils nach Umfang oder Art der Leistungserstellung wird sich c.p. auf das Volumen bzw. die Struktur der Arbeitsnachfrage auswirken. Im Zusammenhang mit Leistungsverträgen und der damit verbundenen Integration wirtschaftlicher Kalküle wird in der amerikanischen und angelsächsischen Literatur insbesondere auch auf eine Verstärkung der Professionalisierungsbestrebungen der Organisationen sowohl in sozial-fachlicher als auch in wirtschaftlicher Hinsicht hingewiesen (vgl. Smith, Lipsky 1993; vgl. Salamon 1995)

Ein Nachfragephänomen, das auch auf soziale Dienstleistungen zutreffen könnte, ist die **angebotsinduzierten Nachfrage**, wie sie z. B. Feldstein (1993) für Gesundheitsmärkte beschreibt. Angebotsinduzierte Nachfrage resultiert aus der asymmetrischen Information zwischen AnbieterInnen und Nachfragenden nach sozialen Dienstleistungen und führt zu einer Einschränkung der Konsumentensouveränität. Die AnbieterInnen von sozialen Dienstleistungen sind besser darüber informiert, welche Art und welches Ausmaß einer sozialen Dienstleistung am besten geeignet ist, die Lebenssituation der KlientInnen zu verbessern. Die Wahl einer sozialen Dienstleistung wird nicht von KonsumentInnen getroffen, sondern geht in manchen Fällen aus der Entscheidung, die stellvertretend durch AnbieterInnen im Sozial- und Gesundheitsweisen getroffen wird, hervor. So entscheiden ÄrztInnen über die Form der medizinischen Hauskrankenpflege, SozialpädagogInnen über die Form der außerhäuslichen Betreuung verhaltensauffälliger Kinder, SozialarbeiterInnen über die adäquate Unterbringung obdachloser Menschen etc. Je mehr die Bedürfnisse, Wünsche und finanzielle Möglichkeiten der KlientInnen in dieser Entscheidung berücksichtigt werden, desto stärker ist der empirische Zusammenhang zwischen den soziodemografischen, finanziellen und sozialen Eigenschaften der KlientInnen und der Nutzung der sozialen Dienstleistungen (in Anlehnung an Feldstein 1993).

Die *positiven Effekte* der angebotsinduzierter Nachfrage ergeben sich bei sozialen Dienstleistungen dadurch, dass gerade bei sozialen Problemen, Bedürfnisse von KonsumentInnen erst konkretisiert werden, wenn erste Lösungsansätze entwickelt wurden (vgl. Badelt 1997b) und somit Angebotseffekte entscheidend für die Verringerung sozialer Probleme sein können.

Angebotseffekte werden unter anderem ausgelöst durch das professionelle Selbstverständnis der in Sozialen Diensten tätigen Personen, die neue Kenntnisse in die Entwicklung neuer sozialer Dienstleistungen einfließen lassen, durch Lobbying-Arbeit gesellschaftliche Prozesse der „Enttabuisierung" bzw. Sensibilisierung in Gang setzen und, darauf aufbauend, neue bzw. verbesserte Formen sozialer Dienstleistungen entwickeln (vgl. Badelt 1997b; Klicpera, Gasteiger-Klicpera 1997). Auch die methodologische Weiterentwicklung der Sozialarbeit und Sozialpädagogik führte zu einer „Ausweitung und Diversifikation der Einsatzfelder" Sozialer Dienste – Innovationen sozialer Dienstleistungen entstanden mehrheitlich „bottom up", d.h. gingen von der Seite der AnbieterInnen sozialer Dienstleistungen aus, die Anpassungen des Angebots an die Veränderung sozialer Problemlagen (Veränderung von Familienstrukturen, Arbeitslosigkeit,...) vornahmen (vgl. Dimmel 2004: 21). „Das neu geschaffene Angebot schuf damit in gewisser Weise auch spezifische Nachfrage." (Dimmel 2004: 22)

Dennoch können auch *negative allokative Auswirkungen* mit einer angebotsinduzierten Nachfrage verbunden sein. Diese liegen – abgeleitet aus der Literatur zur Gesundheitsökonomik – darin begründet, dass die finanziellen Lasten der Entscheidung, eine Gesundheitsleistung in Anspruch zu nehmen, nicht in jedem Fall von den PatientInnen selbst getragen werden. (vgl. Feldstein 1993; Badelt, Österle 2001)[75]. Nutzende Person und kostentragende Institution, die in Form einer monetären Gegenleistung die Nutzung Dritter begleicht, fallen bei vielen sozialen Dienstleistungen auseinander. Ein „Preiskampf" auf der Ebene der Personen, die die Nutzungsentscheidungen treffen, findet nicht statt. Dies führt dazu, dass die Quantität und die Qualität des Leistungsangebots überwiegend von der anbietenden Organisation abhängen bzw. politisch bestimmt werden. (vgl. Badura, Gross 1976; Badelt 2000). Seitens der KlientInnen können Anreize einer Überinanspruchnahme auftreten.

---

[75] In vielen Fällen deckt eine Versicherung die Behandlungskosten. Da Inanspruchnahme und Finanzierung nicht zusammenfallen, besteht seitens eigennützig orientierter AnbieterInnen ein Anreiz, mehr Ressourcen einzusetzen als wenn die Kosten durch die PatientInnen (mit-)getragen werden würden. (vgl. Feldstein 1993; Badelt, Österle 2001).

Eine andere Diskussion um die angebotsinduzierte Nachfrage sozialer Dienstleistungen findet sich bei Braun und Johne (1993). Soziale Dienstleistungen, die Problemlösungen in primären Sozialformen ersetzen, wirken in Richtung Abbau der Selbsthilfekräfte dieser Sozialformen. Aufgrund der reduzierten Selbsthilfekraft steigt wiederum der Bedarf an sozialen Dienstleistungen – eine „Anspruchsspirale" (Badelt 1997b) entsteht[76]. Auch diese „Anspruchsspirale" – so wie die angebotsinduzierte Nachfrage generell – kann für die Beschäftigungsentwicklung im Bereich sozialer Dienstleistungen eine Rolle spielen.

### 3.2.2.2. Bestimmungsgründe der Ausrichtung von Nachfrage auf Nonprofit Organisationen

Nonprofit Organisationen sehen sich in bestimmten Teilmärkten sozialer Dienstleistungen als alleiniger Anbieterinnen, z.B. in der Bewährungshilfe, die österreichweit von einem Verein übernommen wird. In anderen sozialen Dienstleistungsbereichen befinden sich Nonprofit Organisationen gemeinsam mit staatlichen ProduzentInnen und kommerziellen Unternehmen in einem Marktsegment. Als Beispiel für den Bereich der Sozialen Dienste seien hierfür Pflegeheime und Kindergärten angeführt[77].

Die Wettbewerbsposition von Nonprofit Organisationen, die soziale Dienstleistungen anbieten, bestimmt deren Marktanteil an der Versorgung mit sozialen Dienstleistungen und damit letztlich den Anteil der Beschäftigten in der Branche „soziale Dienstleistungen", der auf diesen Nonprofit AnbieterInnen entfällt. An dieser Stelle ist an die Ausführungen in Kapitel 2.3.1. zu erinnern, in welchem die Existenz von Nonprofit Organisationen theoretisch begründet wurde. Die dort genannten Argumente – insbesondere Ansätze die Markt- oder Staatsversagen aus Auslöser der Gründung von Nonprofit Organisationen sehen – erklären gleichzeitig die Ausrichtung von Nachfrage auf Nonprofit Organisationen (vgl. Badelt 2002e). Die Frage, weshalb Dienstleistungen des Nonprofit Sektors (bevorzugt) nachgefragt werden, ist aus dieser Sicht mit vier Argumenten zu beantworten. Erstens decken Nonprofit Organisatio-

---

[76]  Zur Diskussion der gesellschaftlichen Erwünschtheit siehe Badelt (1997b).

[77]  siehe zur relativen Rolle der Nonprofit Organisationen im Bereich der Pflegeheime Nam (2003), und im Bereich der Kindergärten und anderen Formen der außerhäuslichen Kinderbetreuung Trukeschitz und Dawid (2003).

nen Bereiche ab, die von anderen Organisationen nicht bewirtschaftet werden („Nischenproduktion"). Daneben wird auf einen Vertrauensbonus von Nonprofit Organisationen gegenüber anderen AnbieterInnen, auf Preisvorteile sowie die auf größere Möglichkeiten der Einflussnahme seitens der KonsumentInnen verwiesen.

Eine zentrale These der Theorie des Kontraktversagens ist die Vertrauensthese, die in diesem Zusammenhang näher ausgeführt werden soll. Danach resultiert die Nachfrage nach sozialen Dienstleistungen von Nonprofit Organisationen aus dem Vertrauensvorteil, den diese Organisationen gegenüber kommerziellen Unternehmen aufweisen. Da Nonprofit Organisationen dem Verbot der Gewinnausschüttung unterliegen, wird ihnen seitens der NachfragerInnen unterstellt, nicht unternehmerische Vorteile zu suchen, sondern den Nutzen der KonsumentInnen zu verfolgen. Diese These kann auf alle Komponenten der Nachfrage nach sozialen Dienstleistungen bezogen werden. Sie soll kurz für den Fall der indirekten privaten Nachfrage in Form von Spenden illustriert werden. Die Verfasstheit als „Nonprofit Organisation" ist für SpenderInnen ein Signal, dass Spendenmittel einerseits nicht der finanziellen Bereicherung der EigentümerInnen dienen und andererseits einem Zweck zugeführt werden, der dem Organisationsziel entspricht. Dieses Argument trifft – so die VertreterInnen dieser These – umso stärker zu, je höher die Informationsasymmetrie ist; d.h. je weniger die SpenderInnen über die tatsächlichen Leistungen einer Nonprofit Organisation informiert sind, aber dennoch Organisationen in einem bestimmten Tätigkeitsbereich finanzielle Unterstützung zukommen lassen möchten.

Diese Vertrauensthese wurde vor dem Hintergrund der amerikanischen institutionellen Rahmenbedingungen entwickelt, die geprägt sind von einer größeren Konkurrenz zwischen Nonprofit Organisationen und gewinnorientierten Unternehmen. Für Soziale Dienste des Nonprofit Sektors in Österreich mag dieses Argument momentan zwar weniger ins Gewicht fallen, da der soziale Dienstleistungssektor in einigen Geschäftsfeldern nahezu ausschließlich von Nonprofit Organisationen und öffentlichen Einrichtungen geprägt ist. In einzelnen Bereichen, vor allem der Betreuung in Alten- und Pflegeheimen und in Kindergärten, existieren sowohl Nonprofit Organisation als auch erwerbswirtschaftliche Unternehmen. Auch in anderen Feldern entdecken sukzessive kommerzielle AnbieterInnen den Markt der sozialen Dienstleistungen. In Zukunft könnte daher die Vertrauensthese für die Wettbewerbsposition von Nonprofit Organisationen auch in Österreich stärker ins Blickfeld geraten.

Kritik wird dem Ansatz jedoch insofern entgegengebracht als empirische Ergebnisse belegen, dass KonsumentInnen oftmals über die institutionelle
Form der anbietenden Organisation nicht informiert sind und somit die Begründung des Nachfrageverhaltens über den zugeschriebenen Vertrauens-
vorsprung ihre Grundlage verliert (vgl. James, Rose-Ackerman 1986). So
konstatiert auch Badelt (2002b), dass der Begriff Nonprofit Organisation im
allgemeinen Wortschatz weit aus weniger gängig sei als im wirtschaftlichen
und politischen Umfeld. Ein weiterer Kritikpunkt resultiert daraus, dass es
zwar denkbar ist, dass Nonprofit Organisationen den Nutzen der KlientInnen
maximieren, dass dies jedoch angesichts der zahlreichen anderen möglichen
Zielfunktionen von Nonprofit Organisationen nicht in jedem Fall gegeben sein
muss (siehe Kapitel 3.3.1.2.). Dies ficht allerdings die Vertrauensthese nur
dann an, wenn auch potenzielle NachfragerInnen sich der Zielpluralität von
Nonprofit Organisationen bewusst sind.

### 3.2.3. Produktivitätsentwicklung als intermediäre Größe

Die Beschäftigungsentwicklung ausgelöst durch Veränderungen der Nachfrage nach Gütern und Dienstleistungen ist im Zusammenhang mit der Produktivitätsentwicklung zu sehen (vgl. Hübl, Schepers 1983). Die Wachstumsrate der Beschäftigung setzt sich zusammen aus der Wachstumsrate des
Produktionsvolumens abzüglich der Wachstumsrate der Arbeitsproduktivität.

$$WR_{Beschäftigung} = WR_{Produktionsvolumen} - WR_{Arbeitsproduktivität}$$

Eine Beschäftigungsausweitung kommt dann zustande, wenn das Wachstum
der Produktion jenes der Arbeitsproduktivität übersteigt (vgl. Hübl, Schepers
1983).

Ein Anstieg der Arbeitsproduktivität aufgrund technologischer Verbesserungen reduziert auch im Nonprofit Sektor die Grenzkosten und die Durch-
schnittskosten der AnbieterInnen und führt zu einer Rechtsverschiebung der
Marktangebotskurve. Die gleichgewichtige Angebotsmenge steigt und der
Gleichgewichtspreis sinkt. (vgl. Young, Steinberg 1995)

Die Mechanisierung und Automatisierung der Produktion sozialer Dienstleistungen stößt aufgrund der bilateralen Personenbezogenheit der Dienstleistung (siehe Kapitel 2.3) an Grenzen. Die Interaktion der Arbeitskräfte Sozialer Dienste mit den KlientInnen erfordert zum einen Zeit, um Beziehungen
aufzubauen. Zum anderen ist es in vielen Fällen notwendig, dass die Bera-

tungs- bzw. Betreuungsperson auf die individuelle Situation der Klientin bzw. des Klienten eingeht. Aufgrund der hohen Arbeitsintensität und der geringen Substituierbarkeit des Arbeitseinsatzes durch Kapital können Produktivitätsverbesserungen durch technischen Fortschritt bei der Erstellung von sozialen Dienstleistungen nicht in dem Ausmaß erzielt werden, wie dies bei kapitalintensiverer Produktion möglich ist[78]. Da technische Rationalisierungsmöglichkeiten im Bereich sozialer Dienstleistungen bislang nur eingeschränkt genutzt werden können, ist die Arbeitsproduktivität im Vergleich zur Sachgüterproduktion relativ gering. Die Produktionskosten sozialer Dienstleistungen sind dagegen vergleichsweise hoch. (vgl. Huber 1992; Badelt 1997b)

Da die Wachstumsrate der Arbeitsproduktivität für soziale Dienstleistungen im Allgemeinen als relativ gering gilt, schlagen sich Veränderungen des Produktionsvolumens deutlicher in Veränderungen der Beschäftigung nieder. Jedoch sind innerhalb der Branche sozialer Dienstleistungen unterschiedliche Entwicklungen der Nachfrage und damit einhergehend des Produktionsvolumens und unterschiedliche Wachstumsraten der Arbeitsproduktivität zu erwarten. Diese würden zu Veränderungen der Beschäftigungsanteile *zwischen* den einzelnen Teilbranchen in Reaktion auf technischen Fortschritt führen.

Auch wenn **Produktivitätssteigerungen** im Dienstleistungssektor allgemein nur beschränkt möglich sind, gibt es dennoch Möglichkeiten, die Produktivität in diesem Sektor insbesondere über faktorneutralen technischen Fortschritt zu erhöhen. Die Qualifikation der Arbeitskräfte vor allem in Dienstleistungsbereichen, in denen Mechanisierung und Standardisierung der Dienstleistungsproduktion nur eingeschränkt möglich ist, ist eine Option für die Verbesserung der Produktivität (vgl. Mesch 1998). Produktivitätsverbesserungen können durch eine adäquate Ausbildung und weiterqualifizierende Fortbildung der MitarbeiterInnen erreicht werden (vgl. Young, Steinberg 1995). Manche Maßnahmen setzen an der Veränderung des Produktionsprozesses an (Arbeitsteilung und Spezialisierung; Mechanisierung und Automatisie-

---

[78] Faktorspezifischer technischer Fortschritt, der in Prozessinnovationen wirksam wird, oder andere produktivitätsverbessernde Maßnahmen ändern das Produktivitätsverhältnis von Arbeit und Kapital im Produktionsprozess. Das optimale Einsatzverhältnis verschiebt sich zugunsten jenes Produktionsfaktors, dessen Produktivität stärker steigt. So profitieren kapitalintensive Sektoren i.d.R. überproportional von kapitalgebundenem technischem Fortschritt. (vgl. Mesch 1998)

rung,,...), andere an der Unternehmensorganisation (Bildung von Großunternehmungen, Nutzung von Verbundeffekten, organisatorische Veränderungen) und wieder andere an der Leistungsgestaltung (Standardisierung der Leistung, örtliche Konzentration des Angebots,..) (vgl. Mesch 1998).

Änderungen der Produktion sozialer Dienstleistungen aufgrund des **technischen Fortschritts sind insbesondere im Bereich der Kommunikation** zu beobachten, der für soziale Dienstleistungen eine große Bedeutung besitzt. Technischen Neuerungen der Telekommunikation (Internet und E-Mail) haben Einzug in z. B. Beratungsdienstleistungen gehalten. Informationsverbreitung und der Einstieg zur Beratung ist damit überregional und tageszeitunabhängig möglich. Damit einhergehend ist die teilweise Aufhebung der Gültigkeit des Uno-Actu-Prinzips (d. h. Konsum und Produktion sozialer Dienstleistungen können in diesen Fällen zeitversetzt erfolgen). Mit dem Einsatz neuer Techniken sind jedoch auch Opportunitätskosten verbunden, die sich im möglichen Verlust von Gruppen von KlientInnen ausdrücken. Aufgrund der notwendigen technischen Ausstattung und des Know-hows für die sachgerechte Bedienung dieses Kommunikationsmittels sind Einschränkungen im Kreis der NutzerInnen möglich. Andere Zielgruppen, wie z. B. Jugendliche, die mit diesen Medien eher vertraut sind, können dagegen in der Regel leichter erreicht werden. Diese Entwicklungen sind in Ansätzen bereits heute zu beobachten. Für die gesamte Branche soziale Dienstleistungen betrachtet, partizipieren die Arbeitskräfte im verwaltenden und leitenden Bereich einer sozialen Dienstleistungsorganisation zur Zeit von diesen technischen Neuerungen stärker als Arbeitskräfte, die in unmittelbarem Kontakt mit den KlientInnen der Einrichtungen stehen.

Die Arbeitsproduktivität im Zusammenhang mit der Erstellung sozialer Dienstleistungen erhöht sich insbesondere über Maßnahmen in Richtung **Arbeitsteilung und Spezialisierung**. Bis zu einem gewissen Grad ist auch die Standardisierung von sozialen Dienstleistungen, zumindest aber deren Abläufe möglich. Mesch (1998) identifiziert zwei Dimensionen der Arbeitsteilung und Spezialisierung: Diese kann sowohl *betriebsintern* stattfinden als auch durch die *Auslagerung betrieblicher Aufgaben* an andere Unternehmen erfolgen. Die Möglichkeiten der Arbeitsteilung und Spezialisierung sind abhängig von der Größe des Sozialen Dienstes und von der Größe des Marktes. Insbesondere in kleinen Einrichtungen werden *unterschiedliche Funktionen* in Personalunion ausgeführt. So ist in diesen Fällen beispielsweise jene Person, die die Einrichtung leitet zumeist auch in die unmittelbare Arbeit mit den

KlientInnen involviert. Auch unterschiedliche ausführende Tätigkeiten werden in kleineren Einrichtungen oftmals von ein und derselben Person erledigt. Arbeitsteilung stößt in diesen Einrichtungen in der Regel an finanzielle Grenzen. In größeren Organisationen lässt sich mehr Potenzial für Produktivitätssteigerungen durch verstärkte Arbeitsteilung und Spezialisierung vermuten.

Im Falle von Nonprofit Organisationen ist im Bezug auf die Arbeitsteilung diese auch auf den *Einsatz Ehrenamtlicher* und im Besonderen auf den koordinierten Einsatz ehrenamtlicher und bezahlter MitarbeiterInnen zu beziehen. Produktive ehrenamtliche MitarbeiterInnen sind eine knappe Ressource und müssen ebenfalls ausgebildet und geschult werden. Nonprofit Organisationen stehen vor der Entscheidung, wie viel sie in die Rekrutierung und Ausbildung von Ehrenamtlichen investieren wollen und welche Kombination zwischen bezahlter und unbezahlter Arbeit die Beste für ihre Organisation ist (vgl. Young, Steinberg 1995).

Die Auslagerung von Dienstleistungen führt zur Konzentration auf die Kernkompetenzen der sozialen Einrichtung. Ein Pflegeheim fokussiert die in Eigenleistung erstellten Tätigkeiten auf die Pflege und Betreuung der BewohnerInnen. Die Verpflegung wird an eine Großküche, die Hausreinigung an ein Hausbetreuungsunternehmen ausgelagert. (vgl. Steinherr 1997). Diese Auslagerungen haben Auswirkungen auf die Anzahl und erforderlichen Qualifikationen des Personals in Sozialen Diensten. So keine Verschiebungen von Dienstposten in anderere Geschäftsfelder erfolgt, reduzieren Auslagerungen die Zahl der in Sozialen Diensten beschäftigten Personen.

### 3.2.4. Reaktion der Arbeitsnachfrage auf Veränderungen des Lohnsatzes: Marshall-Hicks Regeln der abgeleiteten Nachfrage

Dieses Teilkapitel fokussiert auf die **Auswirkungen von Veränderungen des Lohnsatzes auf die Arbeitsnachfrage** in Sozialen Diensten des Nonprofit Sektors. Ältere empirische Studien kommen zu dem Ergebnis, dass Nonprofit Organisationen generell sensibler auf Veränderungen des Lohnsatzes reagieren als gewinnorientierte Unternehmen (vgl. Freeman 1975). Es liegen jedoch keine jüngeren, auf Österreich bezogenen, Untersuchungen vor. Nachfolgend werden einige theoretische Überlegungen zum Einfluss der Lohnentwicklung auf die Arbeitsnachfrage in Sozialen Diensten des Nonprofit Sektors angestellt.

Im kurzfristigen Zeithorizont wird angenommen, dass die Inputfaktoren Grund/Boden und Kapital fix sind, der Produktionsfaktor Arbeit dagegen variiert werden kann[79]. Verändert sich der Lohnsatz, so verändert sich auch die Arbeitsnachfrage – wie oben gezeigt – in folgende Richtung: je geringer der Lohnsatz, desto höher die Arbeitsnachfrage. In welchem Ausmaß die Arbeitsnachfrage auf Lohnsatzänderungen reagiert, zeigt das Konzept der Elastizität[80] der Arbeitsnachfrage.

Im langfristigen Zeithorizont, in dem die Inputfaktoren Arbeit und Kapital flexibel sind, löst eine Änderung des Lohnsatzes einerseits einen Skalen- und andererseits einen Substitutionseffekt aus. Beide Effekte lassen sich zumindest gedanklich in einer zeitlichen Abfolge betrachten. Im Falle einer Lohnsenkung nutzt das Unternehmen den geringeren Preis des Produktionsfaktors Arbeit und produziert mehr Sachgüter und/oder Dienstleistungen bei zunächst unveränderten Faktoreinsatzrelationen (Skaleneffekt). Im zweiten Schritt substituiert das Unternehmen das relativ teurer gewordene Kapital durch die aufgrund der Lohnsenkung relativ verbilligte Arbeit, um den gleichen Output zu erzielen (Substitutionseffekt). Die Lohnsenkung erhöht demnach die Arbeitsintensität der Produktion und bewirkt c.p. eine höhere Nachfrage nach dem Faktor Arbeit. Setzt das Unternehmen im Ergebnis absolut mehr Kapital ein als in der Ausgangssituation obgleich sich der Faktor Kapital relativ verteuert hat, dominiert der Skaleneffekt den Substitutionseffekt. Das Unternehmen setzt absolut weniger Kapital ein als in der Ausgangssituation, wenn der Substitutionseffekt größer ist als der Skaleneffekt. Der Substitutionseffekt ist sehr groß, wenn Arbeit und Kapital perfekte Substitute sind. Letzteres ist jedoch – wie oben ausgeführt (siehe Abschnitt 3.1.3.) – im Fall der Produktion sozialer Dienstleistungen nicht der Fall.

---

[79] Die kurzfristige Verringerung des Inputfaktors Arbeit ist aufgrund bestehender Arbeitsverträge und damit einhergehender arbeitsrechtlicher Kündigungsbestimmungen nicht immer möglich. Sie ist zudem mit fixen und variablen Anpassungskosten verbunden, die die Arbeitsnachfrage beeinflussen (vgl. Borjas 2000) Siehe Abowd und Kramarz (2003) für eine aktuelle empirische Schätzung der Kosten von Einstellungen und Entlassungen auf Basis französischer Daten (linked employee-employer-data).

[80] Die Elastizität bezeichnet die relative Änderung einer ökonomischen Größe, die durch die relative Veränderung einer anderen ökonomischen Größe hervorgerufen wurde. Je größer der Einfluss der Ursachengröße auf die beobachtete Größe ist, desto elastischer ist der Zusammenhang.

Systematisch fassen die **Marshall-Hicks-Regeln von der abgeleiteten Nachfrage**[81] die Faktoren zusammen, die eine elastische Arbeitsnachfrage bedingen. (Borjas 2000) Demnach reagiert die Arbeitsnachfrage umso elastischer auf Veränderungen des Lohnsatzes, je

- größer die Substitutionselastizität der Inputfaktoren
- größer die Preiselastizität der Nachfrage des Gutes bzw. der Dienstleistung
- größer der Anteil der Aufwendungen für Personal an den Gesamtaufwendungen
- je größer die Preiselastizität des Angebots anderer Produktionsfaktoren ist.

Die **Substitutionselastizität der Inputfaktoren** beschreibt bei konstantem Output die Veränderung der eingesetzten relativen Mengen an Inputfaktoren, die durch die Veränderung des relativen Preises eines Inputfaktors ausgelöst wird. Bei sozialen Dienstleistungen ist die Substitution von Arbeit durch Kapital eingeschränkt. Selbst wenn der Preis für Arbeit (Lohnsatz) steigt und Kapital damit relativ billiger wird, ist ceteris paribus aufgrund der hohen Bedeutung der Arbeitskraft im Produktionsprozess sozialer Dienstleistungen (siehe Kapitel 3.1.1.) nur eine geringe Substitution der teureren Arbeitskräfte durch vergleichsweise billigeres Kapital zu erwarten. Die Substitutionselastizität im Bereich sozialer Dienstleistungen wäre demnach sehr gering. Eine Veränderung der relativen Inputpreise bewirkt daher kaum Veränderungen in der Arbeitsnachfrage.

Der Effekt von Lohnveränderungen auf die Arbeitsnachfrage Sozialer Dienste wird zudem von der **Preiselastizität der Nachfrage nach sozialen Dienstleistungen** kodeterminiert. Eine Erhöhung des Lohnsatzes der Beschäftigten in Sozialen Diensten führt daher nicht zu einer Reduzierung der Nachfrage nach Arbeitskräften in diesen Organisationen, wenn diese Lohnerhöhung auf die Preise überwälzt werden kann, ohne dass eine Reduktion der Nachfrage nach sozialen Dienstleistungen zu befürchten wäre. Für die Analyse wird hier

---

[81] Die „Regeln der abgeleiteten Nachfrage" beziehen sich auf jede Art von Inputfaktoren, die zur Produktion eines Gutes verwendet werden. In der einschlägigen arbeitsmarktökonomischen Literatur finden diese Regeln auf die Nachfrage nach dem Produktionsfaktor Arbeit Anwendung. (vgl. Hamermesh 1993; Borjas 2000).

vom erweiterten Begriff der Nachfrage (unter Einbezug von Spenden und der
öffentlichen Nachfrage) ausgegangen (siehe dazu auch Kapitel 3.2.2.). Hierbei gilt es drei Fälle zu differenzieren:

(i) KonsumentInnen nutzen gegen die Entrichtung eines Entgelts (Preis) soziale Dienstleistungen. Verändert sich die **direkte private Nachfrage**, wenn
sich der Preis der sozialen Dienstleistungen im Gefolge einer Lohnerhöhung
verändert? Mit Blick auf die unmittelbare private Nachfrage nach sozialen
Dienstleistungen ist oben bereits festgehalten worden, dass diese in der Regel aus einer Notsituation heraus entfaltet wird (vgl. Badura, Gross 1976) und
aufgrund der Dringlichkeit des Bedarfs die Preiselastizität der Nachfrage gering ist (vgl. Badelt 1997b). Lohnerhöhungen können daher seitens der Anbieter weitgehend auf die KonsumentInnen überwälzt werden und hätten somit nur einen vergleichsweise geringen Effekt auf die Nachfrage nach Arbeitskräften. Die Überwälzung von Kostensteigerungen stößt allerdings dann
an Grenzen, wenn die Kaufkraft der Zielgruppe Sozialer Dienste gering bzw.
erschöpft ist, was in vielen Fällen der Fall sein dürfte. Stärkere Effekte wären
in Bereichen zu beobachten, in denen soziale Dienstleistungen nicht auf eine
unmittelbare Notlage abgestellt sind. Hier kann unter Umständen eine Veränderung des Preises für diese Dienstleistung eine Veränderung der Nachfrage am Güter- und am Arbeitsmarkt bedingen. Ob bzw. in welchem Umfang
ein Folgeeffekt am Arbeitsmarkt eintritt, ist von der Reaktion der anderen
Nachfragekomponenten abhängig.

(ii) Im Falle des **öffentlichen Sektors als Käufer** sozialer Dienstleistungen
(z. B. über Leistungsverträge) ist es fraglich, ob es sich bei den vereinbarten
Leistungsentgelten in jedem Fall um einen Marktpreis handelt. Bei Zuwen-
dungsverträgen als Mischform wird der „Preis" für Dienstleistungsprodukte
staatlich administriert. Nur Leistungsverträge i.e.S. sind mit Verhandlungs-
prozessen (und im Idealfall mit kompetitiven Ausschreibungen) verbunden.
Lohnerhöhungen können über höhere Preisforderungen der Sozialen Dienste
in solche Verhandlungsprozesse hineingetragen werden. Dies kann letztlich
auf das vereinbarte Leistungsvolumen und damit auf die Arbeitsnachfrage
Sozialer Dienste negativ zurückschlagen. Die Reaktionsdauer für die Wir-
kungskette „Lohnerhöhung – Änderung der Leistungsverträge mit Bezug auf
verhandelte Entgelte und Angebotsmengen – Anpassung der Arbeitsnachfrage" ist aufgrund der Vertragsbindungen allerdings länger als im Fall der
direkten privaten Nachfrage (nach Streissler, Streissler 1984).

(iii) Die **öffentliche und indirekte private Nachfrage nach sozialen Dienstleistungen** sind zumindest kurzfristig mit den im öffentlichen Haushalt budgetierten Mitteln bzw. in Höhe des Spendenniveaus gesetzt. Sowohl Spenden als auch Subventionen stellen keine direkte monetäre Gegenleistung für die eigene Inanspruchnahme sozialer Dienstleistungen dar. Es liegt im Wesen von Subventionen und Spenden, dass sie an keine konkreten Verwendungsauflagen – insbesondere nicht an eine bestimmte Outputmenge – geknüpft sind. Preisforderungen im herkömmlichen Sinne können Soziale Dienste daher nicht stellen. Erhöhen sich – wie im Falle von Lohnkostensteigerungen – die Kosten für die Bereitstellung einer Dienstleistungseinheit können diese nicht in Form von Preiserhöhungen im herkömmlichen Sinn weitergegeben werden. Eine „Weitergabe" der erhöhten Kosten an eine subventionsauszahlende Stelle ist von der öffentlichen Förderpolitik abhängig. Förderverträge können mehr oder weniger flexibel ausgestaltet sein und beispielsweise nachträgliche Korrekturen des Vertrages in besonderen Fällen vorsehen. Doch auch in den Fällen, in denen eine Defizitdeckung („bail out") von vornherein seitens der öffentlichen Hände ausgeschlossen wird, ist eine Weitergabe der Kosten oftmals möglich, wie die Theorie der „soft budget constraints" und darauf basierende empirische Studien zeigen (siehe dazu Kornai 2003 und Segal 1998). Werden Defizite nicht gedeckt, könnte eine Lohnerhöhung c.p. zu einer Verringerung der Arbeitsnachfrage führen.

Der dritte von Marshall und Hicks postulierte Einflussfaktor auf die Elastizität der Arbeitsnachfrage bezieht sich auf den **Anteil der Aufwendungen für Personal an den Gesamtaufwendungen**. Ein hoher Anteil an Personalkosten – wie er bei Sozialen Diensten zu finden ist (siehe Kapitel 7.3.) – signalisiert die hohe Bedeutung des Faktors Arbeit im Produktionsprozess sozialer Dienstleistungen. Da die Produktion sehr arbeitsintensiv ist, schlagen sich auch geringe Lohnerhöhungen auf der Kostenseite substanziell nieder. Die Möglichkeit solche Kostensteigerungen weiterzugeben sind – wie geschildert – begrenzt oder gar nicht vorhanden. Können aber weder Verkaufserlöse noch der Zufluss von Subventionen und Spenden erhöht werden, ist eine entsprechend starke Reaktion der Arbeitsnachfrage zu erwarten.

Die letzte der Marshall-Hicks Regeln der abgeleiteten Nachfrage bezieht sich auf Arbeitsnachfrage-Effekte, die durch Lohnveränderungen über unterschiedliche **Angebotselastizitäten der anderen Produktionsfaktoren** ausgelöst werden. Danach ist die Arbeitsnachfragekurve umso elastischer, je elastischer die Angebotskurve von Kapital ist und je einfacher zusätzliches

Kapital erworben werden kann. (vgl. Borjas 2000). Der Zugang zu Kapital ist für Vereine jedoch in der Regel eingeschränkt. (siehe dazu auch Kapitel 3.2.1) Die Stärke dieses Zusammenhangs ist allerdings von der wechselseitigen Substituierbarkeit der Faktoren abhängig. Da die Substitutionsmöglichkeit zwischen Arbeit und Kapital bei sozialen Dienstleistungen in der Regel generell gering ist, kommt diesem Effekt für die Arbeitsnachfrage in Sozialen Diensten des Nonprofit Sektors nicht viel Bedeutung zu.

### 3.2.5. Zusammenfassung

Im Mittelpunkt dieses Kapitels stand die Erläuterung der Determinanten der Beschäftigung in Sozialen Diensten des Nonprofit Sektors aus makroökonomischer Sicht. Der Ausgangspunkt, der für diese Betrachtungen gewählt wurde, war der Zusammenhang zwischen Gütermarkt und Arbeitsmarkt. Der Markt für soziale Dienstleistungen ist mit zahlreichen politischen Einflüssen versehen. Unterschiedliche Formen der Nachfrage nach sozialen Dienstleistungen werden entfaltet. Eine besondere Bedeutung kommt hier der Nachfrage des öffentlichen Sektors zu, die zahlreiche Arbeitsplätze in diesem Bereich sichert bzw. schafft. Besondere Beachtung für die Beschäftigungsentwicklung in Sozialen Diensten des Nonprofit Sektors verdient die Frage, aus welchen Gründen Nachfrage auf Angebote dieser institutionellen Form der Erstellung sozialer Dienstleistungen entfällt. Dies wurde abschließend vermittels ökonomischer Ansätzen der Nonprofit Sektor Forschung begründet.

Teilkapitel 3.2.3 legte einen Fokus auf die Produktivitätsentwicklung, die als intermediäre Größe die Beschäftigungsentwicklung mit beeinflusst. Dabei wurde auf Produktivitätssteigerungsmöglichkeiten, die in Spezialisierung und Arbeitsteilung gesehen werden, Bezug genommen und deren Umsetzungsmöglichkeiten auf Soziale Dienste des Nonprofit Sektors diskutiert. In Bezug auf die Arbeitsproduktivität sind aufgrund der eingeschränkten Nutzung technischer Rationalisierungsmöglichkeiten kaum große Steigerungen zu erwarten. Arbeitsproduktivitätsfortschritte sind in Sozialen Diensten des Nonprofit Sektors jedoch möglich, wenn technischer Fortschritt in den begleitenden betrieblichen Abläufen (z. B. computergestützte Verwaltung) genutzt werden kann. Eine erhöhte Arbeitsproduktivität kann auch über die eingeschränkten Möglichkeiten der Integration technischer Geräte in den sozialen Dienstleistungsprozess selbst erreicht werden. Als Beispiel wurde hier die Bereitstellung von Informationen über Internet und die Beratung über E-Mail genannt. Weiterbildungsangebote setzen an der Produktivität der Arbeitskräfte an und sind in manchen Bereichen die einzige Möglichkeit, Arbeitsproduktivitätsfortschritte zu erzielen.

Das dritte Teilkapitel (Kapitel 3.2.4) fokussierte direkt auf den Arbeitsmarkt und leitete die Reaktion der Arbeitsnachfrage auf eine Veränderung des Lohnsatzes der Arbeitskräfte in Sozialen Diensten ab. Die Übertragung der Marshall-Hicks-Regeln von der abgeleiteten Nachfrage auf den Bereich der Arbeitsnachfrage der Sozialen Dienste des Nonprofit Sektors zeichnete ein vielschichtiges Bild. Veränderungen des Lohnsatzes würden sich aufgrund der geringen Substitutionselastizitäten und der eingeschränkten Zugänge zu Kapital eher geringe Veränderungen der Arbeitsnachfrage hervorrufen. Dagegen ließ der sehr hohe Anteil an Aufwendungen für Personal an den Gesamtaufwendungen eine elastische Reaktion der Arbeitsnachfrage erwarten. Keine eindeutige Aussage konnte aus den theoretischen Überlegungen für die Reaktion der Arbeitsnachfrage auf Lohnveränderungen unter dem Aspekt der Preiselastizität der Nachfrage getroffen werden. Dies lag darin begründet, dass für viele soziale Dienstleistungen ein „Preis" im herkömmlichen Sinne nicht existiert und daher eine Erweiterung der Überlegungen auf andere Komponenten der Nachfrage, insbesondere der öffentlichen Nachfrage, erfolgte. Auch hier waren die Aussagen nicht eindeutig aus den theoretischen Überlegungen ableitbar.

### 3.3. Determinanten der Beschäftigung in Sozialen Diensten des Nonprofit Sektors aus mikroökonomischer Sicht

Die Betrachtung der Determinanten der Beschäftigung aus makroökonomischer Sicht fokussierte auf die unterschiedlichen Formen von Nachfrage nach sozialen Dienstleistungen. Veränderungen der Arbeitsnachfrage (Beschäftigung) in Sozialen Diensten des Nonprofit Sektors gehen aus Veränderungen der Nachfrageentwicklung nach sozialen Dienstleistungen unter Berücksichtigung von Veränderungen der Produktivitätsentwicklung hervor.

Die Mechanismen der Allokation der Arbeitskräfte auf die *einzelnen* sozialen Dienstleistungseinrichtungen des Nonprofit Sektors blieb dabei ausgeblendet. Die dieser Allokation zugrunde liegenden Optimierungskalküle – der Sozialen Dienste des Nonprofit Sektors als Arbeitsnachfrager und der ArbeitsanbieterInnen – sind Thema der folgenden *mikro*ökonomischen Betrachtung.

Diese Ausführungen behandeln die Beschäftigung in der Branche „soziale Dienstleistungen" aus mikroökonomischer Sicht. Dabei werden die mikroökonomischen Determinanten der Arbeitsnachfrage und jene des Arbeitsangebotes jeweils gesondert diskutiert. Aus der Sicht der Sozialen Dienste des Nonprofit Sektors als Arbeitgeber in diesem Bereich kommt Arbeit neben anderen Produktionsfaktoren bei der Erstellung sozialer Dienstleistungen zum Einsatz. Aus der Sicht der Personen, die ihre Arbeitskraft anbieten, stellt Arbeit den Zeiteinsatz dar, mit dem Geld in Form eines Gehalts oder Lohnes als Gegenleistung erworben wird, um Güter und Dienstleistungen zu kaufen.

ArbeitsanbieterInnen und ArbeitsnachfragerInnen verfolgen dabei jeweils unterschiedliche Optimierungsstrategien. ArbeitsanbieterInnen maximieren ihren Nutzen, den sie aus dem Konsum von Gütern und Dienstleistungen einerseits sowie aus dem Konsum von „Freizeit" andererseits ziehen.[82] Gemäß der Theorie des abnehmenden Grenznutzens wird das Arbeitsangebot solange ausgedehnt, bis der Lohnsatz jener Rate entspricht, zu der eine Person bereit ist, Einheiten „Freizeit" gegen zusätzliche Konsummöglichkeiten aufzugeben (vgl. Borjas 2000). ArbeitsnachfragerInnen verhalten sich gewinnmaximierend, wobei der Arbeitseinsatz gemäß der Grenzproduktivitätstheorie solange erfolgt, bis das Wertgrenzprodukt der Arbeit gleich dem Lohnsatz ist.

### 3.3.1. Grundlagen des Arbeitsnachfrageverhaltens von Nonprofit Organisationen

### 3.3.1.1. Zum Begriff der Arbeitsnachfrage

Die **Arbeitsnachfrage** ist die Nachfrage der Unternehmen nach Arbeitsleistungen, die diese im Produktionsprozess einzusetzen wünschen. Die Theorie der Arbeitsnachfrage beschäftigt sich (i) mit den Bestimmungsfaktoren der Arbeitsnachfrage und (ii) mit den Reaktionen der Arbeitsnachfrage auf eine Veränderung dieser Determinanten. (vgl. Franz 2003) Die Arbeitsnachfrage bezieht sich dabei auf unselbständige Erwerbsarbeit und hat eine mengen-

---

[82] Da es hier um eine Darstellung grundlegender arbeitsmarktökonomischer Zusammenhänge geht, wird auf Verfeinerungen des Modells bzw. alternative ökonomische Ansätze zur Erklärung von Arbeitsangebots und -nachfrage in diesem Überblick nicht eingegangen. Siehe dazu die Kapitel 3.3.1 und 3.3.2.

mäßige, eine qualitative und – bei Betrachtung von Teilmärkten – auch eine regionale Komponente.

Das *Volumen* der Arbeitsnachfrage für Produktionszwecke ergibt sich aus der Zahl der Arbeitskräfte multipliziert mit den von diesen Personen zu leistenden Arbeitsstunden. Die Arbeitsnachfrage hat damit eine personelle („Arbeitskräfte") und eine zeitliche („Arbeitsstunden") Dimension. (vgl. Franz 2003) Eine Veränderung der Arbeitsnachfrage ist daher nicht immer mit einer Ausweitung oder Verringerung der Nachfrage nach Arbeits*kräften* verbunden. Überstunden oder Kurzarbeit können ohne eine Veränderung der Anzahl der beschäftigten Personen in Sozialen Diensten Nachfrageschwankungen ausgleichen.

Die Nachfrage nach Arbeit ist auch in *qualitativer* Hinsicht zu differenzieren. Die Arbeitskraft ist in stark vereinfachten Modellen eine homogene Größe, komplexere Modelle gehen davon aus, dass sich Arbeitskräfte nach demografischen Merkmalen, wie Geschlecht und Alter sowie nach Berufszugehörigkeit und nach Qualifikationsniveau unterscheiden (vgl. Hamermesh 1993; vgl. Borjas 2000). Unternehmen ebenso wie Soziale Dienste des Nonprofit Sektors fragen bestimmte Qualifikationen, Kenntnisse und Fähigkeiten der Arbeitskräfte nach. Sie bevorzugen für manche Tätigkeiten eine bestimmte Geschlechts- und/oder Altersstruktur der MitarbeiterInnen. Für Nonprofit Organisationen stellt sich zudem auch noch die Frage nach dem Einsatzverhältnis von ehrenamtlicher Arbeit und Erwerbsarbeit (siehe dazu Kapitel 3.1.3.).

Ein besonderes Anliegen der ArbeitgeberInnen ist es daher, das Qualifikationsprofil der Arbeitskraft einerseits und das Aufgabenprofil andererseits optimal abzustimmen. Dies wird als „matching" Problem bezeichnet. (vgl. Franz 2003) Für die Betrachtung der Struktur der Arbeitsnachfrage wird der Inputfaktor Arbeit in kleinere Subgruppen unterteilt, die sich voneinander unterscheiden. (vgl. Borjas 2000)

Die *regionale* Komponente der Arbeitsnachfrage Sozialer Diensten des Nonprofit Sektors ist von besonderer Bedeutung. Einerseits werden aufgrund des „Uno-Actu-Prinzips" soziale Dienstleistungen in Kooperation mit den KundInnen erstellt, die als relativ immobil gelten (vgl. McLaughlin 1986). Andererseits ist aufgrund der föderalen Struktur Österreichs und der damit von Land zu Land unterschiedlichen Förder- und Finanzierungsmöglichkeiten von

Sozialen Diensten des Nonprofit Sektors die Angebotserstellung auch regional gebunden.

Die Nachfrage nach Arbeitsleistung kann einerseits direkt erfolgen und drückt sich dann in der Anstellung von MitarbeiterInnen aus. Sie kann auch indirekt erfolgen, in dem das Produkt einer Arbeitsleistung zugekauft wird. Im ersten Fall wird Zeit, im zweiten Fall wird ein bestimmter Output beispielsweise über einen Werkvertrag zugekauft „What firms usually purchase, however, is labor time, not effort or output." (Tomer 1981) Im Falle von (freien) Dienstverträgen wird Arbeitsbereitschaft geschuldet, der *Zeit*moment steht vor dem Tätigkeitsmoment (vgl. dazu auch Särker 1999: 47). Anders jedoch bei Werkverträgen, hier wird seitens der ArbeitgeberInnen nicht Arbeitszeit zugekauft, sondern die Erstellung eines Werkes bzw. einer konkreten Leistung.

### 3.3.1.2. Überlegungen zum Optimierungskalkül von Nonprofit Organisationen

Mikrofundierte Konzepte der Arbeitsmarkttheorie beruhen in der Regel auf der Annahme, dass die untersuchten Produktionseinheiten das Ziel der Gewinnmaximierung verfolgen. Die optimale Einsatzmenge des Faktors Arbeit ergibt sich aus der Orientierung an diesem Gewinnmaximierungsziel (vgl. Franz 2003). Nonprofit Organisationen wird in der Literatur[83] in der Regel ein anderes, als ein auf Maximierung des Gewinns ausgerichtetes Verhalten unterstellt. (vgl. James, Rose-Ackerman 1986; vgl. Hansmann 1987) In wie weit sind diese ökonomischen Konzepte und deren Ergebnisse daher auf Nonprofit Organisationen übertragbar?

Der Definition nach sind Nonprofit Organisationen Einrichtungen, die dem Verbot der Gewinn*ausschüttung* an ihre Mitglieder oder AnteilseignerInnen unterliegen (vgl. Anheier, Salamon 1992a) (siehe auch Kapitel 2.3.1.). Der

---

[83] Zielfunktionen von Nonprofit Organisationen beinhalten vor allem die Maximierung der Qualität und/oder der Quantität der von Nonprofit Organisationen erstellten Güter und Dienstleistungen (vgl. Hansmann 1987). Ein anderer theoretischer Zugang zu Zielfunktionen von Nonprofit Organisationen, der vor allem für Nonprofit Krankenhäuser Anwendung fand, geht von einer Maximierung der Einkommen pro Arzt bzw. Ärztin aus (vgl. Pauly, Redisch (1973) zit. bei Folland et al. 2001). Lee (1971 zitiert bei Hansmann 1987) entwickelte eine Zielfunktion für Nonprofit Organisationen, die nicht auf den Output, sondern auf spezielle Inputs abstellt. Auch Budgetmaximierungsziele – ähnlich den Bürokratiemodellen aus der Neue Politischen Ökonomie – werden Organisationen des Nonprofit Sektors unterstellt (vgl. Hansmann 1987).

Gewinn muss in jedem Fall dem Organisationszweck (zu einem späteren Zeitpunkt) wieder zugeführt oder an Personen ausgeschüttet werden, die keine Kontrolle über die Organisation haben (vgl. Hansmann 1987). Damit ist jedoch nicht ausgeschlossen, dass Nonprofit Organisationen Gewinne machen bzw. auf Gewinn*erzielung* gerichtet sind. Ein Ausschluss des Zieles der Gewinnmaximierung kann im Falle von Nonprofit Organisationen aus der Definition heraus daher nicht vorgenommen werden.

Young und Steinberg (1995) sehen Gewinne in Nonprofit Organisationen unter einem funktionalen Gesichtspunkt. Nonprofit Organisationen streben Gewinne an, um ihre Ausstattung zu verbessern, Reserven anzulegen, Kapitalexpansionen zu finanzieren oder andere Dienstleistungen querzusubventionieren (Young, Steinberg 1995) [84].

Dass die Annahme des gewinnmaximierenden Verhaltens von Nonprofit Organisationen nicht abwegig ist, bestätigte bereits (Rose-Ackerman 1996) und zeigte sich neuerlich in der Studie von Vitaliano (2001). Dieser stellte in einer empirischen Untersuchung über Nonprofit Pflegeheime in New York fest, dass sich der Großteil dieser Einrichtungen wie gewinnmaximierende Unternehmen verhält. Wenn auch Nonprofit Organisationen Gewinne maximieren, dann würden sie auf einem vollkommenen Markt ebenso wie gewinnmaximierende Unternehmen die nachgefragte Menge des Inputfaktors Arbeit so setzen, dass das Wertgrenzprodukt der Arbeit gleich dem Preis für Arbeit (Lohnsatz) ist.

Smith (2003a) relativiert die Auseinandersetzung um das Optimierungsverhalten, indem er die **Arbeitsnachfrageentscheidungen** von Unternehmen grundsätzlich als von der jeweiligen Zielfunktion unabhängig sieht:

> „Yet whatever the objective of the firm (profit maximization, growth, market share, etc.) the decision to employ workers will entail comparison of the costs and the benefits to the firm of doing so." (Smith 2003a)

Nach Smith (2003a) folgt dieses an der Gleichsetzung von Wertgrenzprodukt der Arbeit mit dem Preis für Arbeit (Lohnsatz) orientierte Optimierungsverhal-

---

[84] Darüber hinaus sehen sich Soziale Dienste des Nonprofit Sektors Veränderungen in Richtung Ökonomisierung und Professionalisierung ausgesetzt. Für einen Überblick über die verschiedenen Ansprüche, die an Nonprofit Organisationen herangetragen werden, siehe Badelt (2000). Veränderungen der Zielfunktionen und Annäherung des Verhaltens an jenes erwerbswirtschaftlich orientierter Unternehmen sind die Folge (siehe dazu auch Zimmer, Hallmann 2002).

ten der Arbeitsnachfrage eines Unternehmens letztlich bereits aus der Absicht produzierender Einheiten, Kosten zu minimieren – ein Verhalten, das für Nonprofit Organisationen in jüngerer Literatur[85] weniger kontrovers diskutiert wurde:

> „Strictly speaking the outcome of the above analysis, that wages are related to the marginal productivity of labour, follows from the assumption not of profit maximisation but of **cost minimisation**." (Smith 2003a)

In die gleiche Richtung – direkt bezogen auf das **Arbeitsnachfrageverhalten von Nonprofit Organisationen** – argumentieren Young und Steinberg (1995): Solange es sich nicht um die Bereitstellung von „geschützten" oder besonderen Arbeitsplätzen für benachteiligte Menschen des Arbeitsmarktes[86] handelt und solange dies damit nicht Teil der Mission bzw. des Organisationszieles von Nonprofit Organisationen ist, orientieren sich Nonprofit Organisationen beim Arbeitskräfteeinsatz an der Kostenminimierung bzw. an der Maximierung der Produktivität der Arbeitskräfte. Damit können die Regeln eines gewinnmaximierenden Unternehmens für das Arbeitsnachfrageverhalten (w = $MP_L * P_{SDL}$) von Nonprofit Organisationen angewandt werden. Zu diesem dargestellten Optimierungsverhalten von Nonpofit Organisationen seien an dieser Stelle *drei kritische Bemerkungen* angebracht:

**Schwierigkeiten der Ermittlung eines „Marktpreises" für soziale Dienstleistungen**

Für Soziale Dienste des Nonprofit Sektors könnte sich die Kalkulation des Wertgrenzproduktes der Arbeit ($MP_L * P_{SDL}$) schwierig gestalten, da in manchen Fällen ein „Preis" der sozialen Dienstleistung im herkömmlich ökonomischen Sinn nicht ermittelt werden kann. Dies ist der Fall, wenn die Nutzung der sozialen Dienstleistung seitens der KlientInnen/KundInnen unentgeltlich

---

[85] siehe dazu Young und Steinberg (1995) sowie weiter unten; Nach dem in der älteren Literatur verankerten „Productive Inefficiency" Ansatz produzieren Nonprofit Organisationen (vor allem „entrepreneurial nonprofits") nicht zu minimalen Kosten. Da NPO-ManagerInnen aufgrund des Gewinnausschüttungsverbots nicht die Möglichkeit haben, ihr Einkommen selbst zu bestimmen, seien dadurch kaum Anreize für eine kostenminimale Produktion gesetzt. Unter der Voraussetzung, dass es keine Subventionen gibt und bei Vorliegen von Marktversagen am Gütermarkt, produzieren Nonprofit Organisationen zu höheren Kosten als gewinnorientierte Unternehmen. (vgl. Hansmann 1987) Siehe dazu auch den Literaturüberblick in Ruhm und Borkoski (2003).

[86] Young und Steinberg (1995) beziehen sich hierbei auf geschützte Beschäftigungsverhältnisse für behinderte Menschen.

ermöglicht wird und die dienstleistungserstellende Nonprofit Organisation diese Leistungen über pauschale Förderungen seitens der öffentlichen Hand und/oder Spendengelder finanziert.

**Einflüsse der finanzierenden Stelle auf die Arbeitsnachfrage Sozialer Dienste des Nonprofit Sektors**

Soziale Dienste des Nonprofit Sektors, die zu großen Teilen öffentliche Förderungen erhalten, unterliegen – in Abhängigkeit von der Gestaltung der Vertragsbeziehungen mit der öffentlichen Hand – unter Umständen auch Vorschriften, die den Einsatz und die Entlohnung von MitarbeiterInnen betreffen. Hier ist die Nonprofit Organisation als Arbeitgeberin in der Verwendung ihrer Mittel und im Arbeitskräfteeinsatz eingeschränkt.

**Selektion von Arbeitskräften mit spezifischen Eigenschaften**

Eine in der Literatur geäußerte These ist, dass ArbeitgeberInnen des Nonprofit Sektors – vor allem karitative Organisationen – versuchen, Arbeitskräfte mit spezifischen Eigenschaften, insbesondere mit einer ausgeprägten intrinsischen Motivation, zu rekrutieren. Die Anreize, die eine Nonprofit Organisation setzt, um diese Personen zu rekrutieren, basieren daher nicht so sehr auf finanzieller Abgeltung, denn auf Faktoren, die intrinsisch motivierte Personen bewegen, sich auf einen Arbeitsplatz einer Nonprofit Organisation zu bewerben. (Mission der Organisation, Teamarbeit, Tätigkeitsbereich, Autonomie etc.) Löhne könnten daher bewusst niedriger gehalten werden (vgl. z. B. Hansmann 1980).

Generell wird angenommen, dass in Nonprofit Organisationen die Orientierung der Entlohnung an der Leistung der MitarbeiterInnen eher selten vorkommt, sondern andere Entlohnungssysteme eine größere Verbreitung haben.

### 3.3.1.3. Arbeitsnachfrageverhalten in unterschiedlichen Marktformen: Vollkommene Konkurrenz und Monopson im Vergleich

Ausgehend von den technischen Produktionsbedingungen (siehe Kapitel 3.1.1.) bestimmt sich die optimale Einsatzmenge des Produktionsfaktors Arbeit in Abhängigkeit von der formalen Zielfunktion des Unternehmens, den Kostenverläufen sowie von der Struktur der Märkte, auf denen das Unternehmen oder die Nonprofit Organisation tätig ist. Hinsichtlich der *formalen*

Zielfunktion wird allgemein für Unternehmen von Gewinnmaximierung, für Nonprofit Organisationen von Kostenminimierung, ausgegangen. (siehe 3.3.1.2) In beiden Fällen ist die Arbeitsnachfrage optimal, wenn das Grenzerlösprodukt den Grenzkosten der Arbeit entspricht.

Diese Optimierungsbedingung für den Faktoreinsatz gilt für alle vier mikroökonomisch relevanten Fälle der Marktanalyse, namentlich für (i) die vollständige Konkurrenz auf allen Märkten; (ii) das Monopol am Gütermarkt und die vollständige Konkurrenz am Arbeitsmarkt; (iii) die vollständige Konkurrenz am Gütermarkt und das Monopson am Arbeitsmarkt sowie für (iv) das Monopol am Gütermarkt und das Monopson am Arbeitsmarkt. Diese unterschiedlichen Marktsituationen üben jeweils Einfluss auf die am (Güter- und) Arbeitsmarkt nachgefragte Menge aus. (vgl. Funk 2002) Dies wird nachfolgend für die Fälle (i) und (iii) „vollkommene Konkurrenz auf dem Güter- und Arbeitsmarkt" und „vollkommene Konkurrenz auf dem Gütermarkt und Monopson am Arbeitsmarkt" skizziert.

Bei vollkommener Konkurrenz[87] auf dem Güter- und dem Arbeitsmarkt sind Nonprofit Organisationen auf beiden Märkten dem **Wettbewerb** mit anderen Nonprofit Organisationen sowie dem Wettbewerb mit gewinnorientierten Unternehmen und staatlichen Einrichtungen ausgesetzt (inter- und intrasektorale Konkurrenz). (vgl. Steinberg 1987)[88] Auf dem Arbeitsmarkt ist daher der Lohnsatz für das einzelne Unternehmen gegeben – die Grenzkosten einer zusätzlichen Einheit Arbeit sind konstant. Ein Unternehmen fragt solange Arbeit nach bis die Grenzkosten des Faktors Arbeit (welche bei vollkommener Konkurrenz mit dem Lohnsatz übereinstimmen) gleich dem Wertgrenzprodukt sind. Da das Wertgrenzprodukt des Faktors Arbeit abnimmt, wenn mehr Arbeitskräfte eingestellt werden, ruft eine Senkung des Lohnsatzes eine Zunahme der Nachfrage nach Arbeit hervor und umgekehrt. Die Arbeitsnachfragekurve hat einen fallenden Verlauf.

---

[87] Bei der vollkommenen Konkurrenz werden am Markt homogene Güter und Inputfaktoren gehandelt, sind viele NachfragerInnen und AnbieterInnen am Markt aktiv, existieren keine Transaktionskosten und keine Markteintritts- bzw. Marktaustrittsbarrieren, herrscht vollkommene Information, es existieren keine externen Effekte, ist der Zeitfaktor bei Anpassungsprozessen vernachlässigbar, sind Löhne vollkommen flexibel und ArbeitsnachfragerInnen können ihren gewinnmaximalen Output immer absetzen.

[88] In Bezug auf ehrenamtliche MitarbeiterInnen, ist *inter*sektoral allerdings kaum ein Wettbewerb zu vermuten. Wettbewerb um unbezahlte MitarbeiterInnen tritt gegenwärtig eher zwischen den Nonprofit Organisationen auf.

Ein Monopson am Arbeitsmarkt liegt vor, wenn nur ein einziges Unternehmen Arbeit nachfragt und viele Individuen ihre Arbeitskraft anbieten. Im Allgemeinen wird diese Marktform als Ausnahme betrachtet (vgl. Boal, Ransom 1997). Für den Arbeitsmarkt im Bereich sozialer Dienstleistungen wird aus zwei Gründen auf diesen Fall eingegangen: Zum einen wird in neuerer Literatur zum Arbeitsmarkt für Pflegekräften immer wieder auf ein Monopson am entsprechenden Teilarbeitsmarkt verwiesen (vgl. z. B. Hirsch, Schumacher 1995; vgl. z. B. Lin 2002). Zweitens kommt den Ergebnissen der Analyse des Monopsons auf dem Arbeitsmarkt vor allem im Hinblick auf die Erklärung von unbesetzten Arbeitsplätzen in Unternehmen Bedeutung zu (vgl. Boal, Ransom 1997). Die Marktkräfte führen in dieser Marktform nicht zu einer Beseitigung der ‚Arbeitskräfteknappheit'. So bewirkt nach Yett (1970) die Monopsonform des Arbeitsmarktes im Krankenpflegebereich eine „chronic 'shortage' of nurses" (vgl. Yett (1970) zit. bei Sullivan 1989).

Im Monopson hat die Arbeitsnachfrage des alleinigen Nachfragers nach Arbeitsleistungen einen Einfluss auf den Lohnsatz. Die Arbeitsangebotskurve weist eine positive Steigung auf und repräsentiert aus Sicht des Unternehmens die durchschnittlichen Arbeitskosten. Der steigende Verlauf der Kurve signalisiert, dass die durchschnittlichen Arbeitskosten mit zunehmender Arbeitsnachfragemenge steigen. Die Grenzkosten einer zusätzlichen Arbeitseinheit sind größer als die durchschnittlichen Arbeitskosten (vgl. Funk 2002). Im Marktgleichgewicht sind die Grenzkosten des Produktionsfaktors Arbeit gleich dem Wertgrenzprodukt. Der Monopsonist beschäftigt $L_m$ Arbeitskräfte zum Lohnsatz $W_m$. Die ArbeitnehmerInnen verdienen im Monpopson weniger als ihr Grenzwertprodukt und damit weniger als sie auf einem Arbeitsmarkt der vollkommenen Konkurrenz verdienen würden ($W_m < W_c$). (siehe Abbildung 4)

Askildsen et al. (2002) halten fest, dass für die Arbeitsnachfrageseite in diesem Fall die Grenzkosten einer Lohn*erhöhung* und nicht der Lohnsatz per se in die Nachfrageentscheidung einfließt. Im Fall der Einstellung zusätzlicher ArbeitnehmerInnen wäre der höhere Lohnsatz nicht alleine für die zuletzt eingestellte Arbeitskraft, sondern auch für alle bereits in der Organisation tätigen ArbeitnehmerInnen anzuheben. Damit vermindert sich die Bereitschaft, Arbeitskräfte einzustellen, selbst wenn – wie z.B. im Pflegesektor beobachtbar – Personalmangel herrscht. Dieses Problem ist nach Einschätzung von Askildsen et al. (2002) dort besonders virulent, wo strikte Budgetbeschränkungen vorliegen. Letzteres trifft auf Soziale Dienste im Allgemeinen und auf

Soziale Dienste in Nonprofit Trägerschaft im Besonderen zu, die sehr wesentlich von öffentlichen Budgetzuweisungen abhängen und zunehmend mit der staatlichen Konsolidierungspolitik konfrontiert sind.[89]

**Abbildung 4: Lohn und Beschäftigung im Monopson**

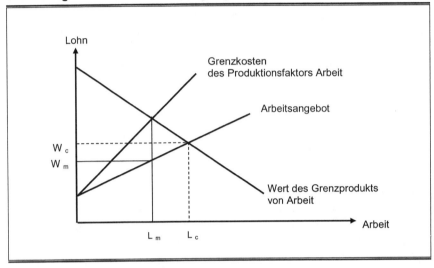

Quelle: Pindyck, Rubinfeld (2005: 698)

Monopsonistische Ausprägungen des Arbeitsmarktes im Bereich sozialer Dienstleistungen sind in Österreich für einzelne Berufsgruppen zu identifizieren. Als Beispiel für die theoretische Relevanz des Monopsons auf Arbeitsmärkten im Sektor soziale Dienstleistungen sei die Bewährungshilfe genannt. Dort existiert für die Berufsgruppe „BewährungshelferInnen" nur eine einzige soziale Dienstleistungsorganisation, die diese Qualifikationen nachfragt.[90] Im

---

[89] In Bereichen, in denen soziale Dienstleistungen unentgeltlich abgegeben werden und die kein Spendenaufkommen verzeichnen, ist die öffentliche Hand oft alleinige Nachfragerin, so dass auch auf dem Gütermarkt eine Monopson vorliegen kann. Allerdings stehen die Nonprofit Organisationen in diesen Fällen nicht immer einer einzigen öffentliche Institution gegenüber.

[90] Die österreichweite Durchführung der Bewährungshilfe ist durch einen Generalvertrag mit der Republik Österreich, vertreten durch das Bundesministerium für Justiz, an einen Verein übertragen worden. http://www.bmj.gv.at/justiz/bewaehrungshilfe/ – 12.8.2003. Ob die Lohnpolitik des Vereins dem theoretischen Modell des beschriebenen monopsonistischen Verhaltens entspricht, ist nur durch empirische Studien zu ermitteln.

Bereich der ambulanten Pflege konzentriert sich die Arbeitsleistung nachfragenden Organisationen in manchen Bundesländern/Regionen auf nur wenige Trägerorganisationen sozialer Dienstleistungen. Diese sind in Österreich vielfach dem Nonprofit Sektor zuzuordnen. Da ein Monopson relativ selten in reiner Form zu beobachten ist, ist auch das Phänomen der Monopsonmacht von Interesse. Pindyck, Rubinfeld (2005: 503) halten fest, dass Monopsonmacht auftritt, wenn sich die wenigen auf einem Markt vorhandenen KäuferInnen nicht konkurrenzieren, sondern u. U. sogar zusammenschließen. Auf einem Arbeitsmarkt mit nur wenigen ArbeitsnachfragerInnen können einzelne Unternehmen/Organisationen demnach Monopsonmacht ausüben. Die Folge dieser Monopsonmacht ist – wie beim Monopson – ein Lohnsatz, der unter dem Grenzwertprodukt der Arbeitskraft liegt. Der Lohnsatz auf einem Markt, auf dem wenige NachfragerInnen eine Monopsonmacht ausüben, liegt daher unter jenem eines Wettbewerbsmarktes.

### 3.3.2. Grundlagen des Arbeitsangebots: Standardmodell und relevante Erweiterungen

Dieses Kapitel setzt sich mit den Faktoren auseinander, die (i) bestimmen, ob und in welchem Ausmaß Personen ihre Arbeitskraft am Arbeitsmarkt anbieten und fokussiert im Anschluss daran auf (ii) Erweiterungen der theoretischen Ansätze, die für das Arbeitsangebotsverhalten von Personen, die ihre Arbeitskraft Sozialen Diensten des Nonprofit Sektors zur Verfügung stellen möchten, relevant sein könnten.

Im Mittelpunkt der Arbeit steht die Analyse der Erwerbstätigkeit in Sozialen Diensten des Nonprofit Sektors – dementsprechend bezieht sich dieses Kapitel im wesentlichen auf das Arbeitsangebotsverhalten im traditionellen Sinn – auf das Arbeitsangebot gegen Entgelt. Lediglich in einem Ansatz der Erweiterungen wird auch auf dessen Relevanz für ehrenamtliche Arbeit eingegangen. Diese Abgrenzung ist insofern von Bedeutung, als Nonprofit Organisationen auch ehrenamtliche MitarbeiterInnen in den Produktionsprozess von sozialen Dienstleistungen integrieren (siehe Kapitel 3.1.3. sowie 6.2.1.)[91].

Im Laufe der Zeit hat sich zum neoklassischen Grundmodell des Arbeitsangebots eine Reihe von Ansätzen entwickelt, die einzelne Aspekte dieses Mo-

---

[91] Zu den Bestimmungsgründen von ehrenamtlicher Arbeit sei auf folgende Literatur verwiesen. (siehe dazu Menchik, Weisbrod 1981; Barker 1993; siehe dazu Govekar, Govekar 2002).

dells verfeinern oder andere Erklärungszugänge als auf Grenznutzen und Grenzproduktivität beruhende Modelle anbieten. Hier sei auf eine Auswahl von drei erweiternden Ansätzen zurückgegriffen, die als geeignet erscheinen, eine theoretische Grundlage für die Erklärung von Beschäftigungsmustern in Sozialen Diensten des Nonprofit Sektors zu bilden.

Dabei wird von den beobachteten Merkmalen der Beschäftigung in Sozialen Diensten des Nonprofit Sektors ausgegangen: Während dem Lohnsatz in den Standardmodellen des Arbeitsangebots eine herausragende Bedeutung zukommt (siehe weiter unten), wird der Stellenwert des Lohnsatzes für die Arbeitsangebotsentscheidung in Nonprofit Organisationen immer wieder relativiert. Empirische Studien bilden ein unterschiedliches Bild über die beobachteten Lohndifferenziale zwischen den institutionellen Sektoren ab. Eine mögliche Erklärung für ein niedrigeres Lohnniveau im Nonprofit Sektor bietet die Berücksichtigung **nicht-monetärer Arbeitsplatzeigenschaften** bei der Wahl eines Arbeitsplatzes (siehe Kapitel 3.2.3.).

Eine zweite Besonderheit, die den Arbeitskräften des Nonprofit Sektors immer wieder zugeschrieben wird, ist, dass sie nicht nur extrinsisch (über monetäre Abgeltungen im Sinne eines Lohns oder Gehalts), sondern auch intrinsisch (aus Freude an der Tätigkeit selbst) motiviert seien. „Helfende Berufe", wie sie in Sozialen Diensten zu finden sind, könnten dieses Argument noch verstärken. Daher widmet sich der zweite erweiternde Ansatz des Arbeitsangebotsverhaltens den Wechselwirkungen zwischen **extrinsischer und intrinsischer Motivation**.

Soziale Nonprofit Organisationen sind Beschäftigungsbereiche mit einem hohen Frauenanteil. Die dritte ausgewählte Erweiterung – **Job-Crowding-Hypothese** – zielt darauf ab, Push- und Pull-Faktoren herauszuarbeiten, die eine Konzentration von Arbeitskräften mit bestimmten Merkmalen in bestimmten Berufen und Arbeitsmarktsegmenten bedingen. Mit Hilfe dieser theoretischen Überlegungen soll der hohe Anteil von Frauen (hier Geschlecht als Merkmal der Arbeitskräfte) in Sozialen Diensten des Nonprofit Sektors als bestimmten Segmenten des Arbeitsmarktes erläutert werden. Die Annahme des Standardmodells wird bezüglich der Homogenität der Arbeitskräfte aufgehoben. Es werden die unterschiedlichen Kenntnisse/Fähigkeiten und andere Merkmale der Arbeitskräfte in die theoretischen Überlegungen integriert. (siehe Kapitel 3.3.2.5.)

Bevor auf die erweiternden Ansätze näher eingegangen wird, soll ausgehend von der Klärung des Begriffs des Arbeitsangebots und der Dimensionen des Arbeitsangebots das arbeitsangebotsseitige Optimierungsverhalten und seiner Bestimmungsgründe im Standardmodell rekapuliert werden.

### 3.3.2.1. Zum Begriff des Arbeitsangebots

Das **Arbeitsangebot** ist jene Menge an Arbeitsleistung, die von Individuen (individuelles Arbeitsangebot) oder von einer Gruppe von Personen gegen Entgelt angeboten wird. Im Mittelpunkt der folgenden Ausführungen steht vor allem die mikroökonomische Betrachtung des Arbeitsangebots eines Individuums.

Die Arbeitsangebotsentscheidung selbst hat mehrere **Dimensionen**: Individuen treffen einerseits die Entscheidung, *ob* sie unselbständig erwerbstätig werden möchten und wenn ja, *welches Stundenausmaß* die Erwerbstätigkeit umfassen soll (vgl. Borjas 2000). Diese beiden Entscheidungen werden zeitgleich getroffen (vgl. Lausberger 2001).

Der Arbeitsangebotsentscheidung vorgelagert sind Entscheidungen, die die Ausbildung betreffen. Diese Ausbildungsentscheidungen nehmen Einfluss auf die Art von Tätigkeiten, die später erwerbsmäßig ausgeübt werden (dürfen). Die Ausbildung der Arbeitskräfte bildet zusammen mit Kenntnissen, Erfahrungen und Fähigkeiten die *Qualitätsdimension* des Arbeitsangebots (vgl. Franz 2003). Die vierte Dimension des Arbeitsangebots betrifft die *Intensität*, mit der Arbeitskräfte in ihrer Arbeitzeit für das Unternehmen tätig sind. Gängige Bilder zur Beschreibung zweier extremer Ausprägungen der letztgenannten Dimension sind „die Schaffenden" und „die DrückebergerInnen". (vgl. Franz 2003)

### 3.3.2.2. Arbeitsangebotsverhalten – Standardmodell

Erwerbsarbeit dient – so nicht andere Einkommensquellen vorhanden sind – der Sicherung des Lebensunterhalts und darüber hinaus dem Aufbau individuellen Wohlstands. Individuen wird unterstellt, ihren Wohlstand – definiert durch die Möglichkeit, Güter/Dienstleistungen sowie Freizeit zu konsumieren – zu maximieren (vgl. Borjas 2000). Dabei stehen sie vor der Entscheidung, ihre (Lebens-)zeit auf Zeiten der Erwerbsarbeit oder Zeiten, die nicht der Erwerbsarbeit gewidmet werden[92], aufzuteilen. Diese Abwägung wird nachfolgend vereinfacht in einem statischen, auf einen Zeitpunkt bezogenen, Modell dargestellt[93].

Zu den wichtigsten ökonomischen **Determinanten der Arbeitsangebotsentscheidung** zählen das *Einkommen des Individuums/Haushalts* aus sonstigen Quellen und der tatsächliche oder erwartete *Lohnsatz*, der für die Arbeitsleistung am Markt erzielt werden kann (vgl. Borjas 2000). Darüber hinaus spielen die *Präferenzen* der Individuen, in denen sich die Wertschätzung der Erwerbsarbeit bzw. der Nicht-Erwerbsarbeit widerspiegeln, eine große Rolle (vgl. Borjas 2000). Die Unterschiede in diesbezüglichen Präferenzen haben unterschiedliche Ursachen. Sie können in der Person selbst begründet sein, aber auch aus Umweltfaktoren resultieren.

Die mikroökonomische Arbeitsangebotstheorie geht von souveränen, rationalen und freien Wahlentscheidungen der Individuen aus, ihre Lebenszeit auf Zeiten der Erwerbsarbeit und auf erwerbsarbeitsfeie Zeiten zu verwenden. In der Realität sind diese Wahlentscheidungen bezüglich der Zeitverwendung jedoch durch ein unzureichendes Angebot an Arbeitsplätzen oder durch gesellschaftliche Konventionen und geschlechtstypische Rollen beschränkt. Ob eine Wahlmöglichkeit besteht, hängt zudem davon ab, ob Substitute für zeitintensive Eigenleistungen in der Haushaltsproduktion überhaupt zur Verfügung stehen.

Restriktionen, die die Arbeitsangebotsentscheidung entscheidend beeinflussen, treten auf, wenn beispielsweise keine familiären und außerfamiliären Betreuungsmöglichkeiten für Kinder oder andere betreuungsbedürftige Personen vorhanden sind. Dann ist ein Teil des Zeitbudgets des Haushaltes in der Haushaltsproduktion fix gebunden und kann nicht für Erwerbsarbeit gewidmet werden. Eine Wahlentscheidung über den Zeiteinsatz kann erst ge-

---

[92] In diesem Zusammenhang wird hier die gängige Terminologie „leisure", „Freizeit" oder „freie Zeit" nicht weiter verwendet. Im allgemeinen Sprachverständnis ist „Freizeit" mit Vorstellungen von Regeneration, kultureller oder sportlicher Betätigung etc. verbunden. Andere Aktivitäten, wie Haushaltsführung und betreuende, versorgende Tätigkeiten werden durch diese Terminologie nicht bewusst gemacht. (siehe dazu die Kategorisierung von Boh, Saksida 1972).

[93] Über den Lebensverlauf betrachtet, verändert sich die Arbeitsangebotsentscheidung (vgl. Borjas 2000).

troffen werden, wenn das Minimum der Haushaltsproduktion gewährleistet ist.

Die *Existenz* Sozialer Dienste hat daher sowohl Auswirkungen auf die Arbeitsnachfrage als auch auf das Arbeitsangebot. Soziale Dienste bieten eine Versorgung von betreuungsbedürftigen Personen an, die andernfalls vom informellen Netzwerk geleistet werden müsste. Sie ermöglichen erwerbsfähigen Personen eine echte Wahlentscheidung zwischen Zeiten der Erwerbstätigkeit und nicht am Markt eingesetzter Zeit (Arbeitsangebotsentscheidung).[94]

Da Präferenzen nicht intersubjektiv überprüfbar sind, fanden vor allem Einkommen aus anderen Quellen als Erwerbsarbeit und Lohnsatz Eingang in ökonomische Modelle der Arbeitsangebotsentscheidung (vgl. Borjas 2000). **Einkommen aus anderen Quellen als Erwerbsarbeit** beeinflusst die Entscheidung, ob und in welchem Ausmaß Arbeitsleistung angeboten wird. Je höher die Einkommen aus anderen Quellen als Erwerbsarbeit sind, desto höher kann der Wert des Konsums sein, ohne Zeiten der Nicht-Erwerbsarbeit aufgeben zu müssen, vorausgesetzt Zeiten der Nicht-Erwerbsarbeit sind ein normales Gut[95]. Sind die Einkommen, die nicht aus Erwerbsarbeit generiert werden, ausreichend hoch, so kann es auch sein, dass keine Arbeitsleistung angeboten wird.

Der Lohn für Erwerbsarbeit erhält seine hohe Bedeutung für die Arbeitsangebotsentscheidung dadurch, dass er für die Mehrheit der Arbeitskräfte die Grundlage der Finanzierung des Lebensunterhalts bildet. Das **Entlohnungs-**

---

[94] Empirisch für Österreich illustriert wird die Unterstützungsfunktion Sozialer Dienste für die Vereinbarung von Betreuungsarbeit und Erwerbsarbeit für den Bereich der Versorgung pflegebedürftiger Menschen in Badelt et al. (1997b).

Eine europaweit angelegte Studie auf Basis der ECHP-Daten, die für die Betreuung pflegebedürftiger Menschen den Zusammenhang zwischen informeller Betreuungsarbeit und Erwerbstätigkeit von Frauen untersucht, kommt diesbezüglich zu unterschiedlichen Ergebnissen: Der *Beginn* einer informellen Pflegetätigkeit ist signifikant mit einem Rückgang der Erwerbstätigkeit in nordeuropäischen Ländern verbunden, während in südeuropäischen Ländern auch eine *Ausweitung* der informellen Betreuungsarbeit zu Anpassungen (höherer Rückgang bzw. kleiner Anstieg) des individuellen Arbeitsangebots führt. Diese Beobachtung wurde zurückgeführt auf die in nordeuropäischen Ländern verbreitetere Nutzung institutioneller Pflegeangebote (Soziale Dienste im Bereich Pflege), die substitutiv zur eigenen Pflegeleistung eingesetzt werden. (vgl. Schneider 2000; vgl. Spiess, Schneider 2003).

[95] Normale Güter sind Güter. deren Konsum mit der Erhöhung des Einkommens (aus anderen Einkommensquellen) zunimmt.

**system** (z.B. pauschalierte oder leistungsorientierte Entlohnung) bzw. der **Lohnsatz** beeinflusst vier Dimensionen des Arbeitsangebots: (i) ob, (ii) in welchem Umfang, (iii) in welcher Qualität und (iv) mit welcher Intensität einer Erwerbsarbeit nachgegangen wird.

Der *Eintritt in den Arbeitsmarkt* wird bestimmt von der Differenz zwischen **Marktlohn** und **Anspruchslohn**. Der Marktlohn ist der Lohnsatz, der bei Erwerbsarbeit erzielt wird. Der Anspruchslohn gibt jene fiktive Lohnhöhe an, bei der die Individuen indifferent sind zwischen Erwerbsarbeit und Nicht-Erwerbsarbeit. Die Arbeitskraft wird angeboten, wenn der Marktlohn größer ist als der Anspruchslohn. Die Höhe des Anspruchslohns ist abhängig von den sonstigen Einkommensquellen eines Individuums. Je höher diese sind, desto höher ist auch der Anspruchslohn. (vgl. Borjas 2000).

Dies lässt sich auch in der Arbeitsangebotskurve eines Individuums grafisch darstellen. Die Angebotskurve beginnt in dem Punkt, an dem die Person in den Arbeitsmarkt eintritt, d. h. an dem der Marktlohn größer ist als der Anspruchslohn. Der weitere Verlauf der Arbeitsangebotskurve bestimmt sich durch die Veränderung der angebotenen Arbeitsmenge in Reaktion auf Veränderungen des Lohnsatzes[96]. Sobald Arbeit angeboten wird, führt eine **Erhöhung des Lohnsatzes**[97] zu einer Ausweitung des Arbeitsangebots solange der Substitutionseffekt größer ist als der Einkommenseffekt. Wenn das nicht mehr der Fall ist, reduziert eine Lohnerhöhung aufgrund des überwiegenden Einkommenseffektes die Anzahl der angebotenen Arbeitsstunden. Die Arbeitsnachfragekurve kann daher abhängig davon, welcher der beiden Effekte sich durchsetzt, im ersten Abschnitt einen steigenden, im zweiten Abschnitt auch einen fallenden Verlauf nehmen. (vgl. Borjas 2000)

---

[96] Richtung und Ausmaß der Reaktion der angebotenen Arbeitsstunden auf eine Veränderung des Lohnsatzes wird durch die Arbeitsangebotselastizität gemessen. Unterschiedliche Gruppen des Arbeitsmarktes weisen unterschiedliche Arbeitsangebotselastizitäten auf. So ist aus empirischen Studien bekannt, dass das Arbeitsangebot von Frauen wesentlich elastischer auf Veränderungen des Lohnsatzes reagiert als jenes von Männern. (vgl. Borjas 2000).

[97] Eine Veränderung des Lohnsatzes hat unterschiedliche Auswirkungen auf die Arbeitsangebotsentscheidung von Personen, die bereits im Erwerbsleben stehen und jenen, die zum Zeitpunkt der Entscheidung nicht erwerbstätig sind. Eine Erhöhung des Lohnsatzes erzeugt nur dann einen Einkommenseffekt, wenn die Person bereits erwerbstätig ist. Für Personen, die nicht erwerbstätig sind verteuert die Lohnerhöhung ausschließlich die Zeit der Nicht-Erwerbstätigkeit. Sie sehen sich damit verstärkt Anreizen gegenüber, ins Erwerbsleben einzutreten. (Borjas 2000).

**Abbildung 5: Individuelles Arbeitsangebot**

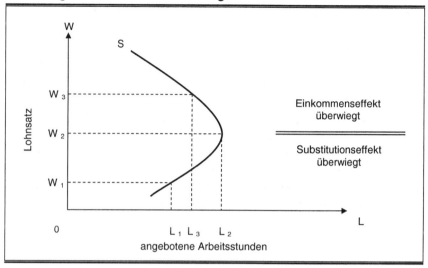

Quelle: Smith (2003a)

In der einschlägigen Literatur findet sich die Differenzierung der Arbeitsange-botsentscheidung eines Individuums von der eines Haushalts. Die Erweite-rung um die Arbeitsangebotsentscheidung in Haushalten wird hier lediglich erwähnt, da eine Überprüfung mit dem vorliegenden Datensatz nicht vorge-nommen werden kann. Für eine ausführliche Darstellung siehe Smith (1994).

Die Entscheidung eines Haushaltsmitgliedes, erwerbstätig zu sein, wird in der Regel in Wechselwirkungen mit der Arbeitsangebotsentscheidung ande-rer Haushaltsmitglieder gesehen. Ähnlich dem Individuum stehen auch die Mitglieder eines Haushalts vor der Entscheidung, die individuelle und ge-meinsame Zeit auf Zeiten der Erwerbsarbeit und Zeiten der Nicht-Erwerbsarbeit aufzuteilen und den daraus resultierenden Nutzen zu maximie-ren.

Das neoklassische Grundmodell betrachtet den Haushalt in seiner Rolle als Konsumeinheit. Die Neue Ökonomie des Haushalts, die zurück geht auf Be-cker (1965), fokussiert stärker auf die produktive Rolle des Haushalts. (siehe dazu auch Gronau 1977; Judt 1999)

Die Rationalität von Spezialisierungen der Haushaltsmitglieder in Aufgaben, die nicht marktlich entlohnt werden (z. B. Hausarbeit, Betreuungsaufgaben) und in Aufgaben, die ein Erwerbseinkommen generieren, resultiert aus Unterschieden in der Grenzproduktivität der Haushaltsmitglieder. So ist es in dieser Betrachtung für einen Haushalt rational, dass jene Person mehr Stunden erwerbstätig ist, die dafür ein höheres Entgelt erhält. Ebenso rational ist es für einen Haushalt, eine zusätzliche Stunde Nicht-Erwerbsarbeit von jenem Individuum ausführen zu lassen, das diesbezüglich eine höhere Grenzproduktivität aufweist.

Im Folgenden werden die oben erwähnten Erweiterungen der Bestimmungsfaktoren des Arbeitsangebots diskutiert. Dabei wird der Bogen der Erweiterungen, die für das Arbeitsangebot in Sozialen Diensten des Nonprofit Sektors möglicherweise relevant sind, von nicht-monetären Arbeitsplatzeigenschaften über die Wechselwirkungen extrinsischer und intrinsischer Motivation bis hin zur Job-Crowding Hypothese gespannt.

Wichtig für die Wahl des Sektors, in dem der Erwerbsarbeit nachgegangen wird, und ein Aspekt, der Einfluss auf das nonprofit Lohndifferenzial hat, ist die Möglichkeit von nicht zufälliger **Selbstselektion** von Arbeitskräften mit geringerer Produktivität (vgl. Preston 1990) oder mit spezifischen Präferenzen bezüglich nicht-monetärer Arbeitsplatzeigenschaften in den Nonprofit Sektor.

### 3.3.2.3. Nicht-monetäre Arbeitsplatzeigenschaften

Über Entlohnung im Nonprofit Sektor gibt es für den US-amerikanischen Raum zahlreiche empirische Studien, in denen vor allem Lohnvergleiche zwischen Nonprofit Organisationen und gewinnorientierten Unternehmen vorgenommen wurden (für einen Überblick siehe auch Ruhm, Borkoski (2003)). Die daraus resultierenden Erkenntnisse enthalten sowohl Evidenz für ein geringeres als auch Evidenz für ein höheres Lohnniveau im Nonprofit Sektor als im gewinnorientierten Sektor. In der Mehrzahl der Arbeiten wurden Lohnunterschiede festgestellt – Leete (2001) berichtet auch von Branchen, in denen keine Lohnunterschiede vorzufinden waren.

Erklärungen eines **niedrigeren Lohnniveaus im Nonprofit Sektor** lassen sich zusammengefasst darauf zurückführen, dass die Arbeitskräfte bereit sind, diese Lohnunterschiede zu akzeptieren, da sie einen zusätzlichen, nicht-monetären Nutzen aus der Arbeit in diesen Organisationen ziehen. Dieser resultiert daraus, dass (i) die Arbeitskräfte in Nonprofit Organisationen an der Erstellung eines Gutes mitwirken, das besondere Eigenschaften aufweist im Vergleich zu Gütern, die in derselben Branche von kommerziellen Unternehmen erstellt werden (donative-labor-hypothesis) oder – im Falle der Erstellung identischer Güter in beiden Sektoren – (ii) die Nonprofit Organisation, ihre Arbeitskräfte oder die Arbeitsplätze besondere Merkmale aufweisen.

Die arbeitsmarktökonomische Literatur bietet über die Berücksichtigung nicht-monetärer Arbeitsplatzeigenschaften in der Arbeitsangebotsentscheidung Erklärungsansätze für diese Erkenntnisse. Nach der Theorie der kompensierenden Lohndifferenziale sind für die Arbeitsangebotsentscheidung auch **nicht-monetäre Merkmale der Arbeitsplätze** von Bedeutung[98]. Diese Arbeitsplatzeigenschaften sprechen die Bedürfnisse der Arbeitskräfte auf mehreren Ebenen an. Nach Alderfer (1972) gibt es drei Gruppen von Bedürfnissen, die zueinander in einer hierarchischen Beziehung stehen: die Existenzbedürfnisse, die Kontaktbedürfnisse und die Wachstumsbedürfnisse. Diese drei Gruppen von Bedürfnissen bilden in Folge den strukturellen Rahmen für die Zuordnung der nicht-monetären Arbeitsplatzmerkmale.

- Zu den **Existenzbedürfnissen** zählen Bedürfnisse nach Sicherheit und physiologische Bedürfnisse (vgl. Alderfer 1972). Als nicht-monetäre Arbeitsplatzeigenschaften reihen sich daher einerseits die Sicherheit des Arbeitsplatzes im technischen Sinn (Ausschalten von Gefahrenquellen) und andererseits im ökonomischen Sinn (Kontinuität des Bestehens des Arbeitsplatzes) unter diese Kategorie ein. Unter physiologische Bedürfnisse fallen Schutz vor Lärm, unangenehmen Gerüchen, Schmutz, Stress und sonstigen körperlichen Beeinträchtigungen.

- Die **Kontaktbedürfnisse** umfassen Bedürfnisse, wie Achtung, Wertschätzung und Anerkennung (vgl. Alderfer 1972). Die Erfüllung dieser Gruppe von Bedürfnissen kann – bezogen auf den Arbeitsplatz – von KollegInnen und/oder Dienstvorgesetzten aber auch von KundInnen und anderen Personen im Arbeitsumfeld beeinflusst werden.

- Unter **Wachstumsbedürfnissen** werden Bedürfnisse, wie Entfaltung und Selbstverwirklichung, gruppiert (vgl. Alderfer 1972). Diese Bedürfnisse finden z. B. in Karriereperspektiven und in persönlichen Freiräumen des Arbeitens ihre Umsetzungsformen, die persönliche und berufliche Weiterentwicklung ermöglichen.

---

[98] vgl. Smith (2003a) sowie Bley (1999) für nicht-pekuniäre Arbeitsplatzeigenschaften im Zusammenhang mit modellendogener Erklärung der Arbeitsfluktuation

Manche Arbeitsplatzeigenschaften, wie Mitsprachemöglichkeiten am Arbeitsplatz, sind nicht eindeutig einer Gruppe zuordenbar. In diesem Fall überlap-
pen sich Kontakt- und Wachstumsbedürfnisse. Über diese Form der Partizi-
pationsmöglichkeit kann einerseits der Kontakt zu KollegInnen und zur Leitung der Organisation intensiviert werden. Andererseits dienen die Mitsprachemöglichkeiten auch der persönlichen Weiterentwicklung.

Arbeitskräfte unterscheiden sich in ihren Präferenzen für spezifische Arbeits-
platzcharakteristika. Unternehmen unterscheiden sich in den Arbeitsbedingungen, die mit den Arbeitsplätzen verbunden sind. (vgl. Borjas 2000: 202)
Aus den unterschiedlichen Präferenzen von Personen im erwerbsfähigen Alter einerseits und der Heterogenität der angebotenen Arbeitsplätze andererseits resultiert die Auswahl bestimmter Arbeitsplätze durch bestimmte Perso-
nen(gruppen). „Personal characteristics are found to be related to the choice
of sector, suggesting that sorting related to differences in preferences does
exist [...]" (Goodeeris 1988: 425). Die Selbstselektion der Individuen orientiert sich dabei am höchsten Nutzen, den das Individuum bei der Arbeits-
platzwahl aus der Entlohnung sowie aus nicht-monetären Arbeitsplatzeigenschaften erzielen kann.

Die Unterschiedlichkeit von Arbeitsplätzen spiegelt sich in unterschiedlichen
Lohnsätzen wider (vgl. Smith 2003a). Die **Theorie der kompensierenden
Lohndifferenziale** besagt, dass nachteilige Arbeitsplatzeigenschaften mit
kompensierenden Lohnzahlungen einhergehen (vgl. Borjas 2000) Unange-
nehme Arbeitsplatzeigenschaften, wie Schmutz, Lärm, Nachtarbeit, werden
durch monetäre (Zusatz-)Leistungen der ArbeitgeberInnen abgegolten (z.B.
Schmutzzulage, Lärmzulage). (vgl. Franz 2003) Umgekehrt bevorzugen Arbeitskräfte zum Teil bestimmte nicht-monetäre Eigenschaften des Arbeitsplatzes und nehmen dafür geringere Lohnzahlungen in Kauf. Auch dieses
Phänomen findet seine Grundlage in der Theorie der kompensierenden
Lohndifferenziale (vgl. Borjas 2000). Neben extrinsischen Zusatzleistungen
könnten daher vor allem im Nonprofit Sektor die durch diese Organisationen
vertretenen Werte bzw. Flexibilitäten in der individuellen Arbeitszeitgestal-
tung das Arbeitsangebotsverhalten beeinflussen. ArbeitnehmerInnen gehen
auf Lohnverzicht ein, um in einer Organisation zu arbeiten, die diese „besonderen" Werte vertritt bzw. diese Spielräume im Bereich der Arbeitszeit eröffnet. (vgl. Emanuele, Higgins 2000)

Lohnunterschiede zwischen vergleichbaren ArbeitnehmerInnen bzw. Tätigkeiten in Nonprofit Organisationen einerseits und gewinnorientierten Unternehmen andererseits sind bei ArbeitnehmerInnen ohne besondere Qualifikationen weniger stark ausgeprägt, bei Berufstätigen mit qualifizierter Ausbildung und im Management jedoch deutlich erkennbar. Qualifizierte Arbeitskräfte und Verwaltungsangestellte im mittleren Management von Nonprofit
Organisationen verdienen weniger als in anderen Sektoren. Sie scheinen bereit zu sein, diese Lohnunterschiede durch das Prestige der Organisationen
bzw. durch bessere Arbeitsbedingungen zu kompensieren (vgl. Young 1987).

Jüngere Publikationen (vgl. z.B. Ruhm und Borkoski 2003) stehen Ergebnissen, die einen Lohnverzicht der Nonprofit ArbeitnehmerInnen aus dem
*Nonprofit Status* der arbeitgebenden Institution ableiten, skeptisch gegenüber. Ruhm und Borkoski (2003) kommen in ihrer Auswertung zu dem
Schluss, dass auf Arbeitsmärkten unter Wettbewerbsbedingungen seitens
der ArbeitnehmerInnen keine expliziten Lohnverzichte aufgrund des Nonpro-
fit-Status' der Organisation zu beobachten sind. Die geringere Lohnhöhe im
Nonprofit Sektor resultiere vielmehr aus geringeren wöchentlichen Arbeitszeiten und aus der Konzentration von Nonprofit-Arbeitsplätzen in Branchen mit
einem relativ geringen Lohnniveau. Die besondere Wertschätzung der beruf-
lichen Ausübung einer *Tätigkeit* – die z.B. „sozial erwünscht" ist bzw. gesellschaftliche Anerkennung erfährt – könnte dazu führen, dass Beschäftigte geringere Löhne akzeptieren. (vgl. Ruhm, Borkowski 2003: 1017) Werden diese
Tätigkeiten überwiegend in Nonprofit Organisationen ausgeübt, so ist dieses
Phänomen hier verstärkt zu beobachten, resultiert jedoch aus der Berufs-
und Tätigkeitsstruktur in diesen Einrichtungen und nicht aus dem Nonprofit
Status per se.

Emanuele und Higgins (2000) untersuchten, ob Nonprofit Organisationen –
aus den Bereichen Jugendorganisationen, Selbsthilfegruppen, Organisationen mit Gesundheitsschwerpunkte und Kirchen – im Vergleich zu gewinnorientierten Unternehmen bzw. zu staatlichen Einrichtungen ihren ArbeitnehmerInnen gesundheitsbezogene Versicherungsleistungen oder Leistungen anbieten, die das Arbeitsumfeld verbessern. Sie kommen zu dem Ergebnis,
dass die Wahrscheinlichkeit, diese Formen der Zusatzleistungen anzubieten
in diesem Kreis von Nonprofit Organisationen geringer ist als in Organisationen der anderen beiden institutionellen Sektoren. (vgl. Emanuele, Higgins
2000) Dies mag seine Ursachen in den Budgetrestriktionen von Nonprofit

Organisationen oder in den Auflagen öffentlicher Fördermittel hinsichtlich der Verwendung der öffentlichen Gelder haben. (vgl. Emanuele, Higgins 2000)

### 3.3.2.4. Extrinsische und intrinsische Motivation

In den ökonomischen Grundmodellen des Arbeitsangebots bestimmen Lohn und Einkommen zentral die Arbeitsangebotsentscheidung. Vorlieben der Arbeitskräfte für oder gegen eine bestimmte Tätigkeit werden in den Präferenzen abgebildet, die als exogen gegeben angenommen werden. Sie werden nur dann endogenisiert, wenn sie mit einem Geldwert versehen werden können. (siehe oben zur Theorie der kompensierenden Lohndifferenziale).

Aus der Motivationsforschung (vgl. z. B. Deci 1971; vgl. z. B. Deci 1975) ist bekannt, dass das menschliche Verhalten durch äußere Faktoren beeinflusst (**extrinsische Motivation**) und aus dem inneren Antrieb heraus motiviert (**intrinsische Motivation**) wird. Extrinsische Motivation weist einen direkten Bezug zur Bezahlung oder zu Anweisungen auf. (vgl. Frey 1997) Intrinsische Motivation kann dabei sowohl aus der Freude an einer Tätigkeit selbst heraus als auch aus einer Verpflichtung, persönlichen oder sozialen Normen zu entsprechen, oder aus dem Wunsch, selbst gesetzte Ziele zu verfolgen, entstehen (vgl. Osterloh et al. 2001). Nach Deci (1975) ist intrinsisch motiviertes Verhalten der Prototyp selbstbestimmten Handelns. Beide Motivationsformen haben für sich genommen sowohl positive als auch negative Auswirkungen auf das Verhalten (siehe dazu Frey 1997; Osterloh et al. 2001).

Die ökonomische Theorie des Arbeitsangebots fokussiert auf die extrinsische Motivation des Erwerbsarbeitsverhaltens, die durch monetäre Kompensationsformen und nicht-monetäre Arbeitsplatzeigenschaften ausgelöst wird. Demgegenüber spielt in allen ökonomischen Aktivitäten – und damit auch in der Arbeitsangebotsentscheidung – auch die intrinsische Motivation eine Rolle. Intrinsische Motivation wird beeinflusst von den Arbeitsinhalten selbst und von den Rahmenbedingungen, die eine Identifizierung mit den bestehenden Normen ermöglichen (vgl. Osterloh et al. 2001).

Arbeitskräfte des Nonprofit Sektors werden in der Literatur auch unter dem Aspekt der intrinsischen Motivation betrachtet. (siehe dazu z. B. Mirvis, Hackett 1983; Leete 2000)

"A large number of nonprofit organizations are formed for one of two reasons: to produce a certain level of quality when it is less than perfectly observed by the consumer, or to produce goods or services while abiding by certain moral, intellectual, aesthetic or religious principles. Several authors have suggested that under such conditions that the organizational goals of nonprofits are often best achieved by intrinsically motivated employees and by employees who identify very closely with the goals of the organization." (Leete 2000)

Von besonderem Interesse in Bezug auf das menschliche Verhalten und der damit in Zusammenhang stehenden Analyse ökonomischer Aktivitäten ist jedoch nicht so sehr die separate Betrachtung der beiden Motivationsformen, sondern vielmehr die **Wechselwirkungen zwischen extrinsischer und intrinsischer Motivation.** (vgl. Frey 1997)

Die „Crowding Theory" (Frey 1997) beschreibt die wechselseitige Beeinflussung von extrinsischer und intrinsischer Motivation[99]. Dabei geht sie von zwei Wirkungszusammenhängen aus. Der **„crowding-out Effekt"** beschreibt einen negativen Zusammenhang zwischen extrinsischer und intrinsischer Motivation. Durch eine Erhöhung von Anreizen mit Einfluss auf die extrinsische Motivation kommt es unter bestimmten Umständen zu einer Verdrängung der intrinsischen Motivation. Dieser Effekt setzt dann ein, wenn die Individuen Kontrolle verstärkt wahrnehmen und sich damit in der Selbstbestimmung ihrer Tätigkeit eingeschränkt fühlen (vgl. Frey 1997). Die Auswirkungen des „crowding-out Effekts" sind abhängig von der Art der Tätigkeit. Qualitätseinbußen werden vor allem bei kreativen, innovativen, unternehmerischen, wissenschaftlichen und künstlerischen Tätigkeiten vermutet. (vgl. Frey 1997)

Der positive Zusammenhang zwischen intrinsischer und extrinsischer Motivation wird als **„Crowding-In Effekt"** erfasst. Intrinsische Motivation wird durch extrinsische Anreize unter bestimmten Umständen verstärkt. Dies trifft auf Situationen zu, in denen diese Anreize als förderlich für den inneren Antrieb erlebt werden und ein höheres Ausmaß an Selbstbestimmung ermöglichen (crowding-in Effekt) (vgl. Frey 1997).

Die Crowding-Effekte können nicht nur in einem bestimmten Bereich und sofort auf die betroffenen Personen wirken, sondern auch **Spill-Over-Effekte** hervorrufen. Crowding-Effekte wirken dann auf andere Felder, übertragen sich von einer Person auf andere Akteure und sind über längere Zeiträume wirksam, auch wenn der Anreiz, der den Crowding-Effekt verursacht hat, nicht mehr existiert (vgl. Frey 1997).

---

[99] Die „Crowding-Theorie" von Frey (1997) geht damit von der neoklassischen Sichtweise, dass monetäre Leistungen in Form von Preisen oder Entlohnung keine Effekte auf die intrinsische Motivation haben, ab (vgl. Frey 1997).

Intrinsische Motivation kann durch Faktoren gefördert werden, die das Interesse der ArbeitnehmerInnen an der Tätigkeit erhöhen, die die persönliche
Kommunikation und die Beziehung der Beschäftigten untereinander aber
auch zwischen ArbeitnehmerInnen und ArbeitgeberInnen/Vorgesetzte
verbessern, die die Partizipationsmöglichkeiten der MitarbeiterInnen auswei-
ten, die den Informationsstand der MitarbeiterInnen verbessern (siehe dazu
Osterloh et al. 2001). Intrinsische Motivation droht dagegen verdrängt zu
werden, je enger die Entlohnung an die Erbringung genau vorgegebener
Leistungen gebunden ist, je mehr Anweisungen erteilt und je mehr Kontrolle
der Leistungserstellung ausgeübt wird sowie wenn sich ArbeitnehmerInnen
durch Lohnschemata ungerecht behandelt fühlen (vgl. Osterloh et al.
2001).[100]

In Organisationen gibt es eine Fülle verschiedener Arbeitssituationen. In
manchen erzielen stärker intrinsisch motivierte Arbeitskräfte bessere Leis-
tungsergebnisse, in anderen Situationen ist es besser, extrinsische Anreize
zu setzen (vgl. Frey 1997). Die Wechselbeziehung zwischen extrinsischer
und intrinsischer Motivation hat bedeutende **Auswirkungen auf das Verhalten von Arbeitskräften**, insbesondere auf ihre Arbeitsleistung als Beitrag zu
den Organisationszielen, auf Verhalten, das mit Kosten für Dritte verbunden
ist (Trittbrettfahren oder Bummeln) (vgl. Osterloh et al. 2001). Damit wird vor
allem die Arbeitsangebotsdimension, die die Intensität der angebotenen Arbeitsleistung erfasst, beeinflusst. Auch das angebotene Volumen an Arbeitsleistung wird von der Wechselwirkung der extrinsischen und der intrinsischen
Motivation beeinflusst. (vgl. Frey 1997). Mit dem Verdrängen intrinsischer
Motivation kann somit auch ein Rückgang der angebotenen Arbeitsmenge
verbunden sein. Der Preismechanismus verliert an Effektivität (vgl. Frey,
Oberholzer-Gee 1997).

Für die Betrachtung des Arbeitsangebotsverhaltens von Arbeitskräften im
spezifischen Kontext der Beratung, Betreuung und Pflege gesellschaftlich
benachteiligter Personen, sollen die obigen Argumente zu den Crowding-Out
Effekten differenziert betrachtet werden.

---

[100] Neuere Studien untersuchen unter anderem die Wirkungen von Leistungsanreizen (leis-
tungsabhängige Entlohnung), von Empowerment, Hilfe und Entschuldigungen auf die
Motivation (vgl. Bénabou, Tirole 2003).

Die *Einführung* einer Entlohnung – und der damit verbundene Übergang von einer ehrenamtlichen zu einer bezahlten Tätigkeit – können dazu führen, dass Arbeitskräfte das Gefühl haben, über diese monetären Leistungen ihre Selbstbestimmung zu verlieren bzw. kontrolliert zu werden. Die Selbstbestimmung, eine spezifische Tätigkeit auszuüben, geht in der vertraglichen Verankerung von Leistung und Gegenleistung verloren. Dies könnte dazu führen, dass Personen, denen eine intrinsisch motivierte Tätigkeit wichtig ist, mangels Gelegenheit, diese auszuleben, ihr zeitliches Engagement reduzieren oder die Einrichtung verlassen. Findet sich kein Ersatz, würde der Organisation Kapazität absolut verloren gehen. Es wäre aber auch denkbar, dass die Tätigkeit weiterhin ausgeübt wird, jedoch auf Basis einer anderen Motivation. Deci (2000) zitiert Studien, in denen die Einführung einer finanziellen Abgeltung zu einer Veränderung der Motivationslage von intrinsch zu extrinsisch beobachtet werden konnte. Inwieweit verändert dieser Substitutionseffekt die Qualität der Arbeit und der sozialen Dienstleistung?

Eine *Erhöhung* der Entlohnung und damit eine Erhöhung eines extrinsischen Motivators führt bei bestehender hoher intrinsischer Motivation von ArbeitnehmerInnen in Sozialen Diensten des Nonprofit Sektors nicht automatisch zu einem Verdrängen der intrinsischen Motivation und damit zu einem Rückgang der Aktivität[101]. In Situationen, in denen die Aktivität nicht explizit darauf ausgerichtet war, mehr Lohn zu erzielen, kommt die Erhöhung der Entlohnung unerwartet und resultiert nicht aus Umständen, die von den ArbeitnehmerInnen kontrolliert werden konnten. Die Lohnerhöhung entspricht daher eher einem „windfall profit". Dieser reduziert weder die intrinsische Motivation noch das Ausmaß der Tätigkeit. Der Crowding-Out Mechanismus ist für Soziale Dienste des Nonprofit Sektors in diesen Situationen anzweifelbar.

Relevant könnte der Crowding-Out Effekt für Soziale Dienste des Nonprofit Sektors jedoch dann werden, wenn über die Tauschbeziehung die Präferenzen der dienstleistungserstellenden Personen für die Beurteilung der Qualität der sozialen Dienstleistung eine Rolle spielen. Der in Folge geschilderte Trade-Off gilt für jene soziale Dienstleistungen, für deren Qualitätsbeurteilung die Motivation der dienstleistungserstellenden Personen von essentieller Bedeutung ist.

---

[101] Für Anregungen und wertvolle Unterstützung in der folgenden Argumentationsabfolge danke ich Univ.-Prof. Dr. Herbert Walther (WU-Wien).

Die Qualität der sozialen Dienstleistung wird von den dienstleistungsbeziehenden Personen in Abhängigkeit von der wahrgenommenen Motivation der beratenden, betreuenden oder pflegenden Person eingeschätzt. Hohe intrinsische Motivation wird bei spezifischen sozialen Dienstleistungen (siehe weiter unten) mit hoher Qualität der Dienstleistung verbunden; extrinsische Motivation der betreuenden Person wird seitens der KlientInnen/KundInnen mit niedrigerer Qualität der sozialen Dienstleistung assoziiert. Als Signal für die der Tätigkeit zugrunde liegende Motivation wird die Vergütung der Person herangezogen. Ist diese hoch, so wird auf eine extrinsische Motivation des Verhaltens (der Beratung, Betreuung oder Pflege) und damit auf eine geringe Qualität der sozialen Dienstleistung geschlossen. Ist dagegen die Vergütung der Arbeitskräfte gering, wird ein intrinsisch motiviertes Verhalten der Person angenommen, aus dem die beratene, betreute oder gepflegte Person eine hohe Qualität der sozialen Dienstleistung folgert.

Für die Wirksamkeit des so beschriebenen Mechanismus' wäre allerdings vorauszusetzen, dass die KundInnen über die Höhe der Vergütung der betreuenden Person Bescheid wissen. Zudem sollten nicht andere Signale vorhanden sein, mittels denen auf das Ausmaß intrinsischer Motivation der Arbeitskräfte und damit auf die Qualität der Dienstleistung geschlossen werden kann (z. B. Zugehörigkeit zu einem Orden). Weiter ist einzuschränken, dass der Zusammenhang zwischen den von KundInnen wahrgenommenen Löhnen bzw. Motivationslagen und der von ihnen daraus abgeleiteten, subjektiven Dienstleistungsqualität, nur auf einen besonderen Teilbereich der sozialen Dienstleistungen zutrifft. Diese sozialen Dienstleistungen sind geprägt von hohem Empathiegehalt, hoher persönlicher Zuwendung und von einem hohen Ausmaß an emotionaler Arbeit. Auch soziale Dienstleistungen, die ein hohes Maß an Glaubwürdigkeit erfordern und für die Vertrauen eine große Rolle spielt, wären dieser Gruppe zuzurechnen. Zu differenzieren und aus diesen Zusammenhängen abzugrenzen sind daher Dienstleistungen, für die es auch kommerzielle Substitute gibt (wie z.B. Heimhilfen, deren kommerzielle Pendants Putzfrauen/Reinigungsdienste sind).

Abbildung 6 verdeutlicht grafisch den Trade-Off zwischen Lohnsatz (in Relation zu einem gesellschaftlichen Durchschnittslohn) und der Qualität der sozialen Dienstleistung nach der subjektiven Einschätzung der KlientInnen/KundInnen der sozialen Dienstleistung.

Intrinsisch motivierte Personen arbeiten unter den oben geschilderten Bedingungen zu einem geringeren Lohn, werden dadurch von ihren KlientInnen/KundInnen als intrinsisch motivierte Personen erkannt und erwecken damit bei diesen den Eindruck, qualitativ hochwertige soziale Dienstleistungen zu erstellen. In Abbildung 6 wäre demnach der Optimalitätspunkt intrinsisch motivierter Personen ($P_{I,1}$) Punkt A.

Extrinsisch motivierte Personen arbeiten zu höheren Löhnen. Der höhere Lohn signalisiert den BezieherInnen sozialer Dienstleistung, dass die betreuende, beratende oder pflegende Person dieser Tätigkeit nicht primär aus innerem Antrieb nachgeht, sondern extrinsisch motiviert ist. Die betreuten, beratenen oder gepflegten Personen schätzen daher – unter Voraussetzung der Gültigkeit des erwähnten Trade-Offs – die Qualität der sozialen Dienstleistung als geringer ein. In Abbildung 6 wäre der Optimalitätspunkt extrinsisch motivierter Personen ($P_E$) demnach Punkt B.

Würde der Lohn intrinsisch motivierter MitarbeiterInnen nun auf das Niveau von $w_B$ gehoben, würde dies von den KundInnen als Signal verminderter intrinsischer Motivation der dienstleistungserstellenden Person gelesen werden, aus der die KundInnen eine niedrigere Qualität der sozialen Dienstleistung schließen würden. Der Lohn in Punkt B würde zwar für ein extrinsisch motiviertes Individuum gemäß der Präferenzkurve optimal sein, nicht jedoch für Personen, die intrinsisch motiviert sind und dies auch zeigen möchten. Ihnen ist eine intrinsisch motivierte Tätigkeit wichtiger als die monetäre Entlohnung dieser. Der Wert der Tätigkeit für diese Personen besteht darin, eine soziale Dienstleistung zu einer nur geringen Entlohnung oder sogar umsonst auszuführen. Diese Individuen ziehen den Nutzen aus der Aktivität ihrer Arbeit und unterscheiden sich damit von Individuen, die Nutzen aus der finanziellen Vergütung ihrer Aktivität erzielen.

Die Präferenzkurve für intrinsisch motivierte Individuen entspricht bei höherem Lohn der Kurve $P_{I,2}$. Unter der Bedingung, dass BezieherInnen sozialer Dienstleistungen eine höhere Qualität der sozialen Dienstleistung wahrnehmen, wenn sie von intrinsisch motivierten Personen ausgeführt wird, und unter der Annahme, dass diesen Arbeitskräften die Registrierung ihrer intrinsischen Motvation wertvoller ist, als eine monetäre Entlohnung, so würden diese Personen ihren Arbeitseinsatz bei einer Lohnerhöhung vermutlich reduzieren. Wie bereits oben ausgeführt, ist dies jedoch nicht für alle MitarbeiterInnen in Sozialen Diensten gleichermaßen anzunehmen, sondern trifft nur auf

MitarbeiterInnen zu, die spezifische Tätigkeiten mit einer spezifischen Motivationslage ausführen.

**Abbildung 6: Extrinsische und intrinsisch motivierte Arbeitskräfte in einer Trade-Off-Beziehung von Lohnsatz und wahrgenommener Qualität sozialer Dienstleistungen**

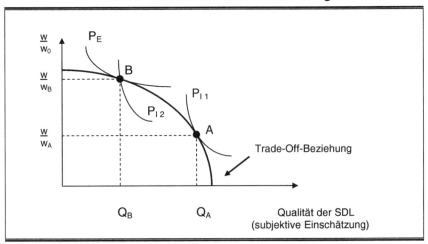

Als relevant wird die Berücksichtigung intrinsischer Motivation weiters für die Integration von leistungsorientierten Vergütungssystemen gesehen.

> "Because internal or intrinsic motivation is a valuable source of work effort in nonprofit organizations, any change in the organizational reward system that negatively affects intrinsic motivation of the workforce should be examined carefully. Specifically, if a change to a merit pay system decreases the intrinsic motivation of employees, the net effect on productivity may be negative." (Deckop, Cirka 2000)

**Zusammengefasst** ergibt die Berücksichtigung intrinsischer Motivation weitere Einblicke in das Arbeitsangebotsverhalten von Arbeitskräften im Nonprofit Sektor, sowohl im Hinblick auf das Ausmaß der angebotenen Arbeitsleistung als auch im Hinblick auf die Intensität, die letztlich die Produktivität der Arbeitskräfte bestimmt. In Falle der Sozialen Dienste des Nonprofit Sektors wäre die Anwendung der Crowding Effekte zu differenzieren. Vor allem Ehrenamtlichen wird in der Regel ein hohes Ausmaß an intrinsischer Motivation zugeschrieben, die durch Maßnahmen, die die Selbstbestimmung verringern oder durch andere Interventionen – u. U. auch durch monetäre Abgeltungen

– gefährdet ist, verdrängt zu werden. Einer Reduktion der ehrenamtlichen Tätigkeit könnte die Folge sein. Für das Verhalten bezahlter MitarbeiterInnen Sozialer Dienste des Nonprofit Sektors bringen die Erkenntnisse der Wechselwirkungen der extrinsischen und intrinsischen Motivation interessante Einblicke in Faktoren, die auf die Arbeitsintensität wirken könnten. Dabei sind nicht monetäre Arbeitsplatzfaktoren, die individuelle Freiheiten beschränken, sowie die Ausgestaltung von Entlohnungssysteme mögliche Faktoren, die intrinsische und extrinsische Motivation und in der Folge auch das Arbeitsangebotsverhalten beeinflussen. Pauschal kann in Sozialen Diensten des Nonprofit Sektors nicht davon ausgegangen werden, dass durch eine höhere Entlohnung die intrinsische Motivation der Arbeitskräfte verringert wird. In einem modellierten *Spezialfall* wurde gezeigt, dass in Sozialen Diensten des Nonprofit Sektors ein konkurrenzierendes Verhältnis zwischen extrinischer und intrinsischer Motivation auftreten kann, wenn die Motivation der ausführenden Person die subjektive – von den KlientInnen wahrgenommene – Qualität der sozialen Dienstleistung verändert. Inwieweit dies auf die quantitative Arbeitsangebotsentscheidung Einfluss hat, bleibt der Überprüfung durch empirische Studien vorbehalten.

### 3.3.2.5. Job-Crowding-Hypothese

Soziale Dienste des Nonprofit Sektors weisen einen hohen Anteil an Frauen unter den Beschäftigten auf. Diese arbeiten in diesen Einrichtungen oft auf Teilzeitbasis. Aus der Arbeitsmarktökonomie ist bekannt, dass das Arbeitsangebot von Faktoren beeinflusst wird, die eine Arbeitsaufnahme oder eine Ausweitung der Arbeitszeit, der Arbeitsintensität und der Qualifikationen attraktiv machen (Pull-Faktoren) und von Faktoren, die das Arbeitsangebot in eine bestimmte Richtung drängen (Push-Faktoren). Push- und Pull-Faktoren können monetärer (z.B. Gehalt, Entlohnungssystem) aber auch nichtmonetärer Art sein (z.B. nicht-pekuniäre Arbeitsplatzeigenschaften). Diese Teilkapitel zielt darauf ab zu erklären, dass das Arbeitsangebotsverhalten auch von den umgebenden gesellschaftlichen Prozessen und Arbeitsmarktprozessen abhängig ist und dass neben Anreizstrukturen (Pull-Faktoren) auch Push-Faktoren das Arbeitsangebotsverhalten bestimmen. Gezeigt wir dies anhand der Konzentration von Personen mit bestimmten sozioökonomischen Merkmalen in wenigen Berufsfeldern – anhand der „Job-Crowding-Hypothese".

Die **Job-Crowding-Hypothese** bezieht sich auf Arbeitsmarktprozesse, bei denen eine Gruppe von Arbeitskräften mit bestimmten sozioökonomischen Merkmalen in Berufsfelder gedrängt wird, die gering entlohnt sind bzw. von Berufen ausgeschlossen werden, die besser entlohnt sind (vgl. Solberg, Laughlin 1995). Dabei wird dadurch, dass sich diese Gruppe an Arbeitskräften in bestimmten Berufsbereichen sammelt, der Lohn in diesem Berufssegment aufgrund des Überangebots an Arbeitskräften gedrückt. (vgl. Solberg, Laughlin 1995; Lewis 1996) In den letzten Jahren wird die Job-crowding-Hypothese vor allem für die Erklärung der Konzentration von Frauen in wenigen Berufsfeldern[102] und zur Erklärung von Lohnunterschieden zwischen Frauen und Männern verwendet.[103]

Diese Verdrängungsprozesse von Arbeitskräften in wenige Berufsfelder haben arbeitsangebotsseitige und arbeitsnachfrageseitige Ursachen. Arbeitsnachfrageseitige Erklärungen setzen beim Verhalten der ArbeitgeberInnen an. Dabei wird diskriminierendes Verhalten der ArbeitgeberInnen angenommen, das letztlich dazu führt, dass bestimmte Berufe bzw. Bereiche der Erwerbstätigkeit für eine Gruppe von ArbeitnehmerInnen nicht zugänglich sind und diese daher ihre Arbeitsleistung nur in einzelnen Segmenten des Arbeitsmarktes erfolgreich anbieten können (vgl. Solberg, Laughlin 1995). Das diskriminierende Verhalten der ArbeitgeberInnen kann als **statistische Diskriminierung** daraus resultieren, wenn sie aufgrund unvollständiger Information Einstellungsentscheidungen anhand von Gruppencharakteristika vornehmen und aus Zeit- und/oder Kostengründen keine personalisierten Informationen einholen. (vgl. Solberg, Laughlin 1995)

Job-Crowding ist jedoch nicht in jedem Fall Resultat diskriminierenden Verhaltens von ArbeitgeberInnen, sondern entsteht auch durch das **soziale Umfeld**, das junge Leute – durch undifferenzierte Aussagen, wie „das ist (k)ein Job für Mädchen" / „das ist (k)ein Job für Burschen" – bei der Berufswahl beeinflusst. (vgl. Borjas 2000) Empirische Evidenz bestätigt, dass die Anzahl der Berufe, die von Frauen ergriffen werden, sehr klein ist und die Job-

---

[102] Für eine Literaturüberblick über die zentralen Pionierarbeiten siehe (Lewis 1996).

[103] Lewis (1996) unterscheidet Crowding-Phänomenen von Segregationsphänomenen – „....occupational crowding is related to, but quite distinct from, occupational segregation...." – und bietet Maße für die Quantifizierung des Einflusses dieser Verdrängungseffekte auf Einkommensunterschiede von Frauen an.

Crowding Hypothese daher für die Erklärung des Zustandekommens von „Frauenberufen" besonders relevant ist.

Arbeitsangebotsseitige Ursachen begründen diese Arbeitsmarktprozesse damit, dass Individuen bestimmte Erwerbsmöglichkeiten aus Gründen der Nutzenmaximierung bevorzugen (vgl. Solberg, Laughlin 1995). Der Humankapitalansatz bietet eine Erklärung, warum bestimmte Berufe von Frauen (Arbeitskräften mit bestimmten sozioökonomischen Merkmalen) vorzugsweise ausgeübt werden und andere Berufe sich nicht in ihrer individuellen Berufswahlentscheidung durchsetzen (vgl. Borjas 2000). Dabei wird von der Annahme ausgegangen, dass die Berufswahl von Frauen davon bestimmt wird, die Einkommen über den Lebenslauf zu maximieren. Berufe, die ein ständiges Auffrischen der Kenntnisse und Fähigkeiten erfordern, führen bei jenen Personen zu Wettbewerbsnachteilen auf dem Arbeitsmarkt, die im erwerbsfähigen Alter planen, Zeiten der Nicht-Erwerbstätigkeit in Anspruch zu nehmen. In dieser Zeit veraltet das für die Ausübung des Berufes erforderliche Wissen und ruft Schwierigkeiten bei einem neuerlichen Einstieg in das Erwerbsleben hervor. Ähnlich Kuhn (1989): Die Berufswahl von Frauen wird beeinflusst von der Lebensplanung. Solange Frauen einplanen, im erwerbsfähigen Alter eine zeitlang aus dem Erwerbsleben auszusteigen, ist es für sie rational nicht in Berufe zu investieren, die firmenspezifisches Wissen oder eine firmenspezifische Ausbildung erfordern. Einmal in diesen Arbeitsverhältnissen, für die keine betriebsinterne Weiterbildung vorgesehen ist, ist es für Frauen schwer, höherwertige Beschäftigungsverhältnisse einzugehen, da sie nicht in vorangegangene betriebliche Weiterbildungen investiert hatten. (vgl. Kuhn (1989) zit. bei Hamermesh, Rees 1993)

### 3.3.3. Zusammenfassung

Dieses Kapitel diente dazu die Bestimmungsfaktoren, die das Arbeitsnachfrage- und das Arbeitsangebotsverhalten beeinflussen, darzulegen und dabei speziell Bezüge zu sozialen Diensten des Nonprofit Sektors herzustellen.

Ausgehend von den allgemeinen Grundlagen der Arbeitsnachfrage wurde, da der Fokus der Arbeit auf Nonprofit Organisationen liegt, der Frage nachgegangen, ob die Erkenntnisse der Arbeitsmarktökonomik auf das Arbeitsnachfrageverhalten von Nonprofit Organisationen übertragen werden können. Dabei wurde festgestellt, dass Nonprofit Organisationen eine Vielfalt von Zielsetzungen verfolgen, die sie von kommerziellen Unternehmen unterscheiden, dass jedoch auch angenommen werden kann, dass Nonprofit Organisationen sich kostenminimierend verhalten, so dass im Arbeitsnachfrageverhalten keine weiteren Anpassungen vorgenommen werden müssen. Lediglich für Nonprofit Organisationen, die sich der Beschäftigung benachteiligter Personen des Arbeitsmarktes widmen (z. B. Beschäftigungsprojekte, Sozialökonomische Betriebe), sei ein anderes Arbeitsnachfrageverhalten zu unterstellen. Besonders eingegangen wurde auf die Marktform des Monopsons (Arbeitsmarkt mit einem einzigen Arbeitsnachfrager), da insbesondere für den Pflegebereich Erklärungen aus diesem Marktmodell heraus, interessante Einblicke in das Arbeitgeberverhalten bieten. Es wurde festgestellt, dass im Falle eines Monopsons auch bei Personalmangel die Einstellung zusätzlicher ArbeitnehmerInnen unterbleibt.

Auf der Seite des Arbeitsangebots war die Verbindung zum Themenfeld der Beschäftigung in Sozialen Diensten des Nonprofit Sektors nicht ohne weiteres herzustellen. Dennoch wurden auch hier ausgehend von den Grundlagen des Arbeitsangebotsverhaltens (für Individuen und Haushalte) drei weiterführende Ansätze vorgestellt. Der erste dieser Ansätze bezog sich auf die Bedeutung nicht-monetärer Arbeitsplatzeigenschaften. Die empirische Evidenz zu den Lohnunterschieden vor allem zwischen Nonprofit Sektor und For-Profit Sektor ist von unterschiedlichen Ergebnissen geprägt. Eine Begründung für ein niedrigeres Lohniveau im Nonprofit Sektor bieten nicht-monetärer Arbeitsplatzeigenschaften.

Der zweite erweiternde Ansatz des Arbeitsangebotsverhaltens integriert die Bedeutung intrinsischer Motivation. Es wird angenommen, dass Nonprofit Organisationen sich im besonderen Maß auf intrinsisch motivierte Arbeitskräfte verlassen. Mit der Integration der Wechselwirkungen von extrinsischer und intrinsischer Motivation von Frey (1997) wurde hierbei auf Faktoren hingewiesen, die zu einem Crowing-In bzw. Crowding-Out von intrinsischer Motivation führen und damit auch das Arbeitsangebotsverhalten beeinflussen. Crowding Out Effekte wurden für Soziale Dienste des Nonprofit Sektors differenziert betrachtet.

Der dritte und letzte Ansatz zum Arbeitsangebotsverhalten beleuchtet Determinanten, die Arbeitskräfte in bestimmte Berufsspaten drängen. Vor dem empirischen Hintergrund des überaus hohen Anteils von Frauen in Sozialen Diensten des Nonprofit Sektors wurde die Job-Crowding Hypothese ausgewählt. Diskutiert wurden Einflussfaktoren auf die Berufswahl darunter gesellschaftliche Rahmenbedingungen, ebenso wie diskriminierendes Verhalten der ArbeitgeberInnen und persönliche Motive auf der Seite der ArbeitnehmerInnen.

### 3.4. Fazit zu den theoretische Grundlagen

**Ziel dieses theoretische Teils** war es, die Bestimmungsgründe von Arbeitsnachfrage und des Arbeitsangebotes aus ökonomischer Sicht darzulegen und Verbindungen zur Situation des Arbeitsangebots und der Arbeitsnachfrage in Sozialen Diensten des Nonprofit Sektors herzustellen. Dabei wurde einerseits Bezug genommen auf die Besonderheiten sozialer Dienstleistungen und auf Nonprofit Organisationen als Arbeitgeberinnen. Die Grundlagen dazu wurden in Kapitel 2 gelegt.

Die theoretische Auseinandersetzung mit den Bestimmungsgründen von Beschäftigung in Sozialen Diensten des Nonprofit Sektors erfolgte umfassend und mit dem Wissen, dass nicht alle der genannten Ansätze im folgenden empirischen Teil der Arbeit getestet und überprüft werden können.

Zu Beginn dieses Kapitel standen die **Besonderheiten des Einsatzes des Produktionsfaktors Arbeit** in den Sozialen Diensten des Nonprofit Sektors in zweifacher Hinsicht im Mittelpunkt. Zum einen wurde Arbeit als Inputfaktor für die Erstellung sozialer Dienstleistungen diskutiert und die hohe Arbeitsintensität der Produktion sozialer Dienstleistungen begründet. Zum anderen wurde unbezahlte Arbeit als Spezifikum von Nonprofit Organisationen beleuchtet und dabei vor allem auf das Verhältnis des Einsatzes von bezahlten Arbeitskräften und Ehrenamtlichen Wert gelegt. Weiters wurden die Möglichkeiten der Substitution von Arbeit mit anderen Produktionsfaktoren betrachtet.

Als Ergebnis des Kapitels 3.1. ist festzuhalten, dass die Arbeitsintensität bei Erstellung von sozialen Dienstleistungen nach wie vor hoch ist. Dies wurde auf die Produkteigenschaften einerseits und auf die besondere soziale Situation der „KundInnen" Sozialer Dienste, die im Erstellungsprozess sozialer Dienstleistungen eine wichtige Funktion einnehmen, andererseits zurückgeführt. Die Möglichkeiten einer Substitution von Arbeit durch Kapital sind bei machen sozialen Dienstleistungen nur eingeschränkt vorhanden. Bei vielen sozialen Dienstleistungen lässt sich Arbeit nicht durch Kapital ersetzen.

Unter dem Aspekt der **makroökonomischen Bestimmungsgründe** der Beschäftigung (Kapitel 3.2.) bildete – unter dem Schlagwort der von der Nachfrage auf dem Gütermarkt abgeleiten Arbeitsnachfrage – der Zusammenhang zwischen Gütermarkt und Arbeitsmarkt den Ausgangspunkt der Betrachtungen. Damit sich Nachfrage entfalten kann, ist ein mit Kaufkraft versehener Bedarf notwendig. Für soziale Dienstleistungen des Nonprofit Sektors wurden vier unterschiedliche Ebenen der Nachfrage identifiziert, die eine direkte und eine indirekte Komponente der öffentlichen und der privaten Nachfrage aufweisen. Da die private Nachfrage in manchen Fällen bei bestehendem Bedarf nicht zustande kommt, bzw. Formen des Marktversagens auftreten, hat die Nachfrage des öffentlichen Sektors eine besondere Relevanz für Soziale Dienste des Nonprofit Sektors und damit auch eine besondere Bedeutung für das Schaffen und Erhalten von Arbeitsplätzen in diesem Bereich.

Neben der grundsätzlichen Entwicklung der Nachfrage hat die Produktivitätsentwicklung als intermediäre Größe einen entscheidenden Einfluss auf die Beschäftigungsentwicklung in Sozialen Diensten des Nonprofit Sektors. Der technische Fortschritt wirkt sich in diesen Bereichen nur indirekt oder verzögert auf Verbesserungen der Arbeitsproduktivität aus. Dennoch sind auch soziale Dienstleistungen nicht als abgekoppelt von der technischen Entwicklung zu sehen. Neben der Verbesserung administrativer Abläufe durch den Einsatz von Datenverarbeitungsgeräten und deren Vernetzung wurden auch einzelne Bereiche sozialer Dienstleistungen geortet, die vor allem von technischen Errungenschaften in der Kommunikationstechnologie profitieren. Bei der Erhöhung der Arbeitsproduktivität im Sektor „soziale Dienstleistungen" kommt Formen der Arbeitsteilung, Spezialisierung und Weiterbildung von Arbeitskräften große Bedeutung zu.

Die makroökonomischen Überlegungen der Bestimmungsfaktoren der Beschäftigung in Sozialen Diensten des Nonprofit Sektors wurden abgeschlossen mit der Übertragung der Marshall-Hicks-Regeln der abgeleiteten Nachfrage auf den Bereich der Sozialen Dienste des Nonprofit Sektors. Hierbei stellte sich heraus, dass aufgrund des hohen Stellenwerts von Arbeitsleistungen diese aus produktionstechnischer Sicht auch bei Lohnerhöhungen nicht entbehrlich sind oder durch andere Produktionsfaktoren substituiert werden können. Die Arbeitsnachfrage könnte insofern elastisch reagieren, da Personalausgaben in der Regel einen hohen Anteil in den Gesamteinnahmen ausmachen.

Die theoretischen Überlegungen zu den Determinanten der Beschäftigung in Sozialen Diensten des Nonprofit Sektors wurden vervollständigt durch die Betrachtung der arbeitsangebotsseitigen und arbeitsnachfrageseitigen **mikroökonomischen Bestimmungsfaktoren.**

Aus arbeitsnachfrageseitiger mikroökonomischer Perspektive und damit aus der Sicht eines Sozialen Dienstes des Nonprofit Sektors standen die Dimensionen der Arbeitsnachfrageentscheidung und das grundlegende Arbeitsnachfrageverhalten von Nonprofit Organisationen zur Diskussion bevor auf eine besondere Marktform des Arbeitsmarktes – das Monopson – Bezug genommen wurde.

Ausgehend von einer kurzen Definition der quantitativen, qualitativen und regionalen Komponenten der Nachfrage nach Arbeitsleistungen widmet sich dieses Kapitel dem Arbeitsnachfrageverhalten von Nonprofit Organisationen. Zu Beginn wurde festgestellt, dass – so die Annahmen eines kostenminimierenden Verhaltens zutreffen – von den gleichen Optimierungskalkülen der Arbeitsnachfrageentscheidung ausgegangen werden kann, wie Unternehmen, die das Ziel der Gewinnmaximierung verfolgen. Lediglich Soziale Dienste des Nonprofit Sektors, die in Beschäftigungsprojekten benachteiligten Personen des Arbeitsmarktes einen Arbeitsplatz anbieten, sind von dieser Annahme ausgenommen.

Aus der Betrachtung der Arbeitsmarktform des Monopsons resultiert die Erkenntnis, dass Soziale Dienste des Nonprofit Sektors auch bei Personalmangel keine weiteren Einstellungen vornehmen. Die Arbeitsnachfrageentscheidung wird dabei nicht vom Lohnsatz per se, sondern von den Grenzkosten einer Lohnerhöhung (für alle) ausgelöst durch die Einstellung einer/s zusätzlichen Beschäftigten geleitet.

Auch auf der Seite der mikroökonomischen Fundierung des Arbeitsangebotes wird von den grundlegenden Bestimmungsfaktoren der Arbeitsangebotsentscheidung eines Individuums und vertiefend dazu eines Haushalts ausgegangen. Letzteres insbesondere vor dem Hintergrund des hohen Frauenanteils der Beschäftigung in Sozialen Diensten generell und des hohen Anteils der Teilzeitbeschäftigung in Sozialen Diensten des Nonprofit Sektors im Speziellen. Ähnlich der Arbeitsnachfrageentscheidung wurden auch die Grundlagen der Arbeitsangebotsentscheidung um spezifische Ansätze erweitert, die das Arbeitsangebotsverhalten im Hinblick auf Arbeitsplätze im Bereich der

Sozialen Dienste des Nonprofit Sektors erklären könnten. Dabei nahmen drei ausgewählte Ansätze eine zentrale Rolle ein:

Die Relativierung der Bedeutung des Lohnes für die Arbeitsangebotsentscheidung erfolgte mit der Berücksichtigung von nicht-monetären Arbeitsplatzeigenschaften und mit der Berücksichtigung von intrinsischer Motivation von Arbeitskräften. Diese beiden Ansätze wurden vor allem deswegen ausgewählt, da die Literatur der Nonprofit Sektor Forschung diese beiden Phänomene als typisch für den Nonprofit Sektor bezeichnet.

Die dritte Erweiterung des Grundmodells zum Arbeitsangebotsverhalten lenkt den Blick auf Push-Faktoren, die bestimmte Arbeitsangebotsentscheidungen hervorrufen. In der Job-Crowding Hypothese wird davon ausgegangen, dass gesellschaftliche Einflussfaktoren (wie Einstellungen, traditionelles Verhalten) eine Rolle für die Berufswahl spielen. Dabei werden vor allem Frauen in eine Handvoll Berufe „gedrängt", die aufgrund des Überangebots von Arbeitskräften niedrigere Löhne und flache Hierarchien aufweisen. Ergänzt werden diese Überlegungen mit arbeitsnachfrageseitigem diskriminierenden Verhalten und arbeitsangebotsseitigen Kalküle, diese Berufsfelder aufzugreifen.

**Zusammengefasst** wurde damit eine umfassende Grundlage für den empirischen Teil gelegt, die makro- sowie mikroökonomischen Ansätzen zur Erklärung des Arbeitsangebots- und des Arbeitsnachfrageverhaltens umfasst. Standardansätze aus der arbeitsökonomischen Literatur wurden wo möglich auf den Objektbereich dieser Arbeit abgestimmt und mit Blick auf die Besonderheiten des betrachteten Sektors erweitert.

# 4. Datenerhebung und Auswahl des Teildatensatzes

## 4.1. Soziale Dienste in Österreich – Beschäftigungsstudie 2002

Quantitative Daten zu Sozialen Diensten und damit auch Daten zur Beschäftigung in Sozialen Diensten werden in Österreich derzeit nicht standardisiert erfasst. Das verfügbare sekundärstatistische Material über Soziale Dienste in Österreich bezieht sich auf spezifische Dienstleistungsbreiche (z. B. Kindertagesheimwesen[104]) bzw. enthält bereichsübergreifend keine flächendeckenden Informationen, mit denen ein quantitatives Bild von Sozialen Diensten in Österreich im Allgemeinen und von der Beschäftigungssituation in diesen Einrichtungen im Speziellen gezeichnet werden kann. Die vorliegenden Forschungsarbeiten über Soziale Dienste und soziale Dienstleistungen in Österreich verfolgen zumeist spezifische Fragestellungen und/oder haben zwischenzeitlich an Aktualität eingebüßt. Neue Fragestellungen zum Thema Beschäftigung in Sozialen Diensten und die Abgrenzung des Forschungsgegenstandes im Sinne dieser Arbeit erfordern daher die Entwicklung neuer Datenquellen.

Im Zuge des Projektes „Beschäftigung im österreichischen Nonprofit Sektor"[105], das am Institut für Sozialpolitik der Wirtschaftsuniversität Wien durchgeführt wurde, befasste sich die Teilstudie „Soziale Dienste in Österreich – Beschäftigungsstudie 2002" mit der Erhebung der Anzahl und der Struktur der MitarbeiterInnen in Sozialen Diensten des öffentlichen Sektors, des Nonprofit Sektors und des gewinnorientierten Sektors. Aufgrund der – oben

---

[104] vgl. dazu STAT.AT (2002a): Diese Publikation enthält neben organisationsspezifischen Daten zu Kindertagesheimen auch Daten über das Betreuungspersonal nach Geschlecht, Alter und Art der Ausbildung.

[105] „Beschäftigung im österreichischen Nonprofit Sektor", gefördert vom Fonds zur Förderung wissenschaftlicher Forschung (FWF), Projekt-Nummer 14769-G05, Projektleitung: o. Univ.-Prof. Dr. Christoph Badelt; wissenschaftliche Koordination: Univ.-Prof. Dr. Ulrike Schneider, Laufzeit: September 2001-Jänner 2004.

skizzierten – rudimentären Datenlage zu Sozialen Diensten wurde für diese Forschungszwecke eine eigene Datenbasis geschaffen.[106]

Für die Analyse der Beschäftigung in Sozialen Diensten des *Nonprofit Sektors* wurde ein Datenauszug erstellt, der ausschließlich Nonprofit Organisationen enthält, die soziale Dienstleistungen anbieten.[107]

Das folgende Teilkapitel befasst sich mit der Methodik der Beschäftigungserhebung im Bereich österreichischer sozialer Dienstleistungseinrichtungen.

### 4.1.1. Abgrenzung und Erfassung der Grundgesamtheit

Für eine empirische Studie ist eine klare Abgrenzung des Untersuchungsgegenstandes von grundlegender Bedeutung. Wie aus Kapitel 2.1. hervorgeht, ist jedoch eine einheitliche Abgrenzung Sozialer Dienste im Allgemeinen bzw. Sozialer Dienste in Österreich im Speziellen weder in der Literatur noch in der öffentlichen Verwaltung und in der Praxis der sozialen Arbeit vorhanden. Unterschiedliche institutionelle Rahmenbedingungen, begriffliche Vielfalt, u. a. ergeben ein unterschiedliches Verständnis dessen, was in Österreich unter Sozialen Diensten verstanden wird (vgl. Trukeschitz 2003). Dies erfordert eine Klarlegung der empirischen Konzeption dieser Einrichtungen, um die Datenerhebung zu strukturieren, die der nachfolgenden Analyse zugrunde liegt, und um die Möglichkeiten und Grenzen eines Vergleichs mit anderen Studien zu dokumentieren.

Gegenstand dieser Untersuchung in institutioneller Hinsicht sind Soziale Dienste des Nonprofit Sektors[108]. Hinsichtlich der Tätigkeiten interessieren demnach vor allem Nonprofit Organisationen, die soziale Dienstleistungen erstellen. Zur Ermittlung der relevanten Einrichtungen wurde von der Definition „social services" der ICNPO-Klassifikation ausgegangen und themenspezifische Abgrenzungen innerhalb dieser Gruppe bzw. Erweiterungen durch weitere Untergruppen der ICNPO vorgenommen, die im Folgenden erläutert werden (für eine Übersicht siehe Tabelle 3).

---

[106] siehe dazu Kapitel 4.1.

[107] zum Auswahlverfahren siehe Kapitel 4.2.

[108] Zur Definition von Nonprofit Organisationen siehe Kapitel 2.3.1, zur Umsetzung der Abgrenzung in dieser Studie siehe Kapitel 4.2.

Gruppe 4 (soziale Dienstleistungen) der ICNPO bildete den Ausgangspunkt für die Abgrenzung. Sie enthält drei Untergruppen: (i) soziale Dienstleistungen i.e.S., (ii) Katastrophenschutz und -hilfe und Fürsorgedienstleistungen, sowie (iii) Einkommensersatzleistungen und finanzielle Unterstützung. Zielgruppe der Erhebung waren grundsätzlich alle Bereiche der ersten Untergruppe „soziale Dienstleistungen i.e.S.". Abgrenzungen wurden dabei für folgende drei Einrichtungstypen vorgenommen:

Nicht in die Erhebung einbezogen wurden Einrichtungen des Kindertagesheimwesens (Krippen, Kindergärten, Horte). (siehe Tabelle 3 – (1)) Daten über die Anzahl solcher Einrichtungen, die Beschäftigung und die Anzahl der betreuten Kinder in Kindertagesheimen werden alljährlich von der Statistik Austria erhoben. Aufgrund der guten Datenlage in diesem Bereich, waren sekundärstatistische Auswertungen für die Abdeckung dieser Art Sozialer Dienste ausreichend.[109] Auch Einrichtungen der außerschulischen Jugendarbeit, die Freizeitangebote für Kinder und Jugendliche anbieten (z.B. Kinderfreunde, rote Falken,...), darunter die Jugendzentren, blieben aus der Befragung ausgenommen (siehe Tabelle 3 – (2)). Die Datensammlung und -analyse hierfür wurde im Rahmen des Gesamtprojektes „Beschäftigung im österreichischen Nonprofit Sektor" auf Basis von Sekundärstatistiken vorgenommen.

Ebenfalls nicht Teil der Erhebung waren Selbsthilfegruppen (siehe Tabelle 3 – (6)). Selbsthilfegruppen stellen Dienstleistungen in der Regel vorwiegend durch den Einsatz ehrenamtlicher MitarbeiterInnen und dies in manchen Fällen nur unregelmäßig und sporadisch bereit. Zur Beschäftigungssituation in Selbsthilfegruppen in Wien siehe Fritz (2004). Ungeachtet des gesellschaftlich wichtigen Beitrags, den Selbsthilfegruppen leisten, hätte ihre Integration in diese Studie die Heterogenität und Komplexität, die das Themenfeld ohnehin schon mit sich bringt, um ein Vielfaches erhöht.

Aus der zweiten ICNPO Untergruppe „Katastrophenschutz, -hilfe und Fürsorgeleistungen" wurden vor allem Nonprofit Organisationen einbezogen, die temporäre Wohnmöglichkeiten für obdachlose Menschen bereitstellen und Nonprofit Organisationen, die sich der Betreuung von Flüchtlingen und ImmigrantInnen widmen (siehe Tabelle 3 – (8)+(9)). Einrichtungen des Katast-

---

[109] Ergebnisse zur Beschäftigung in Kindertagesheimen des Nonprofit Sektors siehe Trukeschitz und Dawid (2003).

rophenschutzes und der Katastrophenhilfe wurden sekundärstatistisch erfasst und waren damit nicht Teil dieser Erhebung[110].

Im Hinblick auf die gewählte Definition von sozialen Dienstleistungen blieben
Einrichtungen, die vorwiegend Einkommensersatzleistungen bzw. finanzielle
Hilfen anbieten, aus dieser Erhebung ausgeklammert. (siehe Tabelle 3 –
(10)+(11))

Für die Untersuchungsgrundgesamtheit wurde die Gruppe 4 (soziale Dienstleistungen) der ICNPO ergänzt um die ICNPO-Untergruppen „Mental Health
and Crisis Intervention" und „Employment and Training". Erstere vor allem im
Bereich der ambulanten Betreuung von psychisch kranken Menschen. Letztere enthält arbeitsmarktrelevante soziale Dienstleistungen, wie arbeits-
marktspezifische Beratungs- und Qualifizierungsangebote und geförderte
Beschäftigungsmöglichkeiten für arbeitslose Menschen[111].

Pflegeheime zählen nach der ICNPO nicht zu den Sozialen Diensten, sondern sind der Gruppe „Gesundheit" zugeordnet (siehe auch Kapitel 2.3.2.).
Sie werden nicht ergänzend in die Erhebung aufgenommen, da parallel zur
vorliegenden Studie im Rahmen des Gesamtprojektes am Institut für Sozialpolitik der Wirtschaftsuniversität Wien eine Befragung von stationären Einrichtungen für pflegebedürftige Menschen erfolgte.[112]

---

[110] Zu den Ergebnissen für Nonprofit Organisationen im Bereich des Katastrophenschutzes
und der Katastrophenhilfe siehe Trebaticka (2002).

[111] In dieser Untergruppe sind Organisationen, die reine Vermittlungsleistungen anbieten,
wie sie in Österreich vom Arbeitsmarktservice oder von privaten Arbeitsvermittlungen
durchgeführt werden, nicht erfasst. Aus erhebungstechnischen Gründen wurden diese
in diese Studie auch nicht zusätzlich aufgenommen.

[112] Zu den ersten Ergebnissen dazu siehe Nam (2003). Weiterführende Arbeiten, die Teil-
datensätze der ambulanten und stationären Pflege zur Analyse der Beschäftigung gesamten Pflegesektor integrieren, werden bereits durchgeführt, siehe dazu Schneider
und Trukeschitz (2003a). Sie werden jedoch hier aufgrund ihres besonderen Branchen-
fokus nicht behandelt.

**Tabelle 3: Übersicht über die Grundgesamtheit der Sozialen Dienste dieser Studie**

| Soziale Dienste des Nonprofit Sektors | | | | | |
|---|---|---|---|---|---|
| Group 4: Social Services (ICNPO) | | | | | |
| Social Services (4 100) | | Emergency and Relief (4 200) | | Income Support and Maintenance (4 300) | |
| 1 | Child welfare, child services, and day care | 7 | Disaster/emergency prevention and control | 10 | Income support and maintenance |
| 2 | Youth services and youth welfare | 8 | Temporary shelters | 11 | Material assistance |
| 3 | Family services | 9 | Refugee assistance | | |
| 4 | Services for the handicapped | | | | |
| 5 | Services for the elderly[1] | | | | |
| 6 | Self-help and other personal social services | | | | |
| Ergänzungen mit anderen Gruppen der ICNPO | | | | | |
| Nursing Homes (3 200) | | Mental Health and Crisis Intervention (3 300) | | Employment and Training (6 300) | |
| | | 12 | Psychiatric hospitals | 15 | Job training programs |
| | | 13 | Mental health treatment | 16 | Vocational counseling and guidance |
| | | 14 | Crisis intervention | 17 | Vocational rehabilitation and sheltered workshops |

[1] does not include residential nursing homes (see Group 3 Health – 3 200 Nursing Homes)

Hinweis zur Fomatierung: in der Erhebung nicht enthaltene Bereiche sozialer Dienstleistungen, **in der Erhebung erfasste Bereiche sozialer Dienstleistungen**

Quelle: eigene Zusammenstellung nach United Nations (2003)

Im zweiten Schritt war der Zugang zu den zu untersuchenden Forschungsobjekten zu gewährleisten. Dieser wurde im gegebenen Falle über das **Adressmaterial** zu sozialen Einrichtungen gesucht. Die vorhandenen Adressen sozialer Einrichtungen in Österreich bildeten die Grundgesamtheit für die empirische Untersuchung.

Eine aktuelle und umfassende Adressenliste aller Institutionen, die soziale Dienstleistungen anbieten und die damit die Grundlage der Erhebung bilden könnte, war zu Beginn der Studie für Österreich nicht verfügbar. Auch wenn es in der Thematik und der damit resultierenden Abgrenzung des Untersuchungsgegenstandes selbst liegen mag, dass es kaum eine idealtypisch zugeschnittene Adressliste für „Soziale Dienste" gibt, ist festzustellen, dass anbietende Organisationen im sozialen Dienstleistungsbereich weder systematisch zentral noch vollständig erfasst werden. Diese könnte auf primär zwei Aspekte zurückzuführen sein: einerseits auf den föderalistischen Staatsaufbau Österreichs, andererseits auf Schwierigkeiten bei der unmittelbaren Verwaltung derartiger Adressen.

Das Wesen föderaler Systeme spiegelt sich wider in den auf die Bundesländer verteilten Kompetenzen im Bereich der Gesetzgebung und/oder Vollziehung. Für soziale Dienstleistungsorganisationen setzen die je nach Bundesland unterschiedlich gestalteten Gesetze (z.B. für die Bereiche der Sozialhilfe und der Jugendwohlfahrt) unterschiedliche Rahmenbedingungen, die das Entstehen und Agieren dieser Einrichtungen beeinflussen. So zeigte sich, dass Adresslisten bezogen auf einzelne Bundesländer ausführlicher waren, als die Daten, die zentral auf Bundesebene gesammelt wurden. Aus verwaltungstechnischer Sicht erschwert die „Fluktuation" der Organisationen – Vereine werden gegründet und manchmal bereits nach kurzer Zeit wieder aufgelöst (vgl. Bachstein 2000) oder verlagern ihren Standort – die Erstellung und vor allem das Ajour-Halten eines solchen Adressverzeichnisses.

Dennoch konnte für den Zweck dieser Untersuchung auf zwei Quellen zurückgegriffen werden, die eine Vielzahl von Adressdatensätzen zu Sozialen Diensten in Österreich enthielten: die Publikation „österreich sozial" (BMAGS 1998)[113] sowie die über Internet zugängliche Datenbank von SOS-Mitmensch[114]. Für die vorliegende Erhebung der Beschäftigung in Sozialen Diensten wurde von dem Adressmaterial ausgegangen, das in BMAGS (1998) enthalten ist. Der Stand der Adressen bezog sich in der jüngsten Ausgabe dieser Publikation auf das Jahr 1998. Dieser Datensatz schien jedoch –

---

[113] Seit Februar 2002 gibt es darüber hinaus für die Zielgruppe der Menschen mit Behinderungen und für pflegebedürftige Menschen eine Internet-Datenbank des Bundesministeriums für Soziale Sicherheit und Generationen. (http://handynet-oesterreich.bmsg.gv.at/, 9.7.2003) Seitens des Sozialministeriums ist ein Internetauftritt einer umfassenden Datenbank, die aktuelle Adressen sozialer Einrichtungen enthalten soll, geplant, bis Herbst 2003 aber noch nicht realisiert worden.

[114] http://www.social.at/relaunch/index.php, (15.4.2002).

aufgrund des oben erwähnten bewegten Gründungs- und Auflösungsverhaltens der Vereine – zu sehr veraltet.

Das Sozialministerium stellte im Frühjahr 2002 einen der genannten Publikation entsprechenden Datensatz in elektronischer Form (Access-Datenbank) zur Verfügung, der bereits Aktualisierungen auf dem Stand Anfang 2002 enthielt, die jedoch noch nicht abgeschlossen waren. Im Rahmen der zeitlichen und finanziellen Möglichkeiten des Forschungsprojektes und der Verfügbarkeit von Adressmaterial wurden zum Aufbau des Datensatzes der Teilstudie „Beschäftigung in Sozialen Diensten in Österreich" daher weitere Aktualisierungen und Ergänzungen der Adressliste des Ministeriums vorgenommen. Zusätzliche Quellen für Adressen zu Sozialen Diensten des Nonprofit Sektors bildeten dabei vor allem Internetrecherchen und Adressenlisten, die seitens der Landesregierungen bereitgestellt wurden.

Im Zuge der Internetrecherchen wurde der elektronische Datensatz vor allem mit den Adressen aus der Datenbank von SOS-Mitmensch ergänzt. Darüber hinaus erfolgte für die vorliegende Untersuchung eine **Erweiterung des Adressmaterials** mit den über das Internet zugänglichen Datenbanken über soziale Einrichtungen in den Bundesländern[115]. Eine themenspezifische Suche nach Adressen via Internet zu den für diese Studie relevanten Sozialen Diensten, die zumeist über Dachverbände erfolgte, ergänzte den Adressenpool für diese Erhebung[116].

Zum Aussendungszeitpunkt waren 2.244 Organisationen bzw. Organisationseinheiten, die soziale Dienstleistungen im Sinne dieser Studie anbieten, in der erweiterten Datenbank „Adressdaten Sozialer Dienste" des Instituts für Sozialpolitik der WU-Wien erfasst. Davon waren 1.791 (79,8 %) Soziale Dienste des Nonprofit Sektors.

### 4.1.2. Instrument der Datenerhebung

Die Daten zur Beschäftigung in Sozialen Diensten sind über eine **schriftliche Befragung** erhoben worden, die an die LeiterInnen sozialer Dienstleistungs-

---

[115] Sozialserver Land Steiermark: http://www.soziales.steiermark.at/cms/ziel/734926/DE/, (20.4.2002); Gesundheits- und Sozialinformation Vorarlberg: http://www.gsiv.at/, (26.4.2002).

[116] z.B. Hospiz: http://www.hospiz.at/, (2.5.2002); sozialökonomische Arbeitsprojekte: http://www.bogg.at/, (2.5.2002).

organisationen des öffentlichen, des kommerziellen und des Nonprofit Sektors gerichtet war. Die Erhebung fand von Juni 2002 – Oktober 2002 statt[117].

Die beiden **Fragebögen**[118] umfassten 61 bzw. 60, mehrheitlich geschlossene Fragen, die acht Themenbereichen zugeordnet sind: Neben der Ermittlung organisationsdemografischer Merkmale (wie z. B. Rechtsform, Standort, Alter der Einrichtung) wurden Fragen zum Dienstleistungsangebot, zur Anzahl der Beschäftigten und der Beschäftigungsstruktur, zur Beschäftigungsentwicklung, zu Arbeitszeitregelungen, zu Entlohnungsformen und zu Möglichkeiten der Weiterbildung, zu Kriterien der Personalauswahl sowie zu den finanziellen Rahmenbedingungen gestellt.

Einige der Fragen waren in ihrer Beantwortung zeitaufwendig, da Betriebsstatistiken zur Beantwortung herbeizuziehen waren. Die Fragenbereiche zur Beschäftigungsentwicklung, zur Personalauswahl und Personalsuche sowie zu gegenwärtigen Personalproblemen waren darauf ausgerichtet, die Meinung bzw. die arbeitgeberInnenseitigen Einschätzungen der sozialen Organisationen zu diesen Themenblöcken zu erfassen. (Fragebogen siehe Anhang)

Für die gewählten Fragestellungen liegen die **Vorteile** des Instruments der **schriftlichen Befragung**[119] zum einen in der großen Reichweite, die bei quantitativen Forschungsinteressen von besonderer Bedeutung ist und die damit die räumliche Repräsentativität der Antworten verbessert. Eine mögliche Beeinflussung der Antworten vor allem bei Meinungs- und Einstellungsfragen durch den/die Interviewende/n reduziert sich bei einer schriftlichen Befragung. Der größte Vorteil der schriftlichen Befragung für die Zwecke der Beschäftigungsstudie liegt darin, dass für zeitaufwendige Recherchearbeiten, die für etwa ein Drittel der Fragen erforderlich waren (z. B. Ermittlung der Anzahl der MitarbeiterInnen, die geringfügig beschäftigt waren; Berechnung der in einem Jahr angefallenen Krankenstandstage aller MitarbeiterInnen), ein Beantwortungszeitraum von mindestens drei Wochen vorgesehen war. Diese Zeitspanne der Beantwortung ermöglicht es den Adressaten der Fragebögen,

---

[117] Vereinzelt trafen auch noch nach Jahreswechsel 2002/2003 Fragebögen ein, die noch in die Stichprobe aufgenommen wurden.

[118] Zu den Erhebungskonzepten, aus denen zwei unterschiedliche Fragebögen hervorgingen, siehe Kapitel 4.1.2.

[119] Genannt werden hier nur jene Argumente, die für diese Erhebung als relevant erscheinen. Vertiefend dazu siehe z.B. Atteslander (1993), Stier (1996) und Scholl (2003).

sowohl die Recherchen selbst als auch den Zeitpunkt der Beantwortung nach den vorhandenen zeitlichen Kapazitäten auszurichten.

Dennoch wirft das Instrument der schriftlichen Befragung auch **Probleme** auf, auf die im Folgenden eingegangen werden soll[120]. In der Regel ist es schwierig zu überprüfen, ob der Fragebogen von der Person ausgefüllt wurde, an die er gerichtet war. Dieses Identitätsproblem ist insofern kritisch zu sehen als die Gefahr besteht, dass Antworten von Personen gegeben werden könnten, die mit dem Befragungsthema nicht vertraut sind. Inkompetente Antworten sind nicht in jedem Fall aus dem Antwortverhalten klar ersichtlich. Diesem Problem konnte durch die Bitte um Nennung einer Ansprechperson in der sozialen Einrichtung für etwaige Rückfragen etwas entgegengewirkt werden. Es wurde in diesen Ausfüllfeldern in der Regel die Person mit ihrer Funktion genannt, die den Fragebogen auch tatsächlich ausfüllte bzw. dessen Inhalt verantwortete. So zeigte sich, dass bei sozialen Dienstleistungsorganisationen mit vielen MitarbeiterInnen der Fragebogen innerorganisatorisch an die jeweilige personalverantwortliche Person weitergeleitet wurde. Diese Delegation war auch im Sinne der Beantwortungsqualität der Fragen.

Zwei wesentliche erfolgsrelevante Aspekte schriftlicher Erhebungen sind sowohl die Verständlichkeit der Fragen als auch realistische Möglichkeiten zu deren Beantwortung (Datenlage in den Organisationen, Zeitaufwand für die Beantwortung von Fragen). Um Verständnisschwierigkeiten möglichst zu vermeiden, wurden in einer ersten Runde Fragebögen an acht Soziale Dienste geschickt (Pre-Test) und neben der Analyse der schriftlichen Rückmeldungen auch jeweils ein Gespräch mit drei LeiterInnen unterschiedlicher sozialer Einrichtungen über Verständlichkeit und Realisierbarkeit der gestellten Fragen geführt. Darüber hinaus eröffnete die Nennung einer Ansprechperson am Institut für Sozialpolitik den Organisationen die Möglichkeit, sich bei Verständnisschwierigkeiten oder anderen Rückmeldungen direkt an die mit der Durchführung der jeweiligen Teilstudie betraute Person zu wenden.

### 4.1.3. Erhebungsvarianten: Arbeitsstätten und Organisationseinheiten

Grundsätzlich liegt der Erhebung der Beschäftigung in Sozialen Diensten des Nonprofit Sektors in Österreich das **Konzept der Arbeitsstättenzählung** zu

---

[120] Genannt werden hier nur jene Argumente, die für diese Erhebung als relevant erscheinen. Vertiefend dazu siehe z.B. Atteslander (1993), Stier (1996) und Scholl (2003).

Grunde. Die Statistik Austria verwendet dieses Konzept für die Erfassung der Einrichtungen und die Ermittlung der Beschäftigung[121].

> „Eine Arbeitsstätte ist jede auf Dauer eingerichtete, durch Name oder Bezeichnung und Anschrift gekennzeichnete Einheit mit mindestens einer erwerbstätigen Person. Nicht als Arbeitsstätten gelten private Haushalte." (§ 2 Arbeitsstättenzählungsgesetz)

Für die Zwecke der Erfassung der in Sozialen Diensten des Nonprofit Sektors tätigen Personen, wird diese Definition an die Besonderheiten dieser Einrichtungen angepasst:

Eine für die Erhebung von Sozialen Diensten des Nonprofit Sektors relevante Arbeitsstätte ist demnach *jede auf Dauer eingerichtete, durch Name oder Bezeichnung und Anschrift gekennzeichnete Einheit zur Erbringung sozialer Dienstleistungen mit mindestens einer erwerbstätigen oder einer ehrenamtlichen Person. Diese Einheit hat die institutionelle Form einer Nonprofit Organisation[122] oder ist einer Nonprofit Organisation zugeordnet.*

Um Doppelzählungen zu vermeiden, wurde eine Frage eingefügt, aus deren Beantwortung hervorgehen sollte, ob es sich bei den angeschriebenen Nonprofit Organisationen um eigenständige Einrichtungen, Zentralen mit Zweigstellen oder um Zweigstellen bzw. Standorte handelte. Gleichzeitig kann mit dieser Frage auch die Organisationsstruktur abgebildet werden.

Aus der Pionierstudie zu „sozialen Nonprofit Organisationen" in Österreich (siehe Bachstein 2000) und aus der Durchsicht des vorhandenen Adressmaterials geht hervor, dass die **Heterogenität** Sozialer Dienste in diesem Sektor, sowohl hinsichtlich der Größe und der Struktur der Einrichtungen als auch in Bezug auf das angebotene Volumen und Spektrum der sozialen Dienstleistungen sehr groß ist. Diese Vielfältigkeit wurde in der Gestaltung der Erhebungsinstrumente berücksichtigt.

Bei großen Organisationen mit zahlreichen Standorten wurden Schwierigkeiten in der Umsetzung der Methode der Arbeitsstättenzählung vermutet. Diese Umsetzungsschwierigkeiten bezogen sich vor allem auf den Aufwand[123], der

---

[121] ÖSTAT (1994); erste Teilergebnisse der Arbeitsstättenzählung 2001 sind bereits verfügbar.

[122] zur Definition siehe Kapitel 2.3.1.

[123] Verursacht der Fragebogen bei Standorten einen Erhebungsbedarf von Daten in der jeweiligen Zentrale, z.B. zu Vertragsverhältnissen oder Finanzierungsdaten, so bedeutet

mit dem Fragebogen bei den Organisationen hervorgerufen wird und damit den Rücklauf gefährdet. Es war daher ein weiteres Erhebungsverfahren zu entwickeln, das einerseits den administrativen Aufwand des Ausfüllens des Fragebogens auch bei größeren Organisationen so gering wie möglich hielt und andererseits das Ziel der Untersuchung sicherstellte, Beschäftigungsvolumen und Beschäftigungsstruktur nach den einzelnen Dienstleistungsbereichen auch bei Großorganisationen abzubilden.

Im Falle von Großorganisationen, bildeten demnach nicht die einzelnen Standorte, sondern die jeweilige relevante Organisationseinheit (z.B. eine Abteilung) die Ebene, auf der die Erhebung stattfand. **(Konzept der Erhebung von Organisationseinheiten sozialer DienstleistungsanbieterInnen)** Der Fragebogen richtete sich an die LeiterInnen einzelner Organisationseinheiten. Organisationsbereiche, die sich mit anderen Aufgaben als sozialen Dienstleistungen beschäftigten (z.B. Auslandshilfe), konnten so aus der Grundgesamtheit herausgefiltert werden. Die Erfassung der Beschäftigung in den einzelnen Organisationseinheiten hat gegenüber dem Konzept der Arbeitsstättenzählung zudem den Vorteil, dass alle Zweigstellen und Standorte miterfasst werden konnten. Sofern Landesorganisationen eingerichtet waren, wurde für diese Ebene die Befragung nach Organisationseinheiten bevorzugt, um regionale Unterschiede in der Angebotsstruktur sozialer Dienstleistungen und der damit verbundenen Beschäftigung erfassen zu können.

Die Heterogenität sozialer Dienstleistungseinrichtungen führte auch dazu, dass in einigen Erhebungsbereichen Einschränkungen im Detailliertheitsgrad der Fragen in Kauf genommen werden mussten. Dies war beispielsweise für die Abbildung der Qualifikationen der in Sozialen Diensten Beschäftigten der Fall. Hier konnte angesichts der zahlreichen möglichen Berufsbilder und Zusatzausbildungen keine Abfrage erfolgen, ohne den Fragebogen außergewöhnlich lang werden zu lassen und damit sowohl die Übersichtlichkeit als auch den Rücklauf zu gefährden. Die Reduktion der Information wurde in diesem Bereich mit den Konstrukten „Fachkräfte" und „Hilfskräfte" gelöst,

---

dies bei einer Vielzahl von Standorten einer Organisation einen erheblichen mehrfachen Aufwand für das Personal in den Zentralen.

wobei für die Zuordnungen in die jeweiligen Kategorien, Beispiele zur Orientierung und als Hilfestellung angegeben wurden.[124]

Gerade für einen so heterogenen Untersuchungsgegenstand wie den der Sozialen Dienste ist eine Reflexion der angewandten Erhebungskonzepte für weitere Forschungsvorhaben von Bedeutung. An dieser Stelle sollen daher die beiden Alternativen einer Orientierung an Arbeitsstätten oder an Organisationseinheiten vergleichend gewürdigt werden. Die Bewertung beider Alternativen erfolgt mit Bezug auf die Zielsetzung der Untersuchung.

In der vorliegenden Arbeit standen zwei Zielsetzungen im Vordergrund. Primäres Ziel war es, den Beschäftigungsstand und die strukturellen Merkmale der Beschäftigung in sozialen Diensleistungseinrichtungen zu erfassen. Ein weiteres Ziel der Untersuchung, wenn auch untergeordnet, war die Erhebung des organisationsspezifischen Umfelds der Beschäftigung. Die erste Zielsetzung bezieht sich auf die Erhebung quantitativer Informationen. Dieses Ziel ist leichter zu erreichen, wenn in den Organisationen entsprechende Dokumentationen vorliegen. Die zweite Zielsetzung erfordert auch die Abfrage von Einschätzungen und Einstellungen zum betrieblichen Umfeld sowie zur Entwicklung der Organisation. Für beide Zwecke erscheint der Fragebogen nach dem Arbeitsstättenkonzept geeignet.

Der **Vorteil der Arbeitsstättenzählung** für die Erhebung der Beschäftigung in Sozialen Diensten des Nonprofit Sektors liegt zum einen darin, dass die Erfassung der Beschäftigung direkt vor Ort erfolgen kann. In Anbetracht der relativ kleinen Einheiten wurde erwartet, dass auch die Zahl der MitarbeiterInnen überschaubar sei und daher ein Ausfüllen der Fragebögen ohne sehr zeitaufwendige Recherchen möglich wäre. Zugleich konnte auch die Größe der einzelnen Arbeitsstätten gemessen an der Zahl der Beschäftigten erfasst werden. Als weiterer Vorteil wurde angesehen, dass subjektive Informationen (Einschätzungen z.B. zu Personalproblemen) von den unmittelbar Betroffenen erhoben werden konnten.

Angesichts der Unsicherheit über die „Vollständigkeit" des Adressdatensatzes birgt die Erhebung der Beschäftigung nach dem Arbeitsstättenprinzip das **Risiko der Untererfassung** in sich, wenn im Vorfeld die Zahl der unabhängigen Arbeitsstätten nicht exakt bekannt ist. Dies wird dann deutlich, wenn

---

[124] Diese Beispiele orientierten sich an der Dauer der für die Berufsausübung erforderlichen Ausbildung.

Zentralen eine höhere Anzahl untergeordneter Standorte in den Fragebogen eintragen als die Anzahl, die in der Adressdatenbank dokumentiert ist. Die Umsetzung des Arbeitsstättenkonzepts hat ergeben, dass sich in vielen Einrichtungen tatsächlich eine Vereinfachung der Erhebung von Beschäftigungsdaten realisieren ließ. Bedingt durch die unterschiedlichen internen Strukturen standen jedoch nicht allen Standorten bzw. Zweigstellen alle erforderlichen Daten zur Verfügung. In vielen dieser Fälle wurde der Fragebogen an die Zentrale weitergeleitet, die diesen dann für sich selbst und (zusammengefasst) für ihre Standorte mit ausfüllte. Einige Organisationen hatten eine standortgenaue Erfassung von vornherein abgelehnt und Daten unter Berücksichtigung aller Zweigstellen bzw. Standorte übermittelt. Fragebogenerhebungen bedeuten für die Organisationen einen zusätzlichen Aufwand. Manche Zentralen sahen sich in der Verantwortung, ihre MitarbeiterInnen an den einzelnen Standorten von dieser Arbeit zu entlasten, so dass sie sich ganz der Arbeit mit den KlientInnen widmen konnten. Die Grenzen der Auskunftsbereitschaft bei Erhebung nach dem Arbeitsstättenkonzepts waren – wie oben richtigerweise eingeschätzt – vor allem bei Organisationen mit einer Vielzahl von Standorten erreicht.

Hier bewährte sich der Fragebogen, der für **Organisationseinheiten** konzipiert wurde. Die Mehrheit der angeschriebenen Großorganisationen war dazu bereit, für ihre Organisationseinheiten getrennt Auskunft zu geben. Wenige füllten den Fragebogen für die gesamte Organisation aus, was dann zur Folge hatte, dass eine Zurechnung der Beschäftigten nach Art der Dienstleistung in diesen Fällen nicht möglich war.

Insgesamt ermöglichte die Erhebung der Beschäftigung mittels des dezentralen Konzeptes der Arbeitsstättenzählung einerseits und der Erfassung der Organisationseinheiten über Zentralen andererseits eine differenzierte Erhebung des Volumens und der Struktur der Beschäftigung sowie – weitgehend – die Zuordnung der Beschäftigten zu den einzelnen Gruppen der angebotenen sozialen Dienstleistungen.

## 4.2. Auswahl des Teildatensatzes „Soziale Dienste des Nonprofit Sektors 2002"

Aus dem gesamten Rücklauf zur Teilerhebung „Soziale Dienste in Österreich – Beschäftigungsstudie 2002", der sich aus sozialen Dienstleistungseinrichtungen aller drei institutionellen Sektoren zusammensetzt, wurde ein Datensatz gebildet, der ausschließlich Soziale Dienste des Nonprofit Sektors enthält. Dabei sind einerseits selbständige Einrichtungen erfasst worden und andererseits gemäß den Erhebungskonzepten (siehe Kapitel 4.1.3) auch einzelne Standorte von Einrichtungen sowie Abteilungen von größeren Organisationen, die bestimmte soziale Dienstleistungen organisieren und durchführen.

In diesen Datensatz wurden als **Nonprofit Organisationen** bzw. als diesen zugehörig jene Sozialen Dienste aufgenommen, die gemäß der in Kapitel 2.3.1 dargelegten, international verbreiteten Definition (1) ein Mindestmaß an formaler Struktur aufweisen, (2) dem privaten Sektor einer Volkswirtschaft zugerechnet werden und sich damit institutionell von staatlichen Einrichtungen abgrenzen, (3) dem Verbot der Gewinnausschüttung unterliegen, (4) eigenständig verwaltet werden und (5) zu einem einen gewissen Grad von freiwilligen Leistungen getragen sind (durch Spenden von Geld oder Zeit, wie z.B. ehrenamtliche Arbeit).

Die Operationalisierung der konstituierenden Dimensionen, die die Zuordnung Sozialer Dienste zum Nonprofit Sektor leiteten, erfolgte in Anlehnung an Anheier und Seibel (2001) und Heitzmann (2001).

(1) Formale Struktur: Dieses Kriterium dient dazu, institutionalisierte AnbieterInnen sozialer Dienstleistungen sowohl von Leistungen des informellen Bereichs als auch von Vereinigungen mit einmaliger Erstellung sozialer Dienstleistungen abzugrenzen. Indikatoren für formale Strukturen sind u. a. die Rechtsform und die Regelmäßigkeit der Aktivitäten. Soziale Dienste, die über eine eigene Rechtsform verfügen, erfüllen das Kriterium der formalen Struktur in jedem Fall. Mit Blick auf (i) die eigenständigen Standorte verzweigter Dienstleistungsorganisationen sowie auf (ii) jene Teilbereiche größerer Organisation mit einem breitem Angebotsportfolio, die sich auf soziale Dienstleistungen spezialisieren, kann ebenfalls von einer formalen Struktur gesprochen werden, da sie durch regelmäßige Aktivitäten und formale Regeln (betreffend ihre Aufbau- und Ablauforganisation) gekennzeichnet sind.

(2) Privater Sektor: Mit Hilfe dieses Kriteriums werden Nonprofit Organisationen dem privaten Sektor zugeordnet und damit vom öffentlichen Sektor institutionell abgegrenzt. Für diese Abgrenzung bietet sich eine Zuordnung der Sozialen Dienste nach ihrem privatrechtlichen oder öffentlich-rechtlichen Status an, was eine notwenige, aber keine hinreichende Bedingung darstellt. So werden beispielsweise kirchliche Einrichtungen in machen Fällen zwar als öffentlich-rechtlichen Rechtsform gegründet, zählen aber dennoch zum Nonprofit Sektor.[125] Für die Überprüfung dieses Kriteriums wurden in dieser Studie daher privat-rechtliche Organisationen dem privaten Sektor zugeordnet[126] und Einrichtungen mit einer öffentlich-rechtlichen Rechtsform, die einen Bezug zur Kirche aufwiesen, als Nonprofit Organisationen gewertet.

(3) Verbot der Gewinnausschüttung: Dieses Kriterium wurde über den Status der Gemeinnützigkeit gemäß der Bundesabgabenordnung (§§ 34-37 BAO) geprüft. Körperschaften fallen in die begünstigenden Bestimmungen der Bundesabgabenordnung, wenn sie keine Gewinne anstreben und an ihre Mitglieder keine Zuwendungen aus Mitteln der Organisation ausschütten.

(4) Selbstverwaltung: Dieses Kriterium dient der Abgrenzung selbständiger Organisationen von Teilorganisationen. Soziale Dienste erfüllen dieses Kriterium, wenn sie ihre Aktivitäten selbst maßgeblich kontrollieren können, ihre eigenen internen Steuerungsprozesse haben und einen bedeutenden Grad an Autonomie aufweisen (vgl. Anheier, Salamon 1992b). Ein Teil der Stichprobe besteht aus Datensätzen, die Informationen zur Beschäftigung in einzelnen, für die Fragestellung relevanten, Organisationseinheiten von Nonprofit Organisationen enthalten. Diese sind im strikten Sinn keine selbstverwalteten Einheiten, sondern Abteilungen einer Nonprofit Organisation. Sie werden daher zwar im engeren Sinn nicht als eigene Organisation gewertet, aufgrund der Zugehörigkeit zu Nonprofit Organisationen jedoch zum Nonprofit Sektor gezählt.

(5) Das Kriterium der Freiwilligkeit wird in der konzeptionellen Diskussion in der Regel mit Hilfe dreier Indikatoren operationalisiert: Organisationen, die dieses Kriterium erfüllen, zeichnen sich durch MitarbeiterInnen mit ehrenamtlichem Engagement aus und/oder sind aus freiwilligen Geldleistungen (mit-)

---

[125] siehe auch Heitzmann (2001), Badelt (2002d), sowie Anheier und Seibel (2001).

[126] Dass es grundsätzlich auch hierbei zu Abgrenzungsschwierigkeiten kommen kann, illustrieren Heitzmann (2001) und Badelt (2002d).

finanziert (Spenden) und/oder weisen nur Mitglieder auf, die der Organisation freiwillig angehören.[127] Für insgesamt 7,4 % der Einrichtungen in der Stichprobe konnte die Erfüllung dieses Kriteriums nicht nachgewiesen werden. Dies waren ausschließlich Einrichtungen, die in Form einer gemeinnützigen Gesellschaft mit beschränkter Haftung gegründet wurden und keine Ehrenamtlichen einsetzten[128]. Die Organisationen in der Stichprobe, auf die dies zutrifft, bieten soziale Dienstleistungen z. B. im Bereich der betreuten Wohnformen oder geschützten Werkstätten an. Obgleich diese Sozialen Dienste weder über ehrenamtliche MitarbeiterInnen verfügten noch über Spenden oder Mitgliedsbeiträgen auf freiwilliger Basis (mit-)finanziert wurden kommen sie dem Nonprofit Sektor näher als allen anderen institutionellen Sektoren da sie alle anderen Kriterien der NPO-Definition erfüllten. Sie wurden daher den Nonprofit Organisationen zugerechnet.

Neben der Überprüfung der Erfüllung der Kriterien, die eine Nonprofit Organisation kennzeichnen, wurde die Stichprobe auch hinsichtlich der **Übereinstimmung der inhaltlichen Ausrichtung der Einrichtung mit dem Forschungsgegenstand und -ziel der Studie** gebildet. Einrichtungen, die bereits mit dem Träger mit erfasst wurden, wurden nicht in den Teildatensatz aufgenommen, um Doppelzählungen zu verhindern. (vgl. Tabelle 4)

In Bezug auf die **Vollständigkeit der Angaben** lag das Selektionskriterium angesichts der Länge und Intensität des Fragebogens nicht auf der Vollständigkeit sämtlicher Antworten, sondern auf den konsistenten Antworten zur Beschäftigung. In die Auswertungen wurden daher nur jene Einrichtungen mit einbezogen, die im Bereich der Beschäftigung zumindest den Frageblock 4.1 – Struktur der MitarbeiterInnen – vollständig beantwortet hatten.

---

[127] siehe auch Ettel und Nowotny (2002) sowie Badelt (2002b).

[128] In Vereinen sind die Vereinsorgane unentgeltlich tätig. Ebenso legt § 15 Abs. 2 des Bundes-Stiftungs- und Fondsgesetzes fest, dass die Tätigkeit der Stiftungsorgane ehrenamtlich ist. Stiftungsorganen werden die getätigten Barauslagen ersetzt. Allerdings haben Stiftungsorgane einen Anspruch auf Entschädigung ihrer Tätigkeit. Diese Entschädigung erfolgt jedoch nur, wenn die Stiftungssatzung dies ausdrücklich vorsieht, sie im Verhältnis zur Tätigkeit des Stiftungsorgans angemessen ist sowie mit den Erträgnissen der Stiftung in Einklang steht. Damit ist die Rechtsform eines Vereins bzw. einer Stiftung ein Indikator, dass zumindest ihre Organe auf ehrenamtlicher Basis tätig sind und damit bei diesen Rechtsformen das Kriterium der Freiwilligkeit als erfüllt gilt.

**Tabelle 4: Übersicht über die Zusammenstellung des Teildatensatzes „Soziale Dienste des Nonprofit Sektors 2002"**

|  | Anzahl der Fragebögen | Rücklauf-quote |
|---|---|---|
| Grundgesamtheit Soziale Dienste in Österreich | 2.244 | |
| Rücklauf Soziale Dienste in Österreich | 637 | 28,39 % |
| Grundgesamtheit Soziale Dienste – Nonprofit Organisationen | 1.791 | |
| Rücklauf Soziale Dienste – Nonprofit Organisationen | 533 | 29,76 % |
| Ausgeschiedene Fragebögen gesamt (NPOs) | - 46 | |
| nicht Zielgruppe | - 28 | |
| bereits mit der Trägerorganisation miterfasst | - 13 | |
| unbrauchbar aufgrund mangelnder Datenangaben | - 5 | |
| **Teildatensatz „Soziale Dienste des Nonprofit Sektors"** | **487** | **27,19 %** |

Quelle: eigene Darstellung

Die Aussagekraft schriftlicher Befragungen ist in Summe nicht nur von der Qualität der Antworten, sondern auch vom Umfang des Antwortverhaltens – Partizipation an der Befragung insgesamt und Vollständigkeit der Antworten – abhängig. Die Rücklaufquote spielt für die Beurteilung der Güte einer schriftlichen Erhebung eine besonders große Rolle. Für die vorliegende Untersuchung beläuft sich diese auf 27,2 %.

# 5. Methodik der statistischen Auswertung

Die beiden folgenden Teilkapitel beschreiben zunächst die *methodisch-statistische Vorgehensweise* für die Beantwortung der Forschungsfragen (Kapitel 5.1.- 5.3) und anschließend die *Aufbereitung der Variablen* „soziale Dienstleistungen" und „Zielgruppen" für die weiteren Analysen mit statistischen Verfahren (Kapitel 5.4.).

## 5.1. Maße zur Beschreibung der Stichprobe

Die Beschreibung der Stichprobe basiert auf den statistischen Kennwerten, die die Häufigkeitsverteilung der Merkmale charakterisieren[129]: die Maße der zentralen Tendenz und die Streuungsmaße. Als Maß der zentralen Tendenz ist der Mittelwert die gebräuchlichste Kennzahl. Dieser ist aber dann kein adäquates Maß, wenn – wie im vorliegenden Datensatz – nahezu alle Variablen größere Abweichungen vom Mittelwert aufweisen.

Die Heterogenität Sozialer Dienste, die aus vielen Arbeiten bekannt ist, spiegelt sich auch in der gegebenen Stichprobe wider: im Alter der Nonprofit Organisationen, in der Anzahl und der Struktur der Beschäftigung, in der Höhe der Gesamteinnahmen und in den verschiedenen Einnahmenquellen, in der breiten Palette der Zielgruppen und in der großen Vielfalt der angebotenen sozialen Dienstleistungen. Die genannten Variablen unterscheiden sich in ihren Ausprägungen markant und weisen zum Großteil eine sehr hohe Streuung auf. In methodischer Hinsicht wirkt sich dies auf die Verwendung statistischer Kennzahlen und Methoden zur Datenanalyse aus.

Für die vorliegenden Daten ist der **Median** eine geeignetere Kennzahl für die zentrale Tendenz als der Mittelwert, da er weniger sensitiv gegenüber Ausreißern ist. Aus denselben Überlegungen heraus werden als Streuungsmaße

---

[129] zur Verwendung statistischer Kennzahlen siehe z.B. Field (2000).

die **Spannweite**, die sich aus der Differenz von Maximum und Minimum der Merkmalsausprägungen ergibt, und **Quartile** gewählt. Für die Bildung von Quartilen werden zunächst die Fälle nach der betrachteten Merkmalsausprägung in aufsteigender Reihenfolge sortiert. Anschließend wird eine Aufteilung der Fälle auf vier zahlenmäßig gleich große Gruppen vorgenommen. Die Quartile geben 25 %, 50 % und 75 % der Verteilung der Merkmalsausprägung wieder. Die untere Quartilsgrenze besagt, dass 25 % aller Datensätze eine Merkmalsausprägung von höchstens $x_{0,25}$ haben. Der mittlere Quartilswert $x_{0,5}$ entspricht dem Median, der den Datensatz mit Blick auf das betrachtete Merkmal in zwei gleich große Gruppen gliedert.

## 5.2. Hochrechnung der erhobenen Daten

Ein zentrales Ziel der vorliegenden Arbeit ist die Ermittlung quantitativer Dimensionen der Beschäftigung in Sozialen Diensten des Nonprofit Sektors. Dabei wird der Adressdatensatz (siehe Kapitel 4.1.1.) als Grundgesamtheit betrachtet[130]. 1.791 Einrichtungen im Nonprofit Sektor erhielten einen Fragebogen, von den antwortenden 533 Einrichtungen konnten 487 verwertbare Fragebögen in den Datensatz aufgenommen werden, der die Stichprobe bildet. (siehe auch Kapitel 4.2)

Die Erfahrung mit selbstdurchgeführten Erhebungen zeigt, dass Fragebögen retourniert werden, die unvollständige Antworten enthalten. Auch nach mehrmaligem Nachfragen bleiben in manchen Fällen, Fragen unbeantwortet (die Antwort wird verweigert oder ist nicht bekannt). Grundsätzlich bestehen drei mögliche Vorgehensweisen mit fehlenden Werten umzugehen. Die Erste zielt darauf ab, nur jene Organisationen in die Auswertungen aufzunehmen, deren Fragebögen komplett ausgefüllt waren. Dies ist bei komplexen Fragebögen insofern heikel, da die Gefahr besteht, dass nur sehr wenige auswertbare Bögen übrig bleiben. Die zweite mögliche Vorgehensweise wäre, alle Fragebögen in die Auswertungen miteinzubeziehen, die für die relevanten – jeweils für spezifische Auswertungsinteressen – Fragen komplett ausgefüllt

---

[130] Die Adressdatenbasis, die aus verschiedenen Quellen zusammengesetzt wurde, ist zwar sehr umfangreich. Trotzdem ist nicht bekannt, wie viele der tatsächlich existierenden Sozialen Dienste darin erfasst sind. Allerdings deuten mehrere Anzeichen darauf hin, dass der Deckungsgrad sehr hoch ist und die Erhebung einer Vollerhebung nahe kommen könnte.

hatten. Alternativ besteht die Möglichkeit, die fehlenden Werte zu imputieren. Dieses Verfahren wurde für diese Arbeit gewählt. Die Imputation wurde nach dem Spendermodell vorgenommen, d.h. die fehlenden Werte werden aus den Daten anderer Einrichtungen ersetzt, die in der Größe (hier Anzahl aller Beschäftigten) sehr ähnlich waren. Für die Hochrechnung der Beschäftigung in Sozialen Diensten des Nonprofit Sektors wurden die fehlenden Strukturdaten zur Beschäftigung imputiert. Die Anzahl der zu ersetzenden Werte war jedoch gering. Die Stichprobenbeschreibung (siehe Kapitel 7) enthält jedoch die Originaldaten, die auch für die bivariaten Auswertungen verwendet wurden.

In der Folge stellt sich die Frage, ob die in dieser Stichprobe abgebildeten Antworten der zurückgesandten Fragebögen die Grundgesamtheit der Sozialen Dienste des Nonprofit Sektors in Österreich adäquat wiedergeben. Zu diesem Zweck sind zentrale Werte der Grundgesamtheit mit Werten der Stichprobe zu vergleichen. Die Qualität dieses Vergleichs und der anschließenden Gewichtung steht und fällt mit der Existenz von verlässlichen Daten über die Grundgesamtheit. Für die Berechnung der Beschäftigung in Sozialen Diensten ergibt sich folgende Schwierigkeit: Sekundärstatistisches Datenmaterial über Anzahl und Struktur sozialer Dienstleistungsorganisationen in Österreich, das die Grundgesamtheit auch in struktureller Hinsicht quantitativ beschreiben könnte, existiert nicht. Dies resultiert aus dem Fehlen einheitlicher Definitionen zu Sozialen Diensten und aus den unterschiedlichen Zugängen, Abgrenzungen und Operationalisierungen, die wissenschaftliche Untersuchungen zu diesem Themenbereich wählen.

Über die Grundgesamtheit waren lediglich Informationen zu generieren, die aus den vorliegenden Adressen hervorgingen. Dabei wurde aus der Postleitzahl eine Zuordnung des Bundeslandes vorgenommen, in dem die Organisation ihren Sitz hatte. Auch die Zuordnung der Einrichtungen der Grundgesamtheit zu den institutionellen Sektoren konnte – nach vereinzelten Rücksprachen mit einzelnen Organisationen bzw. nach Recherche auf den jeweiligen Websites der Einrichtungen – durchgeführt werden. Weitere Merkmale, wie Tätigkeitsbereich, Zielgruppen u.a.m. konnten aus den Adressen nicht verlässlich ermittelt werden, sodass von einer Zuordnung dieser Merkmale zu den Einrichtungen der Grundgesamtheit Abstand genommen wurde.

Da – wie die Stichprobenbeschreibung zeigt – Soziale Dienste in ihrer Größe (gemessen an Gesamteinnahmen oder Zahl der Beschäftigten) sehr heterogen sind, wurde in der zweiten Berechnung die Größe der einzelnen Institutionen zusätzlich berücksichtigt. Die Art des Fragebogens (Fragebogen für die Arbeitsstätte – AZ – und für die Organisationseinheit – OE) wurde hierbei als Indikator verwendet. Wie bereits beschrieben, wichen manche Organisationen in ihrem Ausfüllverhalten von der Intention des Fragebogens ab und setzten Zahlen der Beschäftigten für die gesamte Organisation statt für die einzelne Arbeitsstätte/Organisationseinheit ein. Daher mussten im Datensatz Korrekturen in der Zuordnung vorgenommen werden: Hatte eine Organisation, an die ein Fragebogen für die Arbeitsstätte gerichtet war, für mehrere Arbeitsstätten (die ebenfalls Fragebögen erhalten hatten) geantwortet, wurde diese Organisation im Datensatz mit der Kennung OE versehen und die Fragebögen, die an die einzelnen Arbeitsstätten versandt wurden, wurden aus der Grundgesamtheit herausgerechnet. Dieses Vorgehen dient dazu, eine Überschätzung der Gesamtzahl zu reduzieren bzw. vermeiden.

Tabelle 5 zeigt die Verteilung der Sozialen Dienste des Nonprofit Sektors nach Bundesländern und nach Erhebungskonzept sowohl für die Stichprobe als auch für die Grundgesamtheit. In fünf Bundesländern repräsentiert die Stichprobe recht gut die Grundgesamtheit. Die Abweichungen der Anteile der Organisationen der Stichprobe von jenen der Grundgesamtheit sind hier sehr gering. Zwei Bundesländer (Steiermark – Erfassung der Einrichtungen nach Organisationseinheiten und Tirol – Erfassung der Einrichtungen nach Arbeitsstättenkonzept) waren in der Stichprobe etwas überrepräsentiert. Wien dagegen ist deutlich unterrepräsentiert – jedoch nur nach dem Erhebungskonzept der Arbeitsstättenzählung.

Mit Hilfe von Gewichtungsfaktoren wird versucht, Verzerrungen der Stichprobe gegenüber der Grundgesamtheit zu korrigieren und im Idealfall zu beseitigen. Dafür wird ein Gewichtungsverfahren verwendet, das weit verbreitet ist. Gewichtungsfaktoren aus dem Quotienten zwischen Soll- und Ist-Fallzahl werden allen in der Stichprobe enthaltenen Fällen zugeordnet ($G_i$ = Soll / Ist) (vgl. Rösch 1994). Der Soll-Wert enthält Werte, die aus Statistiken über die Grundgesamtheit bekannt sind, der Ist-Wert bildet den Wert einer Variablen ab, wie er in der Stichprobe erfasst ist. Mit der Gewichtung wird versucht, die ausgefallenen Stichprobeneinheiten zu ersetzen (vgl. Rösch 1994). Da so die restlichen Fälle auf die Grundgesamtheit ergänzt werden, ergibt das Verfahren hochgerechnete Werte für die Grundgesamtheit.

**Tabelle 5: Regionale Verteilung der Sozialen Dienste des Nonprofit Sektors 2002 – Stichprobe und Grundgesamtheit im Vergleich**

| Bundesland | | Soziale Dienste des Nonprofit Sektors | | | | |
|---|---|---|---|---|---|---|
| | | Stichprobe | | Grundgesamtheit | | Differenz der Anteile (%-Punkte) |
| | | Anzahl | Anteil (%) | Anzahl | Anteil (%) | |
| Burgenland | AZ | 11 | 2,3% | 57 | 3,2% | -0,9% |
| | OE | 8 | 1,6% | 9 | 0,5% | 1,1% |
| Kärnten | AZ | 17 | 3,5% | 102 | 5,7% | -2,2% |
| | OE | 9 | 1,8% | 15 | 0,8% | 1,0% |
| Niederösterreich | AZ | 51 | 10,5% | 202 | 11,3% | -0,8% |
| | OE | 19 | 3,9% | 21 | 1,2% | 2,7% |
| Oberösterreich | AZ | 76 | 15,6% | 283 | 15,8% | -0,2% |
| | OE | 11 | 2,3% | 16 | 0,9% | 1,4% |
| Salzburg | AZ | 24 | 4,9% | 121 | 6,8% | -1,8% |
| | OE | 9 | 1,8% | 13 | 0,7% | 1,1% |
| Steiermark | AZ | 47 | 9,7% | 173 | 9,7% | 0,0% |
| | OE | 26 | 5,3% | 40 | 2,2% | 3,1% |
| Tirol | AZ | 56 | 11,5% | 152 | 8,5% | 3,0% |
| | OE | 9 | 1,8% | 12 | 0,7% | 1,2% |
| Vorarlberg | AZ | 30 | 6,2% | 116 | 6,5% | -0,3% |
| | OE | 7 | 1,4% | 10 | 0,6% | 0,9% |
| | Sonderfall | 1 | 0,2% | 1 | 0,1% | 0,1% |
| Wien | AZ | 56 | 11,5% | 421 | 23,5% | -12,0% |
| | OE | 20 | 4,1% | 27 | 1,5% | 2,6% |
| **Gesamt** | | **487** | 100,0% | **1.791** | 100,0% | 0,0% |

Quelle: Datensatz: Soziale Dienste in Österreich – Beschäftigungsstudie 2002, eigene Berechnungen

Die Stichprobe wurde in Bezug auf das Bundesland repräsentativ gewichtet.
Tabelle 6 gibt einen Überblick über die verwendeten Gewichtungsfaktoren.

**Tabelle 6: Gewichtungsfaktoren**

| Bundesland | | Soziale Dienste des Nonprofit Sektors | | |
|---|---|---|---|---|
| | | Stichprobe<br>Anzahl | Grund-gesamtheit<br>Anzahl | Gewichtungs-<br>faktoren |
| Burgenland | AZ | 11 | 57 | 5,18181818 |
| | OE | 8 | 9 | 1,125 |
| Kärnten | AZ | 17 | 102 | 6,0 |
| | OE | 9 | 15 | 1,66666667 |
| Niederösterreich | AZ | 51 | 202 | 3,96078431 |
| | OE | 19 | 21 | 1,10526316 |
| Oberösterreich | AZ | 76 | 283 | 3,72368421 |
| | OE | 11 | 16 | 1,45454545 |
| Salzburg | AZ | 24 | 121 | 5,04166667 |
| | OE | 9 | 13 | 1,44444444 |
| Steiermark | AZ | 47 | 173 | 3,68085106 |
| | OE | 26 | 40 | 1,53846154 |
| Tirol | AZ | 56 | 152 | 2,71428571 |
| | OE | 9 | 12 | 1,33333333 |
| Vorarlberg | AZ | 30 | 116 | 3,86666667 |
| | OE | 7 | 10 | 1,42857143 |
| | Sonderfall | 1 | 1 | 1,0 |
| Wien | AZ | 56 | 421 | 7,51785714 |
| | OE | 20 | 27 | 1,35 |
| **Gesamt** | | **487** | **1.791** | **3,67761807** |

Quelle: Datensatz: Soziale Dienste in Österreich – Beschäftigungsstudie 2002,
       eigene Berechnungen

Aufgrund der geringen verfügbaren Informationen über die Grundgesamtheit
Sozialer Dienste des Nonprofit Sektors sind die Werte der Hochrechnung als
**Schätzwerte** zu verstehen. Die Ergebnisse der Kapitel 8 und 9 beruhen auf
dem oben dargelegten Verfahren.

## 5.3. Bivariate Verfahren zur Analyse der Stichprobe

## 5.3.1. Nicht-parametrische Test-Verfahren

Die zu testenden Variablen (siehe Kapitel 9.3 und 10.3) haben ein metrisches und ein ordinales bzw. ein nominales Skalenniveau. Aus den durchgeführten Kolmogorov-Smirnov-Tests war ersichtlich, dass die zugrunde liegenden Verteilungen der metrischen Variablen nicht einer Normalverteilung entsprechen und Ausreißer enthalten. Daher wurden für die folgenden Tests nicht-parametrische Verfahren (annahmefreie Verfahren) angewandt[131]. Nicht-parametrische Tests dürfen auch bei ordinal- und nominalskalierten Variablen verwendet werden. (vgl. Janssen, Laatz 2003)

Alle durchgeführten Tests werden mit den ungewichteten Originaldaten der Stichprobe durchgeführt. Im Auswertungsteil wurden Vergleiche von zwei oder mehreren sich wechselseitig ausschließenden, voneinander unabhängigen Gruppen vorgenommen (siehe Kapitel 9.3 und 10.3.). Das Ziel der statistischen Analyse bestand dann darin, zu prüfen, ob eine Variable in zwei oder mehr voneinander unabhängigen Stichproben aus der gleichen Grundgesamtheit stammte. Die Nullhypothese lautete „die Variable hat in allen Grundgesamtheiten die gleiche Verteilung" (Janssen, Laatz 2003). Die Alternativhypothese kann einerseits gerichtet sein – z.B. die Variable ist in der Grundgesamtheit A größer als in B – oder ungerichtet sein – die Variable ist in Grundgesamtheit A anders als in B.

Nicht-parametrische Verfahren ordnen die Merkmalsausprägungen einer Variablen beider Stichproben in aufsteigender Reihenfolge. Die Gruppe mit dem geringsten mittleren Rang ist jene Gruppe mit der größten Zahl an geringen Werten (kleinen Merkmalsausprägungen). Die Gruppe mit dem höchsten mittleren Rang ist jene Gruppe mit der größten Zahl an hohen Werten. (vgl. Field 2000) Die Nullhypothese wird verworfen, wenn ein signifikanter Unterschied zwischen den mittleren Rangwerten festgestellt wird. Das Signifikanzniveau gibt die relative Wahrscheinlichkeit an, mit der das Ergebnis auch dann zufällig zustande gekommen sein kann, wenn in Wirklichkeit die Nullhypothese gilt (vgl. Janssen, Laatz 2003). Das Signifikanzniveau von

---

[131] Nicht-parametrische Tests erfordern keine Annahmen über zugrunde liegende Verteilungen. Sie sind daher einerseits weniger restriktiv und sensitiv gegenüber Ausreißern und andererseits auch weniger trennscharf als parametrische Tests (vgl. Bühl, Zöfel 1998; Janssen, Laatz 2003).

p<0,001 besagt, dass eine 0,1%ige Wahrscheinlichkeit vorliegt, dass das Ergebnis auch dann zufällig zustande gekommen sein kann, wenn tatsächlich die Nullhypothese zutrifft. Die Signifikanzniveaus der Auswertungen werden gemäß Tabelle 7 interpretiert.

**Tabelle 7: Signifikanzniveaus der Test-Ergebnisse**

| Signifikanzniveau | Symbol | Aussage |
|---|---|---|
| p > 0,05 | | *nicht signifikant* |
| p ≤ 0,05 | * | *signifikant* |
| p ≤ 0,01 | ** | *hoch signifikant* |
| p ≤ 0,001 | *** | *höchst signifikant* |

Quelle: vgl. Bühl und Zöfel (1998)

Für den Vergleich zweier Gruppen wurde eine Signifikanzprüfung auf Basis des **Mann-Whitney Tests** vorgenommen.

### 5.3.2. Kreuztabellen

Mit Hilfe von Kreuztabellen kann die Beziehung zwischen Variablen mit einer geringen Anzahl an Kategorien festgestellt werden (vgl. Miller et al. 2002). Signifikante Ergebnisse werden über den Chi-Quadrat-Test[132] ermittelt. Kreuztabellen, deren Werte auf signifikante Ergebnisse hin untersucht werden, werden mit den ungewichteten Daten erstellt.

Der **Chi-Quadrat-Test** wird angewandt, wenn zwei oder mehreren unabhängige Stichproben vorliegen und die abhängige Variable Nominalskalenniveau hat (vgl. Janssen, Laatz 2003). Der Test hat lediglich zwei Voraussetzungen: (1) Maximal in 20 % der Felder der Kreuztabelle darf eine erwartete Häufigkeit von < 5 auftreten. (2) Zeilen- und Spaltensummen müssen größer als Null sein. (vgl. Bühl, Zöfel 1998) Der Chi-Quadrat-Test zeigt, ob ein signifikanter Zusammenhang zwischen zwei Variablen vorhanden ist. Er baut auf einem Vergleich der beobachteten mit den erwarteten Werten auf. Die Nullhypothese besagt, dass die Variablen voneinander unabhängig sind. Wei-

---

[132] Der Chi-Quadrat Test enthält keine Voraussetzung hinsichtlich der Verteilung der Werte, greift auf die ganze Verteilung und nicht nur auf einen Parameter zurück und kann bereits bei Nominalskalenniveau angewandt werden. Zu den Annahmen für eine Gültigkeit der Ergebnisse des Chi-Quadrat Tests siehe Field (2000) sowie Miller et al. (2002).

chen beobachtete und erwartete Werte signifikant voneinander ab, so besteht ein Zusammenhang zwischen den beiden Variablen.

In den einzelnen Feldern einer **Kreuztabelle** kennzeichnen die standardisierten Residuen mit den Werten größer/kleiner Zwei eine signifikante Abweichung der beobachteten von den erwarteten Häufigkeiten. Sie weisen auf jene Felder hin, die bedeutend zum signifikanten Ergebnis des Chi-Quadrat-Tests beitragen. Signifikante Felder der Kreuztabelle sind nachfolgend mit einem oder mehreren Sternen bei den jeweiligen Werten entsprechend der in Tabelle 8 dargestellten Systematik gekennzeichnet.

**Tabelle 8: Signifikanzniveaus in Kreuztabellen**

| Wert des standardisierten Residuums | Signifikanzniveau | Symbol | Aussage |
|---|---|---|---|
| kleiner als ± 2 | p > 0,05 | | *nicht signifikant* |
| größer oder gleich ± 2 | p ≤ 0,05 | * | *signifikant* |
| größer oder gleich ± 2,6 | p ≤ 0,01 | ** | *hoch signifikant* |
| größer oder gleich ± 3,3 | p ≤ 0,001 | *** | *höchst signifikant* |

Quelle: Bühl und Zöfel (1998), eigene Darstellung

Für die Stärke des Zusammenhangs werden als **Assoziationsmaße** für nominalskalierte Variablen **Phi** (für 2 x 2 Tabellen) und **Cramer V** (für m x n Tabellen) verwendet. Diese Maße können Werte zwischen 0 und 1 einnehmen, wobei gilt, dass ein höherer Wert auch einen stärkeren Zusammenhang zwischen den Variablen anzeigt. Der Wert 1 beschreibt einen perfekten Zusammenhang zwischen den Variablen. Einer Faustregel nach sollte Cramer-V mindestens den Wert 0,1 erreichen, um überhaupt von einem Zusammenhang zweier Variablen zu sprechen; Werte von 0,6 und höher kommen eher selten vor (http://wwwhomes.uni-bielefeld.de/hjawww/glossar/node97.html, 15.9.2003). Bei ordinalskalierten Variablen wird die **Korrelation nach Spearman** verwendet, als Maß für die Stärke des Zusammenhangs verwendet.

### 5.4. Multivariate Verfahren zur Aufbereitung von Variablen – Clusteranalysen

Clusteranalysen wurden durchgeführt, um Soziale Dienste des Nonprofit Sektors zu identifizieren, die (a) ein ähnliches Angebot an sozialen Dienstleistungen erstellten und (b) ähnliche Zielgruppen versorgten. Die Cluster-Bildung erfolgte sowohl für die Variablengruppe „soziale Dienstleistungen" als auch für die Variablengruppe, die die „Zielgruppen" Sozialer Dienste abbilden sollten. Die Clusterbildung resultiert aus den vorliegenden Daten, so dass es sich hierbei um ein exploratives Verfahren, eine empirisch geleitete Zuordnung und Systematisierung handelt.

### 5.4.1. Kategorien sozialer Dienstleistungen

Soziale Dienste des Nonprofit Sektors bieten eine Vielzahl von sozialen Dienstleistungen an. Das breite Angebot sozialer Dienstleistungen wurde im Fragebogen, in dem Mehrfachantworten möglich waren, mit einer Auswahl an 25 verschiedenen sozialen Dienstleistungen[133] abgebildet. Zusätzlich bot das Feld „sonstige soziale Dienstleistungen" Raum für Ergänzungen[134]. Die Auswertung des Feldes „sonstige soziale Dienstleistungen" ergab neben sachlich gerechtfertigten Zuordnungen zu bereits vorhandenen Feldern auch einen weiteren Dienstleistungsbereich, der in die Liste sozialer Dienstleistungen aufgenommen wurde, namentlich die (psycho-)therapeutischen Dienstleistungen. Letztere wurden mit mobilen therapeutischen Dienstleistungen, einer der vorgegebenen Antwortmöglichkeiten im Fragebogen zusammengefasst. All jene sozialen Dienstleistungen, die nicht unter konkrete Dienstleistungskategorien subsumiert werden konnten, wurden im Feld „sonstige soziale Dienstleistungen" belassen. Diese Gruppe enthält somit soziale Dienstleistungen, wie Lernhilfen, Bereitstellung von Essen und Kleidern oder Schutz vor Gewalt. Genannt wurden vereinzelt weiters: medizinische Versorgung, Pflegebehelfsverleih, Heil- und Hilfsmitteldepot, finanzielle Hilfen, Kontaktgruppen, etc. (zu den Ergebnissen siehe Kapitel 7.2).

Um diese Vielfalt an nun 27 Kategorien sozialer Dienstleistungen (einschließlich der Kategorie „sonstige soziale Dienstleistung") für die nachfolgenden

---

[133] Die im Fragebogen genannten sozialen Dienstleistungen beruhen auf Informationen der Bundesarbeitsgemeinschaft Freier Wohlfahrtsverbände (BAG-Freie Wohlfahrt) und des Sozialministeriums – http://www.help.gv.at/0/Seite.010000-18191.html, 11.1.2001 – und wurden mit weiteren Kategorien aus Ergebnissen von Internet-Recherchen ergänzt.

[134] Die Ergänzungsoption wurde von mehreren Organisationen in Anspruch genommen. Der Großteil der dabei genannten Dienstleistungsangebote konnte als Unterkategorie zu einer der vorgegebenen Dienstleistungen identifiziert und dieser zugeordnet werden. Wurde beispielsweise „soziale Beratung" unter „sonstige soziale Dienstleistung" genannt, wurde eine Zuordnung zum Feld „Beratung/Information" vorgenommen.

Auswertungen zu reduzieren, galt es, Gruppen sozialer Dienstleistungen zu identifizieren, die sehr häufig in Kombination miteinander angeboten wurden und somit einen Cluster bilden.

Die deskriptiven Auswertungen zeigten, dass Beratungs- und Betreuungsleistungen in Sozialen Diensten des Nonprofit Sektors eine enorm große Rolle spielen. Kombinationen mit Beratung und Betreuung sind sehr häufig zu beobachten. Daher werden für die Phase der Bildung von Clustern jene Organisationen ausgeschlossen, die angaben, ausschließlich Beratungs- und Betreuungsleistungen anzubieten. Für sie wurde von vornherein ein eigener Cluster gebildet.

Als statistisches Verfahren für die Bildung von Clustern wurde die Clusterzentrenanalyse angewandt. Zu den Ergebnissen der Clusteranalyse siehe Kapitel 7.2.

### 5.4.2. Kategorien betreuter Hauptzielgruppen

Ähnlich wurde für die Bildung der Hauptzielgruppenkategorien vorgegangen. Der Fragebogen, mit dem die Zielgruppen Sozialer Dienste erfasst wurden, enthielt 22 vorgegebene Zielgruppen[135] und einen Antwortbereich „sonstige Zielgruppen", der mit Personengruppen ergänzt werden konnte, die nicht in der Liste genannt waren. Auch hier waren Mehrfachantworten möglich. Die Auswertung der Angaben im Feld „sonstige Zielgruppen" ergab im Gegensatz zur Auswertung der offenen Kategorie sozialer Dienstleistungen aufgrund zu geringer Fallzahlen keine weitere Zielgruppe. Die Antworten konnten entweder vorhandenen Zielgruppen zugeordnet werden, oder wurden im Feld „sonstige Zielgruppen"[136] belassen.

Um das Spektrum der betreuten Zielgruppen für die weitere Analyse zu komprimieren, war erneut der Frage nach besonders typischen Kombinationen von Zielgruppen nachzugehen.

---

[135] Die Bildung der Zielgruppen für die Fragebogenfelder orientierte sich an Klicpera und Gasteiger-Klicpera (1997) und wurde mit Hilfe einer Internetrecherche zu den Zielgruppen Soziale Dienste in Österreich verfeinert.

[136] Dieses erfasste letztlich Zielgruppen Sozialer Dienste, wie „pädagogische Fachkräfte", „Roma", „Menschen in der letzten Lebensphase", „Sterbende"; „Personen in Schubhaft", „soziale Randgruppen", ebenso, wie nicht spezifizierte Zielgruppen und jene Fälle, in denen Sozialen Dienste ein Angebot für die gesamte Bevölkerung bzw. für alle vorgegebenen Zielgruppen erstellten.

Die Clusteranalyse wurde mit Bezug auf die Ergebnisse der Auswertungen der Mehrfachantworten zu den betreuten Zielgruppen gestaltet:

Die deskriptiven Auswertungen haben ergeben, dass rund ein Viertel der Organisationen der Stichprobe eine *einzige* Personengruppe mit sozialen Dienstleistungen versorgt. Weiters brachten diese Auswertungen zu tage, dass ein kleiner Teil der Organisationen (rund 10 %) angaben, acht und mehr unterschiedliche Zielgruppen zu betreuen.

Eine weitere Erkenntnis der deskriptiven Auswertungen war weiters, dass *Angehörige* niemals alleine als Zielgruppe aufschienen, sondern immer nur in Kombination mit anderen Personengruppen genannt wurden. Dies lässt darauf schließen, dass die Betreuung Angehöriger ein sekundäres Merkmal für die Charakterisierung von der Organisation betreuten Zielgruppen ist. Die Personengruppe der Angehörigen wurde daher nicht in die Clusteranalyse miteinbezogen.

Nun wurde eine Clusterzentrenanalyse durchgeführt, wobei Organisationen mit einer einzigen und mit mehr als acht Zielgruppen ausgeschlossen wurden. Die Clusterzentrenanalyse beschränkte sich daher auf Nonprofit Organisationen, die angaben, zwei bis sieben unterschiedliche Zielgruppen zu betreuen. In die Variablen für die Clusteranalyse wurden alle Zielgruppen mit Ausnahme der „Angehörigen" aufgenommen. Die Ergebnisse der Clusteranalyse zu den Zielgruppen finden sich in Kapitel 7.2.

# 6. Konzepte zur Erfassung der Beschäftigung in Sozialen Diensten des Nonprofit Sektors

## 6.1. Indikatoren des Arbeitsvolumens

Der Einsatz des Faktors Arbeit in Sozialen Diensten des Nonprofit Sektors, wird dem Volumen nach in dieser Untersuchung mit **vier Indikatoren** abgebildet:

- Anzahl der MitarbeiterInnen
- Anzahl der Beschäftigten
- Anzahl der Arbeitsstunden unselbständig Beschäftigter
- Vollzeitäquivalente (unselbständig Beschäftigter)

Die **Anzahl der MitarbeiterInnen** gibt Auskunft darüber, wie viele Personen entgeltlich oder unentgeltlich in Sozialen Diensten des Nonprofit Sektors tätig sind. Diese Zahl setzt sich zusammen aus der Zahl der Beschäftigten, der ehrenamtlichen MitarbeiterInnen, der PraktikantInnen, der Zivildiener sowie der Zahl der Priestern und Ordensangehörigen.

Die **Anzahl der Beschäftigten** entspricht gemäß der Definition der Statistik Austria, die der Arbeitsstättenzählung[137] zugrunde liegt, der Summe der unselbständig Erwerbstätigen (Angestellte, ArbeiterInnen, BeamtInnen, Lehrlinge und HeimarbeiterInnen) und der selbständig Erwerbstätigen (tätige BetriebsinhaberInnen, PächterInnen, und mithelfende Familienangehörige), deren Tätigkeit durch Löhne und Gehälter bzw. Gewinne abgegolten wird. Ergänzt wurde diese Gruppe in der empirischen Erhebung um Personen mit freien Dienstverträgen und Personen, die über Werkverträge in den Einrichtungen beschäftigt waren.

---

[137] siehe STAT.AT (2002b).

Da die Arbeitsleistung pro Kopf sehr unterschiedlich ausfallen kann, empfiehlt es sich auch die **Anzahl der Arbeitsstunden** zu berücksichtigen. Die Arbeitsstunden pro Jahr errechnen sich aus der Anzahl der Arbeitsstunden pro Woche mal der jeweiligen Zahl der Arbeitskräfte der Einrichtungen multipliziert mit 45 effektiven Arbeitswochen[138]. Die Anzahl der Arbeitsstunden pro Woche wurde in 5 Kategorien erhoben, wobei die Klassenmitten für die Berechnung verwendet wurden.

Als standardisiertes Beschäftigungsmaß der unbezahlten Beschäftigung werden so genannte **Vollzeitäquivalente** betrachtet. Ein Vollzeitäquivalent erfasst den auf einen vollständigen Monat von 30 Tagen berechneten Anteil eines Beschäftigtenverhältnisses an der vollen kollektivvertraglichen Arbeitszeit. Mangels eines bundesweiten Kollektivvertrages für Beschäftigte in Sozialen Diensten zum Erhebungszeitpunkt wird gemäß der Kollektivverträge im Dienstleistungsbereich des privaten Sektors die Arbeitszeit einer Vollzeitbeschäftigung mit 38,5 Stunden pro Woche angenommen, es sei denn es wurde im Fragebogen eine andere vereinbarte Wochenarbeitszeit angegeben.

## 6.2. Struktur der Arbeitskräfte in Sozialen Diensten des Nonprofit Sektors

### 6.2.1. Gruppen von MitarbeiterInnen

Personen, die in Nonprofit Organisationen entgeltlich tätig sind, haben einen echten Dienstvertrag, einen freien Dienstvertrag oder einen Werkvertrag mit der Organisation abgeschlossen (siehe dazu im Detail Kapitel 6.2.2). Darüber hinaus sind in manchen Nonprofit Organisationen vorwiegend oder sogar ausschließlich Personen tätig, die ihre Arbeitsleistung im wesentlichen unentgeltlich oder zu einem Entgelt, das unter dem Marktlohn liegt, zur Verfügung stellen (vgl. Badelt 1999).

Darunter fallen im Bereich der Sozialen Dienste des Nonprofit Sektors MitarbeiterInnen, die kein Beschäftigungsverhältnis mit der Einrichtung aufweisen, wie[139]:

---

[138] nach Bachstein (2000).

[139] Auflistung angelehnt an Goll (1991).

- Ehrenamtliche

- Zivildiener

- PraktikantInnen

- Personen im freiwilligen sozialen Jahr

- Priester und Ordensangehörige

**Ehrenamtliche Arbeit** tritt in verschiedenen Formen auf. Diese sind einerseits hinsichtlich ihrer formalen Ausprägungen und andererseits in Bezug auf die inhaltlichen Dimensionen der Tätigkeit zu unterscheiden (vgl. Erlinghagen 2002). Die Unterscheidung formaler Ausprägungen trifft Erlinghagen (2002) anhand der Kriterien (a) haushaltsexterne Organisation, (b) Geldzahlungen und (c) Partizipation an den erbrachten ehrenamtlichen Leistungen.

Ad a) Der Formalisierungsgrad ehrenamtlicher Arbeit ist sehr gering. Ehrenamtliche Arbeit wird kaum durch rechtliche Bestimmungen[140] oder schriftliche Verträge geregelt. (vgl. Hollerweger 2001). Im Gegensatz zu Erlinghagen bindet Hollerweger (2001: 8f.) den Begriff ehrenamtlicher Arbeit nicht an die institutionelle Einbindung. Ehrenamtliche Tätigkeiten, die in Institutionen geleistet wird, wird als formelle ehrenamtliche Arbeit bezeichnet[141].

Ad b) Ehrenamtliche Arbeit definiert sich dadurch, dass eine Arbeitsleistung erbracht wird, der keine monetäre Gegenleistung gegenüber steht. Kleine monetäre oder naturale Anerkennungen berühren nicht den Status der Ehrenamtlichkeit (vgl. Badelt 2002c).

Ad c) Das dritte Kriterium bezieht sich darauf, ob die von ehrenamtlich tätigen Personen erstellten Leistungen vorwiegend ihnen selbst oder Dritten zu Gute kommen. Partizipieren Ehrenamtliche vorwiegend selbst von ihrer Tätigkeit, so wird diese Form ehrenamtlichen Engagements als „Selbsthilfe Eh-

---

[140] Die Widmung bestimmter Tätigkeitsbereiche als ehrenamtliche Tätigkeitsfelder ist in der Regel den Organisationen selbst überlassen. In machen Bereichen ist die ehrenamtliche Tätigkeit gesetzlich vorgegeben (z.B. Tätigkeit von Schöffen und Geschworenen – § 1 Abs. 1 GSchG, Tätigkeit als PersonalvertreterIn – § 25 Abs. 2 PVG), als politische Aufgabe (Engagement in Parteien). Siehe dazu auch die Kategorisierung von Erlinghagen (2002).

[141] Im Gegensatz dazu werden ehrenamtliche Tätigkeiten, die ohne Einbindung in Institutionen ausgeübt werden, als informelle ehrenamtliche Arbeit bezeichnet (vgl. Hollerweger 2001). Zur Abgrenzung des Begriffs Ehrenamtlichkeit von anderen Formen unbezahlter Arbeit siehe Hollerweger (2001).

renamt" verstanden. Diese Form ist sowohl in Selbsthilfegruppen als auch in Sport- und Freizeitvereinen zu finden (vgl. Erlinghagen 2002). Werden die mit ehrenamtlicher Arbeit erstellten Güter und Dienstleistungen vorwiegend für dritte Personen erbracht, ist diese Form als „Altruistisches Ehrenamt" zu bezeichnen (vgl. Erlinghagen 2002). Da Selbsthilfegruppen aus der Grundgesamtheit der Untersuchung ausgeschlossen wurden, handelt es sich bei der beobachteten Form ehrenamtlicher Tätigkeit in Sozialen Diensten des Nonprofit Sektors um „Altruistisches Ehrenamt".[142]

Hinsichtlich der inhaltlichen Tätigkeit ist Ehrenamt in Sozialen Diensten des Nonprofit Sektors nach den Kategorisierung von Erlinghagen (2002) als „soziales Ehrenamt" zu bezeichnen. Diese Form grenzt sich inhaltlich von anderen Aufgabenbereichen, die mit ehrenamtlicher Tätigkeit verbunden sein können, ab[143].

Neben den verschiedenen Formen der Erwerbsarbeit wurde auch ehrenamtliche Arbeit in der Organisationsbefragung der Sozialen Dienste des Nonprofit Sektors erfasst. Da der Formalisierungsgrad ehrenamtlicher Arbeit sehr gering ist, ist auch nicht in allen Einrichtungen eine Dokumentation über die Zahl der ehrenamtlichen MitarbeiterInnen verfügbar (vgl. Hollerweger 2001).

Die Arbeitsleistung von **Zivildienern** ist als nur „halb-freiwillig" zu bezeichnen (Badelt 1999). Österreichische Staatsbürger unterliegen gemäß Art. 9a Abs. 3 B-VG der Wehrpflicht. Wehrpflichtige, die „aus Gewissensgründen ablehnen, Waffengewalt gegen Menschen anzuwenden, und daher bei Leistung des Wehrdienstes in Gewissensnot geraten würden" (§ 2 Z 1 ZDG), haben die Möglichkeit, Zivildienst zu leisten.

Der Einsatz von Zivildienern ist auf bestimmte Arten von Einrichtungen beschränkt. Die rechtlichen Regelungen dazu finden sich im Zivildienstgesetz: Zivildiener dürfen nur in Einrichtungen tätig werden, die vom Landeshauptmann als Träger des Zivildienstes anerkannt sind (§ 4 Abs. 1 ZDG). Als Einrichtungen, in denen Zivildiener tätig sein können, kommen Einrichtungen der Gebietskörperschaften, Einrichtungen anderer öffentlich-rechtlicher Körperschaften sowie Nonprofit Organisationen in Betracht (§ 4 Abs. 2 ZDG), die

---

[142] Diese hier vorgestellte Kategorie ist nicht zu verwechseln mit den Motiven, die zu ehrenamtlicher Arbeit führen (siehe dazu Badelt 2002c).

[143] siehe dazu Erlinghagen (2002).

überwiegend Tätigkeiten ausführen, die in § 4 Abs. 3 ZDG genannt sind. Etliche taxativ aufgezählte Tätigkeitsbereiche stehen in sehr enger Verbindung zu den Arbeitsbereichen bzw. zu den Geschäftsfeldern Sozialer Dienste des Nonprofit Sektors. Da der Einsatz von Zivildienern auf öffentliche und gemeinnützige Organisationen beschränkt ist, bilden Zivildiener ausschließlich für diese Einrichtungen, nicht jedoch für private erwerbswirtschaftliche Soziale Dienste eine personelle Ressource. Letztere sind per Gesetz davon ausgenommen, Zivildiener einzusetzen[144].

„Personen, die zu Schulungs- und Ausbildungszwecken kurzfristig beschäftigt werden", zählen nicht zur Gruppe der ArbeitnehmerInnen (§ 36 Abs. 2 ArbVG). Mit der Kategorie **PraktikantInnen** sind in der Organisationsbefragung einerseits Studierende einschlägiger Ausbildungseinrichtungen, die ein Praktikum in Sozialen Diensten absolvieren und andererseits Personen, die ein freiwilliges soziales Jahr durchlaufen, zusammengefasst. Studierende der Fachhochschul-Studiengänge für Sozialarbeit, oder Personen in Ausbildung zum/zur PflegehelferIn u.a. müssen gemäß Lehrplan eine gewisse Zeit an Praktika nachweisen, die sie in sozialen Einrichtungen des öffentlichen oder privaten Sektors absolviert haben.

**Personen im freiwilligen sozialen Jahr** („SozialhelferInnen") sind junge Menschen ab dem 18. Lebensjahr. Sie werden vom "Verein zur Förderung freiwilliger sozialer Dienste" für 10-11 Monate gegen ein Taschengeld von Euro 168,00 netto, sowie anteiliges Urlaubs- und Weihnachtsgeld und Sozialversicherungsschutz angestellt. Darüber hinaus erhalten SozialhelferInnen nicht-monetäre Leistungen, wie freie Unterkunft und Verpflegung in der Einsatzstelle sowie begleitende Seminare zur Reflexion des Einsatzes und zur Weiterbildung. (http://www.fsj.at/fsj/index_fsj.htm, 31.08.2003)

Personen im freiwilligen sozialen Jahr werden vor allem im pflegerischen oder erzieherischen Hilfsdienst eingesetzt. Sie arbeiten 37,5 Stunden pro Woche und können auch zu Sonn- und Feiertagsdiensten eingeteilt werden. Soziale Dienste, die als Einsatzstelle fungieren, leisten an den "Verein zur Förderung freiwilliger sozialer Dienste" einen monatlichen Beitrag in der Höhe von EUR 487 sowie an die SozialhelferInnen einen monatlichen Fahrtkostenzuschuss und finanzieren den SozialhelferInnen drei Heimfahrten pro Jahr. (http://www.fsj.at/fsj/index_fsj.htm, 31.08.2003)

---

[144] Für Deutschland siehe dazu Meyer (2003).

**Priester und Ordensangehörige**, die ihren Dienst ausschließlich aufgrund eines religiösen Rechtsaktes (Inkardination aufgrund von Weihe oder Profess) ausüben, haben keinen Arbeitsvertrag mit den Organisationen und sind daher keine ArbeitnehmerInnen im rechtlichen Sinn (vgl. Drs 1996).

### 6.2.2. Gruppen von Beschäftigten nach Art des Vertragsverhältnisses

Ähnlich der Entwicklung in den anderen institutionellen Sektoren ist auch im Nonprofit Sektor eine Ausdifferenzierung der Arbeitsverhältnisse zu beobachten. Die Arbeitsleistungen in Sozialen Diensten des Nonprofit Sektors werden von Arbeitskräften in vielfältigen Beschäftigungsverhältnissen erbracht.

Eine generelle Möglichkeit der Systematisierung von Arbeitskräften ist deren Unterscheidung nach den Verträgen, die die rechtliche Grundlage ihrer Tätigkeit in den Organisationen bilden. Diese Verträge können schriftlich oder mündlich abgeschlossen werden. In den folgenden Ausführungen wird auf folgende Gruppen der Beschäftigten in Sozialen Diensten des Nonprofit Sektors näher eingegangen:

- ArbeitnehmerInnen: Vollzeit-, Teilzeitbeschäftigung (geringfügige Beschäftigung), befristete Beschäftigung und die besondere Rolle von Transitarbeitskräften

- Freie DienstnehmerInnen

- WerkvertragsnehmerInnen

Die vertragliche Vereinbarung von bezahlten Arbeitsleistungen kann mittels Arbeits- bzw. Dienstvertrages, auf Basis eines freien Dienstvertrages oder eines Werkvertrages erfolgen.

**ArbeitnehmerInnen** sind Personen, die freiwillig in persönlicher Abhängigkeit auf Rechnung und Risiko ihrer ArbeitgeberInnen beschäftigt sind[145]. Das Arbeitsverfassungsgesetz definiert als ArbeitnehmerInnen „alle im Rahmen eines Betriebes beschäftigten Personen einschließlich der Lehrlinge und der Heimarbeiter ohne Unterschied des Alters" (§ 36 Abs. 1 ArbVG). Der echte Dienstvertrag bindet die ArbeitnehmerInnen organisatorisch hinsichtlich Arbeitszeit und Arbeitsort an ihre ArbeitgeberInnen und räumt diesen weitgehende Verfügungsmacht über die Arbeitsleistung der ArbeitnehmerInnen ein. Inhalt und Modalität der Arbeitsleistung können mittels Weisung von den Ar-

---

[145] Zu den Kriterien der Bestimmung des Typus ArbeitnehmerIn siehe Stärker (1999).

beitgeberInnen gestaltet werden. (vgl. Stärker 1999) Der Lehrvertrag regelt das Lehrverhältnis des Lehrlings (§ 12 (1) Berufsausbildungsgesetz).

Eine Differenzierung der ArbeitnehmerInnen mit echten Dienstverträgen kann in Bezug auf den zeitlichen Einsatz oder hinsichtlich der Höhe des monatlichen Einkommens erfolgen. Eine Unterscheidung nach dem zeitlichen Einsatz der Arbeitskräfte ist einerseits nach der zeitlichen Befristung des Arbeitsverhältnisses sowie nach dem vereinbarten Ausmaß der Arbeitsstunden pro Woche möglich. Gemäß den Bestimmungen des Arbeitszeitgesetzes liegt **Teilzeitarbeit** vor, „wenn die vereinbarte Wochenarbeitszeit die gesetzliche Normalarbeitszeit oder eine durch Normen der kollektiven Rechtsgestaltung festgelegte kürzere Normalarbeitszeit im Durchschnitt unterschreitet." (§ 19 d Abs. 1 AZG). Aufbauend auf dieser Legaldefinition folgt die Operationalisierung von Teilzeitarbeit in dieser Arbeit der international verbreiteten statistischen Konvention des Labour-Force-Konzeptes. Danach umfasst Teilzeitarbeit ein Arbeitsausmaß von 1-35 Wochenstunden[146].

**Geringfügige Beschäftigung** bezieht sich auf (freie) DienstnehmerInnen, deren Einkommen nicht über einem bestimmten Betrag in EUR pro Tag bzw. pro Monat liegt. Geringfügige Beschäftigung ist im Allgemeinen Sozialversicherungsgesetz verankert und liegt gemäß § 5 Abs. 2 Z 2 vor, wenn das Arbeitsverhältnis für mindestens einen Kalendermonat oder auf unbestimmte Zeit vereinbart ist und das monatliche Einkommen eine bestimmte Grenze nicht überschreitet. Für 2001 – im Jahr des Stichtages der erhobenen Daten – lag die Geringfügigkeitsgrenze bei umgerechnet EUR 296,20.

In diesem, auf den Begriff des Arbeitnehmers bzw. der Arbeitnehmerin gerichteten, definitorischen Zusammenhang nehmen sozialökonomische Betriebe und Beschäftigungsprojekte über die Bereitstellung von Transitarbeitsplätzen eine besondere Rolle ein. Die Einrichtungen schließen befristete Beschäftigungsverhältnisse mit benachteiligten Personen des Arbeitsmarktes ab, die über Lohnkostenzuschüsse der öffentlichen Hand (z. B. des Arbeitsmarktservices) gefördert werden. Personen auf diesen Arbeitsplätzen **(Transitarbeitskräfte)** sind für diesen festgelegten Zeitraum (in der Regel für ein Jahr) ArbeitnehmerInnen des sozialökonomischen Betriebes und an der Güter- und Dienstleistungsproduktion beteiligt. Aus dieser produktionsorientier-

---

[146] Zu den unterschiedlichen Konzepten der statistischen Erfassung von Teilzeitarbeit siehe Tálos (1999).

ten Perspektive sind sie unselbständig Beschäftigte der Betriebe. Aus der Perspektive der sozialökonomischen Betriebe als soziale Dienstleistungsein-richtungen sind sie KlientInnen dieser Einrichtungen, denen über die geför-derten Arbeitsplätze die Integration in den Erwerbsprozess ermöglicht wird. Da der sozialökonomische Betrieb bzw. das Beschäftigungsprojekt aus der Perspektive des Sozialen Dienstes (und nicht als Güter produzierender Be-trieb) im Mittelpunkt dieser Arbeit steht, gelten als Beschäftigte dieser Sozia-len Dienste alle Personen, die das Stammpersonal (Schlüsselkräfte, soziales Fachpersonal, etc) bilden. Transitarbeitskräfte zählen nach dieser Einteilung zum Klientel und scheinen in der berechneten Beschäftigungsstatistik (siehe Kapitel 8.1.1) daher nicht auf.

**Freie DienstnehmerInnen** unterscheiden sich von ArbeitnehmerInnen vor allem im Fehlen einer persönlichen Abhängigkeit zu den ArbeitgeberInnen und dadurch, dass sie nicht in die betriebliche Organisation eingegliedert sind. Über Arbeitszeit und Arbeitsort können freie DienstnehmerInnen selbst entscheiden. Die vereinbarte Arbeitsleistung muss nicht von den freien DienstnehmerInnen selbst erbracht werden, sondern kann auch von anderen Personen ausgeführt werden. (vgl. Stärker 1999)

Pooldienste bzw. Personalbereitstellungsunternehmen für Gesundheits- und Pflegepersonen stellen Personal zur Verfügung, wenn soziale Dienstleis-tungsorganisationen aufgrund von Mehrbelastungen durch Urlaub und Kran-kenstand personelle Unterstützung benötigen bzw. Arbeitsaufwandsspitzen abgedeckt werden sollen (http://www.carecomponents.at/pool.html, 23.4.2002). Das Personal der Pooldienste ist nicht bei diesen Pooldiensten angestellt. Diese Fachkräfte arbeiten als selbständige Pflegepersonen („Neue Selbständige"). Die freiberufliche Tätigkeit und deren Vermittlung über Personalbereitstellungsunternehmen bleiben auf diplomierte Gesund-heits- und Pflegepersonen und damit auf den gehobenen Dienst für Gesund-heits- und Krankenpflege beschränkt. Im Gegensatz dazu dürfen Pflegehelfe-rInnen gemäß § 90 GuKG nicht einer freiberuflichen Berufsausübung nach-gehen.

De iure erfolgt die Klassifizierung eines Dienstverhältnisses als freies Dienst-verhältnis über die Gestaltung der Vertragsinhalte. Entsprechen diese den oben beschriebenen Kriterien, so liegt ein freier Dienstvertrag vor. Die Titulie-rung eines Vertrages als freien Dienstvertrag ist nicht ausreichend. (vgl. Stärker 1999) In der Organisationsbefragung zur Erhebung der Beschäftigung in Sozialen Diensten des Nonprofit Sektors wurden nicht die Kriterien der Verträge abgeprüft, sondern von den LeiterInnen der Einrichtungen bzw. von den zuständigen Personen in der Personalverwaltung der Einrichtungen eine Zuordnung der Anzahl der Personen, mit denen ein freier Dienstvertrag abgeschlossen wurde, vorgenommen. Diese direkte Zuordnung mag vereinzelt Unschärfen in der arbeitsrechtlichen Klassifizierung durch fehlerhaft interpretierte Vertragsverhältnisse enthalten, schien für eine umfassende quantitative Erhebung jedoch als ein umsetzbarer praktikabler Weg.

**Tabelle 9: Unterschiede zwischen Arbeitsvertrag, freiem Dienstvertrag und Werkvertrag**

| Arbeitsvertrag | Freier Dienstvertrag | Werkvertrag |
|---|---|---|
| Persönliche Abhängigkeit | Keine persönliche Abhängigkeit | |
| Eingliederung in die betriebliche Organisation | Keine Eingliederung in die betriebliche Organisation | |
| Persönliche Dienstleistung geschuldet | Freier DienstnehmerInnen können sich auch vertreten lassen | Keine persönliche Arbeitspflicht der WerkvertragsnehmerInnen |
| Geschuldet wird Arbeitsbereitschaft, fehlender Erfolg wird anders sanktioniert | | WerkvertragsnehmerInnen schulden Erfolg = Erstellung eines Werkes |
| Dauerschuldverhältnis | | Zielschuldverhältnis |
| Zeitmoment vor Tätigkeitsmoment | | Tätigkeitsmoment vor Zeitmoment |
| Gestaltungsrecht der DienstgeberInnen | | Leistung wird bereits im Vertrag konkretisiert |

Quelle: Stärker (1999)

**WerkvertragsnehmerInnen** verpflichten sich zu einer Arbeitsleistung, die inhaltlich bestimmt und innerhalb eines bestimmten Zeitraumes zu erbringen ist. (vgl. Stärker 1999) Auch hierbei gilt, dass nicht die Bezeichnung des Vertrages, sondern die inhaltliche Gestaltung für die Klassifizierung als Werkvertrag herangezogen wird. In der Organisationsbefragung erfolgte die Zuordnung der Anzahl der Werkverträge durch die Adressaten des Fragebogens. Ähnlich der freien Dienstverträge sind auch hier Unschärfen in der arbeitsrechtlichen Einordnung nicht auszuschließen.

Eine Übersicht über die Unterscheidungsmerkmale der unterschiedlichen Vertragstypen bietet Tabelle 9.

## 6.2.3. „Atypische Beschäftigung"

Seit einigen Jahrzehnten ist die Entwicklung vielfältiger Beschäftigungsformen zu beobachten, die zunehmend die „Normalität" eines unbefristeten Arbeitsverhältnisses mit 40 Wochenstunden schwinden lassen. Für die Erfassung des Stellenwertes dieser Beschäftigungsformen in den Sozialen Diensten des Nonprofit Sektors ist zunächst eine Klassifizierung dieser atypischen Beschäftigungsformen erforderlich. Dabei wird auf die Klassifizierungen von Tálos (1999) und Mühlberger (2000) Bezug genommen:

- Teilzeitarbeit (siehe Kapitel 6.2.2)

- Leiharbeit – Arbeitskräfteüberlassung[147]

- Befristete Arbeitsverhältnisse

- Geringfügige Beschäftigung (siehe Kapitel 6.2.2)

- Heim- und Telearbeit

- Arbeit auf Abruf

- „arbeitnehmerähnliche Selbständige"

**Leiharbeit – Arbeitskräfteüberlassung** bezeichnet die Beschäftigung von Arbeitskräften, die ihre Arbeitsleistung bei Dritten erbringen. Sie ist nach dem Arbeitskräfteüberlassungsgesetz (AÜG) geregelt. Für Soziale Dienste, die aus öffentlichen Mitteln gefördert werden, gelten laut § 1 (2) Z 6 AÜG die Bestimmungen des AÜG nur eingeschränkt.

Die Beschäftigung einer Arbeitskraft für einen bestimmten, vorher festgelegten Zeitraum oder der Abschluss eines Dienstvertrages für eine spezifische Aufgabe mit begrenzter Dauer begründet ein **befristetes Beschäftigungsverhältnis**.

**Heim- und Telearbeit** sind durch Ortsunabhängigkeit gekennzeichnet – im Falle von Telearbeit darüber hinaus auch durch die elektronische Übermittlung der Arbeitsleistung an die ArbeitgeberInnen.

**Arbeit auf Abruf** liegt vor, wenn ArbeitnehmerInnen sich bereithalten und bei Bedarf von den Unternehmen – hier von den Sozialen Diensten des Nonprofit

---

[147] LeiharbeitnehmerInnen und befristete Beschäftigte werden von Mühlberger (2000) mit dem Begriff der „ZeitarbeitnehmerInnen" zusammengefasst.

Sektors – angefordert werden (vgl. Tálos 1999). Mühlberger (2000) verortet in Arbeit auf Abruf eine Subform der Teilzeitbeschäftigung.

Unter **„arbeitnehmerähnliche Selbständige"** fallen vor allem freie DienstnehmerInnen und WerkvertragsnehmerInnen (dazu siehe Kapitel 6.2.2).

# 7. Soziale Dienste des Nonprofit Sektors 2002 – Beschreibung der Stichprobe

Die Stichprobe enthält 487 Datensätze über eigenständige Einrichtungen oder Einheiten größerer Organisationen, die soziale Dienstleistungen erstellen und der Definition von Nonprofit Organisationen entsprechen bzw. dem Nonprofit Sektor zugehörig sind. Die Mehrzahl der vorliegenden Informationen zur Beschäftigung bezieht sich auf den Stichtag 31.12.2001. Die Daten wurden unter Wahrung der Anonymität der Organisationen ausgewertet.

Da quantitatives Datenmaterial zu Sozialen Diensten des Nonprofit Sektors in Österreich kaum verfügbar ist, ist diese Stichprobenbeschreibung ausführlicher gestaltet. Sie beinhaltet Informationen zu den **organisationsdemografischen Merkmalen**, zu den Eigenschaften des **Dienstleistungsangebots** und zur **Art und Zahl der KlientInnen sozialer Dienstleistungen**. Weiters bietet der nachfolgende Abschnitt einen Überblick über die Verteilung der Variablen zu den wesentlichsten **Merkmalen der Beschäftigung**[148] in diesen Organisationen sowie zu ihrer **Finanzierungssituation**.

## 7.1. Organisationsdemografische Merkmale

Dieses Unterkapitel enthält Informationen über die Verteilung wesentlicher organisationsdemografischer Kennzahlen der befragten Sozialen Dienste des Nonprofit Sektors und deren Verteilung. Dabei wird vor allem Bezug genommen auf die Rechtsform, das Gründungsjahr, den Standort und die organisationsinterne Stellung der antwortenden Einrichtungen.

Nonprofit Organisationen weisen unterschiedliche **Rechtsformen** auf: angefangen bei Vereinen, Fonds und Stiftungen bis hin zu gemeinnützigen Ge-

---

[148] Eine ausführlichere Auseinandersetzung mit den Daten zur Beschäftigung findet sich in Kapitel 7.3. und 7.4.

sellschaften mit beschränkter Haftung und gemeinnützigen Aktiengesell-
schaften (vgl. Badelt 2002b; vgl. Ettel, Nowotny 2002). Der Verein ist eine für
Nonprofit Organisationen typische Rechtsform – der Großteil der Nonprofit
Organisationen zu Beginn des 21. Jahrhunderts ist als Verein organisiert
(vgl. Anheier, Seibel 2001).

Ettel und Nowotny (2002) verweisen auch auf Genossenschaften als mögliche Rechtsformen für Nonprofit Organisationen. Bei Genossenschaften ist
das Kriterium des Gewinnausschüttungsverbots, das Nonprofit Organisationen kennzeichnet, bei strikter Auslegung nicht generell erfüllt. In Österreich
dürfen Genossenschaften in eingeschränktem Ausmaß Dividenden an ihre
Mitglieder ausschütten. Genossenschaften werden auch als „low profit organizations" bezeichnet. (vgl. Heitzmann 2001). Daher werden Genossenschaften hier nicht als Rechtsform für Nonprofit Organisationen miteinbezogen.
Wie sich in der empirischen Auswertung auch zeigt, sind Genossenschaften
als Rechtsform von Sozialen Diensten ohne Bedeutung.

**Abbildung 7: Stichprobenbeschreibung – Rechtsformen (2002)**

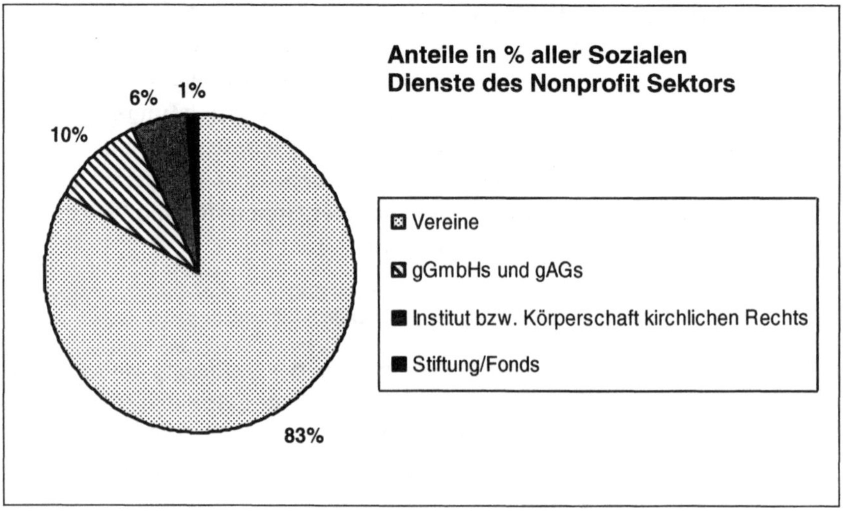

Anteile in % aller Sozialen Dienste des Nonprofit Sektors

- ⊠ Vereine
- ⊠ gGmbHs und gAGs
- ■ Institut bzw. Körperschaft kirchlichen Rechts
- ■ Stiftung/Fonds

10%  6%  1%  83%

Quelle: Datensatz: Soziale Dienste in Österreich – Beschäftigungsstudie 2002,
    eigene Berechnungen

Die Verteilung der Stichprobenorganisationen nach Rechtsform ist aus Abbildung 7 zu entnehmen: Mit rund 83 % war 2002 die überwiegende Mehrheit

der betrachteten Sozialen Dienste des Nonprofit Sektors als Verein organisiert. Etwa 10 % waren in der Rechtsform einer gemeinnützigen Kapitalgesellschaft verfasst – mehrheitlich als gemeinnützige Gesellschaft mit beschränkter Haftung, eine gemeinnützige Aktiengesellschaft. Etwas über 1 % aller erfassten Einrichtungen wurde als Fonds oder Stiftung geführt. Kirchliche oder einer Kirche nahe stehende Organisationen können auch in einer besonderen Rechtsform gegründet sein, die als „Institute bzw. Körperschaften kirchlichen Rechts" bezeichnet wird (vgl. dazu auch Anheier, Seibel 2001). Die Stichprobe dieser Erhebung enthält 6 % dieser Institutionen.

Die Verteilung der untersuchten Sozialen Dienste nach **Gründungsjahr** gibt einen Einblick in deren Altersstruktur. Die Antwortrate dieser Frage liegt bei annähernd 99 %. Für die älteste Nonprofit Organisation in der Stichprobe wurde das Gründungsjahr mit 1825 angegeben. Insgesamt 1 % aller Sozialen Dienste dieser Stichprobe wurde im 19. Jahrhundert errichtet. Die überwiegende Mehrheit begann ihre Tätigkeit jedoch im 20. Jahrhundert. Die Hälfte aller erfassten Einrichtungen wurde nach 1990 gegründet. Die Stichprobe enthält 46 Soziale Dienste, die ihre Tätigkeit erst 1999, 2000 und 2001 aufnahmen. Die Adress-Recherchen[149] zu den nach 1998 gegründeten Organisationen (Stichtag von „österreich sozial", in dem der Ausgangsdatensatz enthalten war), hatten einen Rücklauf zur Folge, der annähernd 10 % des gesamten verwertbaren Rücklaufs ausmachte.

**Tabelle 10: Stichprobenbeschreibung – Gründungsjahr**

| Beschreibung | n | Perzentile | | | Min. | Max. | Spannweite |
|---|---|---|---|---|---|---|---|
| | | **25.** | **50.** | **75.** | | | |
| Gründungsjahr der Nonprofit Organisation | 480 | 1983 | 1990 | 1996 | 1825 | 2001 | 176 |

Quelle: Datensatz: Soziale Dienste in Österreich – Beschäftigungsstudie 2002,
eigene Berechnungen

Eines der Charakteristika korporativer Wohlfahrtsstaaten, zu denen Österreich gemäß der Systematik von Esping-Andersen (1990) gezählt wird, ist der bedeutende Einfluss, den die Kirche ausübt. Die Frage nach einer Religionszugehörigkeit bzw. einer Religionsnähe ihrer Organisation haben nahezu alle Nonprofit Organisationen (rund 98 %) der Stichprobe beantwortet. Etwas

---

[149] siehe Kapitel 4.1.1.

über 16 % nannten zumindest ein **Naheverhältnis zu einer Religionsgemeinschaft** – davon mit 81 % vorwiegend zur katholischen Kirche. Weitere 12 % der Einrichtungen, die eine Zugehörigkeit oder ein Naheverhältnis zu einer Religionsgemeinschaft aufweisen, zählten sich der evangelischen Religionsgemeinschaft zugehörig, der Rest sind einzelne Organisationen, die sich selbst ohne genauere Zurechnung als „christlich" bezeichneten sowie Organisationen der jüdischen Glaubensgemeinschaft, der Methodistenkirche und der Sieben-Tages-Adventisten.

Die **regionale Verteilung** der Sozialen Dienste des Nonprofit Sektors in dieser Stichprobe spiegelt sich in der Verteilung der Einrichtungen nach Bundesländern wider. Die Zuordnung des Bundeslandes erfolgte über die den Bundesländern zugeordneten Postleitzahlen. Tabelle 11 weist aus, dass knapp die Hälfte der in dieser Erhebung erfassten Einrichtungen in den drei Bundesländern Oberösterreich, Wien und der Steiermark zu finden sind. In Niederösterreich und Tirol waren 2002 jeweils mehr als 10 % der untersuchten Einheiten ansässig. Die im Burgenland angesiedelten Sozialen Dienste des Nonprofit Sektors bildeten den geringsten Anteil der Stichprobenorganisationen.

**Tabelle 11: Stichprobenbeschreibung – regionale Verteilung (2002)**

| Bundesland | Soziale Dienste des Nonprofit Sektors | |
|---|---|---|
| | **Anzahl** | **Anteil (%)** |
| Burgenland | 19 | 3,9 |
| Kärnten | 26 | 5,3 |
| Niederösterreich | 70 | 14,4 |
| Oberösterreich | 87 | 17,9 |
| Salzburg | 33 | 6,8 |
| Steiermark | 73 | 15,0 |
| Tirol | 65 | 13,3 |
| Vorarlberg | 38 | 7,8 |
| Wien | 76 | 15,6 |
| **Gesamt** | **487** | **100,0** |

Quelle: Datensatz: Soziale Dienste in Österreich – Beschäftigungsstudie 2002,
eigene Berechnungen

Caritas Österreich, Diakonie Österreich, Österreichisches Hilfswerk, Österreichisches Rotes Kreuz und Volkshilfe Österreich haben sich zur „Bundesarbeitsgemeinschaft freie Wohlfahrt" (BAG) zusammengeschlossen. Jede dieser Organisationen ist nahezu in allen Bundesländern mit einer Landesorganisation vertreten, in der soziale Dienstleistungen[150] koordiniert und bereitgestellt werden. In der Stichprobe sind Einrichtungen und Organisationseinheiten dieser in Österreich bedeutenden Trägerorganisationen mit 12 % aller Fragebögen (vorwiegend Erhebung nach Organisationseinheiten) vertreten, wobei versucht wurde ausschließlich Daten gemäß der in Kapitel 4.1.1. abgegrenzten Grundgesamtheit zu erheben. 88 % der Fragebögen stammen demnach aus anderen als den genannten Organisationen. Dies spiegelt das **breite Spektrum an AnbieterInnen** im Bereich sozialer Dienstleistungen und deren Erfassung in der Stichprobe wider.

Aus dem vorhandenen Adressmaterial ist nicht ersichtlich, ob die jeweilige Adresse, an die der Fragebogen gerichtet war, der einzige Standort einer Organisation oder einer von vielen war bzw. ob es sich dabei um die Zentrale oder eine Zweigstelle handelte. Frage 1.2 (siehe Fragebogen im Anhang) erfasst die **organisationsinterne Stellung** der antwortenden Einrichtung. So kann differenziert werden, ob sich die Antworten auf eine eigenständige Einrichtung ohne Zweigstellen, eine Zentrale mit untergeordneten Zweigstellen, oder eine Zweigstelle beziehen. Mit „Organisationseinheit" werden alle retournierten Fragebögen gekennzeichnet, die von Abteilungen („Organisationseinheiten") großer Sozialer Dienste des Nonprofit Sektors ausgefüllt wurden.

Diese organisationsinterne Stellung der Sozialen Dienste des Nonprofit Sektors ist in der Stichprobe folgendermaßen abgebildet (vgl. auch Tabelle 12): 39 % der Datensätze enthalten die Daten von eigenständigen Einrichtungen ohne Zweigstellen bzw. Dienststellen an anderen Standorten, 20 % sind Zentralen, davon hat ein Teil den Fragebogen für die gesamte Organisation ausgefüllt („Einrichtungen mit Zweigstellen") und ein Teil im Sinne der Arbeitsstättenzählung die Daten ausschließlich auf den Standort der Zentrale bezogen („Zentrale"). 21 % der erfassten Einrichtungen sind Zweigstellen oder Standorte einer größeren Einrichtung, die in keiner der anderen Kategorien erfasst ist. Etwa 20 % der Datensätze beziehen sich auf Organisationseinheiten größerer Sozialer Dienste in Österreich. Von diesen hatte ein Groß-

---

[150] Das Tätigkeitsspektrum dieser Organisationen geht in machen Bereichen über den dieser Erhebung zugrunde gelegten Begriff der sozialen Dienste hinaus. Es beinhaltet auch Leistungen, wie Krankentransporte, Auslandshilfen etc. (siehe auch Kapitel 4.1.1).

teil mehrere untergeordnete Zweigstellen. Drei Fragebögen wurden von Dachverbänden stellvertretend für mehrere eigenständige Nonprofit Organisationen ausgefüllt.

**Tabelle 12: Stichprobenbeschreibung – Organisationsinterne Stellung der antwortenden Einrichtungen (2002)**

| organisationsinterne Stellung der antwortenden Einrichtung | Soziale Dienste des Nonprofit Sektors | |
|---|---|---|
| | Anzahl | Anteil in % |
| eigenständige Einrichtung ohne Zweigstellen | 189 | 38,8 |
| Einrichtung mit Zweigstellen | 72 | 14,8 |
| Zentrale | 27 | 5,5 |
| Zweigstellen | 101 | 20,7 |
| Organisationseinheit | 95 | 19,5 |
| Auskunft über mehrere eigenständige Einrichtungen | 3 | 0,6 |
| **Gesamt** | **485** | **100,0** |

Quelle: Datensatz: Soziale Dienste in Österreich – Beschäftigungsstudie 2002, eigene Berechnungen

In den weiteren Auswertungen werden die Begriffe „Soziale Dienste", „(Nonprofit) Organisation" oder „Einrichtungen" vereinfachend synonym verwendet, ohne nach der oben dargelegten organisationsinternen Stellung zu differenzieren. Unterscheidungen werden jedoch dann vorgenommen, wo diese zum Verständnis der Auswertungen beitragen und Unterschiede deutlich werden.

## 7.2. Zielgruppen, Dienstleistungsangebot und Zahl der KlientInnen

Die Geschäftsfelder der Einrichtungen und die Ausrichtung des Angebots an sozialen Dienstleistungen wurden mit der Frage zu den betreuten Zielgruppen und zu den sozialen Dienstleistungen, die von den Organisationen erstellt werden, erfasst (siehe Fragen 2.1-2.3 des Fragebogens im Anhang). Die Zahl der im Jahr 2001 betreuten KlientInnen dient als Maß für den Output. Abgebildet wird die tatsächliche Inanspruchnahme der sozialen Dienstleistungen, was über die Sicherung der Leistungsbereitschaft (Dienstleistungspotenzial, vgl. Kapitel 2.2.2.) deutlich hinausgeht.

Soziale Dienste bieten in ihrer Gesamtheit soziale Dienstleistungen für eine Vielzahl von **Zielgruppen** an (vgl. Klicpera, Gasteiger-Klicpera 1997). Der

Fragebogen enthielt eine Liste mit 22 vorgegebenen Zielgruppenkategorien[151]. Im Feld „sonstige Zielgruppen" konnten Ergänzungen der vorgegebenen Liste vorgenommen werden. Mehrfachantworten waren möglich.

**Tabelle 13: Stichprobenbeschreibung – Zielgruppenspektrum (2002)**
(n=487, Mehrfachantworten)

| Zielgruppen | Anzahl der Nennungen | Anteil in % |
|---|---|---|
| Behinderte | 154 | 31,6 |
| Kinder/Jugendliche | 153 | 31,4 |
| ältere Menschen | 136 | 27,9 |
| Angehörige | 126 | 25,9 |
| Arbeitslose | 123 | 25,3 |
| Psychisch Kranke | 122 | 25,1 |
| Familien, Alleinerziehende, Pflege- und Adoptiveltern | 103 | 21,1 |
| Kranke | 99 | 20,3 |
| Pflegebedürftige | 95 | 19,5 |
| Frauen | 90 | 18,5 |
| Sucht-Kranke | 70 | 14,4 |
| Verschuldete | 61 | 12,5 |
| von Gewalt Bedrohte, Opfer | 58 | 11,9 |
| AusländerInnen | 57 | 11,7 |
| Schwangere | 47 | 9,7 |
| Haftentlassene | 44 | 9,0 |
| Obdachlose | 43 | 8,8 |
| Mädchen | 40 | 8,2 |
| Flüchtlinge | 33 | 6,8 |
| Männer | 19 | 3,9 |
| Homo-, Bi- und Transsexuelle | 13 | 2,7 |
| Buben | 7 | 1,4 |
| sonstige Zielgruppen | 27 | 5,5 |
| **Gesamt** | **1.720** | **353,2** |

Quelle: Datensatz: Soziale Dienste in Österreich – Beschäftigungsstudie 2002, eigene Berechnungen

---

[151] Zur Konzeption der Liste der Zielgruppen siehe Kapitel 5.4.2.

Eine Übersicht über die Verteilung der Nennungen „Hauptzielgruppen der Einrichtungen" gibt Tabelle 13. Die Zielgruppen, die von den meisten Organisationen in dieser Stichprobe unterstützt werden, sind „Menschen mit Behinderungen", „Kinder und Jugendliche", „ältere Menschen", „Angehörige", „Arbeitslose" und „psychisch kranke Menschen". Sie werden von jeweils mehr als einem Viertel der befragten Organisationen als Zielgruppen benannt.

Alle zur Auswahl stehenden Zielgruppen wurden von mehreren Organisationen versorgt. Die Kategorie „sonstige Zielgruppen" erweiterte die betreuten Zielgruppen v. a. mit „Menschen in der letzten Lebensphase", „Sterbende", „Roma"[152]. Mehrfachantworten und die Ergänzungen zur vorgegebenen Liste der Zielgruppen sind ein Indiz für die Breite des Zielgruppenkreises und der Breite der sozialen Probleme, der sich Soziale Dienste des Nonprofit Sektors annehmen.

Rund ein Viertel der Einrichtungen richtet ihre Angebote auf eine einzige Zielgruppe aus. Die Hälfte der Einrichtungen stellt soziale Dienstleistungen drei und mehr unterschiedlichen Zielgruppen zur Verfügung. 10 % der Einrichtungen versorgen 14 und mehr unterschiedliche Zielgruppen. Diese Stichprobe enthält zwei Organisationen, die mit 18 unterschiedlichen Zielgruppen das Maximum dieses Wertes in der Stichprobe erreichen.

**Tabelle 14: Stichprobenbeschreibung – Anzahl der versorgten Zielgruppen (2002)**

| Beschreibung | n | Perzentile | | | Min. | Max. | Spannweite |
|---|---|---|---|---|---|---|---|
| | | 25. | 50. | 75. | | | |
| Anzahl der Zielgruppen | 487 | 1 | 3 | 5 | 1 | 18 | 17 |

Quelle: Datensatz: Soziale Dienste in Österreich – Beschäftigungsstudie 2002, eigene Berechnung

Tabelle 14 gibt einen Überblick über die Anzahl der Nennungen der Zielgruppen. Diese Auswertungen lassen aufgrund der Mehrfachantworten jedoch keine Aussagen zu, welche Nonprofit Organisationen welche Kombinationen von Zielgruppen versorgen. Um die **Zusammensetzung der betreuten Zielgruppen** in den jeweiligen Organisationen zu ermitteln und daraus Organisationstypen für die weiteren Analysen zu bilden, wurde das statistische Verfahren der Clusteranalyse angewandt (siehe dazu Kapitel 5.4.).

---

[152] siehe dazu ausführlicher Kapitel 5.4.2

Mit Hilfe dieses Verfahrens konnten die vorgegebenen Antwortmöglichkeiten zu den Hauptzielgruppen der Organisationen auf neun Zielgruppenkategorien reduziert werden. 85 % der Organisationen konnten einer klar definierten Zielgruppenkategorie zugeordnet werden. Rund 15 % der Organisationen versorgten sehr unterschiedliche Zielgruppen – diese Organisationen finden sich im Cluster „kategorienübergreifende Zielgruppenbetreuung".

Diese Kategorie verdeutlicht zudem, dass die Komplexität sozialer Probleme nicht in jedem Fall Spezialisierungen zulässt.

Tabelle 15 zeigt die aus der Clusteranalyse heraus entwickelten Kategorien von betreuten Zielgruppen. Die Cluster sind nach den sie prägenden Zielgruppenkombinationen benannt. So finden sich – beispielsweise Organisationen, die sich kranken, pflegebedürftigen und älteren Menschen einzeln oder in Kombination widmen, finden sich in Kategorie 1. Vereinzelt sind in dieser Kategorie auch Organisationen mit Kombinationen der prägenden Zielgruppen mit z.B. Menschen mit Behinderungen, psychisch Kranken zu finden.

Die Zusammensetzung der Zielgruppenkategorie, die Ergebnis des statistischen Verfahrens ist, zeigt, dass Arbeitslosigkeit einerseits ein soziales Problem für sich, andererseits aber auch ein Folgeproblem oder Ursache anderer sozialer Probleme ist und somit eine (Mit-Betreuung) dieser Problemlagen erfordert. Die Auswertung der Mehrfachantworten zur Zielgruppe hat ergeben, dass sich ein Viertel der Organisationen mit Arbeitslosen befassen (vgl. Tabelle 13). Die Clusteranalyse zeigt nun, dass Arbeitslose einerseits eine eigene clusterprägende Zielgruppe sind (siehe Tabelle 15), dass Arbeitslose jedoch auch in Kombination mit anderen Zielguppen (insbesondere „Arbeitslose, Haftentlassene, Obdachlose, Sucht-Kranke und verschuldete Menschen" – Kategorie 8) einen Cluster bilden und auch in anderen Clustern als ergänzende Zielgruppen auftreten. Ergänzend sind Arbeitslose als Zielgruppen der Organisationen in Kategorie 3 „Menschen mit Behinderungen", Kategorie 9 „AusländerInnen und Flüchtlinge" und Kategorie 2 „Psychisch Kranke" zu finden. Dies ist insofern plausibel, da sich Organisationen arbeitslosen Menschen mit Behinderungen oder arbeitslosen AusländerInnen widmen können.

In dieser Stichprobe sind etwas mehr als ein Fünftel der Einrichtungen dem Ziegruppencluster „Menschen mit Behinderungen" zuzurechnen. Den zweithöchsten Anteil hat der Zielgruppencluster „ältere, kranke und pflegebedürftige Menschen".

**Tabelle 15: Stichprobenbeschreibung – Zielgruppenkategorien (2002)**

| Kategorien der Zielgruppen Sozialer Dienste des Nonprofit Sektors | | absolut | in % |
|---|---|---|---|
| Kat. 1 | Ältere Menschen, Kranke und Pflegebedürftige | 73 | 15,0 |
| Kat. 2 | Psychisch Kranke (auch Sucht-Kranke) | 41 | 8,4 |
| Kat. 3 | Menschen mit Behinderungen (auch psychisch Kranke) | 111 | 22,8 |
| Kat. 4 | Kinder/Jugendliche und Familien[1] | 42 | 8,6 |
| Kat. 5 | Frauen, Mädchen, Schwangere, Gewaltopfer | 44 | 9,0 |
| Kat. 6 | Männer, Buben, Homosexuelle | 8 | 1,6 |
| Kat. 7 | Arbeitslose | 17 | 3,5 |
| Kat. 8 | Arbeitslose, Haftentlassene, Obdachlose, Sucht-Kranke und verschuldete Menschen | 60 | 12,3 |
| Kat. 9 | AusländerInnen und Flüchtlinge | 20 | 4,1 |
| Kat. 10 | kategorienübergreifende Zielgruppenbetreuung: Soziale Dienste des Nonprofit Sektors, die für Zielgruppen aus mehreren Kategorien soziale Dienstleistungen anbieten | 71 | 14,6 |
| Kat.1-10 | Alle Sozialen Dienste des Nonprofit Sektors in der Stichprobe | 487 | 100,0 |

[1] Familien, Alleinerziehende, Pflege- und Adoptiveltern

Quelle: Datensatz: Soziale Dienste in Österreich – Beschäftigungsstudie 2002, eigene Berechnung und Zusammenstellung

Das **Angebot sozialer Dienstleistungen**, das von Nonprofit Organisationen erstellt wird, lässt sich erstens hinsichtlich des Typs und der Vielfalt der erstellten sozialen Dienstleistungen und zweitens bezüglich der zeitlichen Verfügbarkeit der sozialen Dienstleistungen für die KundInnen/KlientInnen charakterisieren. Drittens wird eine Annäherung an die Arbeitsintensität der angebotenen Dienstleistungen anhand der Relation der Personalausgaben zu den Gesamtausgaben vorgenommen. Um die Breite des Dienstleistungsangebots der Nonprofit Organisationen zu erfassen, stand im Fragebogen eine Liste von 25 unterschiedlichen sozialen Dienstleistungen zur Auswahl. Diese wurde ergänzt mit einem freien Feld, in das weitere Dienstleistungen eingetragen werden konnten.

**Tabelle 16: Stichprobenbeschreibung – Dienstleistungsspektrum (2002) (n=487, Mehrfachantworten)**

| Soziale Dienstleistungen | Anzahl der Nennungen | Anteil in % |
|---|---|---|
| Beratung und Information | 364 | 74,7 |
| Betreuungsleistungen | 278 | 57,1 |
| Angehörigenberatung | 221 | 45,4 |
| aktivierende Freizeitangebote | 138 | 28,3 |
| Beschäftigungsmöglichkeit, Arbeitsprojekt | 134 | 27,5 |
| Qualifizierungsangebote | 123 | 25,3 |
| betreute Wohnformen | 101 | 20,7 |
| Vermittlung von Arbeitssuchenden | 94 | 19,3 |
| Besuchsdienst | 81 | 16,6 |
| Wohnmöglichkeiten / Schlafstelle | 81 | 16,6 |
| Kinderbetreuung | 74 | 15,2 |
| Pflegehilfe | 72 | 14,8 |
| (Medizinische) Hauskrankenpflege | 66 | 13,6 |
| Heimhilfe | 65 | 13,3 |
| Arbeitsassistenz | 63 | 12,9 |
| therapeutische Dienstleistungen[1] | 61 | 12,5 |
| Essenszustellung | 55 | 11,3 |
| Persönliche Assistenz | 52 | 10,7 |
| Notruftelefon | 47 | 9,7 |
| Sterbebegleitung | 43 | 8,8 |
| Fahrtendienste | 41 | 8,4 |
| Organisierte Nachbarschaftshilfe | 38 | 7,8 |
| Familienhilfe | 36 | 7,4 |
| Streetwork / aufsuchende Arbeit | 25 | 5,1 |
| Sachwalter- und Patientenanwaltschaft | 15 | 3,1 |
| sonstige soziale Dienstleistungen | 44 | 9,0 |
| **Gesamt** | **2.412** | **495,3** |

[1] Ergebnis der Auswertungen zur offenen Kategorie „sonstige soziale Dienstleistungen" (siehe Kapitel 5.4.1)

Quelle: Datensatz: Soziale Dienste in Österreich – Beschäftigungsstudie 2002, eigene Berechnungen

Tabelle 16 gibt Auswertungen über die angebotenen sozialen Dienstleistungen wieder. Die häufigsten Nennungen entfallen auf Beratungs- und Informationsdienstleistungen (75 %), Betreuungsleistungen (57 %) und Angehörigenberatung (45 %). Jeweils etwa ein Fünftel bis ein Viertel der Organisationen ist in folgenden Bereichen tätig: aktivierende Freizeitangebote (28 %), Beschäftigungsprojekte und Arbeitsmöglichkeiten (28 %), Qualifizierungsangebote (25 %), betreute Wohnformen (20 %) und Vermittlung von Arbeitssuchenden (20 %). Nur 9 % aller Einrichtungen bieten (auch) soziale Dienstleistungen an, die nicht mit den vorgegebenen Kategorien erfasst werden konnten.

Die Vielfalt der angebotenen sozialen Dienstleistungen im Nonprofit Sektor ist insgesamt sehr beachtlich. Zusammen mit der Tatsache, dass nur 12,3 % aller Organisationen Dienstleistungen anbieten, die nicht zur Auswahl vorgeben wurden („sonstige soziale Dienstleistungen"), spricht dies für eine gute Erfassung des Dienstleistungsangebotes im Rahmen der Befragung.

Nahezu 88 % der Einrichtungen sind in mehr als einem sozialen Dienstleistungsbereich tätig. Die Hälfte der Organisationen bietet vier und mehr verschiedene soziale Dienstleistungen an. 10 % der Einrichtungen stellen zehn und mehr unterschiedliche soziale Dienstleistungen bereit. Eine Organisation ist in 20 Bereichen tätig. (vgl. Tabelle 17)

**Tabelle 17: Stichprobenbeschreibung –**
**Zahl der angebotenen Dienstleistungen (2002)**

| Beschreibung | N | Perzentile | | | Min. | Max. | Spannweite |
|---|---|---|---|---|---|---|---|
| | | 25. | 50. | 75. | | | |
| Anzahl unterschiedlicher sozialer Dienstleistungen | 487 | 3 | 4 | 6 | 1 | 20 | 19 |

Quelle: Datensatz: Soziale Dienste in Österreich – Beschäftigungsstudie 2002, eigene Berechnung

Die Auswertung der Mehrfachantworten gibt zwar Auskunft über die Häufigkeit des Angebots bestimmter Dienstleistungen, sagt aber nichts aus über die **Zusammensetzung des Dienstleistungsangebots** in den Organisationen. Zudem ist für weiterführende statistische Analysen diese breite Auffächerung der sozialen Dienstleistungen nicht in jedem Fall geeignet (Problem der Fallzahlen, siehe oben).

Mit Hilfe der Clusteranalyse wurden daher **Kategorien von DienstleistungsanbieterInnen** gebildet. Jede der gebildeten Kategorien ist bezüglich des

Dienstleistungsportefeuilles in sich geschlossener, als im Vergleich zu jeder anderen Gruppe von Sozialer Dienste und deren typischen Kombination von Dienstleistungsangeboten (siehe zum Verfahren im Detail Kapitel 5.4.1).

Kategorie 1 erfasst alle Organisationen, die ausschließlich Beratungs- und Betreuungsdienstleistungen für ihre Zielgruppe (und deren Angehörigen) erstellen.

Kategorie 2 „Unterstützung im Bereich (Kranken-)Pflege und Haushaltsführung" wurde aus drei Clustern, die mit der Clusteranalyse ergeben hatten, zusammengesetzt: „Unterstützung im Bereich Krankenpflege und Haushaltsführung" (dieser Cluster wird entscheidend geprägt durch Angebote der medizinischen Hauskrankenpflege), „Unterstützung im Bereich Pflege und Haushaltsführung" (dieser Cluster wird entscheidend geprägt durch Angebote der Pflegehilfe) und „Besuchsdienste und Sterbehilfe". [153]

Eine ebenfalls interessante Strukturierung des Angebots sozialer Dienstleistungen wird in den nachfolgenden drei Clustern ersichtlich: „Unterstützung im Bereich Arbeit und Qualifizierung", „Unterstützung im Bereich Arbeit und Wohnen" und „Unterstützung im Bereich Wohnen". Diese Cluster spiegeln die beiden Schwerpunkte der Lebensgestaltung – Beschäftigung als Grundlage des Lebensunterhalts und Wohnen – sowohl separat als in Kombination wider.

Der Cluster „Aktivierende Freizeitangebote und Kinderbetreuung" fokussiert einerseits auf freizeitgestaltende Angebote als auch auf betreuende Angebote.[154]

Tabelle 18 gibt eine Übersicht die Cluster sozialer Dienstleistungen und über den Anteil der gebildeten Organisationstypen an allen erfassten Sozialen Diensten des Nonprofit Sektors:

---

[153] Für nachfolgende Analysen zur Teilzeitarbeit (siehe Kapitel 10) wurde mit dem zusammengeführten Cluster weitergearbeitet. Diese Vorgehensweise verhindert, dass für differenziertere Auswertungen die Fallzahlen zu gering werden, und sichert dadurch die statistische Aussagekraft. Für rein deskriptive Darstellungen ist es jedoch interessant, dass sich im Bereich „Krankenpflege und Haushaltsführung" drei unterschiedliche Angebotscluster herauskristallisierten.

[154] An dieser Stelle sei noch einmal erwähnt, dass Einrichtungen, die institutionelle Kinderbetreuung in Kindertagesheimen (Krippen, Kindergärten, Horte) anbieten, nicht Zielgruppen der Erhebung waren.

## Tabelle 18: Stichprobenbeschreibung – Dienstleistungskategorien (2002)

| Nr. | Kategorien sozialer Dienstleistungen | Zahl | in % |
|---|---|---|---|
| 1 | **Beratung und Betreuung:** ausschließlich Beratung und Betreuung der Zielgruppe und deren Angehörigen (inkl. Notruftelefon) | 39 | 8,0 |
| 2 | **Unterstützung im Bereich (Kranken-)Pflege und Haushaltsführung** | 66 | 13,6 |
| A | **Unterstützung im Bereich Krankenpflege und Haushaltsführung:** Medizinische Hauskrankenpflege, Essenszustellung, Heimhilfe, ergänzt vor allem mit Besuchdienst, Notruftelefon und org. Nachbarschaftshilfe | 13 | 2,7 |
| B | **Unterstützung im Bereich Pflege und Haushaltsführung:** Pflegehilfe, Heimhilfe, Medizinische Hauskrankenpflege, Essenszustellung, ergänzt vor allem mit Besuchdienst, Sterbebegleitung, organ. Nachbarschaftshilfe, aktiv. Freizeitangeboten, Fahrtendiensten | 31 | 6,4 |
| C | **Besuchsdienste und Sterbebegleitung** ergänzt vor allem mit aktivierenden Freizeitangeboten, organisierter Nachbarschaftshilfe, Qualifizierungsangeboten | 22 | 4,5 |
| 3 | **Unterstützung im Bereich Arbeit und Qualifizierung:** Beschäftigungsprojekt, Qualifizierungsangebote, Vermittlung von Arbeitsuchenden und Arbeitsassistenz[1] | 121 | 24,8 |
| 4 | **Unterstützung im Bereich Arbeit und Wohnen[2]:** Betreute Wohnformen, Beschäftigungsprojekt, aktivierende Freizeitangebote, Arbeitsassistenz[1], Wohnmöglichkeit/Schlafstelle, ergänzt vor allem mit Qualifizierungsangeboten, persönlicher Assistenz | 57 | 11,7 |
| 5 | **Unterstützung im Bereich Wohnen:** Betreute Wohnformen, Wohnmöglichkeiten/Schlafstellen, ergänzt vor allem mit aktivierenden Freizeitangeboten, Notruftelefon, Kinderbetreuung, persönlicher Assistenz, Vermittlung Arbeitsuchender | 53 | 10,9 |
| 6 | **Aktivierende Freizeitangebote und Kinderbetreuung:** ergänzt mit Streetwork und aufsuchender Arbeit, Qualifizierungsangeboten und Familienhilfe | 37 | 7,6 |
| 7 | **Therapeutische Dienstleistungen**, inkl. Frühförderung | 28 | 5,7 |
| 8 | **Sonstige soziale Dienstleistungen** inkl. Sach- und Patientenanwaltschaft | 23 | 4,7 |
| 9 | **Kategorienübergreifendes soziales Dienstleistungsangebot:** Soziale Dienste, die in mehreren der oben genannten Kategorien soziale Dienstleistungen anbieten | 63 | 12,9 |
| 1-9 | **Soziale Dienste des Nonprofit Sektors (Stichprobe)** | 487 | 100,0 |

[1] ausschließlich Arbeitsassistenz fällt unter Kategorie 1
[2] ohne Pflegeheime und Altersheime (da nicht Zielgruppe der Erhebung)

Quelle: Datensatz: Soziale Dienste in Österreich – Beschäftigungsstudie 2002,
eigene Berechnung und Zusammenstellung

89 % der Organisationen konnten einer der neu gebildeten Kategorien sozialer Dienstleistungen mit Hilfe des statistischen Verfahrens zugeordnet werden. Tabelle 18 zeigt, dass die meisten Einrichtungen (rund 25 %) dem Cluster „Unterstützung im Bereich Arbeit und Qualifizierung" zugeordnet wurden. Nahezu 14 % aller Sozialen Dienste des Nonprofit Sektors dieser Stichprobe sind Teil des Clusters „(Kranken-)Pflege und Haushaltsführung"

Ein kategorienübergreifendes Angebot an sozialen Dienstleistungen erstellen rund 13 % der in dieser Stichprobe erfassten Organisationen (vgl. Tabelle 18) Die Nonprofit Organisationen, die dieser letzten Kategorie zugeordnet wurden, sind in mehreren Geschäftsfeldern tätig.

Soziale Dienste des Nonprofit Sektors *vermitteln* auch soziale Dienstleistungen anderer Organisationen. Etwas mehr als die Hälfte der Organisationen dieser Stichprobe vermittelte im Jahr 2001 ihre KlientInnen/KundInnen auch zu Sozialen Diensten, die ein anderes bzw. ergänzendes Angebot an sozialen Dienstleistungen erstellen.

Hinsichtlich der **zeitlichen Verfügbarkeit des Angebots** ergaben die Auswertungen über den gesamten Datensatz, dass über 50 % der Organisationen soziale Dienstleistungen an Wochenenden und/oder an Feiertagen und/oder nachts anboten. Von den sozialen Dienstleistungseinrichtungen, die ihr Angebot zu diesen Zeiten verfügbar machten, waren 97 % samstags, je 88 % sonntags und feiertags und 57 % nachts für ihre Zielgruppen erreichbar.

Die große Arbeitsintensität, die mit der Erstellung sozialer Dienstleistungen verbunden ist, lässt sich anhand des **Anteils der Personalausgaben an den Gesamtausgaben** illustrieren. Daten zur Finanzierung und zur Verwendung der finanziellen Mittel gelten allgemein als sensibler Fragenbereich. Dennoch haben etwa 80 % aller Sozialen Dienste des Nonprofit Sektors dieser Stichprobe die Frage nach der Ausgabenstruktur vollständig beantwortet, so dass sich der Anteil der Personalausgaben an den Gesamtausgaben errechnen ließ. Der Anteil der Personalausgaben an den Gesamtausgaben ist über die gesamte Stichprobe betrachtet relativ hoch. Die Hälfte aller Nonprofit Organisationen wies einen Anteil der Personalausgaben an den Gesamtausgaben von mehr als 71 % aus. (vgl. Tabelle 19) Die Verteilung der Variable ist weniger gestreut als bei den anderen Variablen, die Soziale Dienste des Nonprofit Sektors und ihre Beschäftigungsverhältnisse charakterisieren. Jene Organisationen, die einen geringen Anteil an Personalausgaben im Verhältnis zu den Gesamtausgaben aufwiesen, erstellten ihre Dienstleistungen mit Hilfe von ehrenamtlichen MitarbeiterInnen. 2 % aller Organisationen hatten keine Personalausgaben. Dabei handelt es sich um Einrichtungen dieser Stichprobe, die ausschließlich mit Ehrenamtlichen ihre Dienstleistungen erbringen. Diese Organisationen waren in unterschiedlichen Bereichen aktiv, merklich im Bereich des Hospizwesens.

**Tabelle 19: Stichprobenbeschreibung – Anteil der Personalausgaben an den Gesamtausgaben in % (31.12.2001)**

| Beschreibung | n | Perzentile | | | Min. | Max. | Spannweite |
|---|---|---|---|---|---|---|---|
| | | 25. | 50. | 75. | | | |
| Anteil der Personalausgaben an den Gesamtausgaben | 395 | 58,7 | 71,0 | 78,9 | 0,0 | 100,0 | 100,0 |

Quelle: Datensatz: Soziale Dienste in Österreich – Beschäftigungsstudie 2002, eigene Berechnung

Ein Indikator für die Inanspruchnahme der sozialen Dienstleistungen ist die **Zahl der KlientInnen.** Die Hälfte der Sozialen Dienste des Nonprofit Sektors in der Stichprobe betreute im Jahr 2001 mindestens 200 KundInnen. Die Anzahl der KundInnen schwankte zwischen den Einrichtungen beträchtlich. (vgl. Tabelle 20) Dies ist einerseits auf die unterschiedliche Größe der Einrichtungen und damit auf die unterschiedlichen Kapazitäten und andererseits auf die Art der sozialen Dienstleistung und, damit einhergehend, auf ihren Grad der Standardisierung zurückzuführen. Einrichtungen, die ausschließlich Beratungsleistungen anbieten, haben einen höheren Durchlauf an KundInnen als jene, die über ein Jahr dauernde intensive Betreuungsleistungen anbieten. Dies findet sich auch in den Daten dieser Stichprobe:

Organisationen mit der geringsten Zahl an KundInnen versorgten vier Personen im Jahr 2001 und sind im Hospiz-Bereich angesiedelt – hier deuten die ersten Anzeichen darauf hin, dass die Anzahl der betreuten Personen einerseits von der Größe der Organisation und andererseits vom Zeitaufwand für die soziale Dienstleistung abhängt. Die zweitgrößte Organisation gemessen an der Zahl der KundInnen (32.000 KundInnen im Jahr 2001) war im Bereich Essen auf Rädern tätig – hier ist der Betreuungsaufwand relativ gering, die Leistungen können auch standardisiert erbracht werden. Die meisten KundInnen – 137.500 Personen – wurden 2001 von einer Organisation betreut, die mehr als 300 bezahlte und ehrenamtliche MitarbeiterInnen hatte. Je standardisierter eine Dienstleistung ist, desto mehr KundInnen können mit derselben Anzahl an MitarbeiterInnen betreut werden. Je ausgeprägter der Betreuungscharakter der sozialen Dienstleistung, desto weniger KundInnen können bei gleicher Anzahl an MitarbeiterInnen betreut werden.

**Tabelle 20: Stichprobenbeschreibung – Zahl der KlientInnen (2002)**

| Beschreibung | n | Perzentile | | | Min. | Max. | Spannweite |
|---|---|---|---|---|---|---|---|
| | | 25. | 50. | 75. | | | |
| Zahl der KlientInnen | 458 | 57 | 200 | 806 | 4 | 137.500 | 137.496 |

Quelle: Datensatz: Soziale Dienste in Österreich – Beschäftigungsstudie 2002, eigene Berechnung

## 7.3. Arbeitsvolumen in Sozialen Diensten des Nonprofit Sektors

Die Stichprobenbeschreibung zum Beschäftigungsvolumen wird gemäß den in Kapitel 6 vorgestellten Konzepten zur Messung des Beschäftigungsvolumens vorgenommen und bezieht sich daher auf:

• Anzahl der MitarbeiterInnen,

• Anzahl der Beschäftigten[155],

• Vollzeitäquivalente (unselbständig Beschäftigter)

### 7.3.1. Anzahl der MitarbeiterInnen

Die Zahl der Beschäftigten ist ein wichtiger Indikator für die Größe von Unternehmen. (siehe dazu die einschlägigen Statistiken, z.B. Gogoditsch und Zach (2003)). Auch für Soziale Dienste des Nonprofit Sektors ist die Zahl der Beschäftigten ein wichtiger Größenindikator. Doch muss berücksichtigt werden, dass soziale Dienstleistungen in diesem institutionellen Sektor der Volkswirtschaft nicht nur von entgeltlich Beschäftigten, sondern auch von unentgeltlichen bzw. nur mit finanziellen Anerkennungen abgegoltenen Personen erstellt werden. Daher wird zunächst die Verteilung der Variablen **Zahl der MitarbeiterInnen** betrachtet, bevor näher auf die enger gefassten Variablen zur bezahlten Beschäftigung und deren Verteilung eingegangen wird.

---

[155] Durch den Fragebogen erfasst wurde die Art und Zahl der Verträge, die in Sozialen Diensten des Nonprofit Sektors abgeschlossen wurden. Dennoch wird vereinfachend von Beschäftigten, unselbständig Erwerbstätigen, freien DienstnehmerInnen und WerkvertragsnehmerInnen gesprochen.

Die Variable „Anzahl der MitarbeiterInnen" bezieht sich auf alle Personen in sozialen Dienstleistungseinrichtungen des Nonprofit Sektors, unabhängig davon, ob diese Personen auf entgeltlicher oder unentgeltlicher Basis tätig sind. In einer Organisation war nur eine Mitarbeiterin tätig. In der größten Einrichtung dieser Stichprobe wurden demgegenüber 4.290 Personen gezählt. Die enorme Größe dieser Einrichtung ist zusammen mit neun weiteren Organisationen, die über 1.000 MitarbeiterInnen haben, jedoch als Ausreißer zu betrachten. Dies verdeutlicht der Medianwert der Variablen Anzahl der MitarbeiterInnen, der für die Stichprobe bei 16 Personen liegt.

**Tabelle 21: Stichprobenbeschreibung –**
**Zahl der MitarbeiterInnen (31.12.2001)**

| Beschreibung | n | Perzentile | | | Min. | Max. | Spannweite |
|---|---|---|---|---|---|---|---|
| | | 25. | 50. | 75. | | | |
| Anzahl der MitarbeiterInnen[1] | 484 | 8 | 16 | 37 | 1 | 4.290 | 4.289 |

[1] Beschäftigte, Ehrenamtliche, Zivildiener und PraktikantInnen

Quelle: Datensatz: Soziale Dienste in Österreich – Beschäftigungsstudie 2002, eigene Berechnungen

Weitaus schwieriger gestaltet sich die Erhebung des Arbeitsvolumens im Sinne der pro Ehrenamtlichen geleisteten Einsatzstunden. Das Arbeitsvolumen ehrenamtlicher Personen variiert individuell sehr stark – sowohl in Bezug auf die Anzahl der Stunden pro Einsatz als auch in Bezug auf die Häufigkeit bzw. Regelmäßigkeit ehrenamtlicher Tätigkeit (vgl. Hollerweger 2001). Aus den Erfahrungen aus der vorangegangenen Studie (vgl. Bachstein 2000), die bei diesen Fragen große Ausfälle der Antworten verzeichnen musste, wurde daher zugunsten anderer Fragestellungen auf eine Erhebung der Einsatzstunden ehrenamtlicher Personen in dieser Organisationserhebung verzichtet.

### 7.3.2. Anzahl der Beschäftigten und Vollzeitäquivalente

Der **Anteil der Beschäftigten** und damit all jener, die für ihre Arbeitsleistung ein Entgelt erhalten, war in den Sozialen Diensten des Nonprofit Sektors dieser Stichprobe relativ hoch. Die Hälfte der Einrichtungen verfügte über einen Beschäftigtenanteil von mehr als 90 %.

Die relative Beschäftigungsstärke der Sozialen Dienste innerhalb des Nonprofit Sektors wurde in empirischen Studien über den österreichischen Nonprofit Sektor bereits konstatiert. Es zeigte sich, dass 53,1 % aller im Nonprofit Sektor Erwerbstätigen den „Sozialen Diensten" zugerechnet wurde (vgl. Heitzmann 2001).

Die **Anzahl der Beschäftigten** in Sozialen Diensten des Nonprofit Sektors beträgt im Median zehn Personen. Der Minimalwert zeigt an, dass manche Organisationen nicht von Beschäftigten, sondern ausschließlich von ehrenamtlichen MitarbeiterInnen geführt werden. (vgl. Tabelle 22) Soziale Dienste des Nonprofit Sektors weisen vereinzelt eine beträchtliche Beschäftigungsstärke auf. Werte von über 1.000 Beschäftigten sind jedoch nicht häufig anzutreffen und kennzeichnen Großorganisationen, die für die gesamte Organisation den Fragebogen ausgefüllt haben.

Weitere Einblicke in die Größe der Einrichtungen gemessen an der Zahl der Beschäftigten gibt die Aufschlüsselung des Medians der Beschäftigtenzahl nach dem jeweiligen Typ der Einrichtung (organisationsinterne Stellung). Tabelle 22 zeigt, dass eigenständige Einrichtungen und Zweigstellen die geringsten Werte aufweisen. Organisationseinheiten von Großorganisationen bzw. Einrichtungen mit Zweigstellen haben Medianwerte der Anzahl der Beschäftigten, die das 3-4-fache ausmachen.

**Tabelle 22: Stichprobenbeschreibung – Anzahl der Beschäftigten nach organisationsinterner Stellung der antwortenden Einrichtungen (31.12.2001)**

| organisationsinterne Stellung der antwortenden Einrichtung | Anzahl der Beschäftigten Median |
|---|---|
| eigenständige Einrichtung ohne Zweigstellen | 6 |
| Einrichtung mit Zweigstellen | 24 |
| Zentrale | 10 |
| Zweigstellen | 8 |
| Organisationseinheit | 22 |
| Auskunft über mehrere eigenständige Einrichtungen | (232) |
| **Gesamt** | **10** |

Quelle: Datensatz: Soziale Dienste in Österreich – Beschäftigungsstudie 2002, eigene Berechnungen

Die erhobenen Daten zur Beschäftigung beziehen sich vor allem bei Großorganisationen auf jene MitarbeiterInnen, die direkt in die Erstellung von sozialen Dienstleistungen involviert sind. Für die Interpretation der Ergebnisse ist daher zu berücksichtigen, dass die Schätzung der Beschäftigten in diesem Sektor als konservativ zu bezeichnen ist, da Einheiten[156] und Bereiche von Großorganisationen, die durch Verwaltungsagenden den Betrieb der Organisation aufrechterhalten, nicht mit erfasst worden sind.

Bezogen auf die **Anzahl unselbständig Beschäftigter** wird deutlich, dass die Hälfte der erfassten Sozialen Dienste des Nonprofit Sektors im Jahr 2001 sieben und mehr Personen im Status von ArbeitnehmerInnen auswies. 10 % der Organisationen hatten 60 und mehr DienstnehmerInnen. Lediglich drei Organisationen der Stichprobe erreichten ein Beschäftigungsvolumen von über 1.000 ArbeitnehmerInnen.

Ein standardisiertes Maß des geleisteten Arbeitsvolumens von unselbständig Beschäftigten sind **Vollzeitäquivalente.** Im Median entsprach das Beschäftigungsvolumen der Sozialen Dienste des Nonprofit Sektors im Bereich der Erstellung sozialer Dienstleistungen fünf Vollzeitarbeitskräften. Der Unterschied zum Medianwert der unselbständig Beschäftigten lässt eine hohe Bedeutung der Teilzeitarbeit in dieser Branche vermuten.

**Tabelle 23: Stichprobenbeschreibung –
Beschäftigungsvolumen (31.12.2001)**

| Beschreibung | n | Perzentile | | | Min. | Max. | Spannweite |
|---|---|---|---|---|---|---|---|
| | | 25. | 50. | 75. | | | |
| Anteil der Beschäftigten an allen MitarbeiterInnen (in %) | 487 | 57,1 | 90,0 | 100,0 | 0 | 100 | 100 |
| Anzahl der Beschäftigten (ohne Lehrlinge) | 487 | 5 | 10 | 25 | 0 | 3.177 | 3.177 |
| Anzahl unselbständig Beschäftigter | 483 | 4 | 7 | 19 | 0 | 2.269 | 2.269 |
| Vollzeitäquivalente | 453 | 2,3 | 4,9 | 13,5 | 0 | 857 | 857 |

Quelle: Datensatz: Soziale Dienste in Österreich – Beschäftigungsstudie 2002,
       eigene Berechnungen

---

[156] Dies gilt allerdings nur für jene Sozialen Dienste, die mittels des Konzepts der Organisationseinheiten erfasst wurden.

## 7.4. Struktur der Arbeitskräfte
## in Sozialen Diensten des Nonprofit Sektors

### 7.4.1. Gruppen von MitarbeiterInnen

Anders als im kommerziellen Sektor erhalten nicht alle Personen, die in Sozialen Diensten des Nonprofit Sektors tätig sind, ein Einkommen als Gegenleistung für ihren Arbeitseinsatz. Die Hälfte der Einrichtungen arbeitet mit
mehr als zwei MitarbeiterInnen, die kein Entgelt im Sinne eines Lohn oder
eines Gehalts beziehen (vgl. Tabelle 24). Bei diesen Personen handelt es
sich vor allem um **ehrenamtliche MitarbeiterInnen**. Der Einsatz ehrenamtlicher Arbeit ist in Sozialen Diensten des Nonprofit Sektors sehr unterschiedlich: In 16 Einrichtungen bzw. 3 % der Stichprobe arbeiteten keine bezahlten
MitarbeiterInnen, sondern ausschließlich Ehrenamtliche. Generell überwiegt
jedoch in der vorliegenden Stichprobe der Anteil der bezahlten MitarbeiterInnen.

Rund die Hälfte aller erfassten Einrichtungen gab an, keine Ehrenamtlichen
einzusetzen. 53 Organisationen (rund 11 % der Stichprobe) füllten die Frage
zur Zahl der Ehrenamtlichen nicht aus, beantworteten jedoch die Frage, ob
ehrenamtliche Arbeit durch symbolische Beiträge (z.b. Fahrtkostenersatz)
honoriert wurde oder nicht. Daher wurde angenommen, dass diese Einrichtungen Ehrenamtliche einsetzen, deren Anzahl jedoch nicht angeben konnten oder wollten. Gemessen an der Summe aus Dienstverträgen und gezähl-
ten Ehrenamtlichen beläuft sich der Anteil Ehrenamtlicher in der Stichprobe
auf rund 26 %. Dies ist überraschend gering. Ältere Befunde belegen ein
weitaus höheres ehrenamtliches Engagement (vgl. Bachstein 2000).

Eine Ursache könnte in den Unterschieden der Abgrenzung der jeweiligen
Grundgesamtheiten der Studien liegen. Unter den Einrichtungen, die für die
vorliegende Arbeit *nicht* in die Grundgesamtheit aufgenommen wurden (siehe
Kapitel 4.1.1.), sind möglicherweise Organisationen zu finden, die nahezu
ausschließlich oder zumindest zu einem Großteil von ehrenamtlicher Arbeit
abhängig sind, z. B. Selbsthilfegruppen, Rettungs- und Sanitätsorganisatio-
nen. Darüber hinaus sind auch Untererfassungen aus drei Gründen nicht
auszuschließen:

(i)     Ehrenamtliche Arbeit wird von den Organisationen selten so ausführ-
        lich dokumentiert wie die Zahl der beschäftigten MitarbeiterInnen,

(ii)    der Einsatz ehrenamtlicher MitarbeiterInnen schwankt – ein Indikator dafür sind gelegentliche Vermerke im Fragebogen, dass ehrenamtliche Arbeit unterschiedlich oder nach Bedarf eingesetzt wird, so dass eine konkrete Zahl nicht genannt werden konnte – und

(iii)   von manchen Organisationen wurde jene ehrenamtliche Arbeit, die nicht regelmäßig erfolgt, nicht als Mitarbeit interpretiert. Viele Organisationen haben die Frage nach Ehrenamtlichen richtigerweise im Sinne der Einbindung unbezahlter Personen in die unmittelbare Erstellung sozialer Dienstleistungen interpretiert. Würde jedoch – bei Vereinen – auch die Vereinsleitung hinzugerechnet werden, so ergäbe sich in Summe eine weit höhere Anzahl Ehrenamtlicher in Sozialen Diensten des Nonprofit Sektors[157].

Andererseits deuten die Ergebnisse letztlich auch darauf hin, dass in manchen Bereichen des Sektors die Nachfrage der Organisationen nach ehrenamtlicher Arbeit unerheblich und/oder die Bereitschaft, sich ehrenamtlich zu engagieren, gering ist.

Soziale Dienste des Nonprofit Sektors verfügen über weitere personelle Ressourcen, die nicht im traditionellen Sinne des Wortes entlohnt werden: Zu diesen zählen vor allem Zivildiener und PraktikantInnen (vgl. Kapitel 6.2.1.). Zusammen mit den Ehrenamtlichen liegt der Median des Anteils dieser Personengruppe an der Gesamtzahl der MitarbeiterInnen bei 10 %.

**Zivildiener** waren im Jahr 2001 in jedem fünften Sozialen Dienst des Nonprofit Sektors dieser Stichprobe tätig. Der Einsatz von Zivildienern ist per Gesetz auf bestimmte Einrichtungen beschränkt (siehe Kapitel 6.2.1.). Vier Fünftel (79 %) der erfassten Einrichtungen setzen keine Zivildiener ein. Nur in 10 % der Einrichtungen erreichten Zivildiener einen Anteil von mehr als 5 % an allen MitarbeiterInnen. In vier Organisationen waren gleich viel oder mehr Zivildiener wie andere MitarbeiterInnen tätig. Drei dieser Einrichtungen waren sehr klein – gemessen an der Zahl der MitarbeiterInnen.

---

[157] § 5 Abs. 3 und Abs. 5 VerG sehen mindestens vier Personen (je zwei Personen für die Vereinsleitung sowie die Rechnungsprüfung) vor. Weitere Organe sind abhängig von der Satzung und der Größe des Vereins möglich.

Etwa 22 % der Sozialen Dienste des Nonprofit Sektors boten **PraktikantInnen** eine Einsatzmöglichkeit. Der Anteil an PraktikantInnen an der Gesamtzahl aller MitarbeiterInnen lag in 10 % der Einrichtungen bei mehr als 8 %.[158]

Wie die Verteilung ersichtlich macht, setzten sehr wenige Einrichtungen **Priester bzw. Ordensangehörige** für die Erstellung sozialer Dienstleistungen ein. In diesen Sozialen Diensten des Nonprofit Sektors machte der Anteil der Priester bzw. Ordensangehörige an allen MitarbeiterInnen zwischen 0,1 % und 18,8 % aus (vgl. auch Tabelle 24).

**Tabelle 24: Stichprobenbeschreibung –**
**Struktur der MitarbeiterInnen (31.12.2001)**

| Beschreibung | N | Perzentile | | | Min. | Max. | Spannweite |
|---|---|---|---|---|---|---|---|
| | | 25. | 50. | 75. | | | |
| Anzahl der Beschäftigten ohne Lehrlinge | 487 | 5 | 10 | 25 | 0 | 3.177 | 3.177 |
| Anzahl der MitarbeiterInnen, ohne Beschäftigungsverhältnis[1] | 434 | 0 | 2 | 8 | 0 | 1.113 | 1.113 |
| Anzahl der ehrenamtlichen MitarbeiterInnen | 434 | 0 | 0 | 6 | 0 | 1.113 | 1.113 |
| Anzahl der Zivildiener | 487 | 0 | 0 | 0 | 0 | 94 | 94 |
| Anzahl der PraktikantInnen | 487 | 0 | 0 | 0 | 0 | 50 | 50 |
| Anzahl der Priester bzw. Ordensangehörige | 478 | 0 | 0 | 0 | 0 | 40 | 40 |
| Anteile in % aller MitarbeiterInnen der Sozialen Dienste des Nonprofit Sektors | | | | | | | |
| Anteil der bezahlten MitarbeiterInnen | 434 | 54,1 | 90,0 | 100,0 | 0,0 | 100,0 | 100,0 |
| Anteil der MitarbeiterInnen, ohne Beschäftigungsverhältnis[1] | 434 | 0,0 | 10 | 44 | 0,0 | 100,0 | 100,0 |
| Anteil der ehrenamtlichen MitarbeiterInnen | 434 | 0,0 | 0,0 | 35,9 | 0,0 | 100,0 | 100,0 |

[1] ehrenamtliche MitarbeiterInnen, PraktikantInnen und Zivildiener

Quelle: Datensatz: Soziale Dienste in Österreich – Beschäftigungsstudie 2002, eigene Berechnung

---

[158] In zwei Organisationen überstieg der Anteil der PraktikantInnen jenen der anderen MitarbeiterInnen. Da die Zahl der MitarbeiterInnen in diesen Einrichtungen nicht so klein ist, könnte sich die Anzahl der angegebenen PraktikantInnen auf ein ganzes Jahr beziehen. Praktika dauern jedoch in der Regel nur wenige Wochen.

## 7.4.2. Gruppen von Beschäftigten nach Art des Vertragsverhältnisses

Die Art des Vertragsverhältnisses bildet ein erstes Kriterium zur Strukturierung der Beschäftigten. Die Beschäftigten in den erfassten Sozialen Diensten des Nonprofit Sektors waren 2001 in der Regel über ein Dienstverhältnis tätig. Unter diesen Verträgen nahmen freie Dienstverträge einen hohen Stellenwert ein. Andere Vertragsverhältnisse, wie freie Dienstverträge oder Werkverträge, sind Instrumente der Ergänzung des Stabs an bezahlten MitarbeiterInnen. Freie DienstnehmerInnen und WerkvertragsnehmerInnen hatten in der Relation zu den gesamten bezahlten MitarbeiterInnen jedoch weit weniger Bedeutung. (vgl. Tabelle 25)

60,6 % der erfassen Sozialen Dienste des Nonprofit Sektors wiesen unter den Beschäftigten *ausschließlich* **DienstnehmerInnen** aus. 34,6 % der Einrichtungen kombinierten echte Dienstverträge mit freien Dienstverträgen bzw. Werkverträgen. 1,5 % der erfassten Einrichtungen beschäftigten Personen ausschließlich über freie Dienstverträge bzw. Werkverträge. 3,3 % der Einrichtungen hatten keine entgeltlich Beschäftigten.

**Leiharbeitskräfte** spielten in den erfassten Sozialen Diensten des Nonprofit Sektors kaum eine Rolle. (vgl. Tabelle 25) Lediglich zwei Organisationen der Stichprobe hatten Überlassungsverträge mit einer Leiharbeitsfirma abgeschlossen.

**Tabelle 25: Stichprobenbeschreibung –**
**Struktur der Beschäftigten (I) (31.12.2001)**

| Beschreibung | n | Perzentile | | | Min. | Max. | Spannweite |
|---|---|---|---|---|---|---|---|
| | | 25. | 50. | 75. | | | |
| Anzahl der Beschäftigten (ohne Lehrlinge) | 487 | 5 | 10 | 25 | 0 | 3.177 | 3.177 |
| Anzahl der Lehrlinge | 487 | 0 | 0 | 0 | 0 | 22 | 22 |
| Anteil der unselbständig Beschäftigten (ohne Lehrlinge) an allen Beschäftigten | 467 | 84,6 | 100 | 100 | 0 | 100 | 100 |
| Anteil der freien DienstnehmerInnen u. WerkvertragsnehmerInnen an allen Beschäftigten | 483 | 0 | 0 | 14,3 | 0 | 100 | 100 |

Quelle: Datensatz: Soziale Dienste in Österreich – Beschäftigungsstudie 2002, eigene Berechnung

Die **Ausgestaltung der Dienstverhältnisse** ist in Bezug auf atypische Beschäftigungsverhältnisse hinsichtlich des Ausmaßes an Teilzeitarbeit, an Geringfügigkeit und an Befristung von Arbeitsverträgen interessant. **Teilzeitarbeit** ist weit verbreitet. Die Hälfte der erfassten Sozialen Dienste beschäftigte über 67,6 % der unselbständig Beschäftigten auf Teilzeitbasis. Nahezu 37% aller Einrichtungen wiesen eine Teilzeitquote von bis zu 50 % auf. In der Stichprobe sind Organisationen, die *ausschließlich* Vollzeitbeschäftigte und solche, die ausschließlich Teilzeitbeschäftigte einsetzen, vertreten. Erstere waren geringer vertreten als Organisationen, die Beschäftigte ausschließlich auf Teilzeitbasis bezahlten. Der Anteil der Frauen an allen Teilzeitbeschäftigten ist wesentlich höher als ihr Anteil an allen Vollzeitbeschäftigten. (vgl. Tabelle 27)

Der Anteil **geringfügiger Beschäftigung** an allen Dienstverhältnissen lag bei der Hälfte der betrachteten Sozialen Dienste unter 1,6 %. Einige Organisationen wiesen ausschließlich geringfügige Dienstverhältnisse auf.

**Befristete Dienstverhältnisse** waren weniger verbreitet als geringfügige Beschäftigungsverhältnisse. Ein Viertel der Organisationen wies einen Anteil an befristeten Verträgen an allen Dienstverhältnissen im Ausmaß von mehr als 8,9 % aus. Wenige Organisationen schließen ausschließlich befristete Dienstverhältnisse ab.

**Tabelle 26: Stichprobenbeschreibung –**
**Struktur der Beschäftigten (II) (31.12.2001)**

| Beschreibung | n | Perzentile | | | Min. | Max. | Spannweite |
|---|---|---|---|---|---|---|---|
| | | 25. | 50. | 75. | | | |
| | | Anteile in % aller unselbständig Beschäftigten[1] | | | | | |
| Anteil der Vollzeitbeschäftigten | 451 | 0,0 | 32,2 | 63,3 | 0,0 | 100 | 100 |
| Anteil der Teilzeitbeschäftigten | 451 | 36,4 | 67,6 | 100,0 | 0,0 | 100 | 100 |
| Anteil der Personen mit geringfügigen Dienstverträgen | 449 | 0,0 | 1,6 | 20,0 | 0,0 | 100 | 100 |
| Anteil der Personen mit befristeten Dienstverträgen | 408 | 0,0 | 0,0 | 8,9 | 0,0 | 100 | 100 |

[1] Die Basis für den Anteil der geringfügigen und der befristeten Dienstverträge bilden unselbständig Beschäftigte und freie DienstnehmerInnen.

Quelle: Datensatz: Soziale Dienste in Österreich – Beschäftigungsstudie 2002, eigene Berechnung

Ein zweites Strukturierungskriterium der Beschäftigten bilden so genannte **Gender-Aspekte**. Berufe des Sozialbereichs werden generell häufiger von Frauen ausgeübt als von Männern. In der Stichprobe lag der Median des Geschlechterverhältnisses bei 7:3.

Dass Soziale Dienste des Nonprofit Sektors für Frauen ein wichtiges Feld der Erwerbsarbeit darstellen, lässt sich aus Tabelle 27 ablesen. Die Hälfte der Organisationen dieser Stichprobe wies einen Frauenanteil unter den Beschäftigten von über 77 % aus. Dennoch gab es Einrichtungen, in denen ausschließlich Männer tätig waren, insbesondere Männerberatungen. Einrichtungen, in denen sich ausschließlich Frauen engagierten, konzentrierten sich dagegen nicht ausschließlich auf frauenspezifische Beratungen, sondern sind in mehreren Dienstleistungsbereichen, insbesondere im Bereich der Pflegedienstleistungen zu finden.

**Tabelle 27: Stichprobenbeschreibung – Struktur der Beschäftigten (III) (31.12.2001)**

| Beschreibung | n | Perzentile | | | Min. | Max. | Spannweite |
|---|---|---|---|---|---|---|---|
| | | 25. | 50. | 75. | | | |
| Anteil der Frauen an allen MitarbeiterInnen[1] | 433 | 53,8 | 71,4 | 91,8 | 0 | 100 | 100 |
| Anteil der Frauen an allen Ehrenamtlichen | 168 | 50 | 76,3 | 100,0 | 0 | 100 | 100 |
| Anteil der Frauen an allen Beschäftigten | 469 | 57,4 | 77,8 | 100,0 | 0 | 100 | 100 |
| Anteil der Frauen an allen unselbständig Beschäftigten | 459 | 59,5 | 80,0 | 100,0 | 0 | 100 | 100 |
| Anteil der Frauen an allen Vollzeitarbeitskräften | 325 | 40,0 | 66,7 | 100,0 | 0 | 100 | 100 |
| Anteil der Frauen an allen Teilzeitarbeitskräften | 413 | 75,0 | 100,0 | 100,0 | 0 | 100 | 100 |
| Anteil der Frauen an allen geringfügigen Dienstverträgen | 243 | 90,0 | 100,0 | 100,0 | 0 | 100 | 100 |
| Anteil der Frauen an allen befristeten Dienstverträgen | 146 | 49,3 | 85,7 | 100,0 | 0 | 100 | 100 |
| Anteil der Frauen an allen freien Dienstverträgen/ Werkverträgen | 176 | 50,0 | 83,3 | 100,0 | 0 | 100 | 100 |

[1] Beschäftigte, Leiharbeitskräfte, ehrenamtliche MitarbeiterInnen, PraktikantInnen und Zivildiener

Quelle: Datensatz: Soziale Dienste in Österreich – Beschäftigungsstudie 2002, eigene Berechnung

## 7.5. Einnahmenvolumen und Einnahmenstruktur

Neben der Zahl der MitarbeiterInnen ist die **Höhe der Gesamteinnahmen** der Sozialen Dienste des Nonprofit Sektors ein weiterer Indikator, der die Größe der Einrichtung beschreibt. Wie bereits erwähnt, sind Fragen zu den Finanzen jener Bereich des Fragebogens, in dem die meisten Ausfälle zu erwarten wären. Dennoch hatten über 85 % der Einrichtungen der vorliegenden Stichprobe die Frage zur Finanzstruktur beantwortet. Die Verteilung der Höhe der Gesamteinnahmen der Sozialen Dienste des Nonprofit Sektors unterliegt einer beträchtlichen Streuung. Die Hälfte aller Sozialen Dienste in der Stichprobe hatten 2001 Gesamteinnahmen von mehr als EUR 300.000 zur Verfügung. Am oberen Ende der Einnahmen steht eine Organisation mit Gesamteinnahmen von über EUR 60 Millionen; am unteren Ende eine Organisation mit Gesamteinnahmen von EUR 1.453. Diese enorme Spannweite spiegelt die Unterschiedlichkeit der Organisationen auch im Einnahmenvolumen wider.

Soziale Dienste des Nonprofit Sektors finanzieren ihre Dienstleistungen über ein **Mix aus verschiedenen Einnahmenquellen**, wobei Einnahmen aus öffentlichen Geldern die größte Bedeutung zukommt. Die Differenzierung der Einnahmenquellen ist vor allem von Bedeutung, wenn Einnahmen als in monetären Größen ausgedrückte, realisierte Nachfrage nach Gütern/Dienstleistungen betrachtet wird. Diese hat bei sozialen Dienstleistungen primär vier Formen: eine öffentliche und eine private Komponente, die jeweils indirekt bzw. direkt ausgeübt werden kann (siehe dazu Kapitel 3.2.2.).

Die in der Stichprobe enthaltenen Sozialen Dienste des Nonprofit Sektors verdeutlichen anhand ihrer Einnahmenstruktur die große Bedeutung, die der öffentliche Sektor in diesem Bereich als Nachfrager spielt. Nahezu alle Organisationen der Stichprobe (97 %) wiesen unter den Einnahmen öffentliche Mittel auf. Zu letzteren zählten Subventionen sowie Einnahmen aus Leistungsverträgen mit öffentlichen Stellen bzw. Gebietskörperschaften. Der Anteil öffentlicher Mittel an den Gesamteinnahmen schwankte zwischen den Einrichtungen. Jede sechste Einrichtung (17 %) finanzierte sich zu 100 % aus öffentlichen Mitteln. Die Hälfte aller Sozialen Dienste des Nonprofit Sektors weist einen Anteil öffentlicher Einnahmen an den Gesamteinnahmen von mehr als 85,6 % auf. Die Stichprobe zeigt, dass der öffentliche Sektor seine Nachfrage nach sozialen Dienstleistungen des Nonprofit Sektors primär indirekt über Subventionen ausübt.

Abbildung 8 verdeutlicht, welche **Einnahmequellen** von den erfassten Sozialen Diensten des Nonprofit Sektors genutzt wurden. Die Abbildung zeigt, welcher Anteil der Sozialen Dienste des Nonprofit Sektors zumindest einen Euro aus den genannten Einnahmenquellen erzielte. Dabei wird deutlich, dass rund vier von fünf Nonprofit Organisationen Einnahmen aus Subventionen erhielten. Jede zweite Organisation hatte Einnahmen aus Spenden. Rund ebenso viele Einrichtungen verzeichneten Einnahmen aus Erlösen durch den Verkauf von Gütern und Dienstleistungen. Leistungsverträge mit der öffentlichen Hand hatten rund 41 % der Nonprofit Organisationen abgeschlossen. Nicht ganz ein Drittel der erfassten Einrichtungen hob Mitgliedsbeiträge ein.

**Abbildung 8: Stichprobenbeschreibung –**
**Anteile der Sozialen Dienste des Nonprofit Sektors nach**
**Art der Einnahmen**

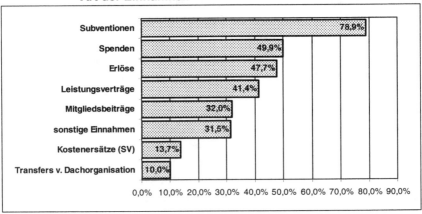

Quelle: Datensatz: Soziale Dienste in Österreich – Beschäftigungsstudie 2002, eigene Berechnung

Die Hälfte der in der Stichprobe erfassten Einrichtungen wies Einnahmen aus Subventionen in der Höhe von mehr als rund 47 % der Gesamteinnahmen auf. Einnahmen aus Leistungsverträgen bauen auf einem expliziten auf Leistung und Gegenleistung definierten Verhältnis zwischen den öffentlichen Stellen und den befragten Organisationen auf. Die öffentliche Hand „kauft" auf Basis der Leistungsverträge soziale Dienstleistungen von den Nonprofit Organisationen. Aus der Gesamtperspektive über alle in der Stichprobe enthaltenen Sozialen Dienste des Nonprofit Sektors war die Verteilung der Finanzierung aus Leistungsverträgen noch unterschiedlich. 41 % aller Organisationen der Stichprobe hatten Leistungsverträge abgeschlossen. Der Anteil, den diese Art der Einnahmen an den öffentlichen Einnahmen ausmachte, schwankte. 58 % aller Einrichtungen der Stichprobe fließen keine bzw. weniger als 1 % aller Einnahmen aus öffentlichen Mitteln aufgrund von Leistungsvertragsabschlüssen zu. Demgegenüber stammten bei 15 % aller erfassten Sozialen Dienste des Nonprofit Sektors sämtliche Einnahmen aus Leistungsvereinbarungen mit der öffentlichen Hand. Rund ein Fünftel der Organisationen verfügte sowohl über Einnahmen aus Leistungsverträgen als auch über Subventionen.

**Tabelle 28: Stichprobenbeschreibung –**
**Einnahmenvolumen und Einnahmenstruktur (31.12.2001)**

| Beschreibung | n | Perzentile | | | Min. | Max. | Spannweite |
|---|---|---|---|---|---|---|---|
| | | 25. | 50. | 75. | | | |
| Summe der Einnahmen (1.000 EUR) | 420 | 123,0 | 297,9 | 787,2 | 1,5 | 60.071 | 60.070 |
| Anteil der Einnahmen (in %) aus... | | | | | | | |
| ...öffentlichen Mitteln | 405 | 59,6 | 85,6 | 98,1 | 0,0 | 100,0 | 100,0 |
| ...privaten Mitteln | 406 | 1,8 | 14,3 | 40,3 | 0,0 | 100,0 | 100,0 |
| ...Subventionen | 406 | 2,0 | 46,7 | 85,7 | 0,0 | 100,0 | 100,0 |
| ...Leistungsverträgen | 406 | 0,0 | 0,0 | 55,6 | 0,0 | 100,0 | 100,0 |
| ...Kostenersatz der SV | 407 | 0,0 | 0,0 | 0,0 | 0,0 | 97,5 | 97,5 |
| ...Mitgliedsbeiträgen | 408 | 0,0 | 0,0 | 0,3 | 0,0 | 99,6 | 99,6 |
| ...Erlösen | 407 | 0,0 | 0,0 | 18,0 | 0,0 | 100,0 | 100,0 |
| ...Spenden | 409 | 0,0 | 0,0 | 3,9 | 0,0 | 100,0 | 100,0 |
| ...innerorganisatorischen Transfers | 409 | 0,0 | 0,0 | 0,0 | 0,0 | 100,0 | 100,0 |
| ...anderen Einnahmen | 409 | 0,0 | 0,0 | 1,1 | 0,0 | 90,0 | 100,0 |

Quelle: Datensatz: Soziale Dienste in Österreich – Beschäftigungsstudie 2002, eigene Berechnung

Als private Einnahmen werden vor allem Einnahmen aus dem Verkauf von Leistungen, Mitgliedsbeiträge und Spenden verbucht. Spenden und Mitgliedsbeiträge spielten für die erfassten Sozialen Dienste des Nonprofit Sektors eine vergleichsweise geringe Rolle. Dies ist überraschend, da aus Spendenstudien bekannt ist, dass die meisten Spenden an die Bereiche Wohlfahrt/Soziales gehen, wobei in diesen vermutlich die Gesamtorganisation erfasst wurde. Obwohl rund die Hälfte der Sozialen Dienste des Nonprofit Sektors über Spendeneinnahmen verfügt, ist der Anteil, den Spenden am Gesamteinkommen dieser Organisationen ausmachen, sehr gering. Dennoch ergaben die Auswertungen auch, dass sich manche Organisationen großteils oder ausschließlich aus Spendengeldern finanzierten.

Einnahmen aus dem Verkauf von Leistungen verzeichneten zwar rund die Hälfte der erfassten Organisationen, jedoch ist diese Art von Einnahmen nach den Angaben der Einrichtungen ebenfalls in Summe kaum von Bedeutung (siehe Tabelle 28). Unterschiede in der Verteilung der Einnahmen aus dem Verkauf von Leistungen sind zwischen Organisationen mit unterschiedlichen Tätigkeitsschwerpunkten und betreuten Zielgruppen zu erwarten.

# 8. Hochrechnungen zu Volumen und Struktur des Arbeitskräfteeinsatzes in Sozialen Diensten des Nonprofit Sektors

In diesem Kapitel werden die hochgerechneten Daten zum Einsatz von Arbeitskräften in Sozialen Diensten des Nonprofit Sektors für das Jahr 2001 präsentiert. Die hochgerechneten Werte der Beschäftigungserhebung 2002 sind – obgleich exakt angegeben – primär als Größenordnung zu verstehen. Da es sich nicht um eine (amtliche) Vollerhebung handelte, wurde eine Imputation fehlender Werte zur Beschäftigung[159] vorgenommen und ein Gewichtungsverfahren angewandt (siehe Kapitel 5.2), um von der Stichprobe auf die Grundgesamtheit zu schließen.

Die Ergebnisse der Hochrechungen werden in drei Teilschritten dargestellt. Zunächst wird auf das **Beschäftigungsvolumen** und in einem zweiten Schritt wird auf die **Struktur der Beschäftigungsverhältnisse** in Sozialen Diensten des Nonprofit Sektors eingegangen. Im dritten Teilschritt stehen die Ergebnisse der Hochrechnungen zu Volumen und Struktur von **MitarbeiterInnen, die ohne Beschäftigungsverhältnis** tätig sind, im Mittelpunkt. Anteile von Frauen und Männern werden sowohl in der Betrachtung des Arbeitsvolumens wie auch im Zuge der Darstellung der Struktur der Arbeitskräfte ausgewiesen.

Die Ergebnisse der Hochrechung bieten die Möglichkeit, Vergleiche mit bereits vorliegenden Studien und Statistiken anzustellen. Daten zur Beschäftigung in Sozialen Diensten des Nonprofit Sektors waren bislang nur aus eigens durchgeführten Studien verfügbar. Seit kurzem ist eine Sonderauswer-

---

[159] Angemerkt sei an dieser Stelle erneut, dass es sich um die Anzahl von Beschäftigungsverhältnissen handelt, im weiteren Verlauf jedoch vereinfachend von beschäftigten Personen oder Beschäftigten gesprochen wird.

tung der Arbeitsstättenzählung 2001 der Statistik Austria verfügbar, in der die Anzahl der Beschäftigungsverhältnisse nach Branche getrennt für den öffentlichen, den kommerziellen und den Nonprofit Sektor ausgewiesen wird. Für den Vergleich der Teilzeitquote und des Anteils der in diesen Einrichtungen beschäftigten Frauen kann der Bezug zu den Ergebnissen von Bachstein (2000) hergestellt werden, der erstmals für Österreich eine quantitative Einschätzung der Beschäftigung in sozialen Nonprofit Organisationen vorgenommen hat. Das Bezugsjahr seiner Studie war 1995.

Eine Bezugnahme auf Vorstudien ist jedoch generell mit Vorsicht vorzunehmen, da sich Unterschiede in der Definition der Grundgesamtheit, in den Beschäftigungskennzahlen, in der Methode Erhebung sowie in der statistischen Verarbeitung der Daten auf die Ergebnisse auswirken können. So können auch detailliertere Vergleiche der Ergebnisse der eigenen Studie mit den Ergebnissen für das Jahr 1995 aufgrund des unterschiedlichen Untersuchungsdesigns nicht angestellt werden. Für diese Zwecke müsste eine Neuauswertung der Daten von 1995 mit einer ähnlichen Stichprobenstruktur, gleichem Verständnis der Terminologie zur Beschäftigung und gleicher Auswertungsmethode erfolgen. Es sei daher bereits an dieser Stelle darauf hingewiesen, dass Rückschlüsse auf Veränderungen von absoluten und relativen Werten aufgrund der unterschiedlichen Grundgesamtheiten und Berechnungsverfahren nicht sinnvoll bzw. aussagekräftig sind. Eine Einordnung und Veranschaulichung der Größenordnungen können diese Vergleichswerte jedoch leisten.

## 8.1. Volumen und Struktur der Beschäftigung in Sozialen Diensten des Nonprofit Sektors

### 8.1.1. Beschäftigungsvolumen und Geschlechterstruktur in Sozialen Diensten des österreichischen Nonprofit Sektors

Die drei wichtigsten Indikatoren für das Arbeitsvolumen in Sozialen Diensten des Nonprofit Sektors bilden: die Anzahl der Beschäftigten, die Anzahl der unselbständig Beschäftigten sowie Vollzeitäquivalente (siehe die jeweiligen Erläuterungen in Kapitel 6.1.)

Die folgenden Auswertungen enthalten die auf die Grundgesamtheit hochgerechneten Werte der Stichprobe zu den genannten Indikatoren. Die Darstellung der Ergebnisse erfolgt zunächst nach der Gesamtzahl der in Sozialen

Diensten des Nonprofit Sektors tätigen MitarbeiterInnen (einschließlich unbezahlter Kräfte), bevor der Blick auf die Anzahl der gegen Entgelt Beschäftigten verengt wird.

Zum 31.12.2001 waren in den Sozialen Diensten des Nonprofit Sektors nach
Abgrenzung dieser Studie rund **55.200** Personen **entgeltlich beschäftigt**.
(vgl. Tabelle 29)

Einer Erwerbsarbeit in Sozialen Diensten des Nonprofit Sektors gingen 2001
rund 41.200 Frauen und 14.000 Männer nach. Damit waren etwa 75 % aller
Beschäftigten Frauen. 2001 betrug das **Geschlechterverhältnis** in Sozialen
Diensten des Nonprofit Sektors rund **3:1** (vgl. Tabelle 29).

**Tabelle 29: Hochrechnung – Beschäftigungsvolumen (31.12.2001)**

| Soziale Dienste des Nonprofit Sektors in Österreich | (Unselbständig) Beschäftigte | | | | | |
|---|---|---|---|---|---|---|
| | Gesamt | | Frauen | | Männer | |
| | Anzahl | in % | Anzahl | in % | Anzahl | in % |
| Beschäftigte[1] | 55.171 | 100,0 | 41.168 | 74,6 | 14.003 | 25,4 |
| Unselbständig Beschäftigte[2] | 43.093 | 100,0 | 32.661 | 75,8 | 10.432 | 24,2 |
| Vollzeitäquivalente | 28.390 | 100,0 | 19.457 | 68,5 | 8.933 | 31,5 |

[1] unselbständig Beschäftigte, freie DienstnehmerInnen und WerkvertragsnehmerInnen, *inkl.* LeiharbeitnehmerInnen

[2] ohne Lehrlinge, ohne LeiharbeitnehmerInnen

Quelle: Datensatz: Soziale Dienste in Österreich – Beschäftigungsstudie 2002, eigene Berechnung

Neben der Anzahl der Beschäftigten insgesamt sind die Anzahl der **unselbständig Beschäftigten** und eine weitere daraus abgeleitete Kennzahl – Vollzeitäquivalente – zentral für die Erfassung des Beschäftigungsvolumens.
Zum 31.12.2001 hatten nahezu **43.100 Personen** mit Sozialen Diensten des
Nonprofit Sektors einen echten Dienstvertrag abgeschlossen. In **Vollzeitäquivalenten** ausgedrückt beläuft sich das Beschäftigungsvolumen in Sozialen Diensten des Nonprofit Sektors auf rund **28.400 Personen** (siehe Tabelle
29).

Rund **drei Viertel der unselbständig Beschäftigten** in Sozialen Diensten
des Nonprofit Sektors waren **Frauen**. Gemessen an **Vollzeitäquivalenten**
war jedoch – mit etwas über **zwei Drittel** – ein geringerer Anteil an Frauen zu
verzeichnen als unter allen gegen Entgelt Tätigen. (siehe Tabelle 29) Der
Unterschied in diesen beiden „Frauenquoten" gibt bereits erste Hinweise auf

die hohe Bedeutung von Teilzeitbeschäftigung von Frauen in Sozialen Diensten des Nonprofit Sektors. (vgl. Tabelle 32).

## 8.1.2. Beschäftigungsstruktur nach Art des Vertragsverhältnisses

Die Hochrechnung ergab rund 55.200 Beschäftigte in Sozialen Diensten des Nonprofit Sektors nach der Abgrenzung dieser Studie.

Folgende Strukturmerkmale der Beschäftigten werden quantifiziert und auch im Geschlechterverhältnis dargestellt:

- Anteil der unselbständig Beschäftigten an allen Beschäftigten

- Anteil der Personen mit Teilzeit- und Vollzeitverträgen an allen unselbständig Beschäftigten

- Anteil der Personen mit „sonstigen" Verträgen (freien Dienstverträgen, Werkverträgen)

Tabelle 30 zeigt die Anzahl der Arbeitsverträge von unselbständig Beschäftigten (echte Dienstverträge) und die Anzahl der freien Dienstverträge bzw. Werkverträge (sonstige Verträge). Der Großteil – 78 % – aller in Sozialen Diensten des Nonprofit Sektors gegen Entgelt tätigen Personen war zum 31.12.2001 unselbständig beschäftigt. Eine/r von vier Beschäftigten wurde auf Basis eines Werkvertrages oder als freie/r DienstnehmerIn tätig.

**Tabelle 30: Hochrechnung – Vertragsstruktur (31.12.2001)**

| Soziale Dienste des Nonprofit Sektors in Österreich | Beschäftigungsverhältnisse | | | | | |
|---|---|---|---|---|---|---|
| | Gesamt | | Frauen | | Männer | |
| | Anzahl | in % | Anzahl | in % | Anzahl | in % |
| Echte Dienstverträge[1] | 43.093 | 78,1 | 32.661 | 79,3 | 10.432 | 74,6 |
| Sonstige Verträge[2] | 12.059 | 21,9 | 8.503 | 20,7 | 3.556 | 25,4 |
| **Alle Verträge** | **55.152** | **100,0** | **41.164** | **100,0** | **13.988** | **100,0** |

[1] ohne Lehrlinge, *ohne* LeiharbeitnehmerInnen
[2] Freie Dienstverträge, Werkverträge

Quelle: Datensatz: Soziale Dienste in Österreich – Beschäftigungsstudie 2002, eigene Berechnung

Von allen Frauen, die in Sozialen Diensten des Nonprofit Sektors erwerbstätig waren, hatten etwa 80 % einen echten Dienstvertrag abgeschlossen. Unter allen Männern ist dieser Anteil der echten Dienstverträge an allen Beschäftigungsverhältnissen geringer, Vertragsformen (wie freie Dienstverträge, Werkverträge) haben einen etwas höheren Stellenwert. Tabelle 31 zeigt, dass rund 76 % aller echten Dienstverträge in Sozialen Diensten des Nonprofit Sektors von Frauen abgeschlossen wurden. Der Frauenanteil an freien Dienstverträgen/Werkverträgen war dagegen – mit 70 % – geringer.

**Tabelle 31: Hochrechnung – Vertragsstruktur (31.12.2001)**

| Soziale Dienste des Nonprofit Sektors in Österreich | Beschäftigungsverhältnisse | | | | | |
|---|---|---|---|---|---|---|
| | Gesamt | | Frauen | | Männer | |
| | Anzahl | in % | Anzahl | in % | Anzahl | in % |
| Echte Dienstverträge[1] | 43.093 | 100,0 | 32.661 | 75,8 | 10.432 | 24,2 |
| „sonstige" Verträge[2] | 12.059 | 100,0 | 8.503 | 70,5 | 3.556 | 29,5 |
| **Alle Verträge** | **55.152** | **100,0** | **41.164** | **74,6** | **13.988** | **25,4** |

[1] ohne Lehrlinge, *ohne* LeiharbeitnehmerInnen
[2] Freie Dienstverträge, Werkverträge

Quelle: Datensatz: Soziale Dienste in Österreich – Beschäftigungsstudie 2002, eigene Berechnung

Tabelle 32 gibt einen Überblick über die Verteilung der unselbständigen Beschäftigungsverhältnisse nach deren zeitlichem Ausmaß. Die **Teilzeitquote** ist in Sozialen Diensten des Nonprofit Sektors sehr hoch. Rund 60 % aller unselbständig Beschäftigten haben einen Teilzeitarbeitsplatz. Drastische Unterschiede zeigen sich in den Teilzeitquoten der Frauen und Männer. Von allen in Sozialen Diensten des Nonprofit Sektors unselbständig beschäftigten Frauen waren 70 % auf Teilzeitbasis beschäftigt. Bei den Männern dreht sich dieses Verhältnis um: 70 % aller unselbständig beschäftigten Männer in Sozialen Diensten waren auf einem Vollzeitarbeitsplatz tätig.

**Tabelle 32: Hochrechnung –**
**Struktur der unselbständig Beschäftigten (31.12.2001)**

| Soziale Dienste des Nonprofit Sektors in Österreich | Unselbständig Beschäftigte | | | | | |
|---|---|---|---|---|---|---|
| | Gesamt | | Frauen | | Männer | |
| | Anzahl | in % | Anzahl | in % | Anzahl | in % |
| Teilzeitbeschäftigte | 25.995 | 60,3 | 22.910 | 70,1 | 3.085 | 29,6 |
| Vollzeitbeschäftigte | 17.098 | 39,7 | 9.751 | 29,9 | 7.347 | 70,4 |
| **Unselbständig Beschäftigte[1]** | **43.093** | **100,0** | **32.661** | **100,0** | **10.432** | **100,0** |

[1] ohne Lehrlinge, ohne LeiharbeitnehmerInnen

Quelle: Datensatz: Soziale Dienste in Österreich – Beschäftigungsstudie 2002, eigene Berechnung

Interessante Einblicke in die **geschlechtsspezifischen Strukturen unselbständig Beschäftigter** geben auch die Zeilenprozente in Tabelle 33. Rund
76 % aller unselbständigen Beschäftigungsverhältnisse haben Frauen inne.
Der Frauenanteil erhöht sich bei Arbeitsverträgen auf Teilzeitbasis und verr-
ringert sich deutlich bei Arbeitsverträgen auf Vollzeitbasis. Von allen Teilzeitbeschäftigten sind rund 88 % Frauen. Von allen Vollzeitbeschäftigten sind
dagegen mit 57 % „nur" etwas mehr als die Hälfte Frauen. (vgl. Tabelle 33)

**Tabelle 33: Hochrechnung –
Struktur der unselbständig Beschäftigten (31.12.2001)**

| Soziale Dienste des Nonprofit Sektors in Österreich | Unselbständig Beschäftigte | | | | | |
|---|---|---|---|---|---|---|
| | *Gesamt* | | Frauen | | Männer | |
| | *Anzahl* | *in %* | Anzahl | in % | Anzahl | in % |
| Teilzeitbeschäftigte | *25.995* | *100,0* | 22.910 | 88,1 | 3.085 | 11,9 |
| Vollzeitbeschäftigte | *17.098* | *100,0* | 9.751 | 57,0 | 7.347 | 43,0 |
| **Unselbständig Beschäftigte**[1] | ***43.093*** | ***100,0*** | **32.661** | **75,8** | **10.432** | **24,2** |

[1] ohne Lehrlinge, ohne LeiharbeitnehmerInnen

Quelle: Datensatz: Soziale Dienste in Österreich – Beschäftigungsstudie 2002, eigene Berechnung

**Freie Dienstverträge** und **Werkverträge** bildeten die vertragliche Grundlage
von Personen, die nicht über echte Dienstverträge beschäftigt waren. Tabelle
34 schlüsselt die Anzahl der Beschäftigten nach Werk- und freien Dienstverträgen auf. Aus dieser Tabelle geht die – mit einem Anteil von 65 % – hohe
Bedeutung der freien Dienstverträge innerhalb dieser Gruppe hervor. Rund
28 % aller „sonstigen" Verträge machten Werkverträge aus. Mit rund 7 %
wurden andere sonstige Verträge ausgewiesen (eine Kategorie, die seitens
der ausfüllenden Organisationen in der Regel nicht weiter spezifiziert wurde,
manche subsumierten darunter Honorarkräfte).

## Tabelle 34: Hochrechnung –
### Verteilung „sonstiger Verträge" (31.12.2001)

| Soziale Dienste des Nonprofit Sektors in Österreich | „Sonstige" Verträge | | | | | |
|---|---|---|---|---|---|---|
| | Gesamt | | Frauen | | Männer | |
| | Anzahl | in % | Anzahl | in % | Anzahl | in % |
| Freie Dienstverträge | 7.820 | 64,8 | 5.444 | 64,0 | 2.376 | 66,8 |
| Werkverträge | 3.416 | 28,3 | 2.345 | 27,8 | 1.071 | 30,1 |
| Nicht spezifizierte Verträge | 823 | 6,8 | 714 | 8,4 | 109 | 3,1 |
| **Sonstige Verträge** | **12.059** | **100,0** | **8.503** | **100,0** | **3.556** | **100,0** |

[1] ohne Lehrlinge, ohne LeiharbeitnehmerInnen

Quelle: Datensatz: Soziale Dienste in Österreich – Beschäftigungsstudie 2002, eigene Berechnung

Auch die Betrachtung der Verteilung unterschiedlicher Vertragsformen auf Frauen und Männer – vgl. Tabelle 35 – bringt einen Frauenanteil von jeweils rund 70 % bei freien Dienstverträgen und Werkverträgen zu Tage. Sieben von zehn freien DienstnehmerInnen bzw. Personen mit Werkverträgen waren Frauen.

## Tabelle 35: Hochrechnung – Verteilung sonstiger Verträge (31.12.2001)

| Soziale Dienste des Nonprofit Sektors in Österreich | „Sonstige" Verträge | | | | | |
|---|---|---|---|---|---|---|
| | Gesamt | | Frauen | | Männer | |
| | Anzahl | in % | Anzahl | in % | Anzahl | in % |
| Freie Dienstverträge | 7.820 | 100,0 | 5.444 | 69,6 | 2.376 | 30,4 |
| Werkverträge | 3.416 | 100,0 | 2.345 | 68,6 | 1.071 | 31,2 |
| Nicht spezifizierte Verträge | 823 | 100,0 | 714 | 86,6 | 109 | 13,2 |
| **Sonstige Verträge** | **12.059** | **100,0** | **8.503** | **70,5** | **3.556** | **29,5** |

[1] ohne Lehrlinge, ohne LeiharbeitnehmerInnen

Quelle: Datensatz: Soziale Dienste in Österreich – Beschäftigungsstudie 2002, eigene Berechnung

Zum Abschluss der Darstellung der Ergebnisse der Hochrechnung zur Beschäftigungsstruktur gibt Tabelle 36 einen **zusammenfassenden Überblick** über die Verteilung unterschiedlicher Verträge in Sozialen Diensten des Nonprofit Sektors: Der Großteil der Beschäftigten ist über einen echten Dienstvertrag tätig. 14 % der Beschäftigten hatten einen freien Dienstvertrag abgeschlossen. Lediglich etwa 6 % aller Beschäftigten in Sozialen Diensten des Nonprofit Sektors engagierten sich 2001 über Werkverträge.

**Tabelle 36: Hochrechnung –**
**Beschäftigungsstruktur: Zusammenfassung (31.12.2001)**

| Soziale Dienste des Nonprofit Sektors in Österreich | Beschäftigte | | | | | |
|---|---|---|---|---|---|---|
| | Gesamt | | Frauen | | Männer | |
| | Anzahl | in % | Anzahl | in % | Anzahl | in % |
| Echte Dienstverträge[1] | 43.093 | 78,1 | 32.661 | 79,3 | 10.432 | 74,6 |
| Freie Dienstverträge | 7.820 | 14,2 | 5.444 | 13,2 | 2.376 | 17,0 |
| Werkverträge | 3.416 | 6,2 | 2.345 | 5,7 | 1.071 | 7,7 |
| Nicht spezifizierte Verträge | 823 | 1,5 | 714 | 1,7 | 109 | 0,8 |
| **Alle Verträge** | **55.152** | **100,0** | **41.164** | **100,0** | **13.988** | **100,0** |

[1] ohne Lehrlinge, *ohne* LeiharbeitnehmerInnen

Quelle: Datensatz: Soziale Dienste in Österreich – Beschäftigungsstudie 2002, eigene Berechnung

Die Verteilung der vertraglichen Gestaltung der Beschäftigungsverhältnisse unterschied sich zwischen Frauen und Männern etwas. Tabelle 36 zeigt, dass von allen beschäftigten Frauen der Anteil der unselbständig Beschäftigten höher war als der entsprechende Anteil unter allen erwerbstätigen Männern. An dieser Stelle sei an die Ergebnisse zur Struktur der unselbständig Beschäftigten in Sozialen Diensten des Nonprofit Sektors erinnert: Männer waren im Jahr 2001 vorwiegend als Vollzeitkräfte angestellt, Frauen waren zu einem überwiegenden Teil auf Teilzeitarbeitsplätzen vorzufinden. Sowohl freie Dienstverträge als auch Werkverträge waren zu höheren Anteilen im Jahr 2001 in der Gruppe der erwerbstätigen Männer zu finden als in der Gruppe der erwerbstätigen Frauen.

### 8.1.3. Einordnung der Ergebnisse zu Volumen und Struktur der Beschäftigten in Sozialen Diensten des Nonprofit Sektors

Zusammenfassend kann mit den Ergebnissen dieser Studie festgehalten werden, dass in Bezug auf die Zahl der Erwerbstätigen eine beträchtliche Anzahl an Personen im Sektor „soziale Dienstleistungen des Nonprofit Sektors" auf Basis eines Beschäftigungsverhältnisses tätig sind. In Summe waren hochgerechnet rund 55.200 Personen (inkl. freie DienstnehmerInnen und WerkvertragsnehmerInnen) in Sozialen Diensten des Nonprofit Sektors zum 31.12.2001 erwerbstätig. Die Zahl der unselbständig Beschäftigten belief sich auf 43.100. Rund 12.000 Personen waren auf Basis eines freien Dienstvertrages oder Werkvertrages tätig.

Eine Einordnung der erhobenen Daten ist – wie oben bereits erwähnt – nicht einfach vorzunehmen. Dennoch können Größenvergleiche skizziert werden. Nach den Daten der Arbeitsstättenzählung der Statistik Austria waren im Jahr 2001 in den Unterklassen[160] „Sozialwesen a.n.g", „sonstige Heime" und „Hauskrankenpflege" 43.520 Personen erwerbstätig[161], wobei 32.293 Beschäftigte dem Nonprofit Sektor in diesem Bereich zuzurechnen sind (vgl. Tabelle 37).

**Tabelle 37: Beschäftigte im Sozialsektor (ÖNACE): Arbeitsstättenzählung 2001**

| ÖNACE | „soziale Dienstleistungen"[1] | Gesamt | | ÖS | | NPS | | FPS | |
|---|---|---|---|---|---|---|---|---|---|
| | | absolut | in % | absolut | in % | absolut | in % | absolut | in % |
| 85.32-00 | Sozialwesen a.n.g. | 34.042 | 100,0 | 4.279 | 12,6 | 26.361 | 77,4 | 3.402 | 10,0 |
| 85.14-02 | Hauskrankenpflege | 2.241 | 100,0 | 22 | 1,0 | 2.012 | 89,8 | 207 | 9,2 |
| 85.31-02 | Sonstige Heime | 7.237 | 100,0 | 1.455 | 20,1 | 3.920 | 54,2 | 1.862 | 25,7 |
| | **Zwischensumme 1** | **43.520** | **100,0** | **5.756** | **13,2** | **32.293** | **74,2** | **5.471** | **12,6** |
| Ergänzungen | | | | | | | | | |
| 80.10-01 | Kindergärten | 33.087 | 100,0 | 22.768 | 68,8 | 9.607 | 29,0 | 712 | 2,2 |
| 85.31-01 | Alten- und Pflegeheime | 28.887 | 100,0 | 16.344 | 56,6 | 8.243 | 28,5 | 4.300 | 4,9 |
| | **Zwischensumme 2** | **61.974** | **100,0** | **39.112** | **63,1** | **17.850** | **28,8** | **5.012** | **8,1** |
| **GESAMT** | | **105.494** | **100,0** | **44.868** | **42,5** | **50.143** | **47,5** | **10.483** | **9,9** |

[1] Interessant für die Erfassung von Beschäftigung in Sozialen Diensten könnten auch die ÖNACE Unterklassen 91.33-00 „Sonstige Interessenvertretungen und Vereine a.n.g." und 85.14-04 „Gesundheitswesen a.n.g." In dieser sind voraussichtlich auch weitere Organisationen bzw. Interessensverbände des Sozialbereichs enthalten. Eine exakte Identifizierung dieser Einrichtungen und Ermittlung der Zahl der Beschäftigten ist aufgrund der gegenwärtigen Datenlage jedoch nicht möglich. Die ausgewiesenen Werte sind daher als *Mindestwerte* zu verstehen.

Quelle: Arbeitsstättenzählung 2001 – Sonderauswertung, eigene Berechnungen

---

[160] Diese Gruppen kommen der dieser Studie zugrunde liegenden Grundgesamtheit am nächsten. Siehe dazu auch Kapitel 4.1.1; Für Vergleichszwecke ist daher am ehesten die Zwischensumme 1 der Tabelle 37 relevant.

[161] Es kann davon ausgegangen werden, dass diese Werte die Anzahl der *unselbständig Beschäftigten* gut abbilden. Korrekterweise ist hier festzuhalten, dass in diesen Werten aus der Arbeitsstättenzählung der Statistik Austria auch tätige BetriebsinhaberInnen, PächterInnen, und mithelfende Familienangehörige enthalten sind, deren Anzahl jedoch hier als vernachlässigbar erachtet wird.

Bachstein (2000) ermittelte rund 91.000 Beschäftigte (inkl. Werkvertrags-nehmerInnen)[162] in „sozialen Nonprofit Organisationen" für das Jahr 1995. Wie bereits erwähnt sind Unterschiede in der Definition der Grundgesamtheit, des Erhebungs- und Auswertungsdesigns vermutlich ursächlich für die Unterschiede in den Ergebnissen. Aussagen über Veränderungen des Beschäftigungsstandes können aufgrund der eingeschränkten Vergleichbarkeit daher nicht getroffen werden.

In Österreich waren im Jahr 2001 etwa 2,1 Millionen Personen im gesamten Dienstleistungssektor unselbständig beschäftigt (Statistik Austria, ISIS-Datenbank, eigene Berechnungen). Die unselbständig Beschäftigten im Bereich der Sozialen Dienste des Nonprofit Sektors nach Abgrenzung dieser Studie trugen dazu nach den Ergebnissen der vorliegenden Untersuchung mit rund 2,1 % bei.

In den **Vergleich der Beschäftigungsstruktur** kann die Arbeitsstättenzählung 2001 der Statistik Austria leider nicht einbezogen werden, da Beschäftigungsdaten nach Vertragsart und Ausmaß der Erwerbstätigkeit nicht vorliegen. Dafür können Referenzzahlen aus der Studie zu österreichischen Nonprofitorganisationen bezogen auf das Jahr 1995 und Referenzwerte aus dem Dienstleistungssektor insgesamt für 2001 genannt werden.

Die Daten von Bachstein (2000) zu „sozialen Nonprofit Organisationen" weisen eine Strukturierung der Beschäftigungsverhältnisse in „Dienstverträge" und „Werkverträge" („stundenweise beschäftigt") auf. Die Einordnung der freien Dienstverträge ist hier nicht klar ersichtlich.

Dennoch sollen zur Orientierung die adaptierten Werte aus 1995 veranschaulicht werden: Etwas mehr als 20 % aller Beschäftigten werden als WerkvertragsnehmerInnen ausgewiesen. Eine sehr ähnliche Größenordnung wird unter Einbeziehung der freien Dienstverträge auch für 2001 ausgewiesen. Die Teilzeitquote 1995 (Relation der „Teilzeitbeschäftigten" zu allen Beschäftigten ohne Personen mit Werkverträgen) beläuft sich auf 43,3 %. Für 2001 wurde in dieser Studie eine Teilzeitquote der unselbständig Beschäftigten von 60 % ermittelt.

---

[162] Da in der vorliegenden Erhebung im Gegensatz zu Bachstein (2000: 134) Zivildiener nicht zu den Beschäftigten gerechnet wurden, wurde die zitierte Zahl für diese Vergleichszwecke um die Anzahl der Zivildiener bereinigt.

Im Dienstleistungssektor insgesamt lag die Teilzeitquote im Jahr 2001 bei etwa 21 %. Dieser Sektor weist im Vergleich zu den Sektoren „Industrie und verarbeitendes Gewerbe" sowie „Land- und Forstwirtschaft" die höchste Teilzeitquote auf. Über alle Sektoren errechnete sich eine Teilzeitquote von 16,9 % (STAT.AT, ISIS-Datenbank, eigene Berechnungen). In einigen Berufsobergruppen findet sich jedoch ein weitaus höherer Anteil an Teilzeitbeschäftigung. So beträgt der Teilzeitanteil in der Berufsobergruppe Gesundheitsberufe 30 %, in Turn- und Sportberufen 44 %, in Reinigungs- und Unterhaltungsberufen je 78 %. (vgl. Holzinger 2001)

Hinsichtlich des Anteils der Frauen an allen Teilzeitbeschäftigten weisen beide wissenschaftlichen Studien zu sozialen Dienstleistungseinrichtngen des Nonprofit Sektors ähnliche Ergebnisse auf. In beiden Studien wurde eine weitaus höhere Teilzeitquote für Frauen als für Männer ermittelt. Unter allen Teilzeitbeschäftigten hatten Frauen im Jahr 2001 88 % dieser Beschäftigungsverhältnisse inne. Für 1995 ermittelte Bachstein (2000) 86,9 %. Im gesamten österreichischen Dienstleistungssektor waren im Jahr 2001 rund 90 % der Teilzeitkräfte Frauen. Nur jeder zehnte Teilzeitbeschäftigte im Dienstleistungssektor war 2001 ein Mann. (Statistik Austria, ISIS-Datenbank, eigene Berechnungen). Der Frauenanteil an den Teilzeitarbeitsplätzen nach Berufsobergruppe liegt bei den erwähnten Berufsobergruppen in Gesundheitsberufen bei 92 %, in Turn- und Sportberufen bei 69 %, in Reinigungs- bzw. Unterhaltungsberufen bei 100 % bzw. 70 %. (vgl. Holzinger 2001)

Der hohe Anteil von rund 76 % den Frauen an allen unselbständig Beschäftigten im Jahr 2001 hatten, ist markant für die Beschäftigung in Sozialen Diensten des Nonprofit Sektors. Im gesamten Dienstleistungssektor ist das Verhältnis von Männern und Frauen im Bereich der ArbeitnehmerInnen ausgeglichener. Rund 55 % der unselbständig Beschäftigten im gesamten Dienstleistungssektor sind Frauen. Der Anteil der Frauen an allen ArbeitnehmerInnen ist damit im Dienstleistungssektor der Wirtschaft am höchsten. Der Frauenanteil an den ArbeitnehmerInnen 2001 beläuft sich zum Vergleich in der Land- und Forstwirtschaft auf 36 % und in Industrie und Gewerbe auf 19 %. (Statistik Austria, ISIS-Datenbank, eigene Berechnungen)

## 8.2. Struktur der Arbeitskräfte ohne Beschäftigungsverhältnis in Sozialen Diensten des Nonprofit Sektors

### 8.2.1. Gruppen von MitarbeiterInnen

Als MitarbeiterInnen in Sozialen Diensten des Nonprofit Sektors wurden folgende Gruppen identifiziert (siehe dazu auch Kapitel 6.2.1):

- Beschäftigte[163]

- Ehrenamtliche

- Zivildiener

- Lehrlinge und PraktikantInnen

- Priester bzw. Ordensangehörige

In der Folge werden Personengruppen, die in Sozialen Diensten des Nonprofit Sektors tätig sind, jedoch kein Beschäftigungsverhältnis abgeschlossen haben, näher beleuchtet und quantitative Dimensionen sowie Relationen auf der Basis hochgerechneter Daten ermittelt.

Von den rund 21.000 Personen, die zum Stichtag 31.12.2001 in Sozialen Diensten des Nonprofit Sektors ohne einer (arbeits-)vertraglichen Grundlage aktiv waren, entfällt mit über 85 % dieser Gruppe der Großteil auf Ehrenamtliche. Etwa 18.300 Personen engagierten sich zu diesem Zeitpunkt ehrenamtlich in Sozialen Diensten des Nonprofit Sektors. (vgl. Tabelle 38)

Zusätzlich waren mehr als 3.000 Personen als Zivildiener, PraktikantInnen, Priester bzw. Ordensangehörige und Lehrlinge *in dem erfassten Bereich* sozialer Dienstleistungen tätig. Die größte Gruppe davon machen mit etwa 1.500 Personen die Zivildiener aus. Zum 31.12.2001 standen rund 1.230 Personen – sei es über ein Praktikum oder über eine Lehre – in einem Ausbildungsverhältnis mit Sozialen Diensten des Nonprofit Sektors. Der Stichtag hat hier insofern Bedeutung als Praktika sich in der Regel nicht über ein ganzes Jahr, sondern zumeist über bedeutend kürzere Zeitabschnitte erstrecken, so dass in diesem Bereich die Ausbildungsleistung der Einrichtungen als wesentlich höher einzuschätzen ist.

---

[163] Die Hochrechnungen zu Volumen und Struktur der Beschäftigung finden sich im Detail in Kapitel 8.

Der Anteil aller Priester bzw. Ordensangehörigen (Ordensgestellung) beläuft sich auf 1,4 % an allen MitarbeiterInnen ohne Beschäftigungsverhältnis aus. (vgl. Tabelle 38)

**Tabelle 38: Hochrechnung – Struktur der Arbeitskräfte ohne Beschäftigungsverhältnis (Ia) (31.12.2001)**

| Soziale Dienste des Nonprofit Sektors in Österreich | MitarbeiterInnen | | | | | |
|---|---|---|---|---|---|---|
| | Gesamt | | Frauen | | Männer | |
| | Anzahl | in % | Anzahl | in % | Anzahl | in % |
| Ehrenamtliche[2] | 18.255 | 85,8 | 11.793 | 92,8 | 6.464 | 75,4 |
| Zivildiener | 1.510 | 7,1 | 0 | 0,0 | 1.510 | 17,6 |
| PraktikantInnen | 989 | 4,6 | 707 | 5,6 | 282 | 3,3 |
| Priester/ Ordensangehörige | 278 | 1,3 | 51 | 0,4 | 227 | 2,6 |
| Lehrlinge | 241 | 1,1 | 153 | 1,2 | 88 | 1,0 |
| **Arbeitskräfte ohne Beschäftigungsverhältnis** | **21.273** | **100,0** | **12.704** | **100,0** | **8.569** | **100,0** |

[1] unselbständig Beschäftigte (ohne Lehrlinge), LeiharbeitnehmerInnen, freie DienstnehmerInnen, WerkvertragsnehmerInnen, nicht spezifizierte Verträge

Quelle: Datensatz: Soziale Dienste in Österreich – Beschäftigungsstudie 2002, eigene Berechnung

Von allen Frauen, die ohne Beschäftigungsverhältnis in Sozialen Diensten des Nonprofit Sektors zum 31.12.2001 tätig waren, engagierten sich 93 % ehrenamtlich, 7,4 % waren als Praktikantinnen oder Lehrlinge tätig.

Von allen Männern in der Gruppe Arbeitskräfte ohne Beschäftigungsverhältnis waren drei Viertel ehrenamtlich aktiv und 20 % im Rahmen des Zivildienstes eingesetzt. 3,3 % aller Männer waren der Gruppe der Praktikanten und Lehrlinge zuzurechnen. Nahezu 3 % waren als Priester und Ordensangehörige aktiv.

Tabelle 39 gibt einen Überblick über die Verteilung von Frauen und Männer auf die unterschiedlichen Gruppen der Arbeitskräfte ohne Beschäftigungsverhältnis.

Insgesamt gesehen unterscheidet sich das Geschlechterverhältnis in der Gruppe der Arbeitskräfte ohne Beschäftigungsverhältnis von jenem für erwerbstätige Personen in Sozialen Diensten des Nonprofit Sektors. Wiewohl Frauen auch in der Gruppe der Personen ohne Beschäftigungsverhältnis mehrheitlich vertreten waren, war das Geschlechterverhältnis mit 3:2 etwas ausgeglichener. Die überwiegende Mehrheit der Ehrenamtlichen, PraktikantInnen und Lehrlinge in Sozialen Diensten des Nonprofit Sektors waren Frauen. Mehrheitlich Männer fanden sich unter den Zivildienern und Priestern bzw. Ordensangehörigen, die jedoch quantitativ nur einen geringen Stellenwert einnahmen.

**Tabelle 39: Hochrechnung – Struktur der Arbeitskräfte ohne Beschäftigungsverhältnis (IIa) (31.12.2001)**

| Soziale Dienste des Nonprofit Sektors in Österreich | MitarbeiterInnen | | | | | |
|---|---|---|---|---|---|---|
| | Gesamt | | Frauen | | Männer | |
| | Anzahl | in % | Anzahl | in % | Anzahl | in % |
| Ehrenamtliche[2] | 18.255 | 100,0 | 11.793 | 64,6 | 6.462 | 35,4 |
| Zivildiener | 1.510 | 100,0 | 0 | 0,0 | 1.510 | 100,0 |
| PraktikantInnen | 989 | 100,0 | 707 | 71,5 | 282 | 28,5 |
| Priester/ Ordensangehörige | 278 | 100,0 | 51 | 18,3 | 227 | 81,7 |
| Lehrlinge | 241 | 100,0 | 153 | 63,5 | 88 | 36,5 |
| **Arbeitskräfte ohne Beschäftigungsverhältnis** | **21.273** | **100,0** | **12.704** | **59,7** | **8.569** | **40,3** |

[1] unselbständig Beschäftigte (ohne Lehrlinge), LeiharbeitnehmerInnen, freie DienstnehmerInnen, WerkvertragsnehmerInnen, nicht spezifizierte Verträge

Quelle: Datensatz: Soziale Dienste in Österreich – Beschäftigungsstudie 2002, eigene Berechnung

Tabelle 39 zeigt weiters, dass im Jahr 2001 rund zwei Drittel aller Ehrenamtlichen Frauen waren. Damit ist die Frauenquote bei den ehrenamtlich Tätigen etwas geringer als bei den gegen Entgelt tätigen Personen. Unter dem Nachwuchs (PraktikantInnen, Lehrlinge) waren rund 70 % Frauen zu verzeichnen. Das deutet darauf hin, dass auch in Zukunft Berufe des Sozialbereichs vorwiegend von Frauen ausgeübt werden.

### 8.2.2. Einordnung der Ergebnisse zu Volumen und Struktur der Arbeitskräfte ohne Beschäftigungsverhältnis in Sozialen Diensten des Nonprofit Sektors

Personen, die nicht aufgrund von Beschäftigungsverhältnissen in Organisationen oder Unternehmen tätig sind, sind für die amtliche Statistik unsichtbar. In wissenschaftlichen Studien kann zumindest ein Teil der Arbeitsleistung, die sonst nicht aggregiert erfasst wird, sichtbar gemacht werden. Diese Studien sind jedoch rar.

In der Erhebung aus dem Jahr 1995 wurde die Zahl jener Personen, die ehrenamtlich bzw. im Rahmen des Zivildienstes in „sozialen Nonprofit Organisationen" tätig waren mit rund 156.000 angegeben. Die Zahl der Ehrenamtlichen wurde in dieser Untersuchung bei weitem höher eingeschätzt als in der vorliegenden Studie. Augenscheinlich resultiert dies aus der unterschiedlichen Definition der Grundgesamtheit. So sind in der vorliegenden Untersuchung z. B. keine Selbsthilfegruppen und keine Rettungs- und Sanitätsdienste enthalten, die einen sehr hohen Anteil Ehrenamtlicher aufweisen, (siehe dazu auch Stichprobenbeschreibung). Zudem wurde in der vorliegenden Studie auf die Zuordnung Ehrenamtlicher auf den jeweiligen Bereich sozialer Dienstleistungen fokussiert. Allerdings sind auch die in Kapitel 7.4.1 dargestellten Ursachen einer Untererfassung von Ehrenamtlichen nicht auszuschließen.

Für den Vergleich der **Struktur der Arbeitskräfte ohne Beschäftigungsverhältnisse** wird erneut auf Bachstein (2000) Bezug genommen, wobei der Gegenüberstellung der Ergebnisse aufgrund der erwähnten Unterschiede im Studiendesign Vorsicht entgegengebracht werden muss. Daten aus der Erhebung des Jahres 1995 sind vor allem für die Relationen der Beteiligung von Frauen und Männern interessant, da im Bereich der unbezahlten Arbeit in der älteren Studie lediglich Ehrenamtliche und Zivildiener ausgewiesen wurden. Im Bereich der Ehrenamtlichen sind die Werte der beiden Studien, trotz unterschiedlicher absoluter Werte in den Relationen betreffend die Verteilung von Männern und Frauen ähnlich. Dem Frauenanteil im Bereich der ehrenamtlichen Arbeit des Jahres 2001 von 64,6 % steht ein nahezu identer Wert aus dem Jahr 1995 gegenüber (vgl. Bachstein 2000).

### 8.3. MitarbeiterInnen in Sozialen Diensten des Nonprofit Sektors im Überblick – Schlussbetrachtung

In Sozialen Diensten des Nonprofit Sektors engagierten sich – teils bezahlt, teils unbezahlt – zum 31.12.2001 insgesamt rund 76.500 Personen, 53.800 Frauen und rund 22.700 Männer.

Der Großteil aller MitarbeiterInnen hatte zum 1.12.2001 ein Beschäftigungsverhältnis abgeschlossen. Rund 72 % der in Sozialen Diensten des Nonprofit Sektors tätigen Personen waren Beschäftigte (ArbeitnehmerInnen, freie DienstnehmerInnen, WerkvertragsnehmerInnen). Etwa 28 % erhielten für ihre Arbeitsleistungen kein Entgelt im Sinne eines Lohnes oder Gehalts.

Aus Tabelle 40 geht hervor, dass Frauen, die in Sozialen Diensten des Nonprofit Sektors tätig waren, einen höheren Anteil an Beschäftigungsverhältnissen verzeichneten als Männer. Von allen in Sozialen Diensten des Nonprofit Sektors tätigen Frauen, hatten 76 % ein Beschäftigungsverhältnis abgeschlossen. Dagegen waren „nur" 62 % aller Männer, die sich in Sozialen Diensten des Nonprofit Sektors engagierten, erwerbstätig.

**Tabelle 40: Hochrechnung – MitarbeiterInnen (Ia) (31.12.2001)**

| Soziale Dienste des Nonprofit Sektors in Österreich | MitarbeiterInnen | | | | | |
|---|---|---|---|---|---|---|
| | Gesamt | | Frauen | | Männer | |
| | Anzahl | in % | Anzahl | in % | Anzahl | in % |
| Beschäftigte[1] | 55.171 | 72,2 | 41.168 | 76,4 | 14.003 | 62,0 |
| MitarbeiterInnen ohne Beschäftigungsverhältnis[2] | 21.273 | 27,8 | 12.704 | 23,6 | 8.569 | 38,0 |
| MitarbeiterInnen gesamt | 76.444 | 100,0 | 53.872 | 100,0 | 22.572 | 100,0 |

[1] unselbständig Beschäftigte (ohne Lehrlinge), LeiharbeitnehmerInnen, freie DienstnehmerInnen, WerkvertragsnehmerInnen, nicht spezifizierte Verträge

[2] Ehrenamtliche, Zivildiener, Lehrlinge, PraktikantInnen sowie Priester bzw. Ordensangehörige

Quelle: Datensatz: Soziale Dienste in Österreich – Beschäftigungsstudie 2002, eigene Berechnung

Tabelle 41 zeigt, dass 70 % der rund 76.500 in Sozialen Diensten des Nonprofit Sektors tätigen Personen Frauen waren. Das **Geschlechterverhältnis** unter **allen MitarbeiterInnen** in Sozialen Diensten des Nonprofit Sektors belief sich im Jahr 2001 auf: **7:3**.

**Tabelle 41: Hochrechnung – MitarbeiterInnen (Ib) (31.12.2001)**

| Soziale Dienste des Nonprofit Sektors in Österreich | MitarbeiterInnen | | | | | |
|---|---|---|---|---|---|---|
| | Gesamt | | Frauen | | Männer | |
| | Anzahl | in % | Anzahl | in % | Anzahl | in % |
| Beschäftigte[1] | 55.171 | 100,0 | 41.168 | 74,6 | 14.003 | 25,4 |
| MitarbeiterInnen ohne Beschäftigungsverhältnis[2] | 21.273 | 100,0 | 12.704 | 59,7 | 8.569 | 40,3 |
| MitarbeiterInnen gesamt | 76.444 | 100,0 | 53.872 | 70,5 | 22.572 | 29,5 |

[1] unselbständig Beschäftigte (ohne Lehrlinge), LeiharbeitnehmerInnen, freie DienstnehmerInnen, WerkvertragsnehmerInnen, nicht spezifizierte Verträge

[2] Ehrenamtliche, Zivildiener, Lehrlinge, PraktikantInnen sowie Priester bzw. Ordensangehörige

Quelle: Datensatz: Soziale Dienste in Österreich – Beschäftigungsstudie 2002, eigene Berechnung

Tabelle 41 macht auch deutlich, dass Frauen sowohl in der bezahlten als auch ehrenamtlichen Arbeit häufiger vertreten waren als Männer. Unter den Beschäftigten war der Frauenanteil etwas höher. Das Geschlechterverhältnis unter den Arbeitskräften ohne Beschäftigungsverhältnis belief sich auf 3:2.

# 9. Hochrechnungen zum Arbeitskräfteeinsatz in Sozialen Diensten des Nonprofit Sektors nach Angebotsschwerpunkten

Die Auswertungen des Dienstleistungssprektrums sozialer Dienstleistungseinrichtungen des Nonprofit Sektors haben ergeben, dass das Angebot an sozialen Dienstleistungen, das von Nonprofit Organisationen bereitgestellt wird in Österreich sehr vielfältig ist. (siehe auch Kapitel 7.2) Mit Hilfe der Clusteranalyse konnten Organisationen identifiziert werden, die sich durch ein ähnliches Dienstleistungsangebot auszeichnen. (siehe Kapitel 5.4 und 7.2). Dieses Angebotsprofil sozialer Dienstleistungen wird in diesem Kapitel wieder aufgegriffen. Ziel dieses Kapitels ist es, spezifische Strukturen des Arbeitskräfteeinsatzes in Sozialen Diensten des Nonprofit Sektors nach den jeweiligen Angebotsschwerpunkten der Organisationen zu identifizieren.

Tabelle 42 zeigt die Verteilung der befragten Organisationen auf die einzelnen Kategorien sozialer Dienstleistungen unter Verwendung der hochgerechneten Daten. Im Vergleich zu Tabelle 42, die die Verteilung der Stichprobe ausweist, sind keine großen Verschiebungen in den Anteilen der Organisationen der jeweiligen Dienstleistungskategorien durch die Gewichtung der Daten entstanden.

Nach wie vor sind die meisten Einrichtungen der Kategorie „Unterstützung im Bereich Arbeit und Qualifizierung" zugeordnet. Die zweitgrößte Gruppe bilden Einrichtungen mit einem charakteristischen Angebot an sozialen Dienstleistungen im Bereich „(Kranken-)Pflege und Haushaltsführung". Jeweils etwas über 10 % aller Einrichtungen wiesen Schwerpunkte in den Bereichen „Arbeit und Wohnen" oder „Wohnen" aus oder gehörten zur Gruppe jener Organisationen, die ein „kategorienübergreifendes Angebot" erstellt. In den nächsten Teilkapiteln wird zunächst die Beschäftigungsstruktur und im Anschluss daran die Struktur aller Arbeitskräfte nach den jeweiligen Bereichen sozialer Dienstleistungen vorgestellt.

**Tabelle 42: Hochrechnung – Soziale Dienste des Nonprofit Sektors nach charakteristischem Dienstleistungsangebot**

| Nr. | Kategorien sozialer Dienstleistungen | Anzahl | in % |
|---|---|---|---|
| 1 | Beratung und Betreuung | 172 | 9,6 |
| 2 | Unterstützung im Bereich (Kranken-)Pflege und Haushaltsführung | 201 | 11,2 |
| A | Unterstützung im Bereich Krankenpflege & Haushaltsführung | 41 | 2,3 |
| B | Unterstützung im Bereich Pflege und Haushaltsführung | 77 | 4,3 |
| C | Besuchsdienste & Sterbebegleitung | 83 | 4,6 |
| 3 | Unterstützung im Bereich Arbeit und Qualifizierung | 477 | 26,6 |
| 4 | Unterstützung im Bereich Arbeit und Wohnen | 185 | 10,3 |
| 5 | Unterstützung im Bereich Wohnen[1] | 184 | 10,3 |
| 6 | Aktivierende Freizeitangebote und Kinderbetreuung[2] | 177 | 9,9 |
| 7 | Therapeutische Dienstleistungen | 106 | 5,9 |
| 8 | Sonstige soziale Dienstleistungen inkl. Sach- und Patientenanwaltschaft | 101 | 5,6 |
| 9 | Kategorienübergreifendes soziales Dienstleistungsangebot | 188 | 10,5 |
| 1-9 | Soziale Dienste des Nonprofit Sektors | 1.791 | 100,0 |

[1] ohne Pflegeheime und Altersheime (da nicht Zielgruppe der Erhebung)
[2] ohne Kindertagesheime: Kindergärten, Krippen, Horte (da nicht Zielgruppe der Erhebung)
Quelle: Datensatz: Soziale Dienste in Österreich – Beschäftigungsstudie 2002,
        eigene Berechnung und Zusammenstellung

## 9.1. Beschäftigungsstruktur nach Angebotsschwerpunkten der Sozialen Dienste des Nonprofit Sektors

Tabelle 43 gibt einen Überblick darüber, in welchen Bereichen, die meisten Beschäftigten Sozialer Dienste des Nonprofit Sektors im Jahr 2001 vorzufinden waren. Die größte Zahl der entgeltlich Beschäftigten – anteilsmäßig mehr als ein Drittel – war den Einrichtungen mit einem kategorienübergreifenden Dienstleistungsangebot zuzuordnen. Dies ist ein Hinweis darauf, dass diese Organisationen nicht nur ein vielfältiges Dienstleistungsangebot bereitstellten, sondern auch über viele Erwerbsarbeitsplätze verfügten. Organisationen mit einem klaren Angebotsschwerpunkt konzentrierten sich sehr deutlich im Bereich „Arbeit und Qualifizierung". Auf diesen Bereich entfiel nahezu ein

Viertel aller entgeltlich Beschäftigten. Ein großer Teil der Erwerbstätigen arbeitete zudem in Sozialen Diensten des Nonprofit Sektors, die sich auf „Arbeit und Wohnen" sowie auf „Unterstützung im Bereich (Kranken-)Pflege und Haushaltsführung" spezialisierten. Eine ähnliche Verteilung zeigt sich für die unselbständig Beschäftigten.

Interessant ist erstens, dass nahezu 50 % aller Teilzeitverträge in Organisationen mit kategorienübergreifendem Angebot abgeschlossen wurden. Zweitens sticht heraus, dass Organisationen im Bereich „Arbeit und Qualifizierung" den höchsten Anteil an allen in Sozialen Diensten des Nonprofit Sektors abgeschlossenen freien Dienstverträgen und Werkverträgen aufwiesen. (vgl. Tabelle 43) Dies könnte als ein Indikator für die spezifischen Beschäftigungsverhältnisse von TrainerInnen gedeutet werden. Ebenso auffällig ist, dass Einrichtungen im Bereich „Pflege und Haushaltsführung" einen relativ hohen Anteil an allen freien Dienstverträgen und Werkverträgen verzeichneten. Dies ist vor allem auf die im Jahr 2001 vorzufindende Beschäftigungspolitik relativ beschäftigungsstarker Einrichtungen in einem Bundesland zurückzuführen, nach der Personen überwiegend auf Basis freier Dienstverträge und Werkverträge beschäftigt wurden.

Tabelle 43: Hochrechnung – Beschäftigungsverhältnisse nach SDL-Schwerpunkt der Organisation

| Nr. | Kategorien sozialer Dienstleistungen | Entgeltl. Beschäftigte | | Dienstverträge | | Teilzeitverträge | | Freie DN /MV | |
|---|---|---|---|---|---|---|---|---|---|
| | | Anzahl | in % | Anzahl | in % | Anzahl | in % | Anzahl | in % |
| 1 | Beratung und Betreuung | 1.399 | 2,5 | 1.036 | 2,4 | 630 | 2,4 | 363 | 3,0 |
| 2 | Unterstützung im Bereich (Kranken-)Pflege und Haushaltsführung | 4.943 | 9,0 | 3.204 | 7,5 | 2.644 | 10,2 | 1.739 | 14,3 |
| A | Unterstützung im Bereich Krankenpflege & Haushaltsführung | 796 | 1,4 | 732 | 1,7 | 621 | 2,4 | 64 | 0,5 |
| B | Unterstützung im Bereich Pflege und Haushaltsführung | 4.009 | 7,3 | 2.352 | 5,5 | 1.923 | 7,4 | 1.657 | 13,7 |
| C | Besuchsdienste & Sterbebegleitung | 138 | 0,3 | 120 | 0,3 | 101 | 0,4 | 18 | 0,1 |
| 3 | Unterstützung im Bereich Arbeit und Qualifizierung | 13.701 | 24,8 | 9.582 | 22,2 | 2.996 | 11,5 | 4.119 | 34,2 |
| 4 | Unterstützung im Bereich Arbeit und Wohnen | 7.687 | 13,9 | 6.506 | 15,1 | 3.733 | 14,4 | 1.181 | 9,8 |
| 5 | Unterstützung im Bereich Wohnen | 3.371 | 6,1 | 2.912 | 6,8 | 1.478 | 5,7 | 459 | 3,8 |
| 6 | Aktivierende Freizeitangebote und Kinderbetreuung | 2.752 | 5,0 | 1.925 | 4,5 | 950 | 3,7 | 827 | 6,9 |
| 7 | Therapeutische Dienstleistungen | 1.166 | 2,1 | 871 | 2,0 | 646 | 2,5 | 295 | 2,4 |
| 8 | Sonstige soziale Dienstleistungen inkl. Sach- und Patientenanwaltschaft | 629 | 1,1 | 405 | 0,9 | 264 | 1,0 | 224 | 1,9 |
| 9 | Kategorienübergreifendes soziales Dienstleistungsangebot | 19.504 | 35,4 | 16.652 | 38,6 | 12.653 | 48,7 | 2.852 | 23,7 |
| 1-9 | Soziale Dienste des Nonprofit Sektors | 55.152 | 100,0 | 43.093 | 100,0 | 25.995 | 100,0 | 12.059 | 100,0 |

Quelle: Datensatz: Soziale Dienste in Österreich – Beschäftigungsstudie 2002, eigene Berechnung und Zusammenstellung

Interessante Einblicke in die Verteilung der **Beschäftigungsverhältnisse nach dem Dienstleistungsschwerpunkt** der untersuchten Einrichtungen bietet Tabelle 44. Sie weist den jeweiligen Anteil an echten Dienstverträgen an allen Beschäftigungsverhältnissen aus und vergleicht diese mit dem Anteil der Gruppe der freien Dienstverträge/Werkverträge an allen Beschäftigungsverhältnissen. Überdurchschnittlich hohe Anteile der unselbständig Beschäftigten waren bei Einrichtungen mit Spezialisierung im Bereich „Wohnen", „Arbeit und Wohnen" sowie „kategorienübergreifendes Angebot sozialer Dienstleistungen" zu verzeichnen.

**Tabelle 44: Hochrechnung –**
**Beschäftigungsverhältnisse nach SDL-Schwerpunkt (in %)**

| Nr. | Kategorien sozialer Dienstleistungen | Echte Dienstverträge | Sonstige Verträge[2] | Entgeltlich Beschäftigte |
|---|---|---|---|---|
| 1 | Beratung und Betreuung | 74,1 | 25,9 | 100,0 |
| 2 | Unterstützung im Bereich (Kranken-)Pflege und Haushaltsführung | 64,8 | 35,2 | 100,0 |
| A | Unterstützung im Bereich Krankenpflege & Haushaltsführung | 92,0 | 8,0 | 100,0 |
| B | Unterstützung im Bereich Pflege und Haushaltsführung | 58,7 | 41,3 | 100,0 |
| C | Besuchsdienste & Sterbebegleitung | 87,0 | 13,0 | 100,0 |
| 3 | Unterstützung im Bereich Arbeit und Qualifizierung | 69,9 | 30,9 | 100,0 |
| 4 | Unterstützung im Bereich Arbeit und Wohnen | 84,6 | 15,4 | 100,0 |
| 5 | Unterstützung im Bereich Wohnen | 86,4 | 13,6 | 100,0 |
| 6 | Aktivierende Freizeitangebote und Kinderbetreuung | 69,9 | 30,1 | 100,0 |
| 7 | Therapeutische Dienstleistungen | 74,7 | 25,3 | 100,0 |
| 8 | Sonstige soziale Dienstleistungen inkl. Sach- und Patientenanwaltschaft | 64,4 | 35,6 | 100,0 |
| 9 | Kategorienübergreifendes soziales Dienstleistungsangebot | 85,4 | 14,6 | 100,0 |
| 1-9 | Soziale Dienste des Nonprofit Sektors | 78,1 | 21,9 | 100,0 |

[1] ohne LeiharbeitnehmerInnen
[2] Freie Dienstverträge, Werkverträge

Quelle: Datensatz: Soziale Dienste in Österreich – Beschäftigungsstudie 2002,
eigene Berechnung und Zusammenstellung

Die geringsten Anteile an echten Dienstverträgen und damit die höchsten Anteile an freien Dienstverträgen/Werkverträgen wiesen Soziale Dienste des Nonprofit Sektors im Bereich „sonstige soziale Dienstleistungen", „Arbeit und Qualifizierung" und „aktivierende Freizeitangebote" auf. Erneut stechen auch hier – wie bereits weiter oben kommentiert – Soziale Dienste im Bereich „Pflege und Haushaltsführung" heraus.

Die Auswertungen für Österreich haben einen überaus hohen Anteil an Teilzeitbeschäftigung an allen Dienstverträgen ergeben. Tabelle 45 gibt eine Übersicht über die jeweiligen Teilzeitquoten nach Angebotsschwerpunkte der Sozialen Dienste des Nonprofit Sektors.

**Tabelle 45: Hochrechnung –**
**Teilzeitquoten nach SDL-Schwerpunkten**

| Nr. | Kategorien sozialer Dienstleistungen | Teilzeit | Vollzeit | Echte Dienstverträge |
|---|---|---|---|---|
| 1 | **Beratung und Betreuung** | **60,8** | **39,2** | **100,0** |
| 2 | **Unterstützung im Bereich (Kranken-) Pflege und Haushaltsführung** | **82,6** | **14,4** | **100,0** |
| A | Unterstützung im Bereich Krankenpflege & Haushaltsführung | 84,8 | 15,2 | 100,0 |
| B | Unterstützung im Bereich Pflege und Haushaltsführung | 81,8 | 18,2 | 100,0 |
| C | Besuchsdienste & Sterbebegleitung | 84,2 | 15,8 | 100,0 |
| 3 | **Unterstützung im Bereich Arbeit und Qualifizierung** | **31,3** | **68,7** | **100,0** |
| 4 | **Unterstützung im Bereich Arbeit und Wohnen** | **57,4** | **42,6** | **100,0** |
| 5 | **Unterstützung im Bereich Wohnen** | **50,8** | **49,2** | **100,0** |
| 6 | **Aktivierende Freizeitangebote und Kinderbetreuung** | **49,4** | **50,6** | **100,0** |
| 7 | **Therapeutische Dienstleistungen** | **74,2** | **25,8** | **100,0** |
| 8 | **Sonstige soziale Dienstleistungen** inkl. Sach- und Patientenanwaltschaft | **65,2** | **34,8** | **100,0** |
| 9 | **Kategorienübergreifendes soziales Dienstleistungsangebot** | **76,0** | **24,0** | **100,0** |
| 1-9 | **Soziale Dienste des Nonprofit Sektors** | **60,3** | **39,7** | **100,0** |

Quelle: Datensatz: Soziale Dienste in Österreich – Beschäftigungsstudie 2002,
eigene Berechnung und Zusammenstellung

Aus Tabelle 45 ist ersichtlich, dass soziale Einrichtungen mit einer Spezialisierung im Bereich „(Kranken-)Pflege und Haushaltsführung" eine mit über 80
% – überaus hohe Teilzeitbeschäftigung – auch in jedem der Subbereiche –
aufweisen. Ebenfalls hohe Teilzeitquoten wurden in Organisationen mit
Schwerpunkt therapeutischer Dienstleistungen und in Organisationen mit kategorienübergreifendem Angebot für 2001 beobachtet.

Überwiegend Vollzeitbeschäftigung wurde in Einrichtungen mit den Schwerpunkten „Arbeit und Qualifizierung" sowie „aktivierende Freizeitangebote und
Kinderbetreuung" festgestellt. Nahzu ausgeglichen ist das Verhältnis von
Vollzeit- und Teilzeitarbeitskräften in sozialen Dienstleistungseinrichtungen
mit dem Schwerpunkt „Wohnen". Abschließend wird auf ausgewählte **gen-
derspezifische Betrachtungen** der Beschäftigungsverhältnisse nach Angebotsschwerpunkte der Sozialen Dienste des Nonprofit Sektors eingegangen.
Tabelle 46 gibt einen Überblick über die **Frauenquoten nach Art des Beschäftigungsverhältnisses** in sozialen Dienstleistungseinrichtungen des
Nonprofit Sektors. In allen Sozialen Diensten des Nonprofit Sektors war mit
nahezu 75 % der Frauenanteil an allen Beschäftigten sehr hoch. Höhere
Frauenquoten wiesen Einrichtungen auf, die sich auf die Unterstützung ihrer
Zielgruppe in den Bereichen (Kranken-)Pflege und Haushaltsführung spezialisiert haben. In diesen Einrichtungen waren 94 % aller Erwerbstätigen Frau-
en. Ebenfalls überdurchschnittlich hohe Anteile an erwerbstätigen Frauen
verzeichneten Soziale Dienste des Nonprofit Sektors, die therapeutische Angebote erstellen und Einrichtungen, die kategorienübergreifend soziale
Dienstleistungen anbieten. Ein weitaus ausgewogeneres Verhältnis an erwerbstätigen Frauen und Männern in Sozialen Diensten des Nonprofit Sektors fand sich in Einrichtungen, die sich der Unterstützung im Bereich „Arbeit
und Qualifizierung" widmen. Der **Anteil von Frauen an allen Dienstverträgen** war in sechs von neun Dienstleistungskategorien leicht höher als der
Anteil der Frauen an allen Erwerbstätigen. Dies deutet auf eine höhere Bedeutung von unselbständigen Beschäftigungsverhältnissen für Frauen hin.

Dass **Teilzeitbeschäftigung** in Sozialen Diensten des Nonprofit Sektors eine
**Frauendomäne** ist, zeigt die dritte Spalte der Tabelle 46. In drei Bereichen
sozialer Dienstleistungen – „Arbeit und Wohnen", „Wohnen" und „sonstige
soziale Dienstleistungen – lag die Frauenquote der Teilzeitbeschäftigung bei
knapp unter 80 %. In allen anderen Bereichen lag sie darüber.

**Tabelle 46: Hochrechnung – Frauenquoten nach Art des Beschäfti-
gungsverhältnisses nach SDL-Schwerpunkten**

| Nr. | Kategorien sozialer Dienstleistungen | Anteil Frauen an allen ... | | |
|---|---|---|---|---|
| | | ...Erwerbs-tätigen | ...Dienst-verträgen | ...Teilzeit-beschäftigten |
| 1 | Beratung und Betreuung: | 72,8 | 76,4 | 81,7 |
| 2 | Unterstützung im Bereich (Kranken-)Pflege & Haushaltsführung | 94,0 | 92,9 | 95,1 |
| A | Unterstützung im Bereich Krankenpflege & Haushaltsführung | 90,8 | 91,4 | 94,7 |
| B | Unterstützung im Bereich Pflege und Haushaltsführung | 95,2 | 94,2 | 95,8 |
| C | Besuchsdienste & Sterbebegleitung | 76,8 | - 77,5 | 84,2 |
| 3 | Unterstützung im Bereich Arbeit und Qualifizierung | 56,9 | 58,4 | 85,8 |
| 4 | Unterstützung im Bereich Arbeit und Wohnen | 68,5 | 69,5 | 79,3 |
| 5 | Unterstützung im Bereich Wohnen | 65,1 | 66,3 | 79,6 |
| 6 | Aktivierende Freizeitangebote und Kinderbetreuung | 73,1 | 78,2 | 82,0 |
| 7 | Therapeutische Dienstleistungen | 80,9 | 84,0 | 83,9 |
| 8 | Sonstige soziale Dienstleistungen inkl. Sach- und Patientenanwaltschaft | 76,5 | 71,4 | 79,5 |
| 9 | Kategorienübergreifendes soziales Dienstleistungsangebot | 86,1 | 85,9 | 92,0 |
| 1-9 | Soziale Dienste des Nonprofit Sektors | 74,6 | 75,8 | 88,1 |

Quelle: Datensatz: Soziale Dienste in Österreich – Beschäftigungsstudie 2002,
eigene Berechnung und Zusammenstellung

## 9.2. Struktur der Arbeitskräfte ohne Beschäftigungsverhältnis nach Angebotsschwerpunkten Sozialer Dienste des Nonprofit Sektors

Tabelle 47 gibt einen Überblick, wie sich Arbeitskräfte ohne Beschäftigungsverhältnisse – aufgegliedert nach den einzelnen Gruppen – auf Soziale
Dienste des Nonprofit Sektors mit unterschiedlichen Schwerpunktsetzungen
im Angebot sozialer Dienstleistungen zum 31.12.2001 verteilten.

Den höchsten Anteil an allen **Ehrenamtlichen**, die sich in Sozialen Diensten
des Nonprofit Sektors engagierten, wiesen Einrichtungen mit der Schwer-
punktsetzung „(Kranken-)Pflege und Haushaltsführung" und Einrichtungen
mit einem kategorienübergreifenden Angeboten an sozialen Dienstleistungen

auf. Rund 18 % aller Ehrenamtlichen waren in Sozialen Diensten, die „sonstige soziale Dienstleistungen" anbieten, tätig. Soziale Dienstleistungseinrichtungen mit therapeutischen Angeboten und mit sozialen Dienstleistungen im Bereich „Arbeit und Qualifizierung" wiesen die geringsten Anteile an allen Ehrenamtlichen auf.

**Zivildiener** fanden sich – abgesehen in Einrichtungen, die ein kategorienübergreifendes Angebot erstellen – am zweit häufigsten in Einrichtungen des Bereichs „Arbeit und Wohnen". Kaum Zivildiener waren in Sozialen Diensten des Nonprofit Sektors vorzufinden, die therapeutische Dienstleistungen oder ausschließlich Beratungs- und Betreuungsleistungen anbieten. Auch im Bereich der nicht weiter spezifizierten sozialen Dienstleistungen waren Zivildiener kaum vertreten.

**PraktikantInnen** der Sozialen Diensten des Nonprofit Sektors waren vor allem in Einrichtungen mit kategorienübergreifenden Angeboten, in Einrichtungen mit den Schwerpunktsetzungen „Arbeit und Wohnen", „Arbeit und Qualifizierung" oder „(Kranken-)Pflege und Haushaltsführung" tätig.

**Lehrlinge** fanden sich – wie nicht anders zu erwarten – zum überwiegenden Teil in Einrichtungen, die sich „Arbeit und Qualifizierung" schwerpunktmäßig widmen.

Auch **Priester bzw. Ordensangehörigen** konzentrierten sich in einem bestimmten Einrichtungstypus, namentlich im Angebotsbereich der „sonstigen sozialen Dienstleistungen". Interessant ist die Tatsache, dass Priester und Ordensangehörige in *jeder* Kategorie von Einrichtungen, die ein spezifisches Angebot an sozialen Dienstleistungen erstellen, vertreten waren.

**Tabelle 47: Hochrechnung – Organisationen mit SDL-Schwerpunkten**
**Anteile nach Personengruppen ohne Beschäftigungsverhältnis**

| Nr. | Kategorien sozialer Dienstleistungen | Ehrenamtliche | | Zivildiener | | PraktikantInnen | | Lehrlinge | | Priester / Ordensang. | |
|---|---|---|---|---|---|---|---|---|---|---|---|
| | | Anzahl | in % | Anzahl | in % | Anzahl | in % | Anzahl | in % | Anzahl | in % |
| 1 | Beratung und Betreuung | 1.094 | 6,0 | 1 | 0,1 | 19 | 1,9 | 9 | 3,7 | 11 | 4,0 |
| 2 | Unterstützung im Bereich (Kranken-) Pflege und Haushaltsführung | 4.416 | 24,2 | 119 | 7,9 | 106 | 10,6 | 0 | 0,0 | 43 | 15,5 |
| A | Unterstützung im Bereich Krankenpflege & Haushaltsführung | 434 | 2,4 | 81 | 5,4 | 35 | 3,5 | 0 | 0,0 | 0 | 0,0 |
| B | Unterstützung im Bereich Pflege und Haushaltsführung | 1.609 | 8,8 | 38 | 2,5 | 43 | 4,3 | 0 | 0,0 | 21 | 7,6 |
| C | Besuchsdienste & Sterbebegleitung | 2.373 | 13,0 | 0 | 0,0 | 28 | 2,8 | 0 | 0,0 | 22 | 7,9 |
| 3 | Unterstützung im Bereich Arbeit und Qualifizierung | 686 | 3,8 | 126 | 8,3 | 169 | 17,1 | 212 | 88,0 | 15 | 5,4 |
| 4 | Unterstützung im Bereich Arbeit und Wohnen | 1.194 | 6,5 | 422 | 27,9 | 187 | 18,9 | 0 | 0,0 | 6 | 2,2 |
| 5 | Unterstützung im Bereich Wohnen | 1.533 | 8,4 | 106 | 7,0 | 81 | 8,2 | 1 | 0,4 | 28 | 10,1 |
| 6 | Aktivierende Freizeitangebote und Kinderbetreuung | 1.530 | 8,4 | 40 | 2,6 | 50 | 5,1 | 0 | 0,0 | 0 | 0,0 |
| 7 | Therapeutische Dienstleistungen | 258 | 1,4 | 4 | 0,3 | 29 | 2,9 | 0 | 0,0 | 2 | 0,7 |
| 8 | Sonstige soziale Dienstleistungen inkl. Sach- und Patientenanwaltschaft | 3.014 | 16,5 | 7 | 0,5 | 15 | 1,5 | 0 | 0,0 | 155 | 55,8 |
| 9 | Kategorienübergreifendes soziales Dienstleistungsangebot | 4.530 | 24,8 | 685 | 45,4 | 333 | 33,7 | 19 | 7,9 | 18 | 6,5 |
| 1-9 | Soziale Dienste des Nonprofit Sektors | 18.255 | 100,0 | 1510 | 100,0 | 989 | 100,0 | 241 | 100,0 | 278 | 100,0 |

Quelle: Datensatz: Soziale Dienste in Österreich – Beschäftigungsstudie 2002, eigene Berechnung und Zusammenstellung

Im folgenden Abschnitt sei auf die **Zusammensetzung der einzelnen Gruppen von Arbeitskräften nach Angebotsschwerpunkten** der Sozialen Dienste des Nonprofit Sektors näher eingegegangen. Tabelle 48 zeigt Tätigkeitsfelder, in denen Erwerbsarbeit vorherrschend ist. Soziale Dienste des Nonprofit Sektors, die sich in der Unterstützung im Bereich „Arbeit und Qualifizierung" spezialisiert haben, wiesen einen Anteil der Erwerbstätigen an allen MitarbeiterInnen der Einrichtungen von über 90 % aus. Ebenfalls sehr erwerbsarbeitsstark waren Einrichtungen im Bereich „Arbeit und Wohnen" sowie Organisationen, die sich auf therapeutische Dienstleistungen spezialisiert haben. Auch Einrichtungen mit einem kategorienübergreifenden Angebot lagen hinsichtlich des Anteils der Beschäftigten an allen MitarbeiterInnen über dem durchschnittlichen Wert.

Ehrenamtliche Arbeit besaß einen höheren Stellenwert in Sozialen Diensten des Nonprofit Sektors, die sich in „aktivierenden Freizeitangeboten und Kinderbetreuung" sowie in der „Unterstützung im Bereich Wohnen" engagieren. Nahezu ausgeglichen war das Verhältnis von Arbeitskräften mit und ohne Beschäftigungsverhältnis in Sozialen Diensten des Nonprofit Sektors, die ausschließlich „Beratungs- und Betreuungsleistungen" anbieten und im Feld der Unterstützung im Bereich der „(Kranken-)Pflege und Haushaltsführung" tätig sind.

Es sind in Tabelle 48 auch Typen von Sozialen Diensten des Nonprofit Sektors zu identifizieren, die überwiegend von ehrenamtlicher Arbeit abhängig sind. Dies sind Einrichtungen, die „Besuchsdienste und Sterbehilfe" und „sonstigen sozialen Dienstleistungen" anbieten.

**Tabelle 48: Hochrechnung – Organisationen mit SDL-Schwerpunkten: Arbeitskräfte**

| Nr. | Kategorien sozialer Dienstleistungen | Entgeltlich Beschäftigte | Ehren- amtliche | Zivil- diener | Prakti- kantInnen | Lehr- linge | Priester / Ordensleute | Alle MitarbeiterInnen |
|---|---|---|---|---|---|---|---|---|
| 1 | Beratung und Betreuung | 55,3 % | 43,1 % | 0,0 % | 0,7 % | 0,4 % | 0,4 % | 100,0 % |
| 2 | Unterstützung im Bereich (Kranken-) Pflege & Haushaltsführung | 51,3 % | 45,9 % | 1,2 % | 1,1 % | 0,0 % | 0,4 % | 100,0 % |
| A | Unterstützung im Bereich Krankenpflege & Haushaltsführung | 59,1 % | 32,2 % | 6,0 % | 2,6 % | 0,0 % | 0,0 % | 100,0 % |
| B | Unterstützung im Bereich Pflege und Haushaltsführung | 70,1 % | 28,1 % | 0,7 % | 0,8 % | 0,0 % | 0,4 % | 100,0 % |
| C | Besuchsdienste & Sterbebegleitung | 5,4 % | 92,7 % | 0,0 % | 1,1 % | 0,0 % | 0,9 % | 100,0 % |
| 3 | Unterstützung im Bereich Arbeit und Qualifizierung | 91,9 % | 4,6 % | 0,8 % | 1,1 % | 1,4 % | 0,1 % | 100,0 % |
| 4 | Unterstützung im Bereich Arbeit und Wohnen | 81,0 % | 12,6 % | 4,4 % | 2,0 % | 0,0 % | 0,1 % | 100,0 % |
| 5 | Unterstützung im Bereich Wohnen | 65,8 % | 29,9 % | 2,1 % | 1,6 % | 0,0 % | 0,5 % | 100,0 % |
| 6 | Aktivierende Freizeitangebote und Kinderbetreuung | 62,9 % | 35,0 % | 0,9 % | 1,1 % | 0,0 % | 0,0 % | 100,0 % |
| 7 | Therapeutische Dienstleistungen | 79,9 % | 17,7 % | 0,3 % | 2,0 % | 0,0 % | 0,1 % | 100,0 % |
| 8 | Sonstige soziale Dienstleistungen inkl. Sach- und Patientenanwaltschaft | 16,5 % | 78,9 % | 0,2 % | 0,4 % | 0,0 % | 4,1 % | 100,0 % |
| 9 | Kategorienübergreifendes soziales Dienstleistungsangebot | 77,7 % | 18,1 % | 2,7 % | 1,3 % | 0,1 % | 0,1 % | 100,0 % |
| 1-9 | Soziale Dienste des Nonprofit Sektors | 72,2 % | 23,9 % | 2,0 % | 1,3 % | 0,3 % | 0,4 % | 100,0 % |

Entgeltlich Beschäftigte inkl. LeiharbeitnehmerInnen

Quelle: Datensatz: Soziale Dienste in Österreich – Beschäftigungsstudie 2002, eigene Berechnung

Im Jahr 2001 waren etwas weniger als zwei Drittel aller **Ehrenamtlichen** in Sozialen Diensten des Nonprofit Sektors Frauen. Höhere Frauenquoten unter den Ehrenamtlichen fanden sich in Organisationen, die sich schwerpunktmäßig auf „Beratung und Betreuung", „aktivierende Freizeitangebote und Kinderbetreuung" und auf „(Kranken-)Pflege und Haushaltsführung" spezialisieren. Ausgeglichen waren die relativen Anteile von Frauen und Männern in Einrichungen, die ein kategorienübergreifendes Angebot erstellten, oder nicht weiter genannte soziale Dienstleistungen anboten. Auch in den Subbereichen Krankenpflege und Haushaltsführung sowie „Pflege und Haushaltsführung" waren nur geringfügig mehr Frauen als Männer ehrenamtlich tätig. Dagegen waren in Einrichtungen, die vorwiegend Besuchsdienste und Sterbebegleitung anbieten, nahezu alle Ehrenamtlichen Frauen.

**Tabelle 49: Hochrechnung – Frauenanteile an allen Ehrenamtlichen & PraktikantInnen nach SDL-Schwerpunkten (in %)**

| Nr. | Kategorien sozialer Dienstleistungen | Anteil Frauen an allen ... | |
|---|---|---|---|
| | | ...Ehrenamtlichen | ...PraktikantInnen |
| 1 | **Beratung und Betreuung** | **74,7** | **84,2** |
| 2 | **Unterstützung im Bereich (Kranken-) Pflege & Haushaltsführung** | **73,5** | **60,4** |
| A | Unterstützung im Bereich Krankenpflege & Haushaltsführung | 57,4 | 14,3 |
| B | Unterstützung im Bereich Pflege & Haushaltsführung | 52,3 | 86,0 |
| C | Besuchsdienste & Sterbebegleitung | 90,9 | 78,6 |
| 3 | **Unterstützung im Bereich Arbeit und Qualifizierung** | **63,8** | **59,8** |
| 4 | **Unterstützung im Bereich Arbeit und Wohnen** | **60,9** | **72,7** |
| 5 | **Unterstützung im Bereich Wohnen** | **59,9** | **81,5** |
| 6 | **Aktivierende Freizeitangebote und Kinderbetreuung** | **78,0** | **88,0** |
| 7 | **Therapeutische Dienstleistungen** | **63,2** | **55,2** |
| 8 | **Sonstige soziale Dienstleistungen** inkl. Sach- und Patientenanwaltschaft | **57,0** | **73,3** |
| 9 | **Kategorienübergreifendes soziales Dienstleistungsangebot** | **56,8** | **75,7** |
| 1-9 | **Soziale Dienste des Nonprofit Sektors** | **64,6** | **71,5** |

Quelle: Datensatz: Soziale Dienste in Österreich – Beschäftigungsstudie 2002, eigene Berechnung und Zusammenstellung

Generell fanden sich – wie bereits in Kapitel 8 festgestellt wurde – weitaus mehr Frauen als Männer unter den zukünftigen ProfessionistInnen der sozialen Arbeit. Der **Anteil der Frauen unter den PraktikantInnen** variiert jedoch nach Handlungsfeld Sozialer Dienste des Nonprofit Sektors. Im Jahr 2001 waren in den betrachteten sozialen Dienstleistungseinrichtungen mit Schwerpunktbereichen „aktivierende Freizeitangebote und Kinderbetreuung", „Beratung und Betreuung" und „Unterstützung im Bereich Wohnen" jeweils über 80 % der PraktikantInnen Frauen. Ein ausgeglicheneres Verhältnis von Frauen und Männern bzw. Mädchen und Burschen unter den PraktikantInnen wiesen Einrichtungen, die therapeutische Dienstleistungen anbieten, sowie Einrichtungen mit Unterstützungsangeboten im Bereich „Arbeit und Qualifizierung" auf. Im Dienstleistungsfeld „Unterstützung im Bereich Krankenpflege und Haushaltsführung" dominierten Männer die Praktikumsplätze.

# 10. Analysen zur Teilzeitbeschäftigung

In Sozialen Diensten des Nonprofit Sektors sind Teilzeitarbeitsplätze[164] weit verbreitet. Die Hälfte der Sozialen Dienste, die Dienstverträge vergeben, wies 2001 einen Anteil der Teilzeitarbeitskräfte an allen unselbständig Erwerbstätigen von über 67,6 % auf. Teilzeitarbeit ist damit die am weitesten verbreitete Beschäftigungsform in den betrachteten Einrichtungen.

Aus **arbeitsmarkttheoretischer Perspektive** – und bestätigt durch empirische Studien[165] – lässt sich Teilzeitbeschäftigung sowohl arbeitsangebotsseitig – aus der Sicht der ArbeitnehmerInnen – als auch arbeitsnachfrageseitig – aus der Sicht der ArbeitgeberInnen – begründen.

Grundsätzlich kann das beobachtete Ausmaß an Teilzeitarbeit dadurch zustande kommen, dass Teilzeitarbeit von ArbeitgeberInnen wie auch ArbeitnehmerInnen gewünscht wird. In diesem Fall lassen sich die Pläne beider Marktseiten realisieren. Das beobachtete Ausmaß an eingesetzter Teilzeitarbeit kann jedoch auch aus **Matching-Problemen am Arbeitsmarkt** resultieren. Diese führen dazu, dass ArbeitgeberInnen oder ArbeitnehmerInnen ihre Einstellungs- bzw. Anstellungsvorstellungen nicht umsetzen können.

Auf *Seiten der ArbeitgeberInnen* könnte neben dem gezielten Einsatz von Teilzeitarbeit in Sozialen Diensten demnach auch ein „unfreiwilliges" Element den Einsatz von Teilzeitarbeitskräften beeinflussen. Dies ist dann der Fall, wenn Vollzeitkräfte zwar gewünscht sind jedoch qualifizierte Personen, die für das volle Wochenstundenausmaß ihre Arbeitsleistung zur Verfügung stellen, nicht verfügbar sind.

---

[164] Der Begriff „Teilzeitarbeit" bezieht sich auf unselbständige Arbeitsverhältnisse mit einem wöchentlichen zeitlichen Arbeitsumfang von 1 bis 35 Stunden (vgl. auch Kapitel 6.2.2).

[165] So ermittelten (Delsen, Huijgen 1997) in einer international durchgeführten Befragung von Unternehmen, dass aus Sicht der Unternehmen die Grundlage für den Einsatz teilzeitbeschäftigter Arbeitskräfte zu 41 % in den Bedürfnissen des Unternehmens und zu rund 36 % in den Bedürfnissen der Beschäftigten liegt.

Auf *Seiten der ArbeitnehmerInnen* machen sich Matching-Probleme bemerk-
bar, wenn die Aufnahme einer Erwerbsarbeit im vollen wöchentlichen Stundenausmaß mangels einer entsprechenden Nachfrage nach Vollerwerbskräf-
ten nicht möglich war. Vor allem, aber nicht nur, für Gruppen, die auf Erwerbsarbeit angewiesen sind, jedoch schlechte Beschäftigungsvorausset-
zungen aufweisen – z. B. niedrige Qualifikation, geringe Arbeitsmarktmobili-
tät – beruht die Wahl einer Teilzeitarbeit nicht immer auf Freiwilligkeit (vgl.
Holzinger 2001). Teilzeitarbeitsplätze bilden für manchen Personengruppen
den „point of entry" ins Erwerbsleben (z.b. BerufseinsteigerInnen, WiedereinsteigerInnen, ältere Arbeitskräfte) (siehe auch Kapitel 3.3.2.5) In anderen
Fällen werden mehrerer Teilzeitarbeitsplätze kombiniert, etwa um ein bestimmtes Einkommensniveau zu erreichen.

In den folgenden Abschnitten werden die **arbeitsangebots- und arbeitsnachfrageseitigen Faktoren** diskutiert, die ArbeitgeberInnen auf der einen
Seite und Arbeitskräfte auf der anderen Seite dazu veranlassen, bevorzugt
eine **Teilzeitbeschäftigung** zu vereinbaren.

In den folgenden Teilkapiteln werden diese Determinanten der Teilzeitarbeit
diskutiert und mit Hilfe von Variablen aus dem verfügbaren Datensatz getestet. Die vorgenommenen **bivariaten Tests** fokussieren auf den Nachweis
signifikanter Gruppenunterschiede. Als gruppenbildende Variable fungiert die
Teilzeitquote. Eine Gruppe enthält Soziale Dienste des Nonprofit Sektors mit
einer Teilzeitquote bis zum Median von 67,6 %. Die andere Gruppe der erfassten Sozialen Dienste des Nonprofit Sektors setzt sich zusammen aus
Einrichtungen, deren Teilzeitquote über dem Median liegt. Betrachtet werden
bei diesen Analysen ausschließlich Einrichtungen, die zumindest eine/n unselbständig Beschäftigte/n aufweisen. Dadurch wird vermieden, dass Einrichtungen, die ausschließlich freie DienstnehmerInnen und WerkvertragsnehmerInnen
rInnen haben und deren Teilzeitquote demnach gleich Null ist, zur Gruppe
der Einrichtungen mit einer Teilzeitquote von weniger als 67,6 % gerechnet
werden. Aus demselben Grund werden auch Einrichtungen, die ausschließlich Ehrenamtliche einsetzen, in diese Analysen nicht miteinbezogen.

Die beiden Gruppen von Organisationen, die in den bivariaten Analysen gegenübergestellt werden, werden in den Auswertungen auch als „Organisationen mit niedrigerer Teilzeitquote" (im Sinne Organisationen mit einer Teilzeitquote unter dem Median) und „Organisationen mit höherer Teilzeitquote"
(im Sinne von Organisationen mit einer Teilzeitquote über dem Median) be-

zeichnet. Diese sprachlichen Vereinfachungen, dienen ausschließlich dazu, die Ergebnisse lesbarer zu formulieren.

Mittels des Mann-Whitney Tests (siehe Kapitel 5.3.1) wurden signifikante Unterschiede der beiden Gruppen Sozialer Dienste des Nonprofit Sektors ermittelt. Für nominalskalierte Variablen wurden Kreuztabellen erstellt. Die Werte des Chi-Quadrat-Tests (siehe Kapitel 5.3.2) weisen auf signifikante Ergebnisse hin.

Die bivariaten Analysen geben einen ersten Einblick in die Frage, ob sich die Organisationen, die ein höheres Ausmaß an Teilzeitarbeit aufwiesen, hinsichtlich der genannten Faktoren signifikant von Organisationen mit einer geringeren Teilzeitquote unterscheiden. Primäres Ziel ist es daher, einen ersten Eindruck für die Ursachen von Teilzeitarbeit aus den vorhandenen Daten zu gewinnen. Eine gegenseitige Beeinflussung mehrerer Faktoren kann mit den gewählten bivariaten Verfahren nicht erfasst werden. Weiterführende Erkenntnisse zur Teilzeitarbeit in Sozialen Diensten des Nonprofit Sektors sollten über multivariate Folgeanalysen gewonnen werden.

## 10.1. Arbeitsnachfrageseitige Faktoren der Teilzeitarbeit

Ziel der nachfolgenden Analysen ist es, zunächst Anhaltspunkte für arbeitsnachfrageseitige Ursachen des hohen Ausmaßes an Teilzeitarbeit zu finden. Untersucht wird in den kommenden Teilabschnitten, ob Teilzeitarbeit in Sozialen Diensten des Nonprofit Sektors aus den Besonderheiten der erstellten Leistungen begründet werden kann und/oder ob Motive, wie Kosten einzusparen, Flexibilität und Produktivität zu erhöhen ursächlich für das hohe Ausmaß an Teilzeitarbeit sein können. Abschließend soll anhand der vorliegenden Variablen geprüft werden, ob in Einrichtungen mit besonders hohem Teilzeitanteil Teilzeitarbeitskräfte einen personalpolitischen Kompromiss darstellen, weil Vollzeitarbeitskräfte nicht verfügbar sind.

### 10.1.1. Teilzeitarbeit und Art der sozialen Dienstleistung sowie Flexibilität des Arbeitseinsatzes

In der Literatur findet sich das Argument, dass der Einsatz von Teilzeitarbeit, vor allem im Bereich der geringfügigen Beschäftigung, durch die Tätigkeit bedingt (vgl. Mühlberger 2000) – und somit von der Art der zu erstellenden sozialen Dienstleistung abhängig ist.

**Einige soziale Dienstleistungen** könnten **besonders teilzeitfähig** sein, etwa dann, wenn die Dienstleistung nur zu bestimmten Zeiten benötigt wird, geringe Kontaktzeiten mit den KlientInnen erforderlich sind und/oder hohe physische oder psychische Belastungen mit der Erstellung der Dienstleistung verbunden sind. Eine Teilzeitbeschäftigung ermöglicht im Falle auftretender Belastungen größeren Abstand von der Arbeit und längere Regenerationspausen. Dies sollte dazu beitragen, den Krankenstand und die Fluktuation zu senken.

Eine Annäherung an die Art der Tätigkeit wird über die **Angebotscharakteristika** vorgenommen, die Soziale Dienste des Nonprofit Sektors voneinander unterscheiden. Zu überprüfen ist, ob die Art der Dienstleistung einen Einfluss darauf hat, ob eine Organisation der Gruppe mit hoher oder niedriger Teilzeitquote zugeordnet ist.

Angenommen wird, dass im Dienstleistungsbereich *„Arbeit und Qualifizierung"*, der durch Beschäftigungsmöglichkeiten für Problemgruppen des Arbeitsmarktes, Arbeitsprojekte und Qualifizierungsangebote charakterisiert ist, eine **Betreuung bzw. fachliche Begleitung der KlientInnen (Transitarbeitskräfte) während eines ganzen Arbeitstages** erforderlich ist. Unter der Annahme, dass eine einzige Bezugperson den Klienten bzw. die Klientin betreut bzw. fachlich anleitet, eignet sich Teilzeitarbeit in diesen Dienstleistungssparten weniger als in Dienstleistungssparten, die einen relativ kurzen Kontakt mit den KlientInnen erfordern. Zudem nehmen „Schlüsselkräfte" eine entscheidende Rolle in der Aufrechterhaltung des Betriebes ein und sind vor allem auch durch vorbereitende und nachbereitende Tätigkeiten des Arbeitsalltags gebunden. Darüber hinaus können auch die **physischen und psychischen Belastungen** im Bereich der Beschäftigungs- und Qualifizierungsangebote geringer sein, so dass die Beschäftigten mit einem Vollzeitarbeitsplatz weniger gefährdet sind, überfordert zu werden.

Einen Gegenpol zu diesem Tätigkeitsfeld könnte der Bereich *„(Kranken)pflege und Haushaltsführung"* sein, der durch hohe physische und psychische Belastungen im medizinischen und pflegerischen Bereich gekennzeichnet ist und bei dem im Tagesverlauf wechselnde Betreuungspersonen aufgrund eher standardisierter Aufgaben weniger problematisch sind. Unterstützung in der Haushaltsführung umfasst temporäre Tätigkeiten im Kontakt mit den KundInnen. Hier ist zu vermuten, dass sich diese Tätigkeiten leicht teilen und damit auch auf mehrere Personen verteilen lassen. Eine solide „Beziehungsarbeit" wäre jedoch in diesem Fall nur eingeschränkt möglich.

Die Ergebnisse der Auswertungen bestätigen tendenziell die Überlegung, dass die Art der Tätigkeit einen mehr oder weniger passenden Rahmen für Teilzeitbeschäftigung setzt. Soziale Dienste im Angebotsfeld „Arbeit und Qualifizierung" weisen einen signifikant höheren Anteil an Organisationen in der Gruppe der Einrichtungen mit niedrigerer Teilzeitquote auf. Organisationen, die im Dienstleistungsbereich „(Kranken-)Pflege und Haushaltsführung" aktiv sind, sind mit einem signifikant höheren Anteil in der Gruppe der Organisationen mit hoher Teilzeitquote vertreten. (vgl. Tabelle 50)

**Tabelle 50: Charakteristisches Angebot sozialer Dienstleistungen –
Soziale Dienste des NPS mit hoher/geringer Teilzeitquote**

| Kategorien sozialer Dienstleistungen (p<0,001, Cramer V = 0,406) | | Teilzeitquote | | |
|---|---|---|---|---|
| | | $\leq$ Median[1] | > Median | Gesamt |
| | | Anteile in % der Organisationen der jeweiligen SDL-Kategorie | | |
| Beratung und Betreuung | n = 33 | 51,5 % | 48,5 % | 100,0 % |
| **Unterstützung im Bereich (Kranken-)Pflege & Haushaltsführung** | n = 55 | **16,4 %** | **83,6 %** | **100,0 %** |
| **Unterstützung im Bereich Arbeit und Qualifizierung** | n = 119 | **72,3 %** | **27,7 %** | **100,0 %** |
| Unterstützung im Bereich Arbeit und Wohnen | n = 55 | 65,5 % | 34,5 % | 100,0 % |
| Unterstützung im Bereich Wohnen | n = 52 | 63,5 % | 36,5 % | 100,0 % |
| Aktivierende Freizeitangebote und Kinderbetreuung | n = 34 | 32,4% | 67,6 % | 100,0 % |
| Therapeutische Dienstleistungen | n = 28 | 32,1 % | 67,9 % | 100,0 % |
| Sonstige soziale Dienstleistungen, inkl. Sach- & Patientenanwaltschaft | n = 19 | 26,3 % | 73,7 % | 100,0 % |
| Kategorienübergreifendes soziales Dienstleistungsangebot | n = 56 | 35,7 % | 64,3 % | 100,0 % |
| **Gesamt** | **n = 451** | **50,1 %** | **49,9 %** | **100,0 %** |

[1] Median = 67,6 %

Quelle: Datensatz: Soziale Dienste in Österreich – Beschäftigungsstudie 2002,
        eigene Berechnungen

Ein produktivitätsbezogenes Argument pro Teilzeitarbeit, das für Soziale Dienste des Nonprofit Sektors eine Rolle spielen könnte, ist der flexiblere Einsatz von Teilzeitarbeitskräften sowohl in zeitlicher Hinsicht als auch in Bezug auf den Arbeitsbereich. Die **Flexibilität**, soziale Dienstleistungen auch zu gegenwärtig „atypischen" Arbeitszeiten (wie an Wochenenden, an Feiertagen und in der Nacht) bereitzustellen, ist möglicherweise mit Arbeitskräften auf Teilzeitbasis eher sicherzustellen. (siehe dazu auch Ernst 1999) Darüber hinaus kann mit dem Einsatz unterschiedlicher Personen auf Teilzeitbasis die qualitative Kapazität erhöht werden, so dass ein breiteres Spektrum an sozialen Dienstleistungen erstellt und mehrere Geschäftsfelder abgedeckt werden können.

Die **Flexibilität des Arbeitseinsatzes von Teilzeitbeschäftigten** wird anhand zweier Indikatoren festgemacht: (i) Angebot der sozialen Dienstleistungen zu atypischen Arbeitszeiten (Wochenende, Feiertage, nachts) und (ii) Spektrum der von den Organisationen angebotenen sozialen Dienstleistungen.

Atypische Arbeitszeiten, die per se belastend sind, sind möglicherweise mit Teilzeitarbeitskräften besser abzudecken. Indes gibt es andere Wirtschaftsbereiche, die Arbeit außerhalb der gängigen Wocheneinteilung mit Vollzeitkräften bewältigen (z.B. Herstellung von Backwaren). Diese sind jedoch nicht in emotional stressenden Betreuungsberufen tätig.

Darüber hinaus könnte auch der Aspekt der Teilbarkeit der Erstellung sozialer Dienstleistungen eine Rolle spielen. In jenen Einrichtungen, die Bereitschaftsdienste nachts, an Wochenenden und Feiertagen anbieten, ist zu diesen Zeiten mit einer verminderten Nachfrage zu rechnen, wenn zu diesen Zeiten verstärkt Unterstützungsleistungen aus dem informellen – z.B. familiären – Bereich verfügbar ist. Der Arbeitseinsatz könnte hier über Teilzeitkräfte dem verminderten Angebotsumfang angepasst werden.

Die Ergebnisse der Analysen zeigen, dass es einen signifikanten Zusammenhang zwischen dem Ausmaß der Teilzeitquote und dem **Angebot von sozialen Dienstleistungen an Wochenenden, Feiertagen und/oder nachts** gibt. Der Anteil der Organisationen, die zu diesen Zeiten ihre sozialen Dienstleistungen anbieten, ist in der Gruppe der Organisationen mit einer hohen Teilzeitquote höher. (vgl. Tabelle 51) Jedoch konnten signifikante Abweichungen in einzelnen Zellen der Kreuztabelle nicht nachgewiesen werden.

**Tabelle 51: Wochenend-, Feiertags- und Nachtdienste –
Soziale Dienste des NPS mit hoher/geringer Teilzeitquote**

| Erstellung der Leistung an Wochenenden, Feiertagen oder nachts (p = 0,01, spearman = 0,122) n=442 | | Teilzeitquote | | |
|---|---|---|---|---|
| | | ≤ Median[1] | > Median | *Gesamt* |
| | | Anteile in % | | |
| **Ja** | **n = 202** | **43,6 %** | **56,4 %** | **100,0%** |
| Nein | n = 242 | 55,8 % | 44,2 % | 100,0 % |
| Gesamt | n = 442 | 50,2 % | 49,8 % | 100,0 % |

[1] Median = 67,6 %

Quelle: Datensatz: Soziale Dienste in Österreich – Beschäftigungsstudie 2002,
eigene Berechnungen

Soziale Dienste des Nonprofit Sektors mit einem höheren Anteil an Teilzeitarbeitskräften bieten auch ein etwas größeres **Spektrum an unterschiedlichen sozialen Dienstleistungen** an. (vgl. Tabelle 52) Dies stützt die These von einer durch Teilzeitarbeitskräfte erhöhten qualitativen Kapazität.

**Tabelle 52: Vielfalt sozialer Dienstleistungen –
Soziale Dienste des NPS mit hoher/geringer Teilzeitquote**

| Anzahl unterschiedlicher angebotener sozialen Dienstleistungen n = 449, p < 0,001 | Teilzeitquote | |
|---|---|---|
| | ≤ Median[1] | > Median |
| | n = 225 | n = 224 |
| Median | 4 | 5 |

[1] Median = 67,6 %

Quelle: Datensatz: Soziale Dienste in Österreich – Beschäftigungsstudie 2002,
eigene Berechnungen

## 10.1.2. Teilzeitarbeit und Kosten- bzw. Produktivitätsvorteile

Teilzeitarbeit verursacht in den *Unternehmen* gegenüber der Beschäftigung von Vollzeitkräften Mehrkosten unterschiedlicher Art (siehe dazu Bäcker, Stolz-Willig 1995). Die *arbeitsnachfrageseitige Argumentation* zur Nutzung von Teilzeitarbeit baut auf einer (Über)Kompensation solcher Mehrkosten durch teilzeitspezifische **Produktivitäts- und Kostenvorteile** auf (vgl. Mühlberger 2000). Zu denken wäre dabei einerseits an höhere Arbeitsproduktivität und Arbeitsmotivation und – damit verbunden – andererseits an geringere Krankheits- und andere Fehlkosten (vgl. Bäcker, Stolz-Willig 1995). Produktivitäts- und Kostenvorteile werden mit einer kleinen Auswahl der Variablen des Datensatzes abgebildet. Getestet wird zunächst, ob das Ausmaß der Teilzeitarbeit der Organisation Einfluss auf die Existenz von Überstunden hat. Weiters interessiert, ob signifikante Unterschiede der beiden Gruppen von Sozialen Diensten des Nonprofit Sektors in Bezug auf die Anzahl der Krankenstandstage pro MitarbeiterIn und auf die Anzahl der KundInnen pro Vollzeitäquivalent feststellbar sind. Darüber hinaus wird geprüft, ob die Zugehörigkeit einer Organisation zur Gruppe mit einer geringen Teilzeitquote mit einer höheren Anzahl von Nennungen eines „zu hoher Krankenstandes" als Personalproblem verbunden ist.

Überstunden bzw. Mehrarbeit stellen einen beträchtlichen Kostenfaktor dar. Teilzeitarbeit könnte eine personalpolitische Anpassungsreaktion darauf sein, dass der gegebenen Stand an Vollzeitkräften über eine längere Zeit bezahlte Mehrarbeit geleistet hat bzw. ohne Aufstockung leisten müsste. Daher soll im Folgenden auch untersucht werden, ob sich unter den Sozialen Diensten mit einer höheren Teilzeitquote tendenziell mehr Organisationen befinden, die *keine* **Überstunden** für den Beobachtungszeitraum verzeichnet hatten. Teilzeitarbeit würde dann dazu beitragen, das Anfallen von Überstunden und damit das Anfallen zusätzlicher Personalkosten zu verringern. Ein hoher Anteil von Teilzeitkräften könnte aber auch positiv mit Überstunden assoziiert sein. Dies wäre etwa dann der Fall, wenn Einstellungen oder eine Aufstockung der mit Teilzeitarbeitkräften vereinbarten Arbeitsstunden nicht möglich/ gewünscht ist, gleichzeitig aber ein bestimmtes Produktionsniveau erreicht oder gehalten werden soll.

Die Auswertungen ergeben einen hoch signifikanten aber vom Ausmaß her einen nur schwachen Zusammenhang zwischen dem Ausmaß der Teilzeitarbeit und der Existenz von Überstunden. (vgl. Tabelle 41)

Über drei Viertel der erfassten Sozialen Dienste des Nonprofit Sektors verzeichneten im Jahr 2001 zumindest eine Überstunde. In rund einem Viertel der Einrichtungen wurden keine Überstunden geleistet. Die Gruppe der Sozialen Dienste mit einer *Teilzeitquote über dem Median* weist eine signifikant *höhere* Anzahl an Organisationen auf, die *keine* Überstunden im Jahr 2001 verzeichneten. Umgekehrt ist der Anteil an Organisationen, deren MitarbeiterInnen keine Überstunden im Jahr 2001 geleistet hatten, in der Gruppe der

Sozialen Dienste mit relativ niedriger Teilzeitquote signifikant kleiner. (vgl. Tabelle 53) Dies spricht dafür, dass Teilzeitarbeit eher eine kostensenkende Pufferfunktion besitzt.

**Tabelle 53: Überstunden 2001 –**
**Soziale Dienste des NPS mit hoher/geringer Teilzeitquote**

| Überstunden (p < 0,001, Spearman = 0,188) | Teilzeitquote | | |
|---|---|---|---|
| | ≤ Median[1] | > Median | *Gesamt* |
| | Anteile in % | | |
| | n = 225 | n = 217 | n = 441 |
| Ja | 83,5 % | 67,7 % | **75,7 %** |
| Nein | 16,5 %* | 32,3 %* | **24,3 %** |
| Gesamt | 100,0 % | 100,0 % | **100,0 %** |

[1] Median = 67,6 %, *...signifikante Abweichungen
Quelle: Datensatz: Soziale Dienste in Österreich – Beschäftigungsstudie 2002,
        eigene Berechnungen

Krankenstand ist einerseits ein Indikator für Stress und Belastungen der MitarbeiterInnen und andererseits ein Kostenfaktor. Die Auswertungen zeigen, dass auch die Zahl der **Krankenstandstage pro unselbständig Beschäftigte/n** in Organisationen mit einer höheren Teilzeitquote generell geringer ist als in jenen mit niedriger Teilzeitquote. Die Differenz der gruppenspezifischen Medianwerte zum Krankenstand beträgt rund zwei krankheitsbedingte Fehltage pro ArbeitnehmerIn. Dieses Ergebnis ist signifikant. (vgl. Tabelle 54)

**Tabelle 54: Krankenstandstage pro unselbständ. Beschäftigten 2001 –**
**Soziale Dienste des NPS mit hoher/geringer Teilzeitquote**

| Krankenstandstage pro unselbständig Beschäftigten n = 378, p = 0,011 | Teilzeitquote | |
|---|---|---|
| | ≤ Median | > Median |
| | n = 195 | n = 183 |
| Median | **5,8** | **4,0** |

[1] Median = 67,6 %
Quelle: Datensatz: Soziale Dienste in Österreich – Beschäftigungsstudie 2002,
        eigene Berechnungen

Eine zweite Möglichkeit, die Unterschiede in der Krankenstandshäufigkeit zu ermitteln, bietet eine Antwortkategorie zur Frage nach gegenwärtigen Personalproblemen (Frage 6.5 des Fragebogens im Anhang), namentlich die Kategorie „zu hoher Krankenstand". Damit wurde die subjektive Einschätzung des Krankenstandes als Personalproblem abgefragt. Die Auswertungen dazu brachten jedoch keine signifikanten Ergebnisse.

Weiters stellt sich die Frage, ob Mehrkosten der Teilzeitarbeit aus anderen Quellen ausgeglichen werden können. Nonprofit Organisationen im Besonderen haben über **Formen der unbezahlten Arbeit** Möglichkeiten, höhere Arbeitskosten, die durch Teilzeitarbeit verursacht werden, durch Einsatz von Arbeitskräften, die ihre Arbeitskraft unentgeltlich zur Verfügung stellen, auszugleichen („Kompensationsthese").

Die Auswertungen ergeben, dass in Organisationen mit einer *Teilzeitquote über dem Median* der Anteil der *Ehrenamtlichen höchst signifikant größer* ist. (vgl. Tabelle 55) Dies scheint dafür zu sprechen, dass der Einsatz von überwiegend Teilzeitkräften mit jenem von unbezahlten Arbeitskräften einhergeht.

**Tabelle 55: Anteil Ehrenamtlicher und Zivildiener (31.12.2001) –**
**Soziale Dienste des NPS mit hoher/geringer Teilzeitquote**

| Anteil der Ehrenamtlichen an allen MitarbeiterInnen Ehrenamtlicher<br>n = 402, p<0,001 | Teilzeitquote | |
|---|---|---|
| | $\leq$ Median[1] | > Median |
| | n = 198 | n = 204 |
| Anteil der Ehrenamtlichen an allen MitarbeiterInnen | 8 %[2] | 55,0 %[2] |

[1] Median = 67,6 %
[2] Wert für das 75. Perzentil
Quelle: Datensatz: Soziale Dienste in Österreich – Beschäftigungsstudie 2002,
        eigene Berechnungen

Als Produktivitätsmaß wird die Anzahl der **KundInnen pro Vollzeitäquivalent** herangezogen. Die Auswertungen zeigen, dass Organisationen mit einer höheren Teilzeitquote mehr KlientInnen pro VZÄ betreuen. Der Medianwert der beiden betrachteten Gruppen unterscheidet sich um das 5-fache. Die Ergebnisse sind höchst signifikant. (vgl. Tabelle 56) Einschränkend ist hierbei zu erwähnen, dass die Art der erstellten Dienstleistung Einfluss darauf hat, wie viele KlientInnen betreut werden können, so dass auch in dieser Betrachtung mindestens ein dritter Faktor zu berücksichtigen wäre.

**Tabelle 56: KlientInnen pro VZÄ –**
**Soziale Dienste des NPS mit hoher/geringer Teilzeitquote**

| KlientInnen pro VZÄ | Teilzeitquote | |
|---|---|---|
| n = 408, p<0,001 | ≤ Median | > Median |
| | n = 206 | n = 202 |
| Median (gerundet) | 12 | 61 |

[1] Median = 67,6 %
Quelle: Datensatz: Soziale Dienste in Österreich – Beschäftigungsstudie 2002,
       eigene Berechnungen

**Zusammenfassend** lässt sich festhalten, dass die Argumente eines Einsatzes von Teilzeitarbeit, die sich auf Kosten- und Produktionsvorteile beziehen, sich in der bivariaten Analyse teilweise bestätigten. Unterschiede in den Gruppen von Sozialen Diensten mit einer hohen und einer niedrigeren Teilzeitquote stellten sich als signifikant heraus. Es zeigte sich auch, dass höheren Personalkosten aufgrund von Teilzeitarbeit entgegengewirkt werden kann, wenn ergänzend Ehrenamtliche, die geringere Kosten als Angestellte bzw. ArbeiterInnen verursachen, eingesetzt werden („Kompensationsthese"). Einflüsse anderer Variablen konnten in der bivariaten Analyse jedoch nicht berücksichtigt werden.

### 10.1.3. Teilzeitarbeit und Größe der Organisation

Soziale Dienstleistungen sind arbeitsintensiv und daher in der Regel mit hohen Personalkosten verbunden. Sind diese für manche Organisationen nicht leistbar, so könnte Teilzeitarbeit ein Kompromiss für jene Einrichtungen sein, deren *Finanzkraft* für einen Vollzeitarbeitsplatz nicht ausreicht. Sobald jedoch eine eine Organisation ein Arbeitskräftevolumen im Umfang eines Vollzeitäquivalents finanzieren kann, steht sie bereits vor der Wahl, dieses Volumen mit einem Mitarbeiter /einer Mitarbeiterin auf Vollzeitbasis oder mit mehreren MitarbeiterInnen auf Teilzeitbasis auszuschöpfen.

In diesem Teilkapitel soll untersucht werden, ob sich die Gruppen von Sozialen Diensten des Nonprofit Sektors mit einer unterschiedlich hohen Teilzeitquote in Bezug auf die Größe der Einrichtung unterscheiden. Dafür wird die Variable Einnahmenvolumen betrachtet.

Soziale Dienste des Nonprofit Sektors mit einer höheren Teilzeitquote haben ein signifikant geringeres **Einnahmenvolumen** als Organisationen mit einer

geringeren Teilzeitquote. Soziale Dienste des Nonprofit Sektors mit einer hohen Teilzeitquote sind daher tendenziell kleinere Einrichtungen. Es liegt die
Vermutung nahe, dass sich diese Bild vor dem Hintergrund zeichnet, dass
das Einrichten von Vollzeitarbeitsplätzen für Organisationen auch leistbar
sein muss (vgl. Tabelle 58).

**Tabelle 57: Größe der Sozialen Dienste des Nonprofit Sektors –**
**Soziale Dienste des NPS mit hoher/geringer Teilzeitquote**

| Einnahmenvolumen<br>Beschäftigungsvolumen | | Teilzeitquote | |
|---|---|---|---|
| p < 0,001 | | ≤ Median[1] | > Median |
| Einnahmen gesamt (in Euro) | n = 384 | n = 193 | n = 196 |
| | Median | 486.908 | 168.238 |

[1] Median = 67,6 %

Quelle: Datensatz: Soziale Dienste in Österreich – Beschäftigungsstudie 2002,
         eigene Berechnungen

### 10.1.4. Teilzeitarbeit und Knappheitsprobleme

Die deutliche Mehrheit der Sozialen Dienste des Nonprofit Sektors gab 2002
an, bei der Personalsuche generell keine Schwierigkeiten zu haben, Vollzeitarbeitskräfte zu finden. Weniger als 8 % gaben entsprechende Schwierigkeiten bei der Personalsuche zu Protokoll. Die Ergebnisse der bivariaten Analyse etablierten einen zwar signifikanten aber schwachen und negativen Zusammenhang zwischen Problemen bei der Suche nach Vollzeitarbeitskräften
und der Zugehörigkeit zur Gruppe von Organisationen mit einer hohen Teilzeitquote. Es kann daher nicht überzeugend nachgewiesen werden, dass der
Einsatz von Teilzeitarbeit in den erfassten Einrichtungen mit hoher Teilzeitquote notgedrungen erfolgt. Wenn, verbuchten Organisationen mit einer relativ *geringen* Teilzeitquote Probleme bei der Suche nach Vollzeitarbeitskräften, wobei die einzelnen Zellen der Kreuztabelle keine signifikanten Werte
enthalten. (vgl. Tabelle 57)

Möglicherweise spielen hier die Größe der Organisation und damit die Möglichkeit, Beschäftigungsverhältnisse differenzierter zu gestalten, eine Rolle.

**Tabelle 58: Schwierigkeiten bei der Suche nach Vollzeitarbeitskräften –
Soziale Dienste des NPS mit hoher/geringer Teilzeitquote**

| Schwierigkeiten bei der Suche nach Vollzeitarbeitskräften (p = 0,26, spearman = - 0,108) | | Teilzeitquote | | |
|---|---|---|---|---|
| | | ≤ Median[1] | > Median | *Gesamt* |
| | | Anteile in % | | |
| Ja | n = 33 | 69,7 % | 30,3 % | 100,0 % |
| Nein | n = 390 | 49,5 % | 50,5 % | 100,0 % |
| Gesamt | n = 423 | 51,1 % | 48,9 % | 100,0 % |

[1] Median = 67,6 %

Quelle: Datensatz: Soziale Dienste in Österreich – Beschäftigungsstudie 2002,
eigene Berechnungen

## 10.2. Arbeitsangebotsseitige Faktoren der Teilzeitarbeit

Die bewusste, rationale Entscheidung der *ArbeitnehmerInnen* für einen Teil-
zeitarbeitsplatz kann mit der Aufteilung des Zeitbudgets auf Erwerbsarbeit
einerseits und auf sonstige Aktivitäten andererseits zu tun haben (vgl. Gronau 1977; vgl. Judt 1999). (vgl. auch Kapitel 3.3.2.2). Dies wird sowohl in den
Modellen zur Zeitallokation als auch in den theoretischen Ansätzen zur
Haushaltsproduktion, die die produktiven Eigenschaften der Nicht-
Erwerbstätigkeit hervorheben, herausgearbeitet (vgl. z. B. Assenmacher,
Wenke 1993). (siehe Kapitel 3.3.2.2). Das so genannte Vereinbarkeitsprob-
lem wird insbesondere mit Blick auf weibliche Arbeitskräfte gesehen. Die
ökonomische Theorie schätzt die Opportunitätskosten einer Erwerbsarbeit für
Frauen höher ein, da sie in der Regel mit der Problematik der Vereinbarkeit
von Familie (im Sinne von Betreuungspflichten) und Beruf am häufigsten
konfrontiert werden. Abgesehen von der Reduzierung der Erwerbstätigkeit
aufgrund von Betreuungsverpflichtungen, wird Teilzeitarbeit auch gerne während der Dauer von Aus- und Weiterbildungen aufgenommen.

Arbeitsangebotsseitige Bestimmungsgründe von Teilzeitarbeit können auf
Basis einer Erhebung, die auf Seiten der ArbeitgeberInnen ansetzt und auf
die Ermittlung von Organisationsdaten abzielt, nur annäherungsweise ermittelt werden. Die Variable, die in der nachfolgenden Analyse eine wesentliche
arbeitsangebotsseitige Determinante der Teilzeitarbeit, das Geschlecht (und
die dahinter stehenden gender-typischen Präferenzen oder Opportunitätskosten einer Vollzeit-Erwerbstätigkeit) repräsentieren soll, ist:

■ der Anteil der unselbständig beschäftigten Frauen an allen unselbständig
   Beschäftigten des jeweiligen Sozialen Dienstes.

In der Literatur findet sich das Argument, dass Teilzeitarbeit bevorzugt von
Frauen ausgeführt wird. Der Anteil der Frauen an allen MitarbeiterInnen, an
den (unselbständig) Beschäftigten und auch an allen Teilzeitbeschäftigten in
den Sozialen Diensten des Nonprofit Sektors ist generell relativ hoch (siehe
dazu Kapitel 8). Die Auswertungen zu den beiden – anhand des Anteils der
Teilzeitarbeitskräfte definierten – Gruppen Sozialer Dienste ergeben erwar-
tungsgemäß, dass in Organisationen mit einer Teilzeitquote über dem Median der **Anteil unselbständig beschäftigter Frauen an DienstnehmerInnen**
höher liegt als in Organisationen mit einer geringeren Teilzeitquote (vgl. Tabelle 59).

**Tabelle 59: Anteil Frauen an unselbständig Beschäftigten –**
**Soziale Dienste des NPS mit hoher/geringer Teilzeitquote**

| Frauenquote | | Teilzeitquote | |
|---|---|---|---|
| | | ≤ Median[1] | > Median |
| Anteil der unselbständig beschäftigten Frauen an allen unselbständig Beschäftigten | n = 450 | n = 226 | n = 224 |
| | Median | **66,7 %** | **99,5 %** |

[1] Median = 67,6 %

Quelle: Datensatz: Soziale Dienste in Österreich – Beschäftigungsstudie 2002,
        eigene Berechnungen

Um diesen Test nach der Relevanz des Frauenanteils für die Teilzeitquote
der Organisation etwas zuzuspitzen, werden jene Angebotsschwerpunkte
überprüft, die den Großteil der Organisationen in der Gruppe mit Teilzeitquote unter dem Median auswiesen: Dies waren „Arbeit und Qualifizierung", „Arbeit und Wohnen" und „Wohnen". Wäre in Einrichtungen mit diesen Schwerpunkten auch in der Gruppe der Organisationen mit hohem Teilzeitanteil der
Anteil der Frauen an allen unselbständig Beschäftigten signifikant höher, so
würde dies auf eine hohe Bedeutung des Geschlechts für das Zustande-
kommen von Teilzeitarbeit in Sozialen Diensten des Nonprofit Sektors hinweisen.

Tabelle 60 enthält die Ergebnisse. Wie daran zu erkennen ist, ist sogar in
allen diesen Einrichtungen tatsächlich die Frauenquote der DienstnehmerInnen in Organisationen mit hoher Teilzeitquote *signifikant höher* (78,3 % und

100 %) als in den jeweiligen Einrichtungen mit einer geringeren Teilzeitquote. Letztere weisen einen Anteil der Frauen an allen ArbeitnehmerInnen zwischen 60,0 % und 64,6 % auf. Selbst wenn also die Art der Tätigkeit eher mit einer geringeren Teilzeitquote verbunden ist, sind es jene Organisationen mit einem hohen Frauenanteil, die dennoch hohe Teilzeitquoten aufweisen

**Tabelle 60: Anteil Frauen an unselbständig Beschäftigten in den Angebotsschwerpunkten „Arbeit/Qualifizierung/Wohnen" – Soziale Dienste des NPS mit hoher/geringer Teilzeitquote**

| Frauenquote in Organisationen mit dem Angebotsschwerpunkt... | | Teilzeitquote | |
| --- | --- | --- | --- |
| | | ≤ Median[1] | > Median |
| ..."Arbeit und Qualifizierung" | n = 119 | n = 86 | n = 33 |
| p < 0,001 | Median | **60,0 %** | **100,0 %** |
| ..."Arbeit und Wohnen" | n = 55 | n = 36 | n = 19 |
| p = 0,002 | Median | **64,6 %** | **78,3 %** |
| ... „Wohnen" | n = 55 | n = 36 | n = 19 |
| p = 0,009 | Median | **63,6 %** | **100,0 %** |

[1] Median = 67,6 %

Quelle: Datensatz: Soziale Dienste in Österreich – Beschäftigungsstudie 2002,
eigene Berechnungen

**Zusammenfassend** über alle Auswertungen lässt sich feststellen, dass sich bezogen auf eine theoriegeleitete Zusammenstellung organisationsspezifischer Merkmale einige signifikante Unterschiede zwischen Organisationen mit einem überdurchschnittlich hohen Anteil an Teilzeitarbeitskräften und jenen mit einer geringeren Teilzeitquote ermitteln ließen. Ebenso deuteten sich einige Einflüsse von Variablen auf die Gruppenzugehörigkeit einer Organisation an – insbesondere dürften diese Einflüsse von der Art der angebotenen sozialen Dienstleistungen und dem Anteil der Frauen an allen unselbständig Erwerbstätigen ausgehen.

In Summe geben diese Ergebnisse einen ersten Einblick in mögliche Ursachen des hohen Anteils an Teilzeitbeschäftigten in Sozialen Diensten des Nonprofit Sektors. Vertiefende Analysen sind mit multivariaten Verfahren möglich sowie im Zuge von explizit auf die Ursachenforschung von Teilzeitarbeit angelegten Studien, die die ausgewogene Integration von arbeitsangebotsseitigen und arbeitsnachfrageseitigen Faktoren ermöglichen.

# 11. Zusammenfassung und Schlussfolgerungen

Das Untersuchungsfeld der Sozialen Dienste des Nonprofit Sektors in Österreich ist aus empirischer Sicht ein Feld, das zugleich gekennzeichnet ist von „weißen Flecken"[166] und wenigen vereinzelt dichten Informationen. Zu den quantitativen Dimensionen Sozialer Dienste des österreichischen Nonprofit Sektors, die empirisch in Umrissen erfasst sind, gehört die Anzahl der Sozialen Dienste des Nonprofit Sektors ebenso wie Indikatoren ihres gesellschaftlichen und wirtschaftlichen Stellenwertes. Die Erfassung bzw. regelmäßige Erhebung solcher Kennzahlen im Rahmen der amtlichen Statistik stellt in anderen Bereichen eine Selbstverständlichkeit dar.

Zu Aspekten der Beschäftigung sind in der Literatur über Nonprofit Organisationen Arbeiten zu finden, die sich einerseits großteils mit dem Verhältnis ehrenamtlicher zu bezahlter Arbeit und andererseits mit der Rolle der Entlohnung im Nonprofit Sektor sowie mit dem Unterschied zwischen dem Lohnniveau im Nonprofit Sektor und im erwerbswirtschaftlichen Sektor auseinandersetzen. Diese Arbeiten sind vorwiegend empirisch orientiert und auf den US-amerikanischen Raum bezogen. Jüngst entstanden umfangreichere Studien für Deutschland[167] und vereinzelt auch für Österreich[168].

Empirische Informationen über die Beschäftigung in *Sozialen Diensten* des Nonprofit Sektors in Österreich sind rar. Die wenigen vorliegenden Daten wurden mit unterschiedlichen (Forschungs-)interessen und Erhebungsmethoden generiert. Da die Nonprofit Sektor Forschung selbst relativ jung und vor allem das Interesse an quantitativen Informationen zu Nonprofit Organisationen (insbesondere des sozialen Dienstleistungsbereichs) neueren Da-

---

[166] in Anlehnung an Salamon et al. (1999)

[167]Siehe dazu Dathe, Kistler (2004). Eine gute Zusammenstellung unterschiedlicher themenrelevanter Beiträge findet sich in Kotlenga et al. (2005)

[168] Siehe z.B. Anastasiadis et al. (2003)

tums ist, mögen die bestehenden Datenlücken eine Folge dieses Entwicklungsstadiums der Nonprofit Sektor Forschung sein.

Die vorliegende Arbeit liefert bezogen auf die Beschäftigung einen weiteren Baustein zur empirischen Erfassung und für das theoretische Verständnis von Sozialen Diensten des Nonprofit Sektors. Konkret standen **fünf zentrale Fragestellungen** im Mittelpunkt der Erhebung, Auswertung und Diskussion von Literaturgrundlagen. Diese zentralen Fragestellungen der Arbeit berührten theoretisch begründete Determinanten und Besonderheiten der Beschäftigung in Sozialen Diensten des Nonprofit Sektors ebenso wie den realen Umfang und die Struktur im Allgemeinen und in einzelnen Bereichen sozialer Dienstleistungen im Speziellen. Im Einzelnen wurden folgende Fragen untersucht:

1. Wie können „soziale Dienstleistungen" konzeptionell und empirisch abgegrenzt werden? Wie kann dabei sowohl eine institutionelle als auch eine funktionelle Sicht einfließen?

2. Welche ökonomischen Bestimmungsgründe und Besonderheiten haben Arbeitsangebot und Arbeitsnachfrage im Bereich Sozialer Dienste des Nonprofit Sektors aus theoretischer Sicht?

3. Wie viele Personen arbeiten in dem diese Arbeit interessierenden Ausschnitt der Sozialen Diensten des Nonprofit Sektors in Österreich?

4. Welche Beschäftigungsformen und -muster charakterisieren diese Branche des Nonprofit Sektors im Allgemeinen und die Organisationen mit einem charakteristischen Angebot an sozialen Dienstleistungen im Besonderen?

5. Welche Gruppen von MitarbeiterInnen lassen sich identifizieren, die ohne Beschäftigungsverhältnis in Sozialen Diensten des Nonprofit Sektors tätig sind und welchen quantitativen Stellenwert weisen diese auf?

6. Wie kann speziell Teilzeitbeschäftigung in Sozialen Diensten des Nonprofit Sektors aus der Sicht der Arbeitsmarkttheorie erklärt werden?

Anhand dieser zentralen Fragestellungen seien die wichtigsten Ergebnisse der Arbeit und die daraus resultierenden Schlussfolgerungen in diesem abschließenden Kapitel rekapituliert.

Die Grundlage der ökonomisch orientierten **theoretischen Auseinandersetzung** legte mangels eines adäquaten konsistenten Theoriegebäudes eine Kombination theoretischer Ansätze, um in dieser Arbeit (i) *Beschäftigung* (ii) in *sozialen Diensten*, (iii) des *Nonprofit Sektors* zu fundieren. Die Markierung der zuvor genannten Begriffe leitet auf die Bereiche über, die konzeptionell sowie theoretisch die Grundlage der Studie bildeten. Der Einsatz von Arbeitskräften erfolgt hier durch eine besondere Art von ArbeitgeberInnen – Nonprofit Organisationen – mit der Absicht eine besondere Art von Gut – soziale Dienstleistungen – zu produzieren. Im Zuge der Betrachtung der arbeitsmarkttheoretischen Grundlagen und ausgewählter Erweiterungen wurden daher auf die Eigenschaften sozialer Dienstleistungen und auf ausgewählte theoretische Ansätze der Nonprofit Sektor Forschung immer wieder Bezug genommen.

**Soziale Dienstleistungen** wurden typologisiert als auf EndverbraucherInnen ausgerichtete, personenbezogene, auftragsorientiert erstellte Dienstleistungen, die in manchen Fällen auch standardisiert, in vielen Fällen jedoch bezogen auf die individuelle Situation erbracht werden. Soziale Dienstleistungen werden sowohl unentgeltlich als auch entgeltlich abgegeben. In der Mehrheit der Fälle wird von einer unentgeltlichen Inanspruchnahme – insbesondere bei Beratungsleistungen – oder von, einer Inanspruchnahme gegen ermäßigtes Entgelt ausgegangen. Sozialen Dienstleistungen werden in Einrichtungen aller drei institutionellen Sektoren (öffentlicher Sektor, kommerzieller Sektor, Nonprofit Sektor) und von Personen des informellen Bereichs erstellt. In dieser Arbeit lag der Schwerpunkt auf Nonprofit Organisationen.

Die Eigenschaften sozialer Dienstleistungen ließen sich anhand der drei Phasen der Dienstleistung (Dienstleistungspotenzial, Dienstleistungsprozess und Dienstleistungsergebnis) systematisch darstellen, wobei mehrere Aspekte der eingeschränkten Marktfähigkeit von sozialen Dienstleistungen identifiziert wurden. Diese durch allokative und distributive Ursachen hervorgerufene eingeschränkte Marktfähigkeit hat Auswirkungen auf die Angebotserstellung und die Finanzierung sozialer Dienstleistungen. Die Eigenschaften sozialer Dienstleistungen beeinflussen auch die Beschäftigung in diesen Institutionen. Dies betrifft vor allem die hohe Bedeutung des Dienstleistungserstellungsprozesses: die Integration benachteiligter Personen und damit oftmals das Zusammenfallen unterschiedlicher sozialer Problembereiche sind verantwortlich für die hohe Arbeitsintensität in diesem Sektor.

**Nonprofit Organisationen** sind konzeptionell von einer Fülle von Definitionsmerkmalen gekennzeichnet, die diese Organisationen von staatlichen Einrichtungen und kommerziellen Unternehmen sowie dem informellen Bereich abgrenzen. Ein besonders markantes Merkmal ist das Verbot der Gewinnausschüttung und der Grad an freiwilligen Leistungen (durch Spenden von Geld oder Zeit, wie z.B. ehrenamtliche Arbeit), der in Nonprofit Organisationen vorzufinden ist. Letzteres – vor allem der Grad der freiwilligen Leistungen – haben Einfluss auf die Beschäftigung in Nonprofit Organisationen, da dieser institutionellen Form ein besonderer Vorteil im Hinblick auf den Einsatz ehrenamtlicher Arbeit zugeschrieben wird. Damit stehen Nonprofit Organisationen Arbeitskräfte zur Verfügung, die „unentgeltlich" für die Organisationen tätig sind. Dies könnte die Beschäftigung bezahlter Arbeitskräfte beeinflussen.

Als **Soziale Dienste** werden – um in dieser Arbeit durchgängig eine eindeutige Unterscheidung der Begriffe „soziale Dienstleistung" und „Soziale Dienste" vorzunehmen – ausschließlich *Einrichtungen* bezeichnet, die vorwiegend soziale Dienstleistungen erstellen. Diese sind in sowohl im Nonprofit Sektor, im öffentlichen Sektor als auch im erwerbsorientierten Sektor zu finden. Aus arbeitmarkttheoretischer Sicht sind Soziale Dienste des Nonprofit Sektors Arbeitsnachfrager. Arbeitsmarktökonomische Bestimmungsgründe der Beschäftigung wurden einerseits allgemein und andererseits mit Bezug auf Soziale Dienste des Nonprofit Sektors dargelegt.

Die **theoretischen Bestimmungsgründe** der Beschäftigung in Sozialen Diensten des Nonprofit Sektors wurden in drei Schritten behandelt. Der Betrachtung von Besonderheiten des Einsatzes von Arbeit in diesem Sektor folgte eine makro- und eine mikroökonomische Diskussion. Dabei standen – in Abstimmung auf die Datengrundlage des empirischen Teils – arbeitsnachfrageseitige Determinanten im Vordergrund während arbeitsangebotsseitige Determinanten nur ergänzend berücksichtigt wurden. Ziel dieser Betrachtungen war es, einen umfassenden theoretischen Hintergrund aufzubauen, vor dem die empirischen Auswertungen und Analysen des zweiten Teils dieser Arbeit ausgeführt wurden.

Den Ausgangspunkt der arbeitsmarkttheoretisch geleiteten Überlegungen bildete der Einsatz von Arbeit für die Erstellung von sozialen Dienstleistungen. Dem **Inputfaktor Arbeit** kommt für die Erstellung sozialer Dienstleistungen eine hohe Bedeutung zu, die einerseits aus der hohen Arbeitsintensi-

tät des Dienstleistungsprozesses und andererseits aus den sehr eingeschränkten Substitutionsmöglichkeiten von Arbeit und Kapital resultiert.
Ehrenamtlicher Arbeit ist in Nonprofit Organisationen generell und damit
auch in Sozialen Diensten des Nonprofit Sektors eine wesentliche Ressource. Ein Teilkapitel widmete sich daher dem **Verhältnis von ehrenamtlicher
zu bezahlter Arbeit.** Ausgehend von der Definition ehrenamtlicher Arbeit
wurde festgestellt, dass der Einsatz Ehrenamtlicher nicht nur mit Nutzen,
sondern auch mit Kosten für Sozialen Dienste des Nonprofit Sektors verbunden ist. Aus arbeitsnachfrageseitiger Perspektive stellt sich die Frage, ob ehrenamtliche Arbeit komplementär oder als Substitut zu bezahlter Arbeit eingesetzt wird. Aus arbeitsangebotsseitiger Sicht lag ein Akzent auf der Diskussion unterschiedlicher Motive für die Arbeitsleistung von Ehrenamtlichen
und Erwerbstätigen.

Aus **makroökonomischer Sicht** bildete die von der Nachfrageentwicklung
am Gütermarkt abgeleitete Nachfrage nach Arbeit den Ausgangspunkt der
Überlegungen. Dabei wurden für soziale Dienstleistungen unterschiedliche
Formen der Nachfrage identifiziert. Der individuelle Bedarf an sozialen
Dienstleistungen geht in vielen Fällen nicht mit ausreichender Kaufkraft ein-
her, so dass sich aus dem Bedarf keine Nachfrage entwickelt. Vor diesem
Hintergrund wurde der öffentliche Sektor als wichtigster Nachfrager von sozialen Dienstleistungen identifiziert. Die öffentliche Nachfrage wird stellvertretend für die KlientInnen der Sozialen Dienste des Nonprofit Sektors ausgeübt. In der Konsequenz kann der Arbeitseinsatz in Sozialen Diensten des
Nonprofit Sektors auch politischen Einflüssen ausgesetzt sein. Im Falle der
Finanzierung der Einrichtungen über öffentliche Gelder (z. B. Förderungen
oder Leistungsverträge) ist eine Einflussnahme auf die Art des Personaleinsatzes sowohl in quantitativer als auch in qualitativer Hinsicht (vorgeschriebene Ausbildungen) möglich.

Eine stellvertretende Nachfrage konnte für Soziale Dienste des Nonprofit
Sektors auch im privaten Bereich herausgearbeitet werden. Diese materiali-
siert sich vor allem durch Spendengelder. Damit wurde erstmals von der traditionellen Gegenüberstellung „Finanzierung" – „Erstellung" – „Nutzung" ab-
gegangen und die Perspektive „Angebot" – „Nachfrage" auf das Beziehungs-
geflecht zwischen Sozialen Diensten, ihren KlientInnen, dem Staat und privaten SpenderInnen übertragen.

Mit einem Rückbezug auf Kapitel 2, in dem die Grundlagen des Untersuchungsfeldes erläutert wurden, standen **Ursachen der Nachfrageentwicklung** nach Gütern und Dienstleistungen, die von Nonprofit Organisationen erstellt werden, zur Diskussion. Dabei ist es hilfreich zwischen der alleinigen Existenz von Nonprofit Organisationen in „Marktnischen" und der Koexistenz von Nonprofit Organisationen mit staatlichen und kommerziellen Einrichtungen zu unterscheiden. So entfaltet sich im ersten Fall die Nachfrage nach Leistungen von Nonprofit Organisationen, wenn es keine entsprechenden Angebote kommerzieller oder öffentlicher Einrichtungen gibt. In dem Fall, dass konkurrierende Angebote aus den anderen institutionellen Sektoren vorhanden sind, sprechen verschiedene Argumente für eine bewusste Entscheidung von KlientInnen, Angebote von Nonprofit Organisationen nachzufragen. Soziale Dienste des Nonprofit Sektors können aufgrund von niederschwelligen Angeboten von sozialen Dienstleistungen das Vertrauen von KlientInnen leichter gewinnen. Dies wird ihnen vor allem in Situationen zugeschrieben, in denen asymmetrischen Information vorliegt. Eine zweite für Soziale Dienste des Nonprofit Sektors relevante Sichtweise bildet die der Kooperation von Staat und Nonprofit Organisation. Der Staat wird zum Nachfrager nach Leistungen der Nonprofit Organisation.

Doch nicht alleine die Entwicklung der Nachfrage spielt für die Beschäftigungsentwicklung in Sozialen Diensten eine Rolle. Die Produktivitätsentwicklung wurde in den makroökonomischen Zusammenhang „Nachfrage nach sozialen Dienstleistungen – Nachfrage nach Arbeitskräften in Sozialen Diensten" integriert. Technischer Fortschritt schlägt im Bereich der Erstellung sozialer Dienstleistungen nur eingeschränkt zu Buche. Verbesserungen der **Arbeitsproduktivität** lassen sich jedoch über die verbesserte Gestaltung organisationsinterner Abläufe, durch Arbeitsteilung und Spezialisierung, sowie über Weiterbildung der Arbeitskräfte erzielen. In einzelnen Sparten sozialer Dienstleistungen tragen zudem Neuerungen im Bereich der Telekommunikation zu Arbeitsproduktivitätssteigerungen bei.

Die makroökonomischen Betrachtungen abschließend wurde der Fokus direkt auf den Arbeitsmarkt gelegt und die Reaktion der Beschäftigung auf eine Veränderung des Lohnsatzes für den Bereich der Sozialen Dienste des Nonprofit Sektors abgeleitet. Dabei wurde auf die Marshall-Hicks-Regeln der abgeleiteten Nachfrage Bezug genommen und auf die Arbeitsnachfrage der Sozialen Dienste des Nonprofit Sektors übertragen. Ein Anstieg des Lohnsatzes würde aufgrund der geringen Substitutionselastizitäten der Produktionsfaktoren und des eingeschränkten Zugangs der Vereine zu Krediten eine eher geringe Reaktion der Arbeitsnachfrage hervorrufen. Dagegen ließe der sehr hohe Anteil an Aufwendungen für Personal an den Gesamtaufwendungen eine elastische Reaktion der Arbeitsnachfrage im Falle von Lohnanstiegen erwarten. Keine eindeutige Aussage konnte aus den theoretischen Überlegungen für die Reaktion der Arbeitsnachfrage auf Lohnveränderungen unter dem Aspekt der Preiselastizität der Nachfrage getroffen werden. Dies lag darin begründet, dass für viele soziale Dienstleistungen ein „Preis" im herkömmlichen Sinne nicht existiert und daher eine Erweiterung der Überlegungen auf andere Komponenten der Nachfrage, insbesondere der öffentlichen Nachfrage, erfolgen muss. Die Bilanzierung aller von Marshall und Hicks identifizierten Teileffekte einer Lohnerhöhung bleibt empirischen Studien vorbehalten, da der Gesamteffekt theoretisch unbestimmt ist.

Aus **mikroökonomischer Perspektive** standen die Bestimmungsfaktoren von Arbeitsnachfrage *und* Arbeitsangebot in Sozialen Diensten des Nonprofit Sektors im Zentrum des Interesses.

Ausgehend von den allgemeinen Grundlagen der **Arbeitsnachfrage** wurde, da der Fokus der Arbeit auf Nonprofit Organisationen als Arbeitgeberinnen liegt, der Frage nachgegangen, ob die Erkenntnisse der Arbeitsmarktökonomik auf das Arbeitsnachfrageverhalten von Nonprofit Organisationen übertragen werden kann. Dabei wurde festgestellt, dass Nonprofit Organisationen eine Vielfalt von Zielsetzungen verfolgen, die sie von kommerziellen Unternehmen unterscheiden. Gleichzeitig ist – in Anlehnung an die neuere Literatur – anzunehmen, dass Nonprofit Organisationen sich kostenminimierend verhalten, so dass hinsichtlich ihrer Arbeitsnachfrage vom herkömmlichen Optimierungsverhalten ausgegangen werden kann. Lediglich den Nonprofit Organisationen, die sich der Beschäftigung benachteiligter Personen des Arbeitsmarktes widmen (z. B. Beschäftigungsprojekte, Sozialökonomische Betriebe), sei ein anderes Arbeitsnachfrageverhalten zu unterstellen. Kritische Bemerkungen, die die Art des produzierten Gutes und die Besonderheiten der Nachfrage sozialer Dienstleistungen mitberücksichtiggen, runden diese Überlegungen ab. Besonders eingegangen wurde auf die Marktform des Monopsons (Arbeitsmarkt mit einem einzigen Arbeitsnachfrager), da speziell für den Pflegebereich Erklärungen aus diesem Marktmodell heraus, interessante Einblicke in das Verhalten von ArbeitgeberInnen bieten. Es wurde festgestellt, dass im Falle eines Monopsons auch bei Personalmangel die Einstellung zusätzlicher ArbeitnehmerInnen unterbleibt.

Auf der Seite des **Arbeitsangebots** wurden ausgehend von den Grundlagen des Arbeitsangebotsverhaltens drei weiterführende Ansätze vorgestellt, die eine Relevanz für die Betrachtung der Beschäftigung in Sozialen Diensten des Nonprofit Sektors haben könnten. Die ersten zwei Ansätze relativieren die Bedeutung des Lohnsatzes für die Arbeitsangebotsentscheidung, indem sie nicht-monetäre Arbeitsplatzeigenschaften und intrinsische Motivation der Arbeitskräfte berücksichtigen. Zu den Lohnunterschieden vor allem zwischen Nonprofit Sektor und For-Profit Sektor liegen unterschiedliche empirische Ergebnisse vor. Eine Begründung für ein vergleichsweise niedrigeres Lohnniveau im Nonprofit Sektor wurde darauf zurückgeführt, dass auch nicht-monetäre Arbeitsplatzeigenschaften für ArbeitsanbieterInnen von Bedeutung sind. Sind Ansprüche an solche nicht-pekuniären Eigenschaften erfüllt, wird eine geringere Entlohnung in Kauf genommen. Der zweite erweiternde Ansatz des Arbeitsangebotsverhaltens integriert die Bedeutung intrinsischer Motivation. Nonprofit Organisationen verlassen sich auf intrinsisch motivierte Arbeitskräfte. Mit der Integration der Wechselwirkungen von extrinsischer und intrinsischer Motivation von Frey (1997) wurde hierbei auf Faktoren hingewiesen, die zu einem Crowing-In bzw. Crowding-Out von intrinsischer Motivation führen und damit auch das Arbeitsangebotsverhalten beeinflussen.

Vor dem empirischen Hintergrund des überaus hohen Anteils von Frauen in Sozialen Diensten des Nonprofit Sektors wurde schließlich die Job-Crowding Hypothese näher betrachtet. Letztere besagt, dass nicht nur Pull-Faktoren, sondern auch Push-Faktoren auftreten, die Arbeitskräfte in bestimmte Berufssparten drängen. Als Einflussfaktoren wurden hierbei der gesellschaftliche Kontext, diskriminierendes Verhalten der ArbeitgeberInnen und Anreize auf der Seite der ArbeitnehmerInnen, bestimmte Berufsgruppen zu wählen, identifiziert.

Der **empirische Teil** dieser Arbeit verfolgte drei zentralen Teilzielen. Es sollte eingeschätzt werden, (i) wie groß das Beschäftigungsvolumen jener Sozialer Dienste des Nonprofit Sektors im Jahr 2001 war, die das Untersuchungsfeld dieser Studie bildeten, (ii) welche Beschäftigungsstruktur in diesen Einrichtungen zu diesem Zeitpunkt vorzufinden war und welcher quantitative Stellenwert dieser Beschäftigungsstruktur zukommt, und (iii) welche Struktur des Arbeitskräfteeinsatzes in Sozialen Diensten des Nonprofit Sektors in Abhängigkeit von dem die Einrichtung charakterisierenden Dienstleistungsangebot zu beobachten ist.

Mit Bezug auf die Struktur der Beschäftigung, sollte vor allem auf die Art der Beschäftigungsverhältnisse und auf die Anteile von Frauen und Männern in diesen Beschäftigungsverhältnissen eingegangen werden. Da sich herausstellte, welche große Bedeutung die Teilzeitbeschäftigung in Sozialen Diensten des Nonprofit Sektors im Jahr 2001 hatte, wurden zudem theoriegeleitete, bivariate Analysen vorgenommen, um Unterschiede zwischen Einrichtungen mit einem hohen und solchen mit einem niedrigeren Anteil an Teilzeitbeschäftigungsverhältnissen sichtbar zu machen.

Aufgrund der unzureichenden Datenlage zum Untersuchungszeitpunkt wurde für die Beantwortung der empirisch orientierten Fragen dieser Arbeit eine eigene **Datenbasis** geschaffen. Aus dem Datensatz „Soziale Dienste in Österreich – Beschäftigungsstudie 2002", der im Rahmen des FWF-Projekt „Beschäftigung im österreichischen Nonprofit Sektor" am Institut für Sozialpolitik der Wirtschaftsuniversität Wien generiert wurde, war ein Teildatensatz gebildet worden, der ausschließlich Soziale Dienste des Nonprofit Sektors enthält. Im Datensatz befanden sich 487 Organisationen bzw. Organisationseinheiten des Nonprofit Sektors, die im Jahr 2001 soziale Dienstleistungen anboten. Aufgrund der Heterogenität der Einrichtungen und aus projektstrategischen Gründen bildete ein bestimmtes Segment der Sozialen Dienstleistungseinrichtungen die Grundgesamtheit für die empirsche Erhebung. Diese Daten wurden in Bezug auf das Bundesland repräsentativ gewichtet. Für die statistischen Tests wurden jedoch ungewichtete Daten verwendet. Die Auswertung der erhobenen Daten erfolgte mit der Statistik-Software SPSS.

Im Folgenden werden die wichtigsten **Ergebnisse** der empirischen Untersuchung kurz zusammengefasst:

In den Sozialen Diensten des Nonprofit Sektors wurden zum 31.12.2001 hochgerechnet 55.200 beschäftigte Personen ermittelt. Über 21.200 Personen sind MitarbeiterInnen, die ohne Entgelt im Sinne eines Lohnes bzw. Gehalts tätig waren. In Summe engagierten sich daher hochgerechnet über 76.400 Personen in den Sozialen Diensten, die in dieser Erhebung erfasst waren. Rund 43.100 ArbeitnehmerInnen und damit etwa 2 % der unselbständigen Beschäftigten im Dienstleistungssektor sind in Sozialen Diensten des Nonprofit Sektors, die mit dieser Erhebung erfasst wurden, tätig.

Damit wurden bereits die ersten Daten zur Struktur der MitarbeiterInnen zusammengefasst. Die Gesamtgruppe der MitarbeiterInnen gliedert sich in entgeltlich beschäftigte Arbeitskräfte und Arbeitskräfte, die ohne Entgelt im Sinne eines Lohnes bzw. Gehalts in Sozialen Diensten des Nonprofit Sektors tätig waren. Letztere setzt sich zusammen aus Ehrenamtlichen, Zivildienern, Lehrlingen, PraktikantInnen (inkl. Personen im freiwilligen sozialen Jahr) sowie Priestern bzw. Ordensangehörigen. Die Beschäftigungsstruktur wurde über die abgeschlossenen Verträge und deren Spezifika erfasst. Danach sind unselbständig Beschäftigte, freien DienstnehmerInnen und WerkvertragsnehmerInnen zu unterscheiden. In der Kategorie der Unselbständigen wurde eine Unteilung nach Vollzeit- und Teilzeitbeschäftigten vorgenommen.

In der Gruppe der **MitarbeiterInnen ohne Beschäftigungsverhältnis** machten Ehrenamtliche (mit 86 %) den bei weitem größten Anteil aus. Die zweit- und drittgrößte Teilgruppe bildeten Zivildiener (mit 7 %) und PraktikantInnen (mit rund 5 %). In der Gruppe der ehrenamtlichen MitarbeiterInnen lag der Frauenanteil bei 65 %, etwas höher war dieser bei den PraktikantInnen. Ein höherer Männeranteil konnte, was nicht verwunderlich war, bei den Zivildienern und bei den Priestern bzw. Ordensangehörigen festgestellt werden.

Zum 31.12.20001 hatten 78 % der **Beschäftigten** in Sozialen Diensten einen Dienstvertrag abgeschlossen. Der Anteil der Teilzeitbeschäftigten an diesen ArbeitnehmerInnen betrug 60 %. Der Anteil der Frauen an allen Teilzeitbeschäftigten beträgt 88 %.

Zum 31.12.2001 hatten 22 % der Beschäftigten freie Dienstverträge und Werkverträge abgeschlossen, der höchste Anteil entfiel auf freie Dienstverträge.

Interessante Erkenntnisse ließen sich aus der Betrachtung der **Beschäftigungsstruktur nach den Schwerpunkten des Angebots an sozialen Dienstleistungen** der befragten Organisationen generieren. Diese Aufschlüsselungen waren bislang noch nicht vorgenommen worden. So wiesen Organisationen in drei Schwerpunktbereichen sozialer Dienstleistungen die meisten Beschäftigten aus: „kategorienübergreifendes Dienstleistungsangebot", „Unterstützung im Bereich Arbeit und Qualifizierung" und „Unterstützung im Bereich Arbeit und Wohnen". „Beschäftigungsstark" (mit den höchsten Anteilen von Beschäftigten an allen MitarbeiterInnen) zeigten sich Organisationen in den Dienstleistungskategorien „Unterstützung im Bereich Arbeit und Qualifizierung", „Unterstützung im Bereich Arbeit und Wohnen" und „therapeutische Dienstleistungen". Überdurchschnittlich hohe Anteile an Ehrenamtlichen waren in der Kategorie „sonstige soziale Dienstleistungen", „Besuchs-dienste und Sterbebegleitung" und „Beratung und Betreuung" festzustellen.

Da der hohe Anteil an **Teilzeitbeschäftigung** in den Sozialen Diensten des Nonprofit Sektors auffällig war, wurden literaturgestützte bivariate Tests vor-genommen, die Gruppenunterschiede zwischen Sozialen Diensten des Nonprofit Sektors mit einer hohen und mit einer niedrigen Teilzeitquote und Einflüsse von organisationsbezogenen Variablen auf den Teilzeitanteil ermit-telten. Hierbei stellte sich heraus, dass vom Dienstleistungsfeld Einflüsse auf die Gruppenzugehörigkeit der Einrichtungen ausgehen. Die Einrichtungen mit einer hohen Teilzeitquote sind vor allem in der Dienstleistungskategorie „Un-terstützung im Bereich (Kranken-)pflege und Haushaltsführung" tätig. Sie sind im Dienstleistungsangebot flexibler, sowohl im Hinblick auf die Vielfalt der angebotenen sozialen Dienstleistungen als auch hinsichtlich der Zeiten, in denen sie den KlientInnen Dienstleistungen zur Verfügung stellen. Auch Kostenvorteile der Teilzeitarbeit zeichneten sich ab. Ein detaillierteres Set an Variablen wäre für eine exaktere Überprüfung jedoch erforderlich. Der hohe Anteil an Teilzeitkräften schien nicht auf eine Knappheit an Vollzeitkräften zurückzuführen sein. Soziale Dienste des Nonprofit Sektors mit einer hohen Teilzeitquote wiesen einen höheren Anteil der Frauen an allen unselbständig Beschäftigten auf. Diese Beobachtungen deuten auf eine Segmentierung des Arbeitsmarktes hin. Erklärungen dazu können aus den Ausführungen zur Job-Crowding-Hypothese entnommen werden. Die Frage, welcher der dort genannten Gründe Einfluss auf das hier empirisch beobachtete Ergebnis hat-te, bleibt weiterführenden Untersuchungen zur Klärung vorbehalten.

Angesichts der sich verändernden gesellschaftlichen und demografischen Strukturen leisten Soziale Dienste des Nonprofit Sektors mit ihren unter-schiedlichen Dienstleistungsangeboten einen wichtigen Beitrag für die Ver-sorgung benachteiligter Personengruppen. Die vorliegende Untersuchung hat gezeigt, dass auch die Beschäftigungsleistung dieser Einrichtungen beacht-lich ist. Soziale Dienste unterscheiden sich in ihrer Nachfragestruktur erheb-lich von erwerbswirtschaftlichen Dienstleistungsunternehmen. Die öffentliche Hand spielt als wesentlichste stellvertretende Nachfragerin nach sozialen Dienstleistungen eine große Rolle für die Aufrechterhaltung des Betriebes und die Schaffung und Erhaltung von Arbeitsplätzen, da ausschließliche Ein-nahmen aus Erlösen in diesem Bereich der Wirtschaft unmöglich sind.

Die Beschäftigungsverhältnisse in Sozialen Diensten des Nonprofit Sektors sind sehr unterschiedlich strukturiert. Es ist eine Fülle an verschiedenen Kombinationen und Zusammensetzungen auszumachen. Atypische Beschäftigung ist in Sozialen Diensten des Nonprofit Sektors typisch. Die Überprüfung einer möglichst kostengünstigsten Bereitstellung sozialer Dienstleistungen ist relativ schnell auf der Evaluierungsagenda zu finden. Teil einer solchen Evaluierung Sozialer Dienste sollte jedoch auch die Art der geschaffenen Beschäftigungsverhältnisse sein. In einem System der sozialen Sicherung, das so erwerbszentriert ist, wie das Österreichische, haben der Grad der Kontinuität im Verlauf einer Erwerbskarriere und die Art des Beschäftigungsverhältnisses massive Auswirkungen auf die Art und Höhe sozialrechtlicher Leistungsansprüche der Beschäftigten.

Sozialpolitische Versorgungsziele und soziale Dienstleistungen werden relativ rasch miteinander in Beziehung gesetzt. Weniger im Scheinwerferlicht steht die sozialrechtliche Absicherung, die mit der Art der in Sozialen Diensten des Nonprofit Sektors geschaffenen Beschäftigungsverhältnisse einhergeht. Die Belastungen der täglichen sozialen, betreuenden, pädagogischen und pflegerischen Arbeit in diesen Einrichtungen sollte sich in der finanziellen Ausstattung der Einrichtungen widerspiegeln, damit zumindest die Qualität der Arbeitsverhältnisse hinsichtlich der aus der Beschäftigung abgeleiteten Ansprüche an das System der sozialen Sicherheit verbessert wird.

Mit den theoretischen Überlegungen und empirischen Untersuchungen im Rahmen der vorliegenden Arbeit wurden unterschiedliche Dimensionen von entgeltlicher Beschäftigung und anderer Formen der Mitarbeit in Sozialen Diensten des Nonprofit Sektors abgebildet. Damit sollte ein Mehr an Wissen über die Aspekte der Beschäftigung und der „unbezahlten" Arbeit in diesem Forschungsfeld generiert werden. Die Ergebnisse der Arbeit leisten einen Beitrag dazu, die „weißen Flecken" der Landkarte über Soziale Dienste des Nonprofit Sektors mit einer Vorstellung über diesen Bereich zu füllen, an die weiterführende Forschungsvorhaben ansetzen können.

# Quellenverzeichnis

## Literaturverzeichnis

AK, Österreich (2003): Stand und Entwicklung in den Pflege- und Betreuungsberufen. Gesundheit & Soziales info, Nr. 4 (September 2003). Wien.

Alderfer, Clayton P. (1972): Existence, Relatedness, and Growth. Human Needs in Organizational Settings. New York: Free Press.

Alexander, Jennifer (1999): "The Impact of Devolution on Nonprofits: A Multiphase Study of Social Service Organizations", in: Nonprofit Management and Leadership, 10 (1). 57-70.

Anastasiadis, Maria; Schmid, Tom; Essl, Günter; Riesenfelder, Andreas; Wetzel, Petra (2003): Der Dritte Sektor in Wien - Zukunftsmarkt der Beschäftigung? Zusammenfassender Ergebnisbericht des Forschungsprozesses der Equal-Entwicklungspartnerschaft "Der Dritte Sektor in Wien". Wien.

Andreoni, James (1990): "Impure Altruism and Donations to Public Goods: A Theory of Warm-glow Giving", in: The Economic Journal, 100. 464-477.

Andreoni, James; Payne, Abigaile (2003): "Do Government Grants to Private Charities Crowd Out Giving or Fund-raising?" in: The American Economic Review, 93 (3). 792-812.

Anheier, Helmut K. (1990): Institutional Choice and Organizational behavior in the Third Sector, in: Anheier, Helmut K.; Seibel, Wolfgang (Hrsg.): The Third Sector: Comparative Studies of Nonprofit Organizations. Berlin: Walter de Gruyter.

Anheier, Helmut K. (1997): Der Dritte Sektor in Zahlen: Ein sozialökonomisches Portrait, in: Anheier, Helmut K.; Priller, Eckhard; Seibel, Wolfgang; Zimmer, Annette (Hrsg.): Der Dritte Sektor in Deutschland. Organisationen zwischen Staat und Markt im gesellschaftlichen Wandel. Berlin: Edition Sigma. 29-74.

Anheier, Helmut K.; Kumar, Sarabajaya (2003): Social Services in Europe. An Annotated Bibliography. Frankfurt/Main: Institut für Sozialarbeit und Sozialpädagogik e. V., Beobachtungsstelle für die Entwicklung sozialer Dienste in Europa.

Anheier, Helmut K.; Salamon, Lester M. (1992a): In Search of the Nonprofit Sector I: The Question of Definitions. The Johns Hopkins Comparative Nonprofit Sector Project: Working Paper No. 2. Baltimore.

Anheier, Helmut K.; Salamon, Lester M. (1992b): The Nonprofit Sector I: The Question of Definitions. The Johns Hopkins Comparative Nonprofit Sector Project: Working Paper Nummer 2. The Johns Hopkins Institute for Policy Studies. Baltimore.

Anheier, Helmut K.; Seibel, Wolfgang (2001): The Nonprofit Sector in Germany. Between State, Economy and Society. Manchester: Manchester University Press.

Askildsen, Jan Erik; Baltagi, Badi H.; Holmås, Tor Helge (2002): Will Increased Wages Reduce Shortage of Nurses? A Panel Data Analysis of Nurses' Labour Supply. Cesifo working paper No. 794 (downloadable). München.

Assenmacher, Walter; Wenke, Martin (1993): "Haushaltsproduktion, Frauenerwerbstätigkeit und Dienstleistungsnachfrage privater Haushalte in der Bundesrepublik Deutschland", in: Jahrbuch für Nationalökonomie und Statistik, 211. 22-41.

Atteslander, Peter (unter Mitarbeit von Christiane Bender) (1993): Methoden der empirischen Sozialforschung. 7., bearbeitete Auflage. Berlin: de Gruyter.

Bacchiega, Alberto; Borgaza, Carlo (2003): The Economics of the Third Sector: Toward a More Comprehensive Approach, in: Anheier, Helmut K.; Ben-Ner, Avner (Hrsg.): The Study of the Nonprofit Enterprise. Theories and Approaches. New York: Kluwer Academic/Plenum Publishers. 27-48.

Bachstein, Werner (2000): Nonprofit Organisationen im Bereich sozialer Dienste: Beschäftigung und sozialpolitische Implikation. Dissertation. Wirtschaftsuniversität Wien.

Bäcker, Gerhard; Stolz-Willig, Brigitte (1995): Förderung von Teilzeitarbeit: Aufgabe für die Tarif-, Sozial- und Gleichstellungspolitik, in: Keller, Berndt; Seifert, Hartmut (Hrsg.): Atypische Beschäftigung. Köln: Bund-Verlag. 25-64.

Badelt, Christoph (1990): Institutional Choice and the Nonprofit Sector, in: Anheier, Helmut K.; Seibel, Wolfgang (Hrsg.): The Third Sector: Comparative Studies of Nonprofit Organizations. Berlin: Walter de Gruyter.

Badelt, Christoph (1997a): Contracting and Institutional Choice in Austria, in: 6, Perry; Kendall, Jeremy (Hrsg.): The Contract Culture in Public Services. Studies from Britain, Europe and the USA. Aldershot: Arena. 149-160.

Badelt, Christoph (1997b): Soziale Dienstleistungen und der Umbau des Sozialstaats, in: Hauser, Richard (Hrsg.): Reform des Sozialstaats I. Berlin: Duncker & Humblot. 181-220.

Badelt, Christoph (1999): Personalpolitische Herausforderungen im Nonprofit Sektor, in: Elsik, Wolfgang; Mayrhofer, Wolfgang (Hrsg.): Strategische Personalpolitik. München: Rainer Hampp Verlag. 247-270.

Badelt, Christoph (2000): Der Nonprofit-Sektor im Wandel: Ansprüche der Wirtschafts- und Sozialpolitik, in: Schauer, Reinbert; Blümle, Ernst-Bernd; Anheier, Helmut K. (Hrsg.): Nonprofit-Organisationen im Wandel: Herausforderungen, gesellschaftliche Verantwortung, Perspektiven. Eine Dokumentation. Linz: Universitätsverlag Rudolf Trauner. 31-56.

Badelt, Christoph (2001): Soziale Dienste als neue Herausforderung für den Sozialstaat, in: Theurl, Engelbert (Hrsg.): Der Sozialstaat an der Jahrtausendwende: Analysen und Perspektiven. Heidelberg: Physica-Verlag. 115-134.

Badelt, Christoph (2002a): Ausblick: Entwicklungsperspektiven des Nonprofit Sektors, in: Badelt, Christoph (unter Mitarbeit von Florian Pomper) (Hrsg.): Handbuch der Nonprofit Organisation. Strukturen und Management. Stuttgart: Schäffer Poeschel Verlag. 659-691.

Badelt, Christoph (2002b): Der Nonprofit Sektor in Österreich, in: Badelt, Christoph (unter Mitarbeit von Florian Pomper) (Hrsg.): Handbuch der Nonprofit Organisation. Strukturen und Management. Stuttgart: Schäffer Poeschel Verlag. 63-85.

Badelt, Christoph (2002c): Ehrenamtliche Arbeit im Nonprofit Sektor, in: Badelt, Christoph (unter Mitarbeit von Florian Pomper) (Hrsg.): Handbuch der Nonprofit Organisation. Stuttgart: Schäffer Poeschel Verlag. 573-604.

Badelt, Christoph (2002d): Zielsetzungen und Inhalte des "Handbuchs der Nonprofit Organisation", in: Badelt, Christoph (unter Mitarbeit von Florian Pomper) (Hrsg.): Handbuch der Nonprofit Organisation. Strukturen und Management. Stuttgart: Schäffer-Poeschel Verlag. 3-18.

Badelt, Christoph (2002e): Zwischen Marktversagen und Staatsversagen? Nonprofit Organisationen aus sozioökonomischer Sicht, in: Badelt, Christoph (unter Mitarbeit von Florian Pomper) (Hrsg.): Handbuch der Nonprofit Organisation. Strukturen und Management. Stuttgart: Schäffer Poeschel Verlag. 107-128.

Badelt, Christoph (2003): Entrepreneurship in Nonprofit Organizations. Its Role in Theory and in the Real World Nonprofit Sector, in: Anheier, Helmut K.; Ben-Ner, Avner (Hrsg.): The Study of the Nonprofit Enterprise. Theories and Approaches. New York: Kluwer Academic/Plenum Publisher. 139-159.

Badelt, Christoph; Bachstein, Werner; Heitzmann, Karin; Holzmann-Jenkins, Andrea; Matul, Christian (1997a): Quantitative Dimensionen des Nonprofit Sektors in Österreich. Bericht für den Fonds zur Föderung der wissenschaftlichen Forschung (FWF). Wien: Abteilung für Sozialpolitik der Wirtschaftsuniversität Wien.

Badelt, Christoph; Holzmann-Jenkins, Andrea; Matul, Christian; Österle, August (unter Mitarbeit von Beate Czegka) (1997b): Analyse der Auswirkungen des Pflegevorsorgesystems. Forschungsbericht im Auftrag des Bundesministeriums für Arbeit, Gesundheit und Soziales. Wien: Bundesministerium für Arbeit, Gesundheit und Soziales.

Badelt, Christoph; Österle, August (unter Mitarbeit von Birgit Trukeschitz) (2001): Grundzüge der Sozialpolitik. Sozialökonomische Grundlagen. Allgemeiner Teil. Wien: Manz.

Badura, Bernhard; Gross, Peter (1976): Sozialpolitische Perspektiven. Eine Einführung in Grundlagen und Probleme sozialer Dienstleistungen. München: R. Piper & Co.

Barker, David G. (1993): Values and Volunteering, in: Smith, Justin D. (Hrsg.): Volunteering in Europe. Opportunities and Challenges for the 90s. London: Volunteer Centre UK. 10-31.

Barro, Robert J. (1974): "Are Government Bonds Net Wealth", in: Journal of Political Economy, 82 (6). 1095-1117.

Bauer, Rudolph (2001): Personenbezogene soziale Dienstleistungen. Begriff, Qualität und Zukunft. Wiesbaden: Westdeutscher Verlag.

Becker, Gary S. (1965): "A Theory of the Allocation of Time", in: Economic Journal, 75. 493-517.

Becker, Gary S. (1974): "A Theory of Social Interactions", in: Journal of Political Economy, 82. 1063-1093.

Becker, Gary S. (1981a): "Altruism in the Family and Selfishness in the Market Place", in: Economica, 48. 1-15.

Becker, Gary S. (1981b): A Treatise on the Family. Cambridge: Harvard University Press.

Ben-Ner, Avner (1986): Nonprofit Organizations: Why Do They Exist in Market Economies), in: Rose-Ackerman, Susan (Hrsg.): The Economics of Nonprofit Institutions: Studies in Structure and Policy. Oxford: Oxford University Press. 94-113.

Ben-Ner, Avner; Gui, Benedetto (2003): The Theory of Nonprofit Organizations Revisited, in: Anheier, Helmut K.; Ben-Ner, Avner (Hrsg.): The Study of the Nonprofit Enterpise. Theories and Approaches. New York: Kluwer Academic/Plenum Publishers. 3-26.

Bénabou, Roland; Tirole, Jean (2003): "Intrinsic and Extrinsic Motivation", in: The Review of Economic Studies, 244 (70). 489-520.

Betzelt, Sigrid (2001): The Third Sector as a Job Machine. Conditions, Potentials, and Policies for Job Creation in German Nonprofit Organizations. Frankfurt/Main: Peter Lang Verlag.

Betzelt, Sigrid; Bauer, Rudolph (2000): Nonprofit-Organisationen als Arbeitgeber. Opladen: Leske + Budrich.

Bley, Andreas (1999): Bestimmungsgründe von Arbeitsfluktuation und Arbeitslosigkeit. Berlin: Duncker & Humblot.

BMAGS, Bundesministerium für Arbeit, Gesundheit und Soziales (1998): österreich sozial. Wien: Bundesministerium für Arbeit, Gesundheit und Soziales.

Boal, William M.; Ransom, Michael R. (1997): "Monopsony in the Labor Market", in: Journal of Economic Literature, 35 (1). 86-112.

Bode, Ingo (1999): "Von bewegt bis flexibel. Zur Entwicklung von Arbeitsverhältnissen im Dritten Sektor", in: Zeitschrift für Sozialreform, 45 (11/12). 920-940.

Boh, Katja; Saksida, Stane (1972): An Attempt at a Typology of Time Use, in: Szalai, Alexander (in collaboration with Philip E. Converse, Pierre Feldheim, Erwin K. Scheuch, Philip J. Stone (Hrsg.): The Use of Time. Daily Activities of Urban and Suburban Populations in Twelve Countries. Paris: Mouton. 229-248.

Borjas, George J. (2000): Labor Economics. 2nd edition. Boston, Mass.: Irwin McGraw-Hill.

Braun, Hans; Johne, Gabriele (1993): Einleitung, in: Braun, Hans; Johne, Gabriele (Hrsg.): Die Rolle sozialer Dienste in der Sozialpolitik. Frankfurt/Main: Campus Verlag. 7-9.

Bühl, Achim; Zöfel, Peter (1998): SPSS für Windows. Version 7.5. Praxisorientierte Einführung in die moderne Datenanalyse. Bonn: Addison-Wesley.

Burchardt, Tania (1997): Boundaries Between Public and Private Welfare: A Typology and Map of Services. London School of Economics - CASEpaper No. 2. London.

Cabrillo, Francisco (1999): The Economics of the Family and Family Policy. Cheltenham UK: Edward Elgar.

Corsten, Hans (1985): Die Produktion von Dienstleistungen: Grundzüge einer Produktionswirtschaftslehre des tertiären Sektors. Berlin: Erich Schmidt.

Darby, Michael; Karni, Edi (1973): "Free Competition and the Optimal Amount of Fraud", in: Journal of Law and Economics, 16 (April). 67-86.

Dathe, Dietmar; Kistler, Ernst (2004): Arbeit im "Dritten Sektor" als Hoffnungsträger - Zur übergeordneten Problemstellung, in: Birkhölzer, Karl; Kistler, Ernst; Mutz, Gerd (Hrsg.): Der Dritte Sektor. Partner für Wirtschaft und Arbeit. Wiesbaden: VS Verlag für Sozialwissenschaften. 175-239.

Deci, Edward L. (1971): "Effects of Externally Mediated Rewards on Intrinsic Motivation", in: Journal of Personality and Social Psychology, 18. 105-15.

Deci, Edward L. (1975): Intrinsic Motivation. New York: Plenum Press.

Decker, Franz (1975): Einführung in die Dienstleistungsökonomie. Paderborn: Ferdinand Schöningh.

Decker, Franz (1997): Das große Handbuch. Management für soziale Institutionen. Landsberg/Lech: verlag moderne industrie.

Deckop, John R.; Cirka, Carol C. (2000): "The Risk and Reward of a Double-Edged Sword: Effects of a Merit Pay Program on Intrinsic Motivation", in: Nonprofit and Voluntary Sector Quarterly, 29 (3). 400-418.

Delsen, Lei; Huijgen, Fred (1997): Analysis of Part-Time and Fixed-Term Employment in Europe Using Establishment Data. Dublin: European Foundation for the Improvement of Living and Working Conditions, Working Paper No. WP4/14/EN.

Dimmel, Nikolaus (2004): Zur Praxis der Vergabe von Dienstleistungen im Rahmen der österreichischen Sozialwirtschaft. Kritierienkatalog für ein good practice-Modell der Strukturierung von Vergabeverfahren. Anhaltspunkte für eine inhaltlich-sachliche Bestimmung der einzugehenden Vertragsverhältnisse. Vorläufiger Endbericht erstellt im Auftrag der EQUAL-Entwicklungspartnerschaft "Der Dritte Sektor in Wien". Salzburg.

Dinkel, Reiner (2000): Leontieff-Produktionsfunktion, in: Geigant, Friedrich; Haslinger, Franz; Sobotka, Dieter; Westphal, Horst M. (Hrsg.): Lexikon der Volkswirtschaft. Landsberg/Lech: verlag moderne industrie. 583.

Drs, Monika (1996): Das Arbeitsrecht in der Kirche: Individualrechtliche Aspekte, in: Runggaldier, Ulrich; Schinkele, Brigitte (Hrsg.): Zur arbeitsrechtlichen und sozialrechtlichen Stellung von Klerikern, Ordensangehörigen und kirchlichen Mitarbeitern in Österreich. Wien: Springer.

Emanuele, Rosemarie; Higgins, Susan H. (2000): "Corporate Culture in the Nonprofit Sector. A Comparison of Fringe Benefits with the For-profit Sector", in: Journal of Business Ethics, 24 (1). 87-93.

Erlinghagen, Marcel (2002): "Konturen ehrenamtlichen Engagements in Deutschland. Eine Bestandsaufnahme", in: Sozialer Fortschritt (4). 80-86.

Ernst, Britta (1999): Teilzeitarbeit und prekäre Beschäftigung - sozialpolitische Aspekte eines beschäftigungspolitischen Instruments, in: Ernst, Britta; Gehrke, Conny (Hrsg.): Der Januskopf der Teilzeitbeschäftigung. Regensburg: Transfer verlag. 1-127.

Esping-Andersen, Gösta (1990): The Three Worlds of Welfare Capitalism. Cambidge: Polity Press.

Ettel, Mathias; Nowotny, Christian (2002): Rechtliche Gestaltungsformen für NPOs, in: Badelt, Christoph (unter Mitarbeit von Florian Pomper) (Hrsg.): Handbuch der Nonprofit Organisation. Strukturen und Management. Stuttgart: Schäffer-Poeschel Verlag. 225-258.

Evers, Adalbert; Olk, Thomas (1996): Wohlfahrtspluralismus - Analytische und normativ-politische Dimensionen des Leitbegriffs, in: Evers, Adalbert; Olk, Thomas (Hrsg.): Wohlfahrtspluralismus. Vom Wohlfahrtsstaat zur Wohlfahrtsgesellschaft. Opladen: Westdeutscher Verlag. 9-60.

Fama, Eugene; Jensen, Michael (1983): "Agency Problems and Residual Claims", in: Journal of Law and Economics, 26. 327-350.

Feldstein, Paul J. (1993): Health Care Economics. New York: Delmar Publishers Inc.

Field, Andy (2000): Discovering Statistics Using SPSS for Windows. Advanced Techniques for Beginners. London: Sage.

Fitz, Heidrun; Trukeschitz, Birgit (2000): Austria, in: Anheier, Helmut K. (Hrsg.): Social Services in Europe. An Annotated Bibliography: Observatory for the Development of Social Services in Europe.

Folland, Sherman; Goodman, Allen C.; Stano, Miron (2001): The Economics of Health and Health Care. third edition. Upper Saddle River, NJ: Prentice Hall.

Frank, Willy (2003): Volkswirtschaftslehre - Grundlagen. Sternenfels: Verl. Wiss. und Praxis.

Franz, Wolfgang (2003): Arbeitsmarktökonomik. 5. überarbeitete und erweiterte Auflage. Berlin: Springer Verlag.

Freeman, Richard B. (1975): Demand for Labor in a Nonprofit Market: University Faculty, in: Hamermesh, Daniel S. (Hrsg.): Labor in the Public and Nonprofit Sector. Princeton: Princeton University Press. 85-129.

Frey, Bruno S. (1997): Not Just For the Money. An Economic Theory of Personal Motivation. Cheltenham: Edward Elgar Publishing.

Frey, Bruno S.; Kirchgässner, Gebhard (1994): Demokratische Wirtschaftspolitik. Theorie und Anwendung. 2., völlig neubearb. Auflage. München: Vahlen.

Frey, Bruno S.; Oberholzer-Gee, Felix (1997): "The Cost of Price Incentives. An Empirical Analysis of Motivation Crowding-Out", in: The American Economic Review, 87 (4). 746-755.

Fritz, Elisabeth (2004): Arbeit im Schatten - Selbsthilfegruppen in Wien. Diplomarbeit an der Wirtschaftsuniversität Wien.

Funk, Lothar (2002): "Arbeitsmarkttheorie und -politik", in: WISU-Lexikon als Beihefter von WISU - Das Wirtschaftsstudium (6). I-XVI.

Göbl, Martin (2003): Die Beurteilung von Dienstleistungen. Grundlagen für ein erfolgreiches Marketin am Beispiel Freier Berufe. Wiesbaden: Deutscher Universitäts-Verlag.

Gogoditsch, Josef; Zach, Sabine (2003): "Leistungs- und Strukturerhebung 2001", in: Statistische Nachrichten, 58 (9). 695-701.

Gold, Michael (2002): Mikroökonomische Analyse der Arbeitsnachfrage. Eine Untersuchung von Beschäftigungsdynamik und Überstundennachfrage unter dem Einfluss von Anpassungskosten mit deutschen Betriebsdatensätzen. Hamburg: Verlag Dr. Kovac.

Goll, Eberhard (1991): Die freie Wohlfahrtspflege als eigener Wirtschaftsfaktor. Theorie und Empirie ihrer Verbände und Einrichtungen. Baden-Baden: Nomos Verlagsgesellschaft.

Govekar, Paul L.; Govekar, Michele A. (2002): "Using economic theory and research to better understand volunteer behavior", in: Nonprofit Management and Leadership, 13 (1). 33-48.

Gronau, Reuben (1977): "Leisure, Home Production, and Work - the Theory of the Allocation of Time Revisited." in: Journal of  Political Economy, 85 (6). 1099-1123.

Gross, Peter (1993): Die Dienstleistungsstrategie in der Sozialpolitik. Neue Herausforderungen, in: Braun, Hans; Johne, Gabriele (Hrsg.): De Rolle sozialer Dienste in der Sozialpolitik. Frankfurt/Main: Campus Verlag. 11-26.

Halfar, Bernd (1999): Finanzierungsarten und Finanzierungsformen in der Sozialen Arbeit, in:  Halfar, Bernd  (Hrsg.): Finanzierung sozialer Dienste und Einrichtungen. Baden-Baden: Nomos Verlagsgesellschaft. 43-64.

Hamermesh, Daniel S. (1993): Labour Demand.  Princeton: Princeton University Press.

Hamermesh, Daniel S.; Rees, Albert (1993): The Economics of Work and Pay. New York: Harper Collins College Publishers.

Hansmann, Henry (1987): Economic Theories of Nonprofit Organization, in: Powell, Walter W.  (Hrsg.): The Nonprofit Sector. A Research Handbook. New Haven: Yale University Press. 27-42.

Hansmann, Henry B. (1980): "The Role of Nonprofit Enterprise", in: The Yale Law Journal, 89 (5). 835-898.

Hegner, Friedhart (1981): Zur Systematisierung nicht-professioneller Sozialsysteme, in: Badura, Bernhard; Ferber, Christian von (Hrsg.): Selbsthilfe und Selbstorganisation im Gesundheitswesen, Die Bedeutung nicht-professioneller Sozialsysteme für die Krankeheitsbewältigung, Gesundheitsvorsorge und die Kostenentwicklung im Gesundheitswesen. München: Oldenbourg. 219-253.

Heitzmann, Karin (2001): Dimensionen, Strukturen und Bedeutung des Nonprofit Sektors. Eine theoretisch-konzeptionelle und empirische Analyse für Österreich. Wien: Service Fachverlag.

Hilke, Wolfgang (1984): Dienstleistungs-Marketing aus der Sicht der Wissenschaft. Freiburg: Diskussionsbeiträge des Betriebswirtschaftlichen Seminars der Albert-Ludwigs-Universität Freiburg im Breisgau.

Hirsch, Barry T.; Schumacher, Edward J. (1995): "Monopsony Power and Relative Wages in the Labor Market for Nurses", in: Journal of Health Economics, 14 (4). 443-476.

Höflacher, Stefan (1999): Wird ehrenamtliche Tätigkeit im Nonprofit-Sektor durch zunehmende Professionalisierung verdrängt? in: Witt, Dieter; Blümle, Ernst-Bernd; Schauer, Reinbert; Anheier, Helmut K. (Hrsg.): Ehrenamt und Modernisierungsdruck in Nonprofit-Organisationen. Eine Dokumentation. Wiesbaden: Deutscher Universitäts-Verlag. 51-63.

Hollerweger, Eva (2001): Die Rolle von ehrenamtlicher Arbeit und Spenden in Österreich. Working Paper No. 8, Abteilung für Sozialpolitik (Wirtschaftsuniversität Wien). Wien.

Holzinger, Elisabeth (2001): Atypische Beschäftigung in Österreich. Trends und Handlungsoptionen vor dem Hintergrund internationaler Entwicklungen. Wien: AMS report Nr. 19.

Horch, Heinz-Dieter (1992): Geld, Macht und Engagement in freiwilligen Vereinigungen. Grundlagen einer Wirtschaftssoziologie von Non-Profit-Organisationen. Berlin: Duncker und Humblot.

Huber, Reinhold J. (1992): Die Nachfrage nach Dienstleistungen. Hamburg: Kovac.

Hübl, Lothar; Schepers, Walter (1983): Strukturwandel und Strukturpolitik. Darmstadt: Wissenschaftliche Buchgesellschaft.

James, Estelle; Rose-Ackerman, Susan (1986): The Nonprofit Enterprise in Market Economics. Chur: Harwood Academic Publishers.

Janssen, Jürgen; Laatz, Wilfreid (2003): Statistische Datenanalyse mit SPSS für Windows. Eine anwendungsorientierte Einführung in das Basissystem und das Modul Exakte Tests. 4., neubearbeitete und erweiterte Auflage. Berlin: Springer Verlag.

Judt, Antje (1999): Haushaltsproduktion und Lebenshaltung von Familien mit Kindern. Frankfurt/Main: Lang.

Katz, S.; Downs, T.D.; Cash, H.R.; Grotz, R.C. (1970): "Progress in Development of the Index of ADL", in: Gerontologist, 20 (1). 20-30.

Kingma, Bruce R. (1997): "Public Good Theories of the Nonprofit Sector: Weisbrod Revisited", in: Voluntas, 8 (2). 135-148.

Kingma, Bruce R. (2003): Public Good Theories on the Nonprofit Sektor: Weisbrod Revisited, in: Anheier, Helmut K.; Ben-Ner, Avner (Hrsg.): The Study of the Nonprofit Enterprise. Theories and Approaches. New York: Kluwer Academic/Plenum Publishers. 53-66.

Klicpera, Christian; Gasteiger-Klicpera, Barbara (1997): Soziale Dienste. Anforderungen, Organisationsformen und Perspektiven. 3. Auflage. Wien: WUV-Universitätsverlag.

Kotlenga, Sandra; Nägele, Barbara; Pagels, Nils; Ross, Bettina (Hrsg.) (2005): Arbeit(en) im Dritten Sektor - Europäische Perspektiven. Mössingen-Talheim: Talheimer.

Krashinsky, Michael (1986): Transaction Costs and a Theory of the Nonprofit Organization, in: Rose-Ackerman, Susan (Hrsg.): The Economics of Nonprofit Institutions: Studies in Structure and Policy. Oxford: Oxford University Press. 114-132.

Krömmelbein, Silvia; Schulz, Andreas (2000): "Soziale Dienste im Spiegel des Umbruchs zur Dienstleistungsgesellschaft", in: Soziale Arbeit (12). 442-450.

Kuhn, Peter (1989): Training, 'Tracking', and Occupational Segregation by Sex: A Simple Model. McMaster University, unpublished paper.

Kumar, Sarabajaya; Anheier, Helmut K. (2003): Social Services in Europe: Current Debates and Policy Issues, in: Anheier, Helmut K.; Kumar, Sarabajaya (Hrsg.): Social Services in Europe. Annotaded Bibliography. Umpdated and extended edition. Frankfurt/Main: Observatory for the Development of Social Services in Europe. 433-446.

Lausberger, Willibald (2001): Querschnittsanalyse der Determinanten des individuellen Arbeitsangebots unter besonderer Berücksichitugng von Arbeitsmarktbedingungen und Arbeitszeitrestriktionen. München: Herbert Utz Verlag.

Le Grand, Julian; Barlett, Will (1993a): Introduction, in: Le Grand, Julian; Barlett, Will (Hrsg.): Quasi-Markets and Social Policy. London: MacMillan Press. 1-12.

Le Grand, Julian; Barlett, Will (1993b): Quasi-Markets and Social Policy. London: MacMillan Press.

Leete, Laura (2000): "Wage Equity and Employee Motivation in Nonprofit and For-profit Organizations", in: Journal of Economic Behavior & Organization, 43. 423-446.

Leete, Laura (2001): "Whither the Nonprofit Wage Differential? Estimates from the 1990 Census", in: Journal of Labour Economics, 19 (1). 136-170.

Leibetseder, Bettina (2004): Komparative Analyse von ausgewählten Entlohnungsschemata im privaten, gemeinnützigen Gesundheits- und Sozialbereich, Teilbericht II der Equal Entwicklungspartnerschaft Musterkollektivvertrag. http://www.musterkv.at/PartnerInnen/Modul_1/teilberichte/tb2_entlohnung.pdf.

Lewis, Donald E. (1996): "Occupational Crowding", in: Economic Record, 72 (June). 107-117.

Lin, Chung-Cheng (2002): "The Shortage of Registered Nurses in Monopsony: A New View From Efficiency Wage and Job-Hour Models", in: The American Economist, 46 (1). 29-35.

Linde, Robert (2000): Substitutionselastizität, in: Geigant, Friedrich; Haslinger, Franz; Sobotka, Dieter; Westphal, Horst M. (Hrsg.): Lexikon der Volkswirtschaft. Landsberg/Lech: verlag moderne industrie. 931-932.

Littich, Edith (2002): Finanzierung von NPOs, in: Badelt, Christoph (unter Mitarbeit von Florian Pomper) (Hrsg.): Handbuch der Nonprofit Organisation. Strukturen und Management. Stuttgart: Schäffer Poeschel Verlag. 361-380.

Maleri, Rudolf (1997): Grundlagen der Dienstleistungsproduktion. Berlin: Springer.

McLaughlin, Curtis P. (1986): The Management of Nonprofit Organizations. New York: John Wiley & Sons.

Menchik, Paul; Weisbrod, Burton A. (1981): Volunteer Labor Supply in the Provision of Collective Goods. Conference of the Committee on Urban Public Economics: Nonprofit Firms in a Three Sector Economy, Washington, The Urban Institute.

Mengen, Andreas (1993): Konzeptgestaltung von Dienstleistungsprodukten: Eine Conjoint-Analyse im Luftfrachtmarkt unter Berücksichtigung der Qualitätsunsicherheit beim Dienstleistungskauf. Stuttgart.

Mesch, Michael (1998): Bestimmungsfaktoren der Beschäftigungsentwicklung im tertiären Sektor, in: Mesch, Michael (Hrsg.): Neue Arbeitsplätze in Österreich. Die Beschäftigungsentwicklung im österreichischen Dienstleistungssektor. Nachfrage, Produktivität, Berufe, Qualifikationen. Wien: Manz. 21-115.

Meyer, Dirk (2003): "Wettbewerbliche Diskriminierung privat-gewerblicher Pflegeheimbetreiber", in: Sozialer Fortschritt, 52 (10). 261-265.

Miller, Robert L.; Acton, Ciaran; Fullerton, Deirdre A.; Maltby, John (2002): SPSS for Social Scientists. New York: Palgrave Macmillan.

Mirvis, Philip H.; Hackett, Edward J. (1983): "Work and Work Force Characteristics in the Nonprofit Sector", in: Monthly Labor Review, 106 (April). 3-12.

Mühlberger, Ulrike (2000): Neue Formen der Beschäftigung. Arbeitszeitflexibilisierung durch atypische Beschäftigung in Österreich. Wien: Braumüller.

Münter, Silke (2002): Akzeptanz in nicht-schlüssigen Tauschbeziehungen. Dargestellt am Beispiel sozialer Dienstleistungen. Frankfurt/Main: Peter Lang.

Nam, Hyun-Joo (2003): Alten- und Pflegeheime in Österreich: Trägerstruktur, Angebotsstruktur und Beschäftigung. Erste Ergebnisse aus dem Projekt „Beschäftigung im österreichischen Nonprofit Sektor". Abteilung für Sozialpolitik der Wirtschaftsuniversität Wien (mimeo).

Nelson, Phillip (1970): "Information and Consumer Behavior", in: Journal of Political Economy, 78. 311-329.

Nickell, Stephen (1978): "Fixed Costs, Employment and Labour Demand over the Cycle", in: Economica, 45. 329-345.

Nowotny, Ewald (unter Mitarbeit von Christian Scheer und Herbert Walther) (1999): Der öffentliche Sektor. Einführung in die Finanzwissenschaft. Berlin: Springer Verlag.

Oorschot, Wim van (1996): Modelling of Non-Take-Up. The Interactive Model of Multi-Level Influences and the Dynamic Model of Benefit Receipt, in: Oorschot, Wim van (Hrsg.): New Perspectives on the Non-Take-Up of Social Security Benefits. Tilburg: Tilburg University Press. 7-59.

ÖSTAT, Österreichisches Statistisches Zentralamt (1994): Arbeitsstättenzählung 1991: Hauptergebnisse Österreich. Wien: ÖSTAT.

Osterloh, Margit; Frey, Bruno S.; Frost, Jetta (2001): "Managing Motivation, Organization and Governance", in: Journal of Management & Governance, 5 (3-4). 231-239.

Ostermeier, Christian (2002): Klassifikation und Systematisierung des Nonprofit-Sektors: Systematische Darstellung und Analyse bestehender Typologie- und Klassifikationsansätze unter Berücksichtigung nationaler und internationaler Anwendungsmöglichkeiten. Diplomarbeit. Diplomarbeit - Wirtschaftsuniversität Wien.

Pindyck, Robert S.; Rubinfeld, Daniel L. (2005): Mikroökonomie. 6. Auflage. München: Pearson Studium.

Preston, Anne E. (1990): "Women in the White-Collar Nonprofit Sector: The Best Option or the Only Option?" in: The Review of Economics and Statistics, 72 (4). 560-569.

Rösch, Günther (1994): Kriterien der Gewichtung einer nationalen Bevölkerungsstichprobe, in: Gabler, Siegfried; Hoffmeyer-Zlotnik, Jürgen H. P.; Krebs, Dagmar (Hrsg.): Gewichtung in der Umfragepraxis. Opladen: Westdeutscher Verlag.

Rose-Ackerman, Susan (1996): "Altruism, Nonprofits, and Economic Theory", in: Journal of Economic Literature, 34 (2). 701-728.

Rück, Hans R. G. (2000): Dienstleistungen in der ökonomischen Theorie. Wiesbaden: Gabler.

Ruhm, Christopher J.; Borkoski, Carey (2003): "Compensation in the Nonprofit Sector", in: The Journal of Human Resources, 28 (4). 992-1021.

Salamon, Lester M. (1987): Partners In Public Service: The Scope and Theory of Government Nonprofit Relations, in: Powell, Walter W. (Hrsg.): The Nonprofit Sektor: A Research Handbook. New Haven: Yale University Press. 99-117.

Salamon, Lester M. (1995): Partners in Public Service. Government-Nonprofit Relations in the Modern Welfare State. Baltimore, London: The Johns Hopkins University Press.

Salamon, Lester M.; Anheier, Helmut K. (1996): The Emerging Nonprofit Sector. An Overview. Manchester: Manchester University Press.

Salamon, Lester M.; Anheier, Helmut K. (1997): Toward a common classification, in: Salamon, Lester M.; Anheier, Helmut K. (Hrsg.): Definiting the nonprofit sector. A cross-national analysis. Manchester: Manchester University Press. 51-100.

Salamon, Lester M.; Anheier, Helmut K.; Mitarbeiter, und (1999): Der Dritte Sektor. Aktuelle internationale Trends. Eine Zusammenfassung. The Johns Hopkins Comparative Nonprofit Sector Project, Phase II. Gütersloh: Verlag Bertelsmann Stiftung.

Schäfer, Dieter (1969): Die sozialen Dienste im Rahmen einer Systematik der sozialen Hilfen, in: Blind, Adolph; Achinger, Hans (Hrsg.): Sozialpolitik und persönliche Existenz. Festgabe für Hans Achinger anläßlich seines 70. Geburtstages am 5. Oktober 1969. Berlin: Duncker & Humblot. 265-287.

Schmid, Tom; Prochaszkova, Lucie (2004): Ausbildungen im Gesundheits-
und Sozialbereich in Österreich. Ist-Analyse. Endbericht. Dezember
2004. Sozialökonomische Forschungsstelle. Wien (verfügbar unter
http://www.berufsbilder.org/content/pdf/ist_analyse_endbericht_de_200
4.pdf).

Schneider, Ulrike (2000): The Economics of Informal Care. Theory and Empirical Evidence for Germany, Habilitationsschrift, vorgelegt am Fachbe-
reich Wirtschaftswissenschaften der Universität Hannover, 5. Juni
2000. Hannover.

Schneider, Ulrike; Trukeschitz, Birgit (2003a): Job Characteristics and Fluc-
tuation in Long-Term Care. Empirical Evidence from Austria. Paper
prepared for presentation at the ESPAnet Conference 2003: "Changing
European Societies - The Role for Social Policy". Copenhagen (DK),
November 13-15, 2003 (mimeo).

Schneider, Ulrike; Trukeschitz, Birgit (2003b): Was leisten Leistungsverträge? Erste Ergebnisse einer Befragung unter NPO PraktikerInnen. Abteilung für Sozialpolitik. Wien.

Scholl, Armin (2003): Die Befragung. Konstanz: UVK Verlagsgesellschaft.

Shorey, John (2001): The Firm and the labour market, in: Himmelweit, Susan; Simonetti, Roberto; Trigg, Andrew (Hrsg.): Microeconomics. Neo-
classical and Institutionalist Perspectives of Economic Behaviour. London: The Open University. 313-350.

Smith, Stephen (2003a): Labour Economics. 2nd edition. London:
Routledge.

Smith, Stephen W. (1994): Labour Economics. London: Routledge.

Smith, Steven R. (2003b): Social Services, in: Salamon, Lester M. (Hrsg.):
The State of Nonprofit America: Brookings Inst. 149-188.

Smith, Steven Rathgeb; Lipsky, Michael (1993): Nonprofits for hire. The Welfare State in the Age of Contracting. Cambridge: Harvard University
Press.

Solberg, Eric; Laughlin, Teresa (1995): "The Gender Pay Gap, Fringe Benefits, and Occupational Crowding", in: Industrial & Labor Relations Review, 48 (4). 692-708.

Spiess, C. Katharina; Schneider, A. Ulrike (2003): "Interactions Between
Care-giving and Paid Work Hours Among European Midlife Women,
1994 to 1996", in: Aging & Society, 23. 41-68.

Stärker, Lukas (1999): Arbeits- und Sozialrecht für die Praxis. Wien: Orac.

STAT.AT, Statistik Austria (2002a): Krippen Kindergärten und Horte (Kindertagesheime) 2001/02. Wien: Statistik Austria.

STAT.AT, Statistik Austria (2002b): Statistisches Jahrbuch Österreichs 2003.
Wien: Verlag Österreich GmbH.

Steinberg, Richard (1987): Nonprofit Organizations and the Market, in: Powell, Walter W. (Hrsg.): The Nonprofit Sector. A Research Handbook.
New Haven: Yale University Press. 118-138.

Steinberg, Richard (2003): Economic Theories of Nonprofit Organizations. An
Evaluation, in: Anheier, Helmut K.; Ben-Ner, Avner (Hrsg.): The Study
of the Nonprofit Enterprise. Theories and Approaches. New York: Kluwer Academic/Plenum Publishers. 277-309.

Steinherr, Ludwig (1997): Strategische Optionen, in: Hauser, Albert; Neubarth, Rolf; Obermair, Wolfgang (Hrsg.): Management Praxis: Handbuch soziale Dienstleistungen. Neuwied: Luchterhand. 275-288.

Stier, Winfried (1996): Empirische Forschungsmethoden. Berlin: Springer.

Streissler, Erich; Streissler, Monika (1984): Grundzüge der Volkswirtschaftslehre für Juristen. Wien: Manz.

Sullivan, Daniel (1989): Monopsony Power in the Market For Nurses. NBER Working Paper No. 3031. Cambridge, Mass.

Tálos, Emmerich (unter Mitarbeit von Ulrike Mühlberger) (1999): Atypische Beschäftigung. Internationale Trends und sozialstaatliche Regelungen. Europa, USA. Wien: Manz.

Tomer, John F. (1981): "Worker Motivation: A Neglected Element in Micro-Micro Theory", in: Journal of Economic Issue, XV (2). 351-362.

Trebaticka, Ruth (2002): Organisationen des Katastrophenschutzes im österreichischen Nonprofit Sektor – Überblick und ausgewählte Aspekte der Beschäftigung: Geschlechtsspezifische Arbeitsteilung und Professionalisierung des Ehrenamtes im Katastrophenschutz. Wirtschaftsuniversität Wien - Diplomarbeit.

Trukeschitz, Birgit (2003): Austria, in: Anheier, Helmut K.; Kumar, Sarabajaya (Hrsg.): Social Services in Europe. An Annotated Bibliography. Frankfurt/Main: Institut für Sozialarbeit und Sozialpädagogik e. V.; Beobachtungsstelle für die Entwicklung sozialer Dienste in Europa. 21-38.

Trukeschitz, Birgit; Dawid, Evelyn (2003): Außerhäusliche Kinderbetreuung in Österreich. Wirtschaftsuniversität Wien, Abteilung für Sozialpolitik (mimeo). Wien.

Trukeschitz, Birgit; Schneider, Ulrike (2003): New Forms of Financing Social Services: The Impact of Service-Contracting on the Provision of Social Services in Austria. Paper prepared for presentation at the Cambridge Journal of Economics Conference "Economics for the Future" - Cambridge (UK) 17-19 September 2003, Abteilung für Sozialpolitik. Wien.

United Nations (2003): Handbook on Non-Profit Institutions in the System of National Accounts. New York: United Nations.

Vitaliano, Donald F. (2001): "Do not-for-profit firms maximize profit?" in: The Quarterly Review of Economics and Finance, 43. 75-87.

Wehling, Margret (1993): Personalmanagement für unbezahlte Arbeitskräfte. Bergisch Gladbach: Eul.

Weisbrod, Burton A. (1977): Toward a Theory of Voluntary Nonprofit Sector In a Three Sector Economy, in: Weisbrod, Burton A. (Hrsg.): The Voluntary Nonprofit Sector. Lexington: Lexington Books. 51-76.

Weisbrod, Burton A. (1988): The Nonprofit Economy. Cambridge, Mass.: Harvard University Press.

Williamson, Oliver E. (1975): Markets and Hierarchies - Analysis and Antitrust Implications: A Study in the Economics of Internal Organization. New York: Free Press.

Wolfe, M. (1955): "The Concept of Economic Sectors", in: Quarterly Journal of Economics, 69 (3). 402-420.

Yett, Donald (1970): The Chronic 'Shortage' of Nurses. A Public Policy Dilemma, in: Klarman, Herbert E. (Hrsg.): Empirical Studies in Health Economics. Proceedings of the Second Conference on the Economics of Health. Baltimore: Johns Hopkins Univ. Press.

Young, Dennis R. (1986): Entrepreneurship and the Behavior of Nonprofit Organizations: Elements of a Theory, in: Rose-Ackerman, Susan (Hrsg.): The Economics of Nonprofit Institutions. Studies In Structure ans Policy. Oxford: Oxford University Press. 161-184.

Young, Dennis R. (1987): Executive Leadership in Nonprofit Organizations, in: Powell, Walter W. (Hrsg.): The Nonprofit Sector. A Research Handbook. New Haven: Yale University Press. 167-179.

Young, Dennis R. (2003): Entrepreneurs, Managers, and the Nonprofit Enterprise, in: Anheier, Helmut K.; Ben-Ner, Avner (Hrsg.): The Study of the Nonprofit Enterprise. New York: Kluwer Academic/Plenum Publishers. 161-168.

Young, Dennis R.; Steinberg, Richard (1995): Economics for Nonprofit Managers. New York: The Foundation Center.

Zimmer, Annette; Hallmann, Thorsten (2002): "Identität und Image von Dritte-Sektor-Organisationen im Spiegel der Ergebnisse der Organisationsbefragung "Gemeinnützige Organisationen im gesellschaftlichen Wandel"", in: Zeitschrift für Sozialreform (September/Oktober). 506-525.

Zimmer, Annette; Priller, Eckhard; Graf Strachwitz, Rupert (2000): Fundraising als Ressource für Nonprofit-Organisationen, in: Nährlich, Stefan; Zimmer, Annette (Hrsg.): Management in Nonprofit-Organisationen. Eine praxisorientierte Einführung. Opladen: Leske + Budrich.

**Verzeichnis verwendeter Rechtsquellen**

Allgemeines Sozialversicherungsgesetz – ASVG; BGBl. Nr. 189/1955 i.d.F. BGBl. Nr. 71/2003

Arbeitskräfteüberlassungsgesetz – AÜG, BGBl. Nr. 196/1988 i.d.F. BGBl. Nr. 111/2002

Arbeitsstättenzählungsgesetz, BGBl. Nr. 1973/119 i.d.F. BGBl. Nr. 50/2001

Arbeitsverfassungsgesetz – ArbVG, BGBl. Nr. 22/1974 i.d.F. BGBl. Nr. 100/2002, BGBl. I Nr. 71/2003 (Novelle in Bearbeitung)

Arbeitszeitgesetz– AZG, BGBl. Nr. 461/1969 i.d.F. BGBl. Nr. 122/2002

Bewährungshilfegesetz– BewHG, BGBl. Nr. 1969/146 i.d.F. BGBl. Nr. 130/2001

Bundesabgabenordnung – BAO, BGBl. Nr. 1961/194 i.d.F. BGBl. Nr. 9/1998

Arbeitskräfteüberlassungsgesetz – AÜG, BGBl. Nr. 196/1988 i.d.F. BGBl. Nr. 111/2002

Bundes-Personalvertretungsgesetz – PVG, BGBl. Nr. 133/1967 i.d.F. BGBl. Nr. 49/2003

Bundes-Stiftungs- und Fondsgesetz, BGBl. Nr. 11/1975 i.d.F. BGBl. Nr. 256/1993

Geschworenen- und Schöffengesetz 1990 – GSchG, BGBl. Nr. 256/1990 i.d.F. BGBl. Nr. 130/2001

Strafprozessordnung – StPO, BGBl. Nr. 1975/631 i.d.F. BGBl. Nr. 130/2001

Vereinsgesetz 2002 – VerG, BGBl. Nr. 2002/66

Wehrgesetz 2001, BGBl. Nr. 146/2001 i.d.F. BGBl. Nr. 103/2002

Zivildienstgesetz 1986 – ZDG, BGBl. Nr. 496/1980, Art. II Z 1, BGBl. Nr. 679/1986 (WV) in i.d.F. BGBl. Nr. 114/2002 (DFB) BGBl. Nr. 71/2003 (Novelle in Bearbeitung)

## Verzeichnis verwendeter Internetseiten

(Datum des letzten Zugriffs)

http://dev.netcare.at/wegweiser/selbsthilfesuche/suche1.php (30.7.2002)

http://handynet-oesterreich.bmsg.gv.at/ (9.7.2003)

http://unstats.un.org/unsd/cr/registry/regcs.asp?Cl=16&Lg=1&Co=933 (23.7.2005)

http://www.bags-kv.at/ (15.6.2005)
Kollektivvertrag für die Berufsvereinigung von Arbeitgebern für Gesundheits- und Sozialberufe (BAGS) und deren Arbeitnehmerinnen. Stand 17. Dezember 2003, inklusive Änderungen ab dem 1. Jänner 2005

http://www.bmj.gv.at/justiz/bewaehrungshilfe/ (12.8.2003)

http://www.bmj.gv.at/justiz/bewaehrungshilfe/ (12.8.2003)

http://www.bogg.at/ (2.5.2002)

http://www.carecomponents.at/pool.html (23.4.2002)

http://www.fsj.at/fsj/index_fsj.htm (31.08.2003)

http://www.gsiv.at/ (26.4.2002)

http://www.help.gv.at/0/Seite.010000-18191.html (11.1.2001)

http://www.hospiz.at/ (2.5.2002)

http://www.jhu.edu/~cnp/pdf/table301.pdf (17.3.2005)

http://www.musterkv.at/index.htm (15.11.2003)

http://www.social.at/relaunch/index.php (15.4.2002)

http://www.soziales.steiermark.at/cms/ziel/734926/DE/ (20.4.2002)

http://wwwhomes.uni-bielefeld.de/hjawww/glossar/node97.html (15.9.2003)

# Anhang

## Fragebogen
## Version „Soziale Dienste - Arbeitsstättenzählung"

### 1. Einrichtung

**1.1** Geben Sie bitte die **Bezeichnung Ihrer Einrichtung** und die **Adresse des Standortes** an:

Bezeichnung der Einrichtung: _____

Standort: _____ PLZ: _____

> **Achtung!** Alle Fragen beziehen sich _ausschließlich_ auf die oben genannte Adresse Ihres Standorts!

**1.2** Ist Ihre Einrichtung eine
- ☐ **eigenständige Einrichtung** _ohne_ Zweigstellen/Dienststellen an _anderer_ Stelle
- ☐ **Zentrale** einer Einrichtung _mit_ Zweigstellen/Dienststellen an _anderer_ Stelle
- ☐ **Zweigstelle/Standort** einer größeren Einrichtung bzw. **Teil** einer Trägerorganisation?

**1.3** Welche **Tätigkeiten** werden in der Zentrale ausgeführt? _(bitte Zutreffendes ankreuzen!)_
- ☐ **a.** Management, Administration ☐ **b.** Erstellung/Vermittlung sozialer Dienstleistungen

**1.4** Geben Sie bitte die **Anzahl der** untergeordneten **Zweigstellen/Dienststellen** an _anderen_ Standorten an: _____

**1.5** Wer ist der **Träger** Ihrer Einrichtung? _____

**1.6 Welche** Rechtsform **hat Ihre Einrichtung?**
- ☐ keine eigene Rechtsform (z.B. Projekt) _(→ bitte weiter mit Frage 1.10)_
- ☐ öffentlich-rechtlich
- ☐ privat-rechtlich _(bitte Rechtsform ankreuzen!)_
  - ☐ Verein
  - ☐ Stiftung/Fonds/Anstalt
  - ☐ Personengesellschaft
    - ☐ Einzelunternehmer/Einzelunternehmerin
    - ☐ Personengesellschaft mit persönlicher Haftung (KG, OHG)
    - ☐ sonstige Personengesellschaften: _(bitte angeben!)_____
  - ☐ Kapitalgesellschaft
    - ☐ GmbH   ☐ AG   ☐ Genossenschaft
- ☐ Sonstige: _(bitte angeben!)_ _____

**1.7** Ist Ihre Einrichtung **steuerrechtlich als gemeinnützig** anerkannt?
- ☐ Ja.   ☐ Nein.   ☐ Gemeinnützigkeit beantragt.   ☐ Nicht bekannt.

**1.8** Ist Ihre Einrichtung einer **Religionsgemeinschaft** nahestehend oder zugehörig?

    ☐ Ja. Geben Sie bitte die Religionsgemeinschaft an: _____     ☐ Nein.

**1.9** Ist Ihre Einrichtung **Mitglied eines Dachverbandes?**

    ☐ Ja. Name des Verbands: _____

    ☐ Nein.

    ☐ Einrichtung ist selbst ein Dachverband.

**1.10** Wann wurde Ihre Einrichtung gegründet?
Geben Sie bitte das **Gründungsjahr** an: _____

**1.11** Falls Ihre Einrichtung im Jahr 2000 oder später gegründet wurde, handelt es sich um eine *(bitte unter a. und b. Zutreffendes ankreuzen!)*

    **a.** ☐ Abspaltung von einer bestehenden Einrichtung     **b.** ☐ Einzelgründung
        ☐ echte Neugründung                                     ☐ Teamgründung
        ☐ Zusammenlegung bislang bestehender Einrichtungen

## 2.     Dienstleistungsangebot

**2.1** Werden von Ihrer Einrichtung **soziale Dienstleistungen** selbst **durchgeführt bzw. erstellt?**

    ☐ Ja.     ☐ Nein. *(→ bitte weiter mit Frage 2.2)*

*(bitte Zutreffendes ankreuzen – Mehrfachnennungen sind möglich!)*

| *Soziale Dienstleistungen (A-Z)* | |
|---|---|
| ☐ Aktivierende Freizeitangebote | ☐ Mobile therapeutische Dienste |
| ☐ Angehörigenberatung | ☐ Nachbarschaftshilfe, organisiert |
| ☐ Arbeitsassistenz | ☐ Notruftelefon |
| ☐ **Beratung/Information** | ☐ Persönliche Assistenz |
| ☐ **Beschäftigungsmöglichkeit / -projekt** | ☐ Pflegehilfe |
| ☐ Betreuung | ☐ Qualifizierungsangebote |
| ☐ Besuchsdienst | ☐ Sachwalterschaft und Patientenanwaltschaft |
| ☐ Betreute Wohnformen | ☐ Sterbebegleitung/mobile Hospizbetreuung |
| ☐ Essenszustellung (Essen auf Rädern) | ☐ Streetwork/aufsuchende Arbeit |
| ☐ Fahrtendienste | ☐ Vermittlung von Arbeitssuchenden |
| ☐ Familienhilfe | ☐ Wohnmöglichkeit/Schlafstelle |
| ☐ Heimhilfe | ☐ Sonstige soziale Dienstleistungen: |
| ☐ Kinderbetreuung | *(bitte angeben!)* |
| ☐ (Medizinische) Hauskrankenpflege | |

**2.2** Werden von Ihrer Einrichtung **soziale Dienstleistungen vermittelt?**

    ☐ Ja, wir vermitteln soziale Dienste anderer Organisationen.

    ☐ Ja, wir vermitteln soziale Dienste, die von freiberuflich Tätigen (z.B. „Poolkräfte") durchgeführt werden.

    ☐ Nein. *(→ bitte weiter mit Frage 2.3)*

*(bitte Zutreffendes ankreuzen – Mehrfachnennungen sind möglich!)*

---

### Soziale Dienstleistungen (A-Z)

| | |
|---|---|
| ☐ Aktivierende Freizeitangebote | ☐ Mobile therapeutische Dienste |
| ☐ Angehörigenberatung | ☐ Nachbarschaftshilfe, organisiert |
| ☐ Arbeitsassistenz | ☐ Notruftelefon |
| ☐ **Beratung/Information** | ☐ Persönliche Assistenz |
| ☐ **Beschäftigungsmöglichkeit / -projekt** | ☐ Pflegehilfe |
| ☐ Betreuung | ☐ Qualifizierungsangebote |
| ☐ Besuchsdienst | ☐ Sachwalterschaft und Patientenanwaltschaft |
| ☐ Betreute Wohnformen | ☐ Sterbebegleitung, mobile Hospizbetreuung |
| ☐ Essenszustellung (Essen auf Rädern) | ☐ Streetwork/aufsuchende Arbeit |
| ☐ Fahrtendienste | ☐ Vermittlung von Arbeitssuchenden |
| ☐ Familienhilfe | ☐ Wohnmöglichkeit/Schlafstelle |
| ☐ Heimhilfe | ☐ Sonstige soziale Dienstleistungen: |
| ☐ Kinderbetreuung | *(bitte angeben!)* |
| ☐ (Medizinische) Hauskrankenpflege | |

**2.3** Nennen Sie bitte die **Hauptzielgruppen** Ihrer Tätigkeit!

*(bitte Zutreffendes ankreuzen! – Mehrfachnennungen sind möglich!)*

| | | |
|---|---|---|
| ☐ Ältere Menschen | ☐ Flüchtlinge | ☐ Männer |
| ☐ Angehörige | ☐ Frauen | ☐ Obdachlose |
| ☐ Arbeitslose | ☐ von Gewalt Bedrohte bzw. Opfer | ☐ Pflegebedürftige |
| ☐ AusländerInnen | ☐ Haftentlassene | ☐ Psychisch Kranke |
| ☐ Behinderte | ☐ Homosexuelle/Transsexuelle | ☐ Schwangere |
| ☐ Buben | ☐ Kinder/Jugendliche | ☐ Sucht-Kranke |
| ☐ Familien, Alleinerziehende, | ☐ Kranke | ☐ Verschuldete |
| Pflege- und Adoptiveltern | ☐ Mädchen | ☐ Sonstige |
| | | *(bitte angeben!)* |

**2.4** Wie viele **KlientInnen/KundInnen** haben Ihre sozialen Dienstleistungen im Jahr 2001 in Anspruch genommen? Geben Sie bitte die Gesamtzahl an: _____
*(Sollte darüber keine Dokumentation verfügbar sein, geben Sie bitte eine Schätzung an und kennzeichnen Sie diese bitte.)*

**2.5** Wie viele **Einsatzstunden** leisteten Ihre <u>bezahlten</u> MitarbeiterInnen im Jahr 2001?

Geben Sie bitte die Gesamtzahl an: _____
*(Sollte darüber keine Dokumentation verfügbar sein, geben Sie bitte eine Schätzung an und kennzeichnen Sie diese bitte.)*

**2.6** In welcher Form geben Sie Ihre Güter und Dienstleistungen <u>hauptsächlich</u> ab?
*(Mehrfache Antworten sind möglich!)*

☐ Gratis *(bitte Zutreffendes ankreuzen!)*
    ☐ für alle KundInnen / KlientInnen (BezieherInnen der sozialen Dienste)
    ☐ für einkommensschwache KundInnen / KlientInnen
    ☐ für Mitglieder
    ☐ für Sonstige *(bitte angeben!)*

_____

☐ Gegen Bezahlung durch die KundInnen / KlientInnen *(bitte Zutreffendes ankreuzen!)*

☐ keine Ermäßigungen
☐ Preis gestaffelt nach dem Einkommen bzw. abhängig von der sozialen Situation
☐ ermäßigt für Mitglieder
☐ sonstige Ermäßigungen *(bitte angeben!)*_____

☐ Gegen Bezahlung durch einen oder mehrere Kostenträger (z.b. Sozialversicherung)
☐ zur Gänze  ☐ teilweise

☐ sonstige *(bitte angeben!)* _____

---

## 3.    Arbeitszeit

*Achtung! Wenn in Ihrer Einrichtung ausschließlich Ehrenamtliche tätig sind, gehen Sie bitte gleich zur Frage 3.4.*

**3.1** Wie lange ist bei Ihnen die vereinbarte Wochenarbeitszeit **(Normalarbeitszeit)** für Vollzeitkräfte?

Geben Sie bitte die Stunden/Woche an: _____

**3.2** Wurden bei Ihnen im Jahr 2001 **Überstunden** geleistet? *(bitte Zutreffendes ankreuzen!)*
☐  Ja.    ☐ Nein. *(→ bitte weiter mit Frage 3.3)*

**a.** Werden Überstunden in Ihrer Einrichtung generell ausbezahlt oder gibt es ausschließlich Zeitausgleich? Oder ist beides möglich? *(bitte Zutreffendes ankreuzen!)*

☐ ausschließlich Zeitausgleich *(→ bitte weiter mit Frage 3.3)*        ☐ generell ausbezahlt
☐ beides – sowohl ausbezahlt als auch Zeitausgleich        ☐ weder noch *(→ bitte weiter mit Frage 3.3)*

**b.** Geben Sie bitte an, wie hoch die **Anzahl der ausbezahlten Überstunden**

im Jahr 2001 war?   ca.: _____

**3.3** Welche **Arbeitszeitregelungen** finden sich in Ihrer Einrichtung? *(Mehrfachantworten sind möglich!)*

☐ fixe Arbeitszeiten                    ☐ Heimarbeit
☐ Gleitzeit mit und ohne Kernzeit       ☐ Arbeit auf Abruf
☐ Schichtarbeit, Turnusarbeit           ☐ Sonstige *(bitte angeben!)*
☐ unregelmäßige Arbeitszeit

**3.4** Bietet Ihre Einrichtung die von Ihnen oben angegebenen **sozialen Dienste zu folgenden Zeiten** an? *(Mehrfachantworten sind möglich!)*

☐ Ja, samstags.     ☐ Ja, feiertags.                    ☐ Nein.
☐ Ja, sonntags.     ☐ Ja, nachts (zwischen 22 und 6 Uhr).

## 4.    Mitarbeiterinnen und Mitarbeiter

**4.1** Wie viele **MitarbeiterInnen** arbeiteten in Ihrer Einrichtung zum Stichtag **31.12.2001**?
Geben Sie bitte die Anzahl der Personen nach folgenden Kategorien an:

| | 31.12.2001 | |
| --- | --- | --- |
| | Anzahl | davon Frauen |
| a) entgeltlich Beschäftigte *(Arbeits-, Werk- oder freie Dienstverträge; tätige InhaberInnen)* | | |
| b) Ehrenamtliche* | | |
| c) Zivildiener | | ---- |
| d) Leiharbeitskräfte *(Personen, die bei Leiharbeitsfirmen angestellt sind*) | | |
| e) Lehrlinge | | |
| f) PraktikantInnen (SozAk-Praktikum u.ä.) | | |
| g) sonstige *(bitte angeben!)* | | |

*\* Achtung! wenn in Ihrer Einrichtung ausschließlich Ehrenamtliche tätig sind, gehen Sie bitte zur Frage **4.10**.*

**4.2** Werden soziale Dienstleistungen von „**Poolkräften**" (Pool an freiberuflichen Fachkräften) durchgeführt?
☐ Ja. Gesamtzahl der Personen in dem (den) Pools: _____    ☐ Nein.

**4.3** Erstellen Personen, die bei <u>anderen</u> sozialen Dienstleistungsorganisationen angestellt sind, für Ihre Einrichtung soziale Dienstleistungen?
☐ Ja. Geben Sie bitte die Anzahl an: _____ / davon Frauen: _____    ☐ Nein.

**4.4** Geben Sie bitte die Zahl der **abgeschlossenen Verträge** zum Stichtag **31.12.2001** an.

| abgeschlossene Verträge | 31.12.2001 | |
| --- | --- | --- |
| | Anzahl | davon Frauen |
| **1) Dienstverträge gesamt:** | | |
| davon: **Vollzeit** | | |
| **Teilzeit gesamt** (*bis zu* 35 Std./Wo.) | | |
| davon:    bis 9 Std./Wo. | | |
| 10 – 19 Std./Wo. | | |
| 20 – 29 Std./Wo. | | |
| 30 – 35 Std./Wo. | | |
| **2) sonstige Verträge gesamt** | | |
| • Freie Dienstverträge | | |
| • Werkverträge | | |
| • sonstige: *(bitte angeben!)* | | |
| **1)+2) Verträge gesamt** | | |

**4.5** Wie viele **befristete Dienstverträge** waren abgeschlossen?

**a.** Geben Sie bitte die Anzahl zum **31.12.2001** an:_____ / davon Frauen: _____

**b. Falls** Ihre Einrichtung **vor 2000 gegründet** wurde:
Die Anzahl befristeter Dienstverträge ist in den letzten 3 Jahren *(bitte Zutreffendes ankreuzen!)*

☐ gestiegen.    ☐ gleichgeblieben.    ☐ gesunken.

**4.6** Wie viele **geringfügig Beschäftigte**[169] waren in Ihrer Einrichtung tätig?

**a.** Geben Sie bitte die Anzahl zum **31.12.2001** an:_____ / davon Frauen: _____

**b. Falls** Ihre Einrichtung **vor 2000 gegründet** wurde:
Ist die Anzahl der geringfügig Beschäftigten in Ihrer Einrichtung in den letzten 3 Jahren:
*(bitte Zutreffendes ankreuzen!)*

☐ gestiegen.    ☐ gleichgeblieben.    ☐ gesunken.

**4.7** Wie viele **Beschäftigte nach den Förderrichtlinien des AMS** (z.B. Transitarbeitskräfte, Personen mit Lohnkostenzuschüssen) waren in Ihrer Einrichtung zum **31.12.2001** tätig?

Geben Sie bitte die Anzahl an: _____ / davon Frauen: _____

**4.8** Geben Sie bitte die Anzahl aller in Ihrer Einrichtung zum Stichtag **31.12.2001** beschäftigten

**ausländischen Arbeitskräfte aus Nicht-EU-Ländern** an: _____ / davon Frauen: _____

**4.9** Bitte geben Sie an, wie viele der bezahlten Beschäftigten Ihrer Einrichtung zum Stichtag **31.12.2001**

**zwischen 45 und 65 Jahren** alt waren: Anzahl: _____ / davon Frauen: _____

**4.10** Waren in Ihrer Einrichtung zum 31.12.2001 **Priester oder Ordensangehörige** tätig?

☐ Nein.
☐ Ja. Geben Sie bitte die Anzahl an:_____ / davon Frauen: _____

---

[169] Geringfügig Beschäftigte sind Personen, deren Einkommen die Geringfügigkeitsgrenze im Jahr 2001 von ATS 4.076,- pro Monat bzw. ATS 313,- pro Tag nicht überschritten hat.

**4.11** Wie verteilten sich die Arbeitskräfte Ihrer Einrichtung auf die folgenden Bereiche? Ordnen Sie dabei bitte die **MitarbeiterInnen ihrer hauptsächlichen Funktion** zu.

| | bezahlte MitarbeiterInnen | | ehrenamtliche MitarbeiterInnen | |
|---|---|---|---|---|
| | gesamt | davon Frauen | gesamt | davon Frauen |
| leitende Tätigkeiten[1] | | | | |
| ausführend – Fachkräfte[2] | | | | |
| ausführend – Hilfskräfte[3] | | | | |
| verwaltend / administrative Tätigkeiten | | | | |
| sonstige[4] | | | | |
| **Summe** | | | | |

[1] ...z.B. Leitung der Einrichtung, Leitung von Fachbereichen – Personen mit Führungsaufgaben
[2] ...z.B. Personen mit einschlägiger Fachausbildung, wie z.B. SozialarbeiterInnen, diplomiertes Gesundheits- und Krankenpflegepersonal,... sowie HeimhelferInnen,....
[3] ...z.B. Zivildiener, Besuchsdienst,...
[4] ...z.B. Reinigungspersonal,...

**4.12** Die **Leitung der Einrichtung** obliegt *(bitte Zutreffendes ankreuzen!)*

☐ einer Frau.
☐ einem Mann.
☐ einem Team: Geben Sie bitte die Anzahl der Teammitglieder an: _____/ davon Frauen:_____

**4.13** Wie hoch war im Jahr 2001 der **Krankenstand**? Geben Sie bitte die krankheitsbedingten

Fehltage aller bezahlten MitarbeiterInnen im Jahr 2001 an: _____

## 5. Arbeitskräfteentwicklung

**5.1** Geben Sie bitte die **Veränderung des Personalstandes** im Jahr **2001** an.

**a.** Wie viele Personen haben 2001 eine Tätigkeit neu aufgenommen? _____

**b.** Wie viele Personen haben 2001 die Tätigkeit in Ihrer Einrichtung beendet? _____

**5.2** Wie schätzen Sie die Personalstandsentwicklung **in den nächsten 2 Jahren** ein? *(bitte Zutreffendes ankreuzen!)*

☐ deutlich steigend (über 10 %) (→ *bitte weiter mit Frage 5.3*)
☐ etwas steigend (bis zu 10 %) (→ *bitte weiter mit Frage 5.3*)
☐ etwas sinkend (bis zu 10 %) (→ *bitte weiter mit Frage 5.5*)
☐ deutlich sinkend (über 10 %) (→ *bitte weiter mit Frage 5.5*)
☐ etwa gleichbleibend (→ *bitte weiter mit Frage 5.7*)

**5.3** Welche Gründe sind für die **steigende** Personalstandsentwicklung in Ihrer Einrichtung ausschlaggebend? *(bitte Zutreffendes ankreuzen!)*

☐ steigende Anforderungen an die Professionalisierung
☐ steigende Nachfrage nach den Dienstleistungen seitens der KlientInnen/ KundInnen direkt
☐ steigende Nachfrage nach den Dienstleistungen seitens der öffentlichen Hand

☐ Auslagerung der öffentlichen Hand (outsourcing)
☐ Verfügbarkeit eines höheren Budgets
☐ Wir werden neue soziale Dienstleistungen anbieten.
☐ Sonstige: *(bitte angeben!)*_____

**5.4** In welchen Dienstleistungsbereichen wird sich diese Entwicklung vor allem abzeichnen? (*weiter mit Frage 5.8*)

_____

**5.5** Welche Gründe sind für die **sinkende** Personalstandsentwicklung ausschlaggebend? *(bitte Zutreffendes ankreuzen!)*

☐ Ersatz bezahlter Beschäftigung durch Ehrenamtliche
☐ sinkende Nachfrage nach den Leistungen der Einrichtung
☐ Einsparungsdruck
☐ voraussichtlich keine zusätzlichen Personalzuweisungen
☐ Wir werden die Palette unserer Dienstleistungen reduzieren.
☐ Sonstige: *(bitte angeben!)*_____

**5.6** In welchen Dienstleistungsbereichen wird sich diese Entwicklung vor allem abzeichnen? (*weiter mit Frage 5.8*)

_____

**5.7** Welche Gründe sind für die **gleichbleibende** Personalstandsentwicklung ausschlaggebend? *(bitte Zutreffendes ankreuzen!)*
☐ Neueinstellungen gleichen Abgänge aus
☐ Personal wird aus anderen Bereichen derselben Organisation bereitgestellt.
☐ keine Personalbewegungen
☐ sonstige: *(bitte angeben!)*_____

**5.8** Wie schätzen Sie die **Personalstandsentwicklung** in den nächsten 2 Jahren **nach Art des Beschäftigungsverhältnisses** ein? *(bitte Zutreffendes ankreuzen!)*

|                                        | steigend | gleichbleibend | sinkend |
|----------------------------------------|----------|----------------|---------|
| Vollzeit                               | ☐        | ☐              | ☐       |
| Teilzeit                               | ☐        | ☐              | ☐       |
| geringfügig Beschäftigte               | ☐        | ☐              | ☐       |
| Werkverträge, freie DienstnehmerInnen,... | ☐     | ☐              | ☐       |

**5.9** Wie lange sind Ihre derzeitigen MitarbeiterInnen bereits in Ihrer Einrichtung beschäftigt? Geben Sie bitte die Anzahl der MitarbeiterInnen nach der **Zugehörigkeitsdauer zu Ihrer Einrichtung** an:

| weniger als 3 Jahre | über 3 bis 5 Jahre | über 5 bis 10 Jahre | mehr als 10 Jahre | **Summe** |
|---------------------|--------------------|--------------------|-------------------|-----------|
|                     |                    |                    |                   |           |

---

**6.       Personalauswahl und Weiterbildung**

**6.1** Verfügen Sie als LeiterIn Ihrer Einrichtung über **Mitwirkungsmöglichkeiten bei der Personalauswahl**?

☐ Ja. (Mitwirkungsmöglichkeiten bzw. selbständige Personalauswahl)
☐ Nein. (→ *bitte weiter mit Frage 6.5*)

**6.2** Worauf legen Sie bei der **Personalauswahl** der bezahlten MitarbeiterInnen besonders Wert?
*(Bitte maximal vier Antworten ankreuzen.)*

☐ fachliche Professionalität
☐ formale Qualifikationen
☐ Berufserfahrung
☐ Motivation
☐ soziale Kompetenz
☐ politische Einstellung

☐ Religionszugehörigkeit

☐ persönliches Auftreten
☐ Flexibilität hinsichtlich der Dienstzeiten
☐ Flexibilität hinsichtlich des Verwendungsbereichs
☐ Begünstigung von Wiedereinsteigerinnen
☐ Begünstigung von Personen, die Schwierigkeiten haben,
   einen Arbeitsplatz zu finden (z.B. Ältere; Langzeitarbeits-
   lose;....)
☐ sonstige *(bitte angeben!)*:

_____

**6.3 Suchen** Sie zur Zeit **Personal**?
☐  Ja.      ☐  Nein. *(→ bitte weiter mit Frage 6.4)*

**a.** Geben Sie bitte die **Anzahl** der zu besetzenden Stellen an: Vollzeit: _____      Teilzeit:
_____

**b.** Gesucht wird Personal für folgende(n) **Bereich(e)**: *(Mehrfachnennungen sind möglich!)*
   ☐ Sozial- und Pflegebereich,...      ☐ Managementbereich      ☐ Verwaltungsbereich

**6.4** Treten generell **Schwierigkeiten bei der Personalsuche** auf? *(Mehrfachantworten sind mög-lich!)*

☐ Ja, bei der Suche nach Vollzeitarbeitskräften.
☐ Ja, bei der Suche nach Teilzeitarbeitskräften.
☐ Ja, bei der Suche nach bestimmten Qualifikationen, und zwar: _____
☐ Ja, sonstige: *(bitte angeben!)* _____
☐ Nein.

**6.5** Welche der folgenden **Personalprobleme** treten in Ihrer Einrichtung auf?
*(Mehrfachantworten sind möglich!)*

☐ zu hoher Personalstand
☐ zu geringer Perso-
   nalstand
☐ Mangel an betriebs-
   wirtschaftl. Fachkräften
☐ Mangel an Fachkräften
   aus Sozial-/ Pflegeberu-
   fen

☐ Mangel an Fachkräften mit
   Fremdsprachenkenntnis-
   sen
☐ Überalterung
☐ Fluktuation
☐ Qualifikationsdefizite
☐ Überqualifikation

☐ mangelnde Arbeitsmoti-
   vat.
☐ zu hoher Krankenstand
☐ sonstige: *(bitte angeben!)*
   _____
☐ keine Probleme

**6.6** Unterstützt Ihre Einrichtung an diesem Standort die Teilnahme der MitarbeiterInnen an
**Weiter- und Fortbildungen**? *(Mehrfachantworten sind möglich!)*

☐ Nein.
☐ Die Weiter-/Fortbildung wird zur Gänze in der Arbeitszeit ermöglicht.
☐ Die Weiter-/Fortbildung wird teilweise in der Arbeitszeit ermöglicht.
☐ Die Weiter-/Fortbildungskosten werden von der Einrichtung zur Gänze übernommen.
☐ Die Weiter-/Fortbildungskosten werden von der Einrichtung teilweise übernommen.
☐ sonstige Unterstützung *(bitte angeben!)*:
_____

**6.7** Wie viele MitarbeiterInnen haben 2001 Weiterbildungsveranstaltungen in Anspruch
genommen?

interne Weiterbildung: _____ Personen
externe Weiterbildung: _____ Personen

**6.8** Gibt es in Ihrer Einrichtung einen Betriebsrat/Personalvertretung?
☐ Ja.   ☐ Nein.

**6.9** Werden in Ihrer Einrichtung regelmäßige Betriebs-/Dienststellenversammlungen abgehalten?
☐ **Ja.**   ☐ **Nein.**

## 7.    Entlohnung

**7.1** Ist die Entlohnung der MitarbeiterInnen **kollektivvertraglich** geregelt?

☐   Ja, für alle.
☐   Nicht für alle.
 -   Ausgenommen sind in unserer Einrichtung folgende Berufsgruppen:
_____
   -   Das sind etwa _____ Personen.
☐   Nein, aber wir orientieren uns an Kollektivverträgen.
☐   Nein.

**7.2** Werden Löhne und Gehälter **über Kollektivvertragslohnniveau** ausgezahlt?

☐   Ja.   ☐   Nein.   ☐   Es gibt keinen Kollektivvertrag.

**7.3** Welche der folgenden **Entlohnungsformen** gibt es in Ihrer Einrichtung?
*(bitte Zutreffendes ankreuzen!)*

☐ fixer Grundlohn <u>ohne</u> Zulagen
☐ fixer Grundlohn mit leistungs<u>un</u>abhängigen Zulagen
☐ fixer Grundlohn mit leistungsabhängigen Zulagen

☐ rein leistungsabhängiger Lohn
☐ nicht verhandelbarer Lohn (Gehaltsschemen)
☐ verhandelbarer Lohn
☐ Erfolgsprämien (individuell oder teambezogen)
☐ sonstige: *(bitte angeben!)*
_____

**7.4** Welche der folgenden **Zusatz- und Sozialleistungen** erhalten Ihre MitarbeiterInnen?
*(Mehrfachantworten sind möglich!)*

☐ Auto zur privaten Nutzung
☐ betriebliche Altersvorsorge
☐ Bildungskarenz
☐ Essensgeld bzw. Kantine

☐ Fahrtkostenerstattung
☐ Kinderbetreuung
☐ begünstigte/kostenlose Wohnungen
☐ sonstige: *(bitte angeben!)*
_____

**7.5** Falls ehrenamtliche MitarbeiterInnen in Ihrer Einrichtung tätig sind:

Welche **symbolischen Beiträge** („Vergütungsformen") wurden im Jahr 2001 an ehrenamtliche MitarbeiterInnen geleistet? *(Mehrfachantworten sind möglich!)*

☐ Fahrtkostenersatz
☐ Telefonkostenersatz
☐ regelmäßige Geschenke oder Aufmerksamkeiten

☐ geringfügige Entschädigung (z.B. Übungsleiterentschädigung)
☐ Naturalien, Warengutscheine
☐ sonstige: *(bitte angeben!)*_____
☐ keine

## 8.    Finanzielle Rahmenbedingungen

**8.1** Wie hoch war im Jahr **2001** das gesamte Budget Ihrer Einrichtung?

Geben Sie den Betrag bitte in Schilling an: _____
*(Rundungen auf ATS 10.000 möglich)*

**8.2** Welche Geldbeträge nahm Ihre Einrichtung im Jahr **2001** aus welchen Quellen ein?
Geben Sie die Beträge bitte in ATS an. *(Rundungen auf ATS 10.000 möglich)*

| EINNAHMEN | in ATS |
|---|---|
| **Subventionen** (Zuschüsse von öffentlichen Stellen, z.B. AMS, Land) | |
| **Gelder aus Leistungsverträgen\*** mit öffentlichen Stellen (z.B. Land,...) | |
| **Kostenersatz, Vergütung durch Sozialversicherungen,** z.B. medizinische Hauskrankenpflege,.. | |
| **Mitgliedsbeiträge** | |
| **Erlöse** aus dem Verkauf von Leistungen (auf privatrechtlicher Basis) | |
| **Spenden** und andere private Zuwendungen | |
| **Transfers** von der Dachorganisation/Diözese | |
| Sonstige Mittel *(bitte angeben!)* | |
| **GESAMT** | |

\* Leistungsverträge sind vertragliche Vereinbarungen der finanziellen Abgeltung der Erbringung
spezifizierter Leistungen (abgegolten über z.B. Tagsätze, Bettsätze, Pflegesätze,..)

**8.3** Von welchen **öffentlichen Institutionen** erhielten Sie im Jahr 2001 finanzielle Mittel?
*(Mehrfachantworten sind möglich!)*

☐  keine Mittel öffentlicher Stellen
☐  AMS                                   ☐  Bund          ☐  sonstige: *(bitte angeben!)*
☐  Sozialversicherungsträger      ☐  Land          _____
☐  Gemeinde/Stadt                    ☐  EU

**8.4** Wie groß waren die laufenden **Gesamtausgaben** Ihrer Einrichtung im Jahr **2001**?
*(Rundungen auf ATS 10.000 möglich)*

| AUSGABEN | in ATS |
|---|---|
| Sachausgaben | |
| Personalausgaben | |
| sonstige Ausgaben | |
| **GESAMT** | |

**Wir danken Ihnen für Ihre wertvolle Unterstützung!**

Bitte geben Sie uns eine **Ansprechpartnerin/einen Ansprechpartner** an, damit wir uns bei eventuellen Rückfragen an Sie wenden können:

Name der Einrichtung: _____

Name der Ansprechperson:_____

Funktion in der Einrichtung: _____

**Telefonnummer:** _____ **e-mail:** _____

am besten erreichbar (Wochentag, ungefähre Zeit): _____


Sollten Sie **Fragen oder persönliche Anmerkungen** zum vorliegenden Fragebogen haben, wenden Sie sich bitte an:

Mag.[a] Birgit Trukeschitz
Wirtschaftsuniversität Wien
Abteilung für Sozialpolitik
Reithlegasse 16/6
1190 Wien

e-mail: birgit.trukeschitz@wu-wien.ac.at
Tel.: 01 / 31336 / 5877


Wünschen Sie **Informationen über die Ergebnisse** dieser Erhebung?
☐  Ja.
*bitte Name und Zustelladresse angeben:*

_____

_____


☐  Nein.

## Forschungsergebnisse der Wirtschaftsuniversität Wien

Herausgeber: Wirtschaftsuniversität Wien –
vertreten durch a.o. Univ. Prof. Dr. Barbara Sporn

Band  1   Stefan Felder: Frequenzallokation in der Telekommunikation. Ökonomische Analyse der Vergabe von Frequenzen unter besonderer Berücksichtigung der UMTS-Auktionen. 2004.

Band  2   Thomas Haller: Marketing im liberalisierten Strommarkt. Kommunikation und Produktplanung im Privatkundenmarkt. 2005.

Band  3   Alexander Stremitzer: Agency Theory: Methodology, Analysis. A Structured Approach to Writing Contracts. 2005.

Band  4   Günther Sedlacek: Analyse der Studiendauer und des Studienabbruch-Risikos. Unter Verwendung der statistischen Methoden der Ereignisanalyse. 2004.

Band  5   Monika Knassmüller: Unternehmensleitbilder im Vergleich. Sinn- und Bedeutungsrahmen deutschsprachiger Unternehmensleitbilder – Versuch einer empirischen (Re-)Konstruktion. 2005.

Band  6   Matthias Fink: Erfolgsfaktor Selbstverpflichtung bei vertrauensbasierten Kooperationen. Mit einem empirischen Befund. 2005.

Band  7   Michael Gerhard Kraft: Ökonomie zwischen Wissenschaft und Ethik. Eine dogmenhistorische Untersuchung von Léon M.E. Walras bis Milton Friedman. 2005.

Band  8   Ingrid Zechmeister: Mental Health Care Financing in the Process of Change. Challenges and Approaches for Austria. 2005.

Band  9   Sarah Meisenberger: Strukturierte Organisationen und Wissen. 2005.

Band 10   Anne-Katrin Neyer: Multinational teams in the European Commission and the European Parliament. 2005.

Band 11   Birgit Trukeschitz: Im Dienst Sozialer Dienste. Ökonomische Analyse der Beschäftigung in sozialen Dienstleistungseinrichtungen des Nonprofit Sektors. 2006

Band 12   Marcus Kölling: Interkulturelles Wissensmanagement. Deutschland Ost und West. 2006.

Band 13   Ulrich Berger: The Economics of Two-way Interconnection. 2006.

www.peterlang.de

**Peter Lang · Europäischer Verlag der Wissenschaften**

Michael F. Strohmer (Hrsg.)

# Die Sozialpartnerschaft in Österreich

### Vergangenheit – Gegenwart – Zukunft

Frankfurt am Main, Berlin, Bern, Bruxelles, New York, Oxford, Wien, 2005.
99 S., 4 Abb.
ISBN 3-631-53386-1 · br. € 24.50*

Die österreichische Sozialpartnerschaft als System der Zusammenarbeit ist ein Themengebiet, welches auf dem Grundsatz der Freiwilligkeit basierend die wirtschaftliche und soziale Geschichte Österreichs nach dem 2. Weltkrieg entscheidend prägte. Seit dieser Zeit hat sich jedoch das Umfeld – Stichworte Europäisierung und Globalisierung – geändert und die Beschäftigung mit der Zukunft und den Herausforderungen der Sozialpartnerschaft ist ins Zentrum des Interesses gerückt. Dem Leser soll ein ganzheitliches Bild vermittelt und eine Diskussion im Rahmen des Meinungspluralismus präsentiert werden, d.h. es werden die Erfolge, Stärken, Schwächen und Herausforderungen dargestellt. Hochrangige Experten aus Politik und Wissenschaft betrachten das Thema ausführlich und kontrovers.

*Aus dem Inhalt: Bundespräsident Univ.-Prof. Dr. Heinz Fischer: Zum Geleit · MMMag. DDr. Michael F. Strohmer: Vorwort und Danksagung · Univ.-Prof. Dr. Rainer Bartel: Sozialpartnerschaft aus institutionenökonomischer Sicht · Präsident Dr. Christoph Leitl: Manager des Wandels – Die Zukunft der Sozialpartnerschaft · Vorsitzender der Präsidentenkonferenz der Landwirtschaftskammern ÖkR Rudolf Schwarzböck: Wie sinnvoll ist Sozialpartnerschaft? · Präsident Fritz Verzetnitsch: Die Zukunft der Sozialpartnerschaft · Bundesminister Mag. Herbert Haupt: Positive und negative Kritik an der Sozialpartnerschaft · Bundesminister Dipl.-Ing. Josef Pröll: Nachhaltigkeit und Sozialpartnerschaft*

Frankfurt am Main · Berlin · Bern · Bruxelles · New York · Oxford · Wien
Auslieferung: Verlag Peter Lang AG
Moosstr. 1, CH-2542 Pieterlen
Telefax 00 41 (0) 32 / 376 17 27

*inklusive der in Deutschland gültigen Mehrwertsteuer
Preisänderungen vorbehalten
**Homepage http://www.peterlang.de**